KB260928

계몽기 신문 잡보로 보는
일본과 일본인 1

한국 언어·문학·문화 총서

21

계몽기 신문 잡보로 보는 일본과 일본인 1

문명·세계

김현주·다지마 데쓰오·김수안·정한나·신민영 편

　이 책의 원자료는 1896년부터 1910년 강제 병합까지 약 15년 간 발행된 한국어 민간 신문의 잡보 중 '일본'과 '일본인'이 포함된 기사를 추출하여 현대 한국어로 번역하거나 전사한 한글 파일이다. 전체 8,304,492자, 원고지(200자 기준) 48,206매에 달하는 이 방대한 자료 파일은 전적으로 다지마 데쓰오(田島哲夫) 박사의 노고로 작성되었다. 다지마 데쓰오 박사는 2009년 「근대계몽기 문자매체에 나타난 일본/일본인의 표상」이라는 논문으로 연세대학교 대학원에서 문학박사학위를 취득한 후 2022년 1월까지 10여 년 동안 『독립신문』(1896.4.7.~1899.12.4.), 『매일신문』(1898.4.9.~1899.4.3.), 『황성신문』(1898.9.5.~1910.9.14.), 『제국신문』(1898.8.10.~1910.8.2.), 『경향신문』(1906.10.19.~1910.12.30.), 『대한매일신보』(1904.7.18.~1910.8.28.)의 잡보에서 일본, 일본인에 관한 기사를 추출하여 현대 한국어로 번역, 전사했다.

　다지마 데쓰오 박사가 이 파일을 공개함으로써 흥미로운 연구의 장이 열렸다. 연세대학교 국어국문학과 현대문학 전공 교수 김현주와 진화염, 정윤성, 이지원, 정선희, 정재호, 정동화, 박다혜, 문봉주 등 석박사과정 학생들은 2022년 1학기 〈근현대문학과 재현〉, 2학기 〈근현대문학과 사상〉 수업에서 이 자료에 나타나는 일본과 일본인의 표상에 대한 기초 연구를 진행했다. 2023년 초에 원자료 작성자인 다지마 데쓰오 박사와 근대계몽기부터 식민지기의 문학 작품과 잡지, 신문 텍스트 등을 대상으로 근대적

지식과 담론에 대한 연구를 수행해온 정한나, 김수안, 신민영 박사가 합류하여 '계몽기 신문 잡보의 일본/일본인 표상 연구팀'이 구성되었다.

연구팀의 목표는 국민화와 식민지화가 동시에 진행되었던 계몽기의 교착적 성격을 현재적 문제로서 성찰하는 것이었다. 즉 19세기 말부터 1910년까지 발행된 6종의 민간신문 잡보에서 일본과 일본인이 표상화된 양상과 특징을 살핌으로써, 이러한 타자 인식을 통해 근대 초 신문 매체에서 이루어진 '한국'과 '한국인'의 자기 표상화의 역사를 입체적으로 조망하고자 했다.

연구팀은 '다지마 데쓰오 파일'에서 50여 개의 주제어를 추출하고 해당 주제어가 포함된 기사에 대한 일차 강독을 진행하고 연관성이 높은 주제어들을 묶어 핵심 소주제 19개를 선정했다. 다음으로 소주제별 주요 기사를 선별하고 그 원문을 찾아 이차 강독을 진행하면서 초창기 신문 매체의 잡보 기사에 드러나는 당시의 법제도, 정치, 문화, 사회적 문제의 재현 맥락을 이해하고자 했다. 한편 한글 기사와 국한문 기사를 현대 한국어로 옮겨 적고 번역하는 일은 단순한 언어 변환이 아니라 의미 해석의 실천을 수반했던바, 이러한 해석을 바탕으로 소주제별 해제를 작성했다. 이렇게 해서 『계몽기 신문 잡보로 보는 일본과 일본인』은 주제별 기사와 해제, 그리고 주요 인물, 기관, 매체 등에 대한 설명을 포함한 자료집의 형식을 갖추게 되었다.

제1부 "문명의 질서와 지배의 논리"에서는 철도, 박람회, 관광단 등 근대적 문물을 앞세운 문명/야만의 구도와 식민주의의 논리가 확산된 한편, 그에 대해 날카로운 경계심이 형성되었음을 포착했다. 제2부 "유동하는 경계와 흩어지는 표상"에서는 '일본'과 '일본인'이 기입됨으로써 동양이나 아국(인)/외국(인) 등 정치적, 영토적, 민족적 기표들이 유동하고 표상화의 구도가 재편되고 있는 사태에 주목했다. 제3부 "일상을 파고든 제국"에

서는 군용지, 진고개, 위생, 의술, 담배 등의 주제를 통해 일본의 자본주의, 식민주의가 폭력적으로, 또는 점진적으로 한국인의 일상생활에 스며드는 양상을 살폈다. 제4부 "권력과 욕망, 누적되는 균열"에서는 학교, 가정, 재산, 범죄 등 식민권력과 사적 야망 사이에 있는 사회적 영역에서 폭력과 배제가 새롭게 구조화되고 있었음을 조명했다.

아쉽게도 우리는 다지마 데쓰오 파일을 '충분하게' 사용하지는 못했다. 자료의 규모가 워낙 방대하므로 여기서 끌어낼 수 있는 연구 주제는 무궁무진할 것이다. 이 파일은 다지마 데쓰오 박사의 의사에 따라 연세대학교 비교사회문화연구소에 기증될 예정인데, 이로부터 연구의 새로운 단계가 열릴 수 있을 것이다. 비교사회문화연구소는 자료집의 구상과 진척 상황을 보고하는 자리를 두 차례나 마련해주었던바, 그 관심을 이어서 다지마 데쓰오 파일을 가독성과 신뢰성이 좀 더 높은 데이터베이스로 구성하여 널리 공유해주길 기대한다.

자료집이 출간되기까지 많은 도움과 지원을 받았다. 국한문 기사의 독해에 어려움을 겪고 있을 때 한문학 전공자인 강혜종, 조영심, 김성은 선생님이 선뜻 나서주셨다. 우리는 수시로 질문을 했는데 그때마다 자세하고 신중한 답변을 받았다. 한국연구원은 2년여 동안 '독회지원사업'을 통해 자료 구입과 복사 비용을 대주었으며, 덕분에 우리는 모여서 공부할 때마다 풍성한 뒤풀이 자리를 기대할 수 있었다. 마지막으로 보고사의 이경민 선생님은 자료집의 가독성을 높이기 위해 함께 고민하면서 해결책을 찾아주었다. 이 모든 도움과 관심에 진심으로 감사드린다.

2026.2.

김현주, 다지마 데쓰오, 김수안, 정한나, 신민영 씀

차례

일러두기

· 해제 ·

- 중요 인물에 대해서는 괄호 안에 원래 이름과 생몰년을 표시했다. 여러 번 거론된 인물은 한 번만 표시했다.
- 독음이 확인되지 않는 일본인의 이름은 한자 그대로 표기하고 음독했다.
- 관련 기사의 출처(신문명과 게재 연월일)를 적었는데, 내용 이해에 도움이 된다고 판단된 경우에는 제목도 적어주었다.
- 『대한매일신보』는 전 기간 국한문판이 발행되었는데, 일정 기간 국문판도 발행했다. 국문판 기사를 인용한 경우에는 '(국문)'을 표시했다.
- 인용한 기사의 제목과 내용은 현대 한국어로 바꾸었으며, 의미가 분명하지 않은 단어에 대해서는 괄호 안에 한자를 병기했다.
- 직접 인용문 안에 생략한 부분이 있는 경우는 '(…)'로 표시했다.
- 내용의 이해를 위해 직접 인용문 안에 단어 등을 추가한 경우에는 대괄호([ ])를 사용하고 글자 크기를 작게 조정했다.
- 해제 뒤에 주요 참고문헌 및 자료를 적었다.

· 전사 및 번역 ·

1. 자료집 구성

본 자료집은 기사 유형에 따라 다음과 같이 구성하였다.

1) 국한문 기사
- 원문을 가능한 한 충실히 재현한 전사문과 이를 현대 한국어로 옮긴 번역문을 함께 수록하였다.

2) 한글 기사
- 원문을 현대 한국어의 표기 체계에 맞추어 재현한 전사문만을 수록하였다.

2. 전사 원칙

1) 기사 제목 및 표기 형식
- 원문에 별도의 제목이 없는 경우에는 본문의 첫 세 어절을 임시 제목으로 삼아 홑낫표(「 」) 안에 표기하였다.
- 잡보 외 기타 기사의 종류는 기사 제목 앞에 소괄호를 사용하여 따로 밝혔다.

2) 원문 오류 및 특수 표기 처리
- 명백한 오자(誤字)·탈자(脫字)는 교정 후 해당 어절 뒤에 (corr.)으로 표시하였다.
- 어의(語意)가 불분명한 경우 원문 표기를 그대로 두고 (sic)으로 표시하였다.
- 판독이 어려운 글자는 ■, 검열 등으로 인한 복자(伏字)는 ⊠으로 나타냈다. 다섯 글자 이상의 복자는 ⊠(…)⊠으로 줄여 표시하였다.
- 원문의 분량이 지나치게 길어 일부를 생략한 경우, 생략된 부분은 (…)으로 표시하였다.

3) 한자·어휘 처리
- 원문에 없으나 의미 파악을 위해 필요한 경우, 한자 표기를 대괄호([ ]) 안에 병기하였다.
- 국어사전에 등재되지 않은 단어는 간략한 용어 해설을 대괄호([ ]) 안에 덧붙였다.
- 국한문 기사의 전사문에서, 원문의 형태를 최대한 유지하기 위해 속자(俗字)·고자(古字), 반복 부호 々, 약물(約物)은 가능한 한 그대로 살렸다.
- 한글 기사의 전사문에서, 옛한글의 자모와 당대 표기 관습으로 기록된 어형은 의미가 변하지 않는 한 현대 한국어의 표기 체계에 맞게 전환하였다.

4) 문장부호 및 띄어쓰기
- 원문에는 구두점이 없으나, 가독성을 높이기 위해 쉼표(,)와 마침표(.)를 적용하였다.
- 원문에는 띄어쓰기가 없거나 일정치 않으나, 현대 표준어 규정에 따라 띄어쓰기를 적용하였다.
- 국한문 기사의 경우, 문장 경계와 의미 단위를 현대 한국어의 문법적 경계를 참조하여 띄어쓰기하였다.
- 황제나 왕, 부처에 대한 존경을 표현하기 위해 간자(簡字)·개행(改行)한 곳은 표준어 규정에 따라 교정하였다.

5) 수량 및 시각 표기
- 기수 및 수량, 시각(時刻)의 표기는 모두 아라비아 숫자로 통일하였다.

3. 번역 원칙

- 번역은 원문의 어조와 당대의 문체감을 살리되, 현대 독자가 이해할 수 있도록 문법과 어휘를 현대 한국어로 옮기는 것을 원칙으로 하였다.
- 중국·일본의 인명 및 지명은 원문의 한자 표기에 따른 한자음으로 옮겼다. 특히 일본 인명의 경우, 원음 확인이 어렵거나 현대 발음과 불일치할 가능성이 많으므로 한자음 표기를 원칙으로 삼았다.
- 서양 인명 및 지명은 한자 음독 시 식별이 곤란한 경우가 많으므로, 확인이 가능한 한 현대 발음을 기준으로 옮겼다.

1부

문명의 질서와 지배의 논리

'행복'의 약속과 식민주의

김현주

| 해제

　'행복'은 19세기 말에 등장한 신조어다. 1890년대 말 『독립신문』 논설 란에서 행복이라는 말은 대체로 은혜를 베푸는 주체인 군주와 그 대상 인 백성이라는 틀 안에서 발화되면서도 백성이 누리고 도모해야 할 가 치를 표상했던 데 비해, 1900년대 말 『대한매일신보』의 논설에는 국가 주의적 사고방식이 더 강하게 나타난다. 행복을 나라의 진보, 독립, 문 명화 같은 가치와 관련짓고 인민의 행복을 그 결과로 놓은 것이 그것이 다. 그런데 당시에 일본(인)이 한국민을 대상으로 가르치고 약속한 행복 은 이와는 성격이 매우 달랐다.

　일인들의 행복 담론은 대체로 한국민의 고통과 불행에 대한 동정과 박애의 의지를 배면에 깔고 발화되었다. 1899년 4월 1일자 『황성신문』 이 발췌 번역해 실은 일본 『시사신보』의 한 기사를 보면, 일본인은 "행 복"을 약속하기 전에 우선 한국민을 불행하고 비참한 상태로 규정한다. 기사는 현재 한국민이 인심이 타락하고 국력의 발달이 저해되어 "불행" 한 상황에 있다고 하면서 그 원인으로 지나(중국)에 가까워 유교주의의 독에 감염된 점을 들었다. 그러고 나서 한국민이 일본 국민과 함께 "행복"을 누릴 수 있도록 해주겠다는 약속을 하는데, 여기에는 박애의 의지, 즉 한국민이 겪는 고통과 불행을 완화하기 위해 노력하려는 사명감 같은 것이 나타난다. 한국민으로 하여금 "문명 국민을 이루게 함"은 "동양의 문명 주인이 된 일본인이 크게 노력할 바"라는 것이다(「일본시사신보의 한민자제의 교육론을 초출하노라」, 『황성신문』, 1899.4.1.).

박애의 의지에서 출발하는 일본(인)의 행복 담론은 크게 두 가지로 나뉜다. 하나는 식민 권력의 정점에 있던 정치인과 관료들(공사, 대사, 통감, 고문 등)에 의해 발화된 정치적, 외교적 수사다. 1905년 '을사늑약'(〈제2차 한일협약〉)의 조인을 위해 특파대사 자격으로 입국한 이토 히로부미(伊藤博文, 1841~1909)는 고종에게 외교권의 포기 등 5개 조건이 "양국의 행복이오 동양의 평화를 영원히 유지하는" 방도이니 빨리 인허하라고 재촉했다. 1907년의 '정미7조약'(〈한일신협약〉)은 "일본국 정부 및 한국 정부는 신속히 한국의 부강을 도모하고 한국민의 행복을 증진하려는 목적으로 다음과 같은 조항을 약속해 정함"이라는 문장으로 시작한다. 1910년 병합 때 데라우치 마사다케(寺內正毅, 1852~1919) 통감은 자신이 부임한 목적은 "생민의 안녕과 행복을 증진"하려는 것이라고 천명했다.

한편 식민 관료의 대민 훈시에는 행복에 대해 국가적 이익과 함께 개인의 이익이나 권리를 고려하는 논법이 등장한다. 〈제1차 한일협약〉 이후 한국의 재정 전반을 감독하는 지위에 있던 메가타 다네타로(目賀田種太郎, 1853~1926)는 시정개선의 일환으로 토지의 세제(稅制) 및 지적(地籍) 정리를 주요 정책으로 채택하고 관련 법률을 본격적으로 정비하는 한편, 한국민에게 토지측량의 필요성을 알게 하고 그 기술을 습득시키기 위해 측량강습소를 설치했다. 메가타는 이 강습소의 졸업생을 대상으로 한 훈계에서 측량 기술의 중요성을 '행정상의 필요'와 '개인의 권리 향유'라는 두 가지

차원에서 설명했다. 토지의 면적 및 구획에 대한 정확한 측량은 “다만 일개인의 행복뿐만 아니라 국가에 도움이 많을지니 힘쓸지어다”(「설유측량생(說諭測量生)」, 『황성신문』, 1905.10.19.). 일본을 관광하고 돌아온 사람들을 마중한 연회석에서 경무국장 미츠이 시게루(松井茂, 1866~1945)는 일본에서 본 것을 한국에 응용하기 위해 힘쓰는 일은 “단지 관광단원 개인을 위할 뿐 아니라 한국 전체의 행복이 될” 것이라고 연설했다(「송정국장연설(松井局長演說)」, 『황성신문』, 1910.6.3.). 국가의 행복으로 수렴시키고 있지만, 그에 우선하여 개인의 행복을 고려하고 두 가지를 병행하는 가치로 연결시키고 있었다는 점이 중요하다.

다른 하나는 ‘일본 신사’, 즉 지식인의 담론인데, 이때 행복의 약속은 보통 정치의 혁신을 상대화하면서 ‘교육적이고 도덕적인 기획’의 형태를 취했다. 앞서 살핀 『시사신보』의 기사에서 일본인 선각자들의 임무를 “한국에 교육을 장려하여 인지를 발달케 함”, 곧 한국민이 “고상한 지식과 명철한 재능에 이르도록” 하는 것이라고 규정하는 식이다.

대표적 인물로 1906년 2월에 한국에 건너와 대한자강회(후에 대한협회)의 고문으로 활동하면서 실업 증진과 교육 개발에 관심을 기울였던 오가키 다케오(大垣丈夫, 1862~1929)가 있다. 그는 후쿠자와 유키치(福澤諭吉, 1835~1901)가 세운 게이오기주쿠(慶應義塾)를 졸업한 후 신문기자, 교사, 관료, 토목 사업가 등 다양한 직업을 전전하다가 한국에 건너왔는데, 『황성신문』과 『대한매일신보』는 이 ‘일본 신사’에 대해 특별한 호감을 보였다. 1906년 2월 24일 『대한매일신보』의 「하대원씨내한(賀大垣氏來韓)」에서 시작하여 두 신문은 논설을 통해 오가키의 주장을 여러 차례 논평한 이외에도 잡보에 그의 기고문을 자주 실었으며 대한자강회 등에서 연설한 내용도 여러 차례 연재했다. 두 신문이 오가키에게 호의를 가진 이유로는 그가 일본의 한국 정책에 대해 병탄이나 보호 같은 강압책이 아니라 동맹을 주장했다는 점, 문명화 과정에서 유교의 의의를 인정한 점 등을 들 수 있다. 무엇보다도 그의 주장이 교육적이고 도덕적인 기획의 성격을 띠었다는 점이 주효했다.

그런데 오가키가 연설과 기고를 통해 한국민에게 가르친 행복은 개인적 성격이 매우 강했다. 그는 한국민은 게을러서 근로의 가치를 모른다고 생각하는 외국인의 오해를 교정하려고 하면서 그것은 한국민의 본성이 아니라 포악한 정치의 결과라는 논리를 폈다. 재산이 "위험의 매개물이지 안녕 행복을 위한 필수 요소가 아닌" 때문에 한국민들은 부지런히 일해 재산을 축적하려는 습관을 형성하지 못했다는 것이다(「대한자강회연설 외국인의 오해」, 『황성신문』, 1906.7.24.; 『대한매일신보』, 1906.7.27.). 오가키는 교육을 의무화할 필요를 가르칠 때도 국가에 대한 국민의 의무에 덧붙여 자손에 대한 가장의 의무를 강조했다. 그에 따르면, 가장이 자손을 교육해야 할 필요는 "일가의 번영과 자손의 행복" 그리고 "자기 노후의 위안과 행복"에 있다(「대한자강회연설 의무교육의 본의(本義)」, 『황성신문』, 1906.8.21.~22.). 오가키의 교시에서 재산이나 교육을 통해 획득되는 행복은 개인적인 것으로서, 그는 개개인이 누리고 도모해야 할 행복을 가르쳤던 것이다.

1900년대 말에 특히 『대한매일신보』는 '일본 신사가 가르치는' 이와 같은 행복 담론에 내포된 식민주의에 대해 강한 경계심과 분노를 표현했다. 1909년 12월 14일자 신문의 논설 「진리와 행복」에 따르면, 얼마 전 일본인의 신문에 '한인을 가르친다'는 제목 아래 "한인은 진리 발휘를 목적으로 삼지 말고 행복 증진을 목적으로 삼으라"는 주장이 실렸다. 논설의 필자는 한국민들 사이에 이에 동조하는 행태가 나타나는 것에 대해 경계하고 분노했는데, 그는 일본인이 한국민에게 가르치고 약속하는 '행복'이 한국의 부흥과 동포의 안녕이라는 '진리'와 대척됨을 역설하면서, 일진회, 관광단, 국시유설단, 상무조합소 등에 빌붙어 개인의 행복을 구하는 '도깨비', '지렁이', '못난이'와 '노예배'를 격렬하게 비난하고 저주했다. 이 같은 담론에서 국가·동포의 이익과 (사적인) 행복은 동시에 추구될 수 없는 것으로 나타나는데, 이는 앞서 관광단을 마중한 연설에서 미츠이 경무국장이 관광단원 개인의 이익과 한국의 행복을 연결한 논리에 대한 정면 반박이었다.

1910년도의 신문을 들여다보면, '국가'와 '행복'은 서로 거리가 더 멀어지는 중이었던 것 같다. 종로에 점포를 둔 잡화판매점인 한양상회(漢陽商會)는 신년 광고의 제목을 "삼가하야 여러분의 행복 있는 신년을 하(賀)하압"이라고 달고 새해에는 실업 발전에 더욱 정신을 쏟자고 했다(『대한매일신보』, 1910.1.1.). 다른 광고에서는 한양상회에서 물건을 구매한 후 그 영수증의 추첨을 통해 구매 대금을 돌려받는 기회를 잘 활용하면 행복을 증진할 수 있다고도 했다(「기회를 선(善)히 이용하라」, 『황성신문』, 1910.8.3.). 행복은 개인들이 일상에서 추구할 뿐 아니라 서로를 향해 빌어주어야 할 가치가 되었으며, 경제적인 것과 더욱 밀착되었다. 한편 한국의 첫 번째 구세군 선교사인 허가두(許嘉斗, Robert Hoggard, 1861~1935)는 구세군은 정치조직이 아니라 '인간의 인애(仁愛)와 공중의 행복'을 위해 힘쓰는 종교단체라고 주장했으며(「허씨변명(許氏辨明)」, 『대한매일신보』, 1910.3.13.), 일본평화협회를 본받아 설립된 대한평화협회는 그 목적으로 '세계의 평화, 인류의 행복'을 제시했다(「평화회발기(發起)」, 『황성신문』, 1910.5.25.). 식민화를 바로 앞둔 시점에 신문에서는 행복의 개인화 담론이 널리 확산된 동시에, 행복은 공중이나 인류에 배분되어야 할 가치로 새롭게 의미화되고 있었다.

참고문헌

권보드래, 「'행복'의 개념, '행복'의 감성-1900~10년대 『대한매일신보』와 『매일신보』를 중심으로」, 『감성연구』 1, 전남대학교 호남연구원, 2010.

김도형, 「한국 근대계몽기 일본적 계몽담론의 영향에 대한 연구-오가키 다케오 관련 기사 및 저술 분석을 중심으로」, 『일본공간』 30, 국민대학교 일본학연구소, 2011.

김혜정, 「러일전쟁 이후 일제의 고문정치 실시와 목적-재정고문 目賀田種太郎을 중심으로」, 『한국민족운동사연구』 44, 한국민족운동사학회, 2005.

송영준·김갑열, 「대한제국 탁지부 양지과(量地課) 제정 측량규정에 관한 연구」, 『지적과국토정보』 364, 한국국토정보공사, 2012.

우남숙, 「오오가키 다케오(大垣丈夫)의 자조론 연구」, 『한국정치학회보』 51, 한국정치학회, 2017.

사라 아메드, 성정혜·이경란 옮김, 『행복의 약속: 불행한 자들을 위한 문화비평』, 후마니타스, 2021.

기사

001. (별보) 「일본 시사신보의 한민 자제의 교육론을 초출하노라(日本 時事新報의 韓民子弟의 敎育論을 抄出하노라」, 『황성신문』, 1899.4.1. 1면

▶원문 京仁 鐵道는 十分用力 竣功ᄒ야 本年 內에는 可히 開通ᄒ리라 ᄒ며 京釜 鐵道도 ᄯ흔 測量을 始ᄒ야 約束흔 年限 內에는 반다시 着手흠을 決心ᄒ 터인즉 韓國과 日本 關係에 就ᄒ야 政治上 事는 莫論ᄒ고 但 商賈貿易 一欵을 見흔즉 年年히 增進ᄒ야 其 各處 開港場에 日本人이 內地에 行商ᄒ는 者가 甚多ᄒ 샏 아니라 每歲 九州四國(日本 西南界)邊에서 韓國 沿海로 出稼ᄒ야 漁利에 從事ᄒ 는 者 亦 多흠은 世人의 共知라. 此를 推算ᄒ건딕 鐵道 落成 後에는 前途希望의 益益多多흠을 可見할지니 今後 通商의 發達ᄒ기를 因ᄒ야 彼此 人民의 愈益親 密흘 거슨 更無可疑나 抑夫 日本이 韓國에 向ᄒ야는 彼歐洲人이 阿弗利加 海岸 과 南洋諸島에 寄港ᄒ야 一偏貿易을 行ᄒ는 者에 比ᄒ면 不可同日而語라 兩國 人民이 互相助依ᄒ야 文明進步를 共與ᄒ며 天賜幸福을 共享흠이 當初의 目的인 故로 日本이 世界에 率先ᄒ야 韓國의 開明을 勸促ᄒ는 所以니 今 韓國人이 決斷 코 野蠻 未開의 人民은 아니라 千百年來로 自成一國ᄒ야 制度 文物이 大有可觀 ᄒ니 現에 日本의 工藝技術 中에 韓國으로붓터 傚入흔 者ㅣ 不少ᄒ건마는 不幸 히 支那 儒敎國에 接近흔 緣故로 儒敎主義의 害毒에 感染ᄒ야 人心이 腐敗로 釀成ᄒ며 且 其 大隣國의 壓迫을 每受ᄒ야 國力의 發達을 妨害함으로써 今日의 情況이 如此ᄒ엿스니 實로 文明主義의 敎育을 獎勵ᄒ야 高尙한 智識과 明哲한 才能을 開達케 ᄒ야 其 人民으로 ᄒ야곰 文明 國民을 成케 함이 決非難事인즉 東洋에 文明主人된 日本人의 大勉勵할 바이어늘 日本의 方針을 見한 則 但 政治 上 革新에만 用力ᄒ고 國內 數百萬 人民을 濟度할(corr.) 手段은 全不注意ᄒ니 如此ᄒ고야 日本 商人이 엇지 韓地에서 商賈貿易에 勉力ᄒ기를 望ᄒ리오 然則 韓國 內에 敎育을 獎勵ᄒ야 人智를 發達케 흠은 我 先覺者의 必要흔 事이라. 今日 日本 國民이 韓國을 向ᄒ야 可施흘 事業이 鐵道도 可ᄒ며 移民도 可ᄒ는 敎育一事가 最急 切要흔 則 此를 實行ᄒ딕 其 方法은 最初붓터 高尙흔 科程으로

專門學校를 起ᄒ기ᄂ 猝難ᄒ리니 몬져 日本語로써 普通敎育을 授케 ᄒ야 京城
及 開港場 或 樞要ᄒ 內地에 學校를 設立홈이 可ᄒ 것이 韓國 人心도 近來 크게
敎育의 必要를 感覺ᄒ야 日本 居留地 學校와 京城學堂에 入學者가 頗多ᄒᄃᆡ
唯 經費가 不足홈으로 希望者의 心에 滿足지 못ᄒ다 云ᄒ니 韓國 人民이 文明
敎育 門에 漸入ᄒᄂ 機會를 當ᄒ야 日本人도 其 維持 擴張에 奮力ᄒ기를 切望ᄒ
노라 日本語 學校를 次第로 韓地에 設立ᄒ고 韓國 子弟로 日本書를 讀ᄒ며 日本
語를 解ᄒ면 其中에 日本으로 來ᄒ야 深遠ᄒ 學理를 硏究ᄒᄂ 者가 必多홀 거시
오 不然ᄒ더라도 日本語를 旣解ᄒ즉 日本人에게 萬事가 便利홈이 曾年에 英美人
이 日本에 來ᄒ야 英語를 努力 敎育ᄒ 功効로 今日 內地에 到處 便利홈과 同홀
터이니 日本이 實力으로 韓國에 學校를 設ᄒ야 其 子弟를 敎育홈은 實地 兩國의
便利기로 前年붓터 其事에 着手ᄒ엿스ᄂ 今에 用費가 不足ᄒ야 目的을 確饒치
못ᄒ다 ᄒ니 爲先 京城學堂을 爲ᄒ야 資金을 消費ᄒ야 其 事業을 幫助ᄒ기를
望ᄒ노라 ᄒ엿더라

▸**번역** 경인철도는 충분히 힘을 써 준공하여 올해 안에는 개통이 가능하리라
하며 경부철도도 또한 측량을 시작하여 약속한 연한 내에는 반드시 착수함을
결정할 터인즉 한국과 일본의 관계에 대해 정치상의 일은 물론이고 다만 상인
무역 하나를 보아도 해가 갈수록 증진하여 각처 개항장의 일본인이 내륙으로
상업을 행하는 자가 매우 많을 뿐 아니라 매년 구주사국(일본의 서남부) 주변
에서 한국 연해로 나가 어업에 종사하는 자 역시 많음은 세상 사람이 모두
아는 바라. 이를 추산하건대 철도 완성 후에는 앞으로 잘 될 가능성이 점차
커짐을 볼 수 있을지니 이후 통상의 발달로 인해 피차 인민이 더욱 친밀해질
것은 의심한 바가 없으나 일본이 한국을 향한 관계는 저 구주인이 아프리카
해안과 남양의 여러 섬에 잠시 들러 일방적 무역을 행하는 것과는 비교할 수
없는 바라. 양국 인민이 서로 도와 문명 진보를 함께 하며 하늘이 내린 행복을
함께 누림이 당초의 목적이므로 일본이 세계에 솔선하여 한국의 개명을 권하
여 재촉함은 이 때문이라. 현재 한국인이 결단코 야만 미개의 인민이 아니라
천백 년 이래로 스스로 한 나라를 이루어 제도문물이 볼 것이 많으니 지금
일본의 공예기술 중에 한국으로부터 본받아 들여온 것이 적지 않건만 불행하

게도 유교국인 중국에 근접하여 유교주의의 해독에 감염되어 인심의 타락이 만들어지고 또한 그 큰 인접국의 압박을 많이 받아 국력의 발달이 방해받음으로써 오늘날의 정황이 이와 같이 되었는지라. 실로 문명주의의 교육을 장려하여 고상한 지식과 명철한 재능에 이르도록 하여 그 인민으로 하여금 문명 국민을 이루게 함이 결코 어려운 일이 아니므로 동양의 문명 주인이 된 일본인이 크게 노력할 바이거늘, 일본의 방침을 보면 다만 정치상 혁신에만 힘을 쓰고 국내 수백만 인민을 이끌어줄 수단에는 전연 주의를 기울이지 않으니 이래서야 일본 상인이 어찌 한국 땅에서 상인 무역에 힘을 기울이기를 바라리오. 그러므로 한국에 교육을 장려하여 인지를 발달케 함은 우리 선각자가 해야 할 일이라. 오늘날 일본 국민이 한국을 향하여 베풀 사업으로 철도도 가능하며 이민도 가능하나 교육 하나가 가장 급하게 필요한즉 이를 실행하되 그 방법은 처음부터 고상한 과정을 두어 전문학교를 세우기는 어려우니 먼저 일본어로 보통교육을 행하여 경성 및 개항장 혹은 요긴한 내지에 학교를 설립함이 바람직할지라. 한국 인심도 근래 크게 교육의 필요를 느껴 일본인 거류지의 학교와 경성학당에 입학자가 아주 많은데 다만 경비가 부족하므로 희망자의 마음이 만족하지 못한다고 하니 한국 인민이 문명교육에 점차 진입하는 기회에 일본인도 그 유지 확장에 노력하기를 절실히 희망하노라. 일본어 학교를 점차로 한국 땅에 설립하고 한국의 자제가 일본 책을 읽으며 일본어를 이해하면 그중에 일본으로 와서 심원한 학문을 연구하는 자가 반드시 많을 것이요, 그렇지 않더라도 일본어를 이미 이해하면 일본인에게 모든 일이 편리함이 일찍이 영미인이 일본에 와서 영어를 힘써 교육한 효과로 오늘날 내지의 어디서든 편리한 것과 같을 터이니 일본이 실력으로 한국에 학교를 설치하여 그 자제를 교육함은 실제로 양국에 이익이 되므로 전년부터 그 일에 착수하였으나 현재 비용이 부족하여 목적을 확실하고 넉넉하게 이루지 못한다고 하니 우선 경성학당을 위하여 자금을 써서 그 사업을 돕기를 희망한다고 하였더라.

▶ **용어** 경성학당

002. 「전구대한론(田口對韓論)」, 『황성신문』, 1900.10.27. 2면

▸**원문** 日本 下議院 代議士 田口卯吉 氏가 北淸을 視察혼 後 來韓ᄒ야 泥峴 總代役場에셔 北淸視察을 談혼 後에 對韓意義를 述혼 其 槪意에 日 殖民의 幸福 及 合宜홈이 韓國에 最緊혼지라 從來 我邦에 流行ᄒᄂ 國論에 韓國 獨立을 扶植 ᄒ쟈ᄂ 意義가 誤혼즉 今後 我 外交官 及 國民이 韓國의 殖民을 忘홈이 不可ᄒ 고 且 諸君은 國家에 十分 其 保護를 受홀 權利가 有ᄒ니 凡 其 對韓論은 外國民 의 利益을 保護ᄒᄂ 데 在ᄒ다 ᄒ얏더라 日字漢城報

▸**번역** 일본 하의원 의원인 전구묘길 씨가 북청을 시찰한 후 내한하여 니현 총대역장에서 북청 시찰에 대해 이야기한 후에 한국에 대한 주장을 편 그 대강 을 말하되, 식민의 행복과 질서를 함께 이루는 것이 한국에 가장 필요한지라. 종래 우리나라에 유행하는 국론에 한국의 독립을 돕자는 주장은 잘못된 것인 즉, 이후 우리 외교관 및 국민이 한국에 식민하기를 잊어버리는 것은 불가능하 고 또 여러분은 국가의 충분한 보호를 받을 권리가 있으니 무릇 한국에 대한 주장은 외국민의 이익을 보호하는 데 있다고 하였더라. 『한성보』 일어판

▸**용어** 전구묘길, 총대역장, 한성보(=한성신보)

003. 「설유측량생(說諭測量生)」, 『황성신문』, 1905.10.19. 2면

▸**원문** 本月 十七日 度支部에서 測量卒業生 十九人의 卒業式을 擧行하얏ᄂ딕 財政顧問 目賀田 氏가 訓告홈이 如左하니

資源이 發達홈을 從ᄒ아 作道, 架橋, 排水, 灌漑, 築堤 等 土地에 對혼 事業이 益多홀지로딕 土地의 測量이 目下 急要하니 行政上 及 私權을 享有홈에 土地의 面積과 高低를 不知하면 施設키 不能혼지라 該氏가 將來에 積精植學ᄒ면 다만 一個人의 幸福쑨 아니라 其 國家에 資홈이 多홀지라 勉哉어다

又 堤 敎官의 告辭가 如左하니

凡 土地 測量 事業이 各種 事業 中 最히 必要하며 繁雜혼 事業이라 國民 中 多數ᄂ 土地 所有者니 土地를 有ᄒ면 其 所有 土地의 面積 及 區劃을 明白히 홈이 自己의 利益을 保ᄒ며 國家 財政의 基礎를 定홈에 在하니 今日 修業 証書를

授與흔 諸氏는 右 基礎를 成홀 重大의 責任을 負하야 自今 土地 測量 事業에 熱心 從事홈이 必要흔 所以니 其 熱心從事홈은 無他라 但 精과 明이 有홀 뿐이니 精은 測量이 確實홈이오 明은 實施와 圖가 歸一하야 誤測이 無케 홈이라 萬若 寸毫라도 誤測이 有하면 土地 所有權者의 利害得失이 土地에만 不止라 地下 及 宇宙에싯지 及ᄒᄂ니 測量者가 自己 良心이 羞恥가 無ᄒ도록 此 眞實흔 語를 不忘홈이 必要흔지라

尙且 上官의 命令을 奉承하야 規律을 嚴히 ᄒ며 禮儀를 重히 하고 同僚의 親交를 敦睦하야 完全히 國家에 盡力하기를 希望흔다 ᄒ얏더라

▶번역 이달 17일 탁지부에서 측량졸업생 19명의 졸업식을 거행했는데 재정고문 목하전 씨의 훈계가 아래와 같으니,

자원이 발달함을 쫓아 작도, 가교, 배수, 관개, 축제 등 토지에 대한 일이 점차 많아질 것이므로 토지의 측량이 지금 바로 필요하니, 행정상 및 개인의 권리를 누리는 데 토지의 면적과 고저를 알지 못하면 설비를 할 수 없는지라. 이에 해당하는 사람이 장래에 정성을 다해 학식을 배양하면 다만 일개인의 행복뿐만 아니라 국가에 도움이 많을지니 힘쓸지어다.

또한 제 교관의 훈시는 아래와 같으니,

무릇 토지 측량 사업은 각종 사업 중 가장 필요하며 번거롭고 복잡한 사업이라. 국민 중 다수는 토지 소유자이므로 토지를 가지면 그 소유 토지의 면적 및 구획을 명확히 하는 것이 자기의 이익을 지키며 국가 재정의 기초를 안정시키는 일인즉, 오늘 졸업 증서를 받은 여러분은 그 기초를 이룰 중대한 책임을 짊어졌으니, 이것이 이제부터 토지 측량 사업에 열심히 종사해야 할 까닭이라. 그 열심히 일함은 다른 것이 아니라 다만 정밀함과 명확함이 있을 뿐이니, 정밀함은 측량이 확실함이요 명확함은 실제와 그림이 일치하여 잘못된 측정이 없게 함이라.

만약 조금이라도 측량이 잘못되면 토지 소유권자의 이해득실이 토지에만 그치지 않고 지하 및 우주까지 미치니 측량하는 자가 자기 양심이 부끄러움이 없도록 진실한 말을 잊지 않는 것이 필요한지라.

아울러 상관의 명령을 받들어 규율을 엄격히 하며 예의를 소중히 여기고 동료

와의 친교를 돈독히 하여 완전히 국가에 힘을 다하기를 희망한다 하였더라.

▸ **용어**　탁지부

004. 「하대원씨내한(賀大垣氏來韓)」, 『대한매일신보』(국한문), 1906.2.24. 2면

▸ **원문**　吾儕가 熟聞 日 東에 有一正義之士ㅎ니 日 大垣丈夫 氏라. 盖年 來 日廷에 對韓 政策이 有三ㅎ니 日 併吞說이오 日 保護說이오 日 同盟說인되 氏는 對韓問題研究會長으로 同盟說을 主倡ㅎ야 屢屢히 政府를 勸告ㅎ니

其 心事之正大와 識見之深遠이 可히 東洋에 幸福을 施홀만흔지라 然이나 其 政府上 人物은 皆 近利를 貪ㅎ고 正義를 無視ㅎ니 氏의 言論이 雖不得行이나 氏는 其 主執ㅎ는 意見을 自信自負흔다더니

曩者 皇城報 重刊之日에 氏가 瓊琚之章을 寄ㅎ야 攢賀之情을 表ㅎ얏스니 吾儕가 諷詠再三에 其愛好正人ㅎ고 扶植正義ㅎ는 膺袗을 可以確信흘지라

彼 某報舘에서 皇城報를 對ㅎ야 日悖論 日頑固라ㅎ야 每常譏斥을 加與ㅎ는 者는 抑何心哉오

氏가 此次來韓이 必非偶然이니 大韓有志者는 宜皆十分懽迎ㅎ야 肝膽을 傾瀉홀 거시오 吾儕도 氏의 此行으로써 兩國人士의 福祉가 됨을 卜ㅎ노라

又 聞흔즉 氏가 將次 閔忠正 墓所에 前往ㅎ야 其 忠魂을 吊慰코져흔다ㅎ니 其 一涕一詠이 足히 國人의 熱血을 皷發ㅎ리니 此又何等好箇意想也오 吾儕는 於是乎東洋에 義士가 有흠을 信ㅎ노라

▸ **번역**　우리가 익히 들은즉 동쪽에 한 정의로운 선비가 있으니 곧 대원장부 씨라. 아마도 여러 해 전부터 일본 조정의 한국 정책이 세 가지가 있으니 왈 병탄설이요 왈 보호설이요 왈 동맹설인데, 씨는 대한문제연구회장으로 동맹설을 주창하여 누누이 정부에 권고하니, 그 마음과 일의 정대함과 식견의 심원함이 가히 동양에 행복을 베풀만한지라. 그러나 그 정부의 인물은 모두 가까운 이익을 탐하고 정의를 무시하니 씨의 말이 실행되지는 못했으나 씨는 그 주장하는 의견을 스스로 믿고 자부한다더라.

지난번『황성신문』복간하는 날에 씨가 훌륭한 글을 기고하여 축하하는 마음을 표현하였으니 우리가 여러 번 읊고 또 읊으면서 올바른 사람을 애호하고 정의를 돕는 마음을 확신할 만한지라.

저 모 신문사가『황성신문』에 대해 모순된다거나 완고라고 하면서 항상 꾸짖고 배척하는 것은 대체 무슨 심보인가.

씨가 이번에 한국에 온 것은 분명 우연이 아니니 대한의 뜻있는 사람은 마땅히 모두 십분 환영하여 속마음을 기울일 것이오. 우리도 씨의 이번 내한이 양국 인사의 행복과 이익이 될 것으로 예상하노라.

또 들은즉 씨가 장차 충정공 민영휘의 묘소에 가서 그 충혼을 위로코자 한다고 하니 그 눈물과 말이 충분히 한국인의 열렬한 정신을 불러일으키리니 이 또한 얼마나 좋은 뜻이오. 우리는 여기 동양에 의로운 지사가 있음을 믿노라.

▸ **용어** 대원장부, 민영휘

005. (논설)「감사대원군고의(感謝大垣君高義)」,『황성신문』, 1906.2.27. 2면

▸ **원문** 大垣丈夫 君이 告韓國諸君子書는(corr.) 業已揭載於昨日本紙矣라. 諸君子之所應覽諒也어니와 記者ㅣ 亦嘗聞其名이 宿矣라. 君이 以卓犖不羈之志로 未嘗染指於仕途ㅎ고 慨然以人權之伸張과 東亞之維持로 爲己任은 果如其書之所言이니 君이 往在甲午에 嘗主唱韓日淸三國同盟之論者라 ▨(⋯)▨ 아 今大垣君이 獨能有窺於此ㅎ고 慨然以韓國之敎育發達로 眷眷警告者ㅣ 不已ㅎ니 如君者는 儘不易得之君子也로다 今日本人士之來住我土者不爲不多언마는 皆蚤夜經營於自己上利益而已라 孰肯實心注力於韓人之啓發哉아. 且不徒外人이라 雖我韓之人이라도 猶且趨附迎媚於外人ㅎ야 毫髮無愛國之誠者ㅣ 甚多커던 而況乎大垣君은 乃日本之人으로도 能盡力於我韓之啓導ㅎ야 跋涉風濤에 不辭苦勞ㅎ니 其前途成就之結果는 姑未可預料其如何나 然이나 吾輩는 深感其義氣之高而志意之遠ㅎ노니 君이 曷嘗有求於我韓而來哉아. 直不過發於德義而已니 盖現今我韓之時局이 譬如在闇黑室中ㅎ야 有駒駒然鼾睡者ㅎ며 有不寐而轉輾者호딕 要其究竟ㅎ면 均是黑洞洞裏臥在者也라 雖眼如岩電ㅎ고 目若炬火라도 四顧昏

黑에 風雨凄凄ᄒ며 東窓如漆에 曙天尙遙ᄒ니 迨此今日ᄒ야 汲汲發奮而急務者
ᄂ 亶不在振敎育殖産業之第一主旨乎아 大垣君之言에 有曰 今也世界之大勢ᄂ
爭事進取ᄒ야 開明自競ᄒᄂ니 若頑冥不進則不免自然淘汰也라 ᄒ니 旨哉라 斯
言이여 此乃吾人之所服膺而警醒者니 吾輩ㅣ 苟不自奮於開明之勢力ᄒ고 如仍
舊玩愒ᄒ면 即滅亾而後已라 奚但於被人覊絆而止哉아 嗚乎라 我韓國內有志諸
君子ᄂ 宜玩味於大垣君之警告ᄒ야 各自奮勵而注力則我韓自强自立之策이 實
在於此ᄒ니 豈非同胞諸君子之幸福也哉아

▸**번역** 대원장부 군의 「한국 여러 군자들께 고하는 글」은 이미 어제 본지에
게재되었는지라. 여러 군자들께서 마땅히 읽고 헤아릴 바라 믿거니와 필자
또한 이미 그 이름을 오래전부터 들어 알고 있는지라. 군이 탁월하고 얽매이지
않은 뜻을 지녀, 벼슬길을 맛본 적이 없고, 분연히 인권의 신장과 동아의 보존
을 자신의 임무로 삼은 것은 과연 그 글에서 말한 바와 같으니, 군은 일찍이
갑오년[1894년]에 한·일·청 세 나라의 동맹론을 주창한 인물이라. ⊠(…)⊠
아, 지금 대원 군만이 홀로 이것을 꿰뚫어 보고 분연한 마음으로 한국의 교육
발달에 대해 정성껏 경고하기를 그치지 않으니 군과 같은 이는 얻기 쉽지 않은
군자로다. 지금 우리 땅에 와서 거주하는 일본 인사가 많지 않다고 할 수 없지
만 모두 밤낮으로 자신의 이익을 경영하는 데만 골몰할 뿐이니, 누가 기꺼이
한국인의 계발에 성심껏 주력하겠는가. 또한 외국인만이 아니라 비록 우리
한국 사람이라 하더라도 오히려 외국인에게 들러붙어 아첨하며 터럭만큼도
애국심이 없는 이가 매우 많거늘 하물며 대원 군은 일본인이면서도 능히 우리
한국의 계도에 진력해서 바람과 파도를 무릅쓰는 수고를 마다하지 않으니 그
앞날의 성취 결과가 어떨는지는 아직 예상할 수 없으나, 우리들은 그의 기개가
높고 뜻이 요원함에 깊이 감사하노니, 군이 일찍이 우리 한국에 무언가를 바라
고 온 일이 있었던가. 이는 다만 도의에서 우러나온 것일 뿐이리니, 현재 우리
한국의 상황은 마치 어두운 방 안에 있는 것 같아서 그 안에는 쿨쿨 코를 골며
자는 사람도 있고 잠들지 못한 채 이리저리 뒤척이는 사람도 있는데, 그러나
결국 따지고 보면 모두가 캄캄한 방 안에 누워있는 데 지나지 않는지라. 비록
눈이 번개같이 빛나고 횃불같이 밝다 하여도, 사방은 어둡고 바람과 비는 처량

하며 동쪽 창은 먹을 칠한 듯 어둡고 새벽 하늘은 아직도 멀기만 하니, 이러한 오늘날에 이르러 부지런히 분발하여 급히 해야 할 일은 교육을 진작하고 산업을 번성하게 하는 데에 가장 첫 번째 목표가 있어야 하지 않겠는가. 대원 군의 말 중에 오늘날 세계의 대세는 다투어 나아가고 진취하려는 데 있으며 개명하기를 서로 경쟁하는 것이 자연스러운 일이니 만약 어리석고 어두워 나아가지 못한다면 자연 도태되는 것을 피하지 못할 것이라 하니, 참으로 뜻깊도다. 이 말이야말로 곧 우리가 마음 깊이 새기고 경각심을 가져야 할 바이니, 만약 우리가 개명의 기세 속에서 스스로 분발하지 않고 옛날 그대로 나태하게 지낸다면 멸망이 뒤따를 뿐이니 어찌 다만 남에게 얽매이고 속박당하는 데서 멈추겠는가. 아아, 우리 한국 안의 뜻있는 여러 군자여, 마땅히 대원 군의 경고를 깊이 새겨서 각자 분발하고 힘을 쏟으면 우리 한국이 자강하고 자립하려는 계책이 실로 여기에 있을 것이니 어찌 동포와 여러 군자의 행복이 아니겠는가.

▸ **용어** 대원장부

006. 「대한자강회연설(大韓自强會演說)」, 『황성신문』, 1906.7.24. 3면

▸ **원문** 外國人의 誤解

大垣丈夫 氏

外國人이 韓國民을 批評ᄒᆞᄂᆞᆫ 言語를 聞ᄒᆞᆫ則 皆曰 韓民은 無氣力、怠惰ᄒᆞ고 且 猜忌心이 多ᄒᆞ야 今에 腐敗墮落의 極点에 達ᄒᆞ얏슨則 改進文明은 終不可望이라 ᄒᆞ나 余ᄂᆞᆫ 思惟컨딕 韓民이 如斯ᄒᆞᆫ 批評을 受ᄒᆞᆷ에 至ᄒᆞᆷ은 多少 事實이 有ᄒᆞᆷ을 因ᄒᆞᆷ이로딕 其 無氣力、怠惰、猜忌心은 決코 人種的 固有性이 아니오 全히 境遇의 所致니 夫人種的 固有性을 變化ᄒᆞᆷ은 至難의 事業이로딕 境遇로 生ᄒᆞᄂᆞᆫ 習慣性을 改善ᄒᆞᆷ은 稍히 易事에 屬ᄒᆞᆷ이로다

(…)

外人이 又 曰 韓人은 怠惰ᄒᆞ야 勤勞의 價値를 不知ᄒᆞᆫ다ᄒᆞ니 此ᄂᆞᆫ 有理의 說이니 現在 事實이 正히 如斯ᄒᆞᆫ 듯ᄒᆞ되 此 慣習性의 由來를 溯考ᄒᆞ면 此ㅣ 騷亂과 虐政이 韓民을 惡化ᄒᆞᆫ 結果라 韓民에게ᄂᆞᆫ 財産이 危險의 媒介物이오 安寧幸福의

要具가 아닌(corr.) 것이 日本人은 其 財産의 實數보다 夥多홈을 示ᄒ야 信用을
鞏固케 ᄒ랴 ᄒ되 韓人은 財産의 夥多홈을 尠小ᄒ다 稱ᄒ며 有홈을 無ᄒ다 稱ᄒ
야 他의 搶奪을 免ᄒ랴 ᄒᄂ니 即 財産을 有ᄒ면 有司에 得罪ᄒ야 鹵掠되야
投獄되ᄂ 危險이 有홈이 如斯ᄒ 邦國에서ᄂ 勤勞ᄒ야 蓄財홀 必要가 無ᄒ고
又 他國은 子孫에게 蓄財홈을 獎勵ᄒ되 韓國에서ᄂ 子孫을 戒ᄒ야 蓄財치 勿케
ᄒ다ᄒ니 此ᄂ 虐政의 結果로 出홈이오 其 天性은 아니로다
萬若 政府에서 人民의 財産을 安固케 ᄒ고 國民 一身上에 勤勞의 利益을 受케
ᄒ면 怠惰를 化ᄒ야 勤勉의 人을 成케 홈이 決코 難事가 아니라 然而 但 多年의
久習인 故로 一朝에 改善키 難ᄒ다 ᄒ더라도 經年ᄒ면 必然히 變化ᄒ깃고 又況
昨今 狀態를 見ᄒ則 國事의 悲運을 憤慨ᄒ아 敎育部面에 勃起ᄒ 愛國的 進取의
氣象이 他日의 開進文明을 胚胎홀 者인 則 余ᄂ 外國人의 誤解를 指摘ᄒ야 彼等
의 反省을 請求ᄒ고 又 韓人 諸君에게ᄂ 愈益奮發興起ᄒ야 文明富强의 實을
擧홈을 切望ᄒ노라

▸ **번역** 외국인의 오해

대원장부 씨

외국인이 한국을 비평하는 말을 들은즉 모두가 한국민은 기운과 힘이 없고
게으르고 또 시기심이 많아 지금 부패 타락의 극한에 달했으므로 개혁하고
진보하는 문명은 끝내 가망이 없다고 하나, 내가 생각해 보건대 한국민이 이러
한 비판을 받기에 이른 것은 어느 정도 실제 사실에 기인함이로되 그 무기력함,
게으름, 시기심은 결코 인종의 고유성이 아니요 전적으로 환경에 의한 것이니,
인종적 고유성을 변화시킴은 매우 어려운 일이로되 환경에 의해 생긴 습관성
을 개선함은 비교적 쉬운 일에 속함이로다.

(…)

외국인이 또 말하길 한국인은 게을러서 근로의 가치를 모른다고 하니 이는
이치가 있는 이야기로 현재 사실이 바로 이 같은 듯하되 이 습관성의 유래를
거슬러 올라가면 이는 소요와 포악한 정치가 한국민을 악화시킨 결과라. 한국
민에게는 재산은 위험의 매개물이지 안녕 행복을 위한 필수 요소가 아닌 것이,
일본인은 재산을 실제보다 많이 부풀려 보여서 신용을 공고케 하려 하되 한인

은 재산이 많아도 적다고 하고 있어도 없다고 하여 다른 사람의 약탈을 면하려 하니, 즉 재산이 있으면 그 때문에 죄를 얻어 빼앗기고 투옥되는 위험이 있으므로 이 같은 나라에서는 근로하여 재산을 모을 필요가 없고, 또 다른 나라는 자손에게 재산 축적을 장려하되 한국에서는 자손을 훈계하여 축재하지 않도록 한다고 하니 이는 포악한 정치의 결과이지 그들의 천성은 아니로다.

만약 정부에서 인민의 재산을 안정적으로 공고케 하고 국민 개인이 근로의 이익을 받게 하면 게으름을 변화시켜 근면한 사람을 이루게 함이 결코 어려운 일이 아닐지라. 다만 이는 오래된 관습이므로 하루아침에 개선키 어렵다고 하더라도 해가 지나면 반드시 변화하겠고 또 하물며 요즈음의 상태를 본즉 국사의 비운에 분개하여 교육 부분에 일어난 애국적인 진취의 기상이 훗날 문명의 진보가 시작될 씨앗을 품은 것인즉 나는 외국인의 오해를 지적하여 그들의 반성을 요구하고 또 한국인 제군에게는 더욱더 분발 흥기하여 문명 부강의 결실을 얻기를 간절히 바라노라.

▶ **용어**　대원장부, 대한자강회

007. 「대한자강회연설(大韓自强會演說)」, 『황성신문』, 1906.8.21.~22. 3면

▶ **원문**　義務敎育의 本義

大垣丈夫 氏

(…)

所謂 義務敎育이라 홈은 人民이 各其 國家에 對혼 義務와 自己 子孫에 對혼 義務의 二種이 有홈을 覺知호고 國民은 必히 普通敎育을 擔任호야 其 經用을 支撥홀 義務가 有홈을 謂홈이오 又 國家는 國家의 義務로 國民 全体에 普通知識을 享受케 호는 方法을 實施홀 義務가 有홈을 謂홈이라 故로 文明國에셔는 普通敎育令 或 普通學校令 或 小學令 等 名稱으로써 法令을 頒布호야 國民에서 義務敎育을 施行호야 必히 普通智識을 享受케 홈이 常例로다 國家에 對혼 義務라 홈은 凡國家는 人民 一箇人의 會集혼 者니 人民은 即 國家의 實体인 則 各 其 國家의 一分子、一議員의 資格을 有호야 國家의 盛衰榮辱이 即 各 其 人民 雙肩

에 擔負홀 것은 自明의 道理오 國民敎育의 有無는 即 國家 盛衰榮辱의 由來흔
바인 則 國家의 榮辱으로써 自己의 榮辱으로 認ᄒᆞ야 敎育普及과 人智의 開進을
圖홀 것은 即 國家 組織上에 國民 當然의 義務로다 自己子孫에 對흔 義務라
홈은 凡人의 智愚賢不肖가 敎育의 有無를 因ᄒᆞ야 決定되는 것인 則 家長이 一家
의 繁榮과 子孫의 幸福을 企圖홀 것은 人生當然의 義務오 又 自己老後의 慰安과
幸福을 求ᄒᆞ는 所以인則 子孫의 敎育으로써 家長의 義務로 홈은 世界 識者의
異議가 無흔 비오 文明國人의 實行ᄒᆞ는 비라

(…)

元來 邦國은 人民의 集團으로써 成立흔 者인則 人民의 性行이 劣惡ᄒᆞ고 智識이
欠乏ᄒᆞ면 他國에 野蠻 或 未開者로 擯斥되며 侮辱되야 國家의 名譽와 權利를
維持키 不能홀 쑨아니라 人民의 幸福과 安寧을 保有키 不能홈에 至홀지오 此에
反ᄒᆞ야 人民의 品性이 高尚ᄒᆞ고 智識이 增進ᄒᆞ면 他國의 尊敬을 受ᄒᆞ며 親愛ᄒᆞ
야 國家의 名譽와 權利를 擴張ᄒᆞ야 人民의 幸福과 安寧을 增進홈을 得홀지라
故로 國家를 成흔 以上에는 國民 全體에 普通智識을 具備케 ᄒᆞ고 其 品性을
高尚케 ᄒᆞ는 方法을 實施홈이 國家 當然의 義務인則 其 國家의 一分子 一議員된
人民이 各 其 敎育經用의 一部分을 擔任ᄒᆞ야 義務敎育의 實施를 助成홀지니
此ㅣ 國民 當然의 義務오 又 自己 子孫의 繁榮과 幸福을 求ᄒᆞ기 爲ᄒᆞ야 子孫의
敎育을 實行홈이 此ㅣ 人生 當然의 義務에 屬ᄒᆞ야 皆 自明의 理由에 基因흔
者인則 國民이 此 二重의 義務를 負擔홈을 覺知ᄒᆞ고 義務敎育을 實行홀지로딕
但 韓國의 現狀에는 敎育이 不足ᄒᆞ고 學校의 設備가 無ᄒᆞ야 猝然히 義務敎育令
을 實行키 難ᄒᆞ나 從此 法令을 頒布ᄒᆞ야 府郡都會地로붓터 漸次 從便實行홈이
適當홈으로 認ᄒᆞ노라 〔完〕

▸번역 의무교육의 본의

대원장부 씨

(…)

이른바 의무교육이라 함은 인민 각자가 국가에 대한 의무와 자기 자손에 대한
의무라는 두 종류가 있음을 알고 국민은 반드시 보통교육을 책임져 그 경비를
지불할 의무가 있음을 말함이요, 또 국가는 국가의 의무로 국민 전체에 보통

지식을 누리게 하는 방법을 실시할 의무가 있음을 말함이라. 그러므로 문명국에서는 보통교육령 혹은 보통학교령 혹은 소학령 같은 이름으로 법령을 반포하여 국민에게 의무교육을 시행하여 반드시 보통지식을 누리게 함이 일반적인 예로다. 국가에 대한 의무라 함은, 무릇 국가는 인민 개개인이 모인 것이니 인민은 곧 국민의 실체인즉 각자 그 국가의 한 분자, 한 구성원의 자격을 가져 국가의 번성과 쇠퇴를 각 인민이 양어깨에 책임질 것은 자명한 도리요, 국민교육의 유무는 국가의 번성과 쇠퇴를 발생시키는 것이므로 국가의 명예와 치욕을 자기의 명예와 치욕으로 인식하여 교육 보급과 인지의 개진을 도모하는 것은 국가의 조직상 국민의 당연한 의무로다. 자기 자손에 대한 의무라 함은 평범한 사람의 지혜로움과 어리석음, 유능함과 무능함은 교육의 유무에 따라 결정되는 것이므로 가장이 일가의 번영과 자손의 행복을 도모하는 것은 인간의 당연한 의무요 또 자신의 노후의 편안과 행복을 구하는 까닭이므로 자손의 교육을 가장의 의무로 함은 세계의 식자들이 이의가 없는 바이며 문명국 사람들이 실행하는 바라.

(…)

원래 나라는 인민의 집단으로 성립한 것이므로 인민의 성품과 행실이 열악하고 지식이 결핍하면 타국에 야만 혹 미개한 자로 배척되고 모욕되어 국가의 명예와 권리를 유지하기 불가능할 뿐 아니라 인민의 행복과 안녕을 보유하기 불가능함에 이를 것이요, 이와 반대로 인민의 품성이 고상하고 지식이 증진하면 타국의 존경을 받으며 친애하여 국가의 명예와 권리를 확장하고 인민의 행복과 안녕을 증진함을 얻을지라. 그러므로 국가를 이룬 이상에는 국민 전체가 보통 지식을 구비하게 하고 그 품성을 고상하게 하는 방법을 실시함이 국가의 당연한 의무인즉, 그 국가의 한 분자, 한 구성원된 인민이 각기 교육 경비의 일부를 분담하여 의무교육의 실시를 이루는 것은 국민의 당연한 의무요, 또 자기 자손의 번영과 행복을 구하기 위하여 자손의 교육을 실행함은 인간의 당연한 의무에 속하여 모두 자명한 이유에 기인한 바, 국민이 이 이중의 의무를 부담함을 깨달아 알고 의무교육을 실행할지로되 단지 한국의 현재 상태는 교육이 부족하고 학교의 설비가 없어 갑자기 의무교육령을 실행하기 어려우나

이에 따라 법령을 반포하여 부, 군, 도회지부터 형편에 따라 점차 실행함이 적당함을 알겠노라. (완)

▸ **용어**　대원장부

008. 「대한자강회의 대원장부 씨 연설(大韓自强會의 大垣丈夫 氏 演說)」, 『대한매일신보』(국한문), 1906.11.21. 3면

▸ **원문**　滿堂 紳士 諸君아 本日은 陽曆 十一月 十七日이라 昨年 本月 本日을 回顧ᄒ건딕 志士의 心腸이 沸騰홀 거시오 韓國 前道가 危懼ᄒ도다 當日은 勿論ᄒ고 國家가 他國의 保護를 被ᄒ면 國民의 名譽가 아니오 恥辱인 故로 本日은 名譽 紀念日이 아니오 實로 恥辱 紀念日이라 然ᄒ나 此 恥辱을 馴致홈은 數百 年 來로 惡政을 施行ᄒ야 人心이 逐日 萎縮ᄒ야 自立의 能力을 失혼結果인 則 此 代의 官民 諸君이 韓國의 地位와 境遇를 自覺自勵ᄒ고 自力自立의 能力을 養成ᄒ야 後代 子孫의 幸福과 國家의 繁榮을 期圖홀지라 此 大韓自强會의 趣旨 目的은 即 韓國을 救濟코져 ᄒ야 國民에 自奮自勵를 要求ᄒᄂ 者인則 此 紀念日 을 當ᄒ야 特히 官權과 民權의 區別을 演說ᄒᄂ 我 微意의 所在를 推察ᄒ야 特히 傾聽의 榮을 賜홈을 切望ᄒ노이다 (…)

▸ **번역**　강당을 가득 채운 신사 제군이여, 오늘은 양력 11월 17일이라. 작년 본월 본일[제2차 한일협약, 을사5조약으로도 불리는 을사늑약이 체결된 날]을 회고하건대 지사의 심장이 비등할 것이요, 한국의 앞길이 염려스럽고 두렵도다. 바로 그날은 말할 것도 없고, 국가가 타국의 보호를 받으면 국민의 명예가 아니요 치욕인 고로 오늘은 명예 기념일이 아니요 사실 치욕 기념일이라. 그러나 이러한 치욕에 이른 것은 몇백 년 동안 악정을 시행하여 인심이 나날이 위축하여 자립의 능력을 잃은 결과이므로 이 시대의 관민 제군은 한국의 지위와 형편을 스스로 깨달아 노력하고 스스로의 힘으로 서는 능력을 키워 후대 자손의 행복과 국가의 번영을 기도할지라. 이 대한자강회의 취지 목적은 곧 한국을 구제하고자 하여 국민에게 스스로 떨쳐 일어나 힘쓰기를 요구하는 것인즉 이 기념일을 맞이하여 특히 관권과 민권의 구별을 연설하는 나의 속마음

의 뜻이 어디 있는지를 미루어 살펴 특히 주의를 기울여 주시는 영광을 베풀어 주기를 간절히 희망하노이다. (…)

▸**용어** 대원장부, 대한자강회, 을사늑약

009. 「한양보신간(漢陽報新刊), 『황성신문』, 1907.7.17. 2면

▸**원문** 日本 有志 紳士 日戶勝郎 氏가 主唱ᄒᆞ야 漢陽報를 國漢文으로 交作發刊ᄒᆞ다ᄂᆞᆫᄃᆡ 韓日 兩國 間의 友誼를 益密ᄒᆞ고 意見을 交換ᄒᆞ야 平和的 幸福을 永圖ᄒᆞ야 其 部門은 論說에ᄂᆞᆫ 兩國 有力者의 意見 揭載, 時事에ᄂᆞᆫ 政治 敎育 宗敎 實業 及 社會 問題, 談叢에ᄂᆞᆫ 內外 名士의 有味ᄒᆞᆫ 談片逸事, 雜報에ᄂᆞᆫ 內外 重要 件, 翻譯에ᄂᆞᆫ 現今 韓人의 智德 開發이라더라

▸**번역** 일본의 뜻있는 신사 일호승랑 씨가 주창하여『한양보』를 국한문을 섞어 발간한다는데 한일 양국 간의 우의를 더욱더 가깝게 하고 의견을 교환하여 평화적 행복을 도모하여, 부문별로는 논설에는 양국 유력자의 의견을 게재하고, 시사에는 정치, 교육, 종교, 실업 및 사회 문제를, 담총에는 내외 명사의 재미있는 짧은 이야기를, 잡보에는 내외의 중요 사건을 싣고, 번역으로는 현재 한인의 지덕 개발을 꾀한다더라.

▸**용어** 일호승랑, 한양보

010. 「한일신협약(韓日新協約)」, 『황성신문』, 1907.7.26. 2면

▸**원문** 日本 政府 及 韓國 政府ᄂᆞᆫ 速히 韓國의 富强을 圖ᄒᆞ고 韓國民의 幸福을 增進ᄒᆞ고져 ᄒᆞᄂᆞᆫ 目的으로 左開條件을 約定ᄒᆞᆷ
第一條 韓國 政府ᄂᆞᆫ 施政 改善에 關ᄒᆞ야 統監의 指導를 受ᄒᆞᆯ 事
第二條 韓國 政府의 法令의 制定 及 重要ᄒᆞᆫ 行政上의 處分은 豫히 統監의 承認을 經ᄒᆞᆯ 事
第三條 韓國의 司法 事務ᄂᆞᆫ 普通 行政 事務와 此를 區別ᄒᆞᆯ 事
第四條 韓國 高等 官吏의 任免은 統監의 同意로써 此를 行ᄒᆞᆯ 事

第五條 韓國 政府는 統監의 推薦호 日本人을 韓國 官吏에 任命홀 事
第六條 韓國 政府는 統監의 同意 업시 外國人을 傭聘 아니홀 事
第七條 明治 三十七年 八月 二十二日 調印호 日韓協約 第一項을 廢止홀 事
右爲證據홈으로 下名은 本國 政府에셔 相當호 委任을 受ᄒ야 本 協約에 記名
調印홈이라
光武 十一年 七月 二十四日 內閣總理大臣 李完用
明治 四十年 七月 二十四日 統監侯爵 伊藤博文

▸**번역** 일본국 정부와 한국 정부는 신속히 한국의 부강을 도모하고 한국민의
행복을 증진하려는 목적으로 다음과 같은 조항을 약속해 정함.
제1조 한국 정부는 시정 개선에 관해 통감의 지도를 받을 것.
제2조 한국 정부의 법령 제정 및 중요한 행정상의 처분은 미리 통감의 승인을
거칠 것.
제3조 한국의 사법 사무는 보통 행정 사무와 구별할 것.
제4조 한국의 고등 관리의 임명과 해임은 통감의 동의를 받아 행할 것.
제5조 한국 정부는 통감이 추천하는 일본인을 한국 관리로 임명할 것.
제6조 한국 정부는 통감의 동의 없이 외국인을 고용하지 아니할 것.
제7조 명치 37년[1904년] 8월 22일에 체결한 일한협약 제1항은 폐지할 것.
위의 조항에 대한 증거로서, 아래의 서명자는 본국 정부에서 상당한 위임을
받아 본 협약에 서명하고 조인함이라.
광무 11년[1907년] 7월 24일 내각 총리대신 이완용
명치 40년[1907년] 7월 24일 통감 후작 이등박문

▸**용어** 이완용

011. 「통감연설개의(統監演說槪意)」, 『황성신문』, 1907.11.15. 2면

▸**원문** 昨日 靑年會館 上樑禮式에 對하야 伊藤 統監이 演說하얏다 홈은 別項과
如하거니와 其 趣늘가 如左하니 此 靑年會館 新建築하는 事는 各國 帝王끠셔도
無限贊道하시는 바이니와 韓國 將來의 幸福은 靑年 諸君의 兩 肩上에 擔任하얏

스니 熱心修業하야 文明흔 域에 進就홈을 希望하노라 하얏더라

▶**번역** 어제 청년회관 상량식에서 이등 통감이 연설하였다 함은 별항과 같거니와 그 취지는 다음과 같으니, 이 청년회관을 새로 건축하는 일은 각국의 황제와 국왕께서도 무한히 돕는 바이거니와 한국 장래의 행복은 청년들의 두 어깨 위에 맡겨져 있으니 학업에 힘써 문명한 경지로 나아감을 희망하노라 하였더라.

012. 「일사기함(日士寄函)」, 『황성신문』, 1908.8.11. 1면

▶**원문** 日本 紳士 橫山治平 氏가 本社에 寄函호딕 小生이 韓國의 實業과 新進 機關의 設備 如何를 遊覽 次로 先月頃에 慶尙南北道 及 忠淸南北道를 殆히 태 踏盡ᄒ고 今月初에 全羅南道를 遊覽홀 思로 第一着 務安府에 抵ᄒ니 實業 及 新進 機關을 縱覽홈이 格外 發達에 居ᄒ야 全羅道의 模範的 發展이 될지라 聊此 貴社의 材料를 欲供ᄒ노니 務安府에 現設흔 新進機關이 左와 如히 進行홈이 有ᄒ니 公立普通學校 生徒 一百四十人 商業補習學校 生徒 六十人 小學校 生徒 七十人 務安女學校生徒 五十二人 法學講習所 生徒 四十五人 測量講習所 生徒 九十二人 務成學校 生徒 七十二人 敎育會 會員 一百二十人 商業會議所 會員 二百二人 大略(corr.) 以上은 洪 府尹의 熱心으로 依ᄒ야 紀律을 正正히 進行홈 이니 韓國 進步上에 大幸福인 줄노 確信ᄒ노라 ᄒ얏더라

▶**번역** 일본 신사 횡산치평 씨가 본사에 편지를 보내되, 소생이 한국의 실업과 신진 기관의 설비 여하를 관람하기 위해 지난달 즈음에 경상남북도 및 충청남 북도를 처음 답사하고 이달 초에 전라남도를 유람할 생각으로 우선 무안부에 도착하여 실업 및 신진 기관을 찾아보니 의외의 발달에 있어 전라도의 모범적 발전이 될지라. 이에 귀 신문사에 자료를 제공하노니, 무안부에 현재 설치된 신진 기관은 아래와 같이 진행함이 있으니, 공립보통학교 생도 140명, 상업보 습학교 생도 60명, 소학교 생도 70명, 무안여학교 생도 52명, 법학강습소 생도 45명, 측량강습소 생도 92명, 무성학교 생도 72명, 교육회 회원 120명, 상업회 의소 회원 202명. 대략 이상은 홍 부윤이 마음을 다해 규율을 올바로 집행한

데 따른 것이니 한국 진보상의 대행복인 줄로 확신한다고 하였더라.

▸**용어** 측량강습소

013. (논설) 「이등 통감 연설에 대한 관념(伊藤統監演說에 對한 觀念)」, 『황성신문』, 1908.10.14. 2면

▸**원문** 伊藤 統監이 我國 拓植會社 委員 諸氏를 對ᄒ야 演說ᄒ 辭意ᄂ 各 報에 揭載 公佈ᄒ 바어니와 該 演說의 要旨ᄂ 韓日 兩國人이 相合ᄒ면 好事를 不成ᄒ 者ㅣ 無ᄒ니 第一 要緊ᄒ 것은 韓人이 日人을 勿疑ᄒ이 是라 吾儕도 目今 形便에 對ᄒ야 兩國 人心이 互相 融合ᄒ야 疑點이 俱無ᄒ 것이 第一 幸福이 되ᄂ 줄노 思量ᄒ고 伊藤 統監의 演說 主旨가 確是實情인 줄도 信認ᄒ지라 (…) 今에 日本이 我韓을 對ᄒ야 諸般 政策이 誠信으로 保護ᄒ고 誠信으로 指導ᄒ야 誠信으로 韓人의 生活을 利益케 하며 誠信으로 韓國의 實力을 養成케 하면 我의 溫厚淳良ᄒ 民族이 엇지 一向猜疑ᄒ고 一向缺裂ᄒᄂ 危機가 有하리오 大抵 今日에 兩國 人民으로 ᄒ야곰 福利을 均享코져 ᄒ진ᄃᆡ 伊藤 統監의 所願과 如히 互相 和合하야 疑點이 無ᄒ 것이 第一 緊要ᄒ 者오 疑點이 無케 ᄒ 것은 諸般 政策이 誠信做去홈에 在ᄒ 줄노 思量하노라

▸**번역** 이등 통감이 우리나라 척식회사 위원 제씨에게 연설한 뜻은 각 신문에 게재 공포한 바이어니와, 그 연설의 요지는 한일 양국 국민이 서로 협력하면 이루지 못할 것이 일이 없으니 제일 중요한 것은 한국인이 일본인을 의심하지 않는 것인지라. 우리도 지금의 정세에 대해 양국 국민의 마음이 서로 잘 어우러져 의심나는 점이 전혀 없는 것이 가장 행복이 된다고 생각하고, 이등 통감의 연설의 주된 취지도 진실이라고 믿어 의심하지 않을지라. (…) 이제 일본의 우리 한국에 대한 제반 정책이 성실하게 보호하고 성실하게 지도하며 성실하게 한국인의 생활에 이익을 주고 성실하게 한국의 실력을 양성케 하면 온후하고 양순한 우리 민족이 어찌 한결같이 시기하고 의심하며 한결같이 분열하는 위기가 있으리오. 대저 오늘날 양국 인민으로 하여금 복리를 공평히 누리도록 하고자 할진대 이등 통감이 바라는 바와 같이 상호 화합하여 의심되는 점이

없는 것이 가장 중요한 것이요, 의심이 없게 하는 것은 제반 정책을 성실하게
실행해 나감에 있을 줄로 생각하노라.

▸ **용어** 척식회사

014. 「통감연설(統監演說)」, 『황성신문』, 1909.1.15. 2면

▸ **원문** 去 十二日 下午 四時에 伊藤 統監이 大邱 理事廳에서 各 觀察使 郡守와
其他 人民을 會集 演說ᄒ얏ᄂᄃᆡ 其 槪意를 據ᄒ즉 韓國 皇帝 陛下ᄭᆞ옵셔 寒節을
當ᄒ야 地方에 巡行하시ᄂᆞᆫ 目的은 無他라 人民의 疾苦를 親審ᄒ신 後에 施政
改善을 注意ᄒ심이오 統監이 韓國에 在ᄒᆫ 것은 日本 天皇陛下의 聖旨를 奉ᄒ야
韓國을 振興케 ᄒᆯ 目的이라 古昔에ᄂᆞᆫ 他國을 倂呑欲亡케 ᄒ얏스나 即 今 不然ᄒ
야 弱國을 扶殖振興케 ᄒᆯ 目的이라 韓國人民이 誤解ᄒ기를 日本셔 大韓 政策에
對ᄒ야 幷呑ᄒᆫ다 亡케 ᄒᆫ다 陰謀가 有ᄒ다 ᄒ니 此ᄂᆞᆫ 不然ᄒᆫ 것이 誤解와 如ᄒᆯ지
면 余가 韓國 殖産工業에 엇지 如是히 注意ᄒ리오 余ᄂᆞᆫ 他心이 無ᄒ고 韓日
兩國에셔 政治를 親密 和協케 ᄒ야 此 兩國의 殖産工業이 發達ᄒ면 東洋 三國이
自然 幸福을 共享ᄒᆯ 줄노 思量ᄒ노라 ᄒ얏다더라

▸ **번역** 지난 12일 오후 4시에 이등 통감이 대구 이사청에서 각 관찰사, 군수
및 기타 인민을 모아 연설하였는데 그 대강의 내용을 따르면 한국 황제 폐하께
옵서 한겨울에 추위를 무릅쓰고 지방을 순행하시는 목석은 다른 데 있는 것이
아니라, 인민의 질고를 친히 살피신 후에 시정 개선을 주의하심이요, 통감이
한국에 있는 것은 일본 천황 폐하의 성지를 받들어 한국을 진흥케 할 목적이라.
옛날에는 타국을 병탄하여 망하게 하려 하였으나, 지금은 그렇지가 않고 약소
국을 도와 진흥케 할 목적이라. 한국 인민이 오해하기를 일본에서 대한 정책에
대하여 병탄한다, 망하게 한다, 음모가 있다 하니 이는 그렇지 않은 것이 오해
대로라면 내가 어찌 한국 식산과 공업에 어찌 이처럼 주의하리오. 나는 다른
마음이 없고 한일 양국에서 정치를 친밀히 화협케 하여 이 양국의 식산 공업이
발달하면 동양 삼국이 자연히 행복을 함께 누릴 줄로 생각하노라 하였다더라.

▸ **용어** 이사청

015. (논설) 「진리와 행복(眞理와 幸福)」, 『대한매일신보』(국한문), 1909.
12.14. 1면

▸원문 向者 日人 報紙에 韓人을 誨ᄒ노라 題ᄒ고 略 曰 人生의 目的이 眞理
發揮에 在ᄒᆫ가 幸福 增進에 在ᄒᆫ가 韓人은 眞理 發揮로 目的지 말고 幸福 增進으
로 目的ᄒ라 하엿더라

記者가 此를 讀ᄒ고 喟然良久에 曰 此가 日人의 筆이어니 엇지 不然ᄒ리오 然이
나 可憐ᄒᆫ 바ᄂᆫ 韓人 兄弟 中에 或 幸福 二字를 誤解ᄒ야 日人의 此言과 正合홈
이 是라 ᄒ엿노라

大抵 只今 韓人된 者ᄂᆫ 맛당히 眞理 發揮로 護身符를 作홀지니 何故오 ᄒ면 卽
韓人에게ᄂᆫ 眞理가 是 幸福인 所以니라

試思ᄒ라 彼 希臘人이 眞理를 發揮ᄒᆫ 故로 今日 幸福이 有ᄒ며 合衆國人이 眞理
를 發揮ᄒᆫ 故로 今日 幸福이 有ᄒ며 伊太利人이 眞理를 發揮ᄒᆫ 故로 今日 幸福이
有ᄒ고 彼 波埃越 等 國은 眞理ᄂᆫ 發揮치 못ᄒ고 幸福을 盲求ᄒᆫ 故로 今日 慘禍
를 不免ᄒ엿나니 眞理 下에 幸福을 不求ᄒ고 何에 求ᄒ리오

只今 或 人輩ᄂᆫ 幸福의 道를 誤ᄒ야 不義로 幸福을 求코져 ᄒ니 幸福만 不得홀
쑨 아니라 其惟慘禍가 來ᄒᄂᆫ도다

眞理ᄂᆫ 不知ᄒ고 幸福만 求ᄒᄂᆫ지라 故로 外人에 附홈으로 幸福을 求ᄒ며 故로
祖國을 害홈으로 幸福을 求ᄒ며 故로 一進會로 幸福을 求ᄒ며 故로 觀光團으로
幸福을 求ᄒ며 故로 國是遊說團으로 幸福을 求ᄒ며 故로 商務組合所로 幸福을
求ᄒ며 故로 五賊이 有ᄒ며 故로 七賊이 有ᄒ며 故로 魑魅魍魎이 白晝에 橫行ᄒ
나니 悲夫라 眞理ᄂᆫ 不知ᄒ고 幸福만 求ᄒᆫ 禍가 此極에 至ᄒ도다

噫라 君子ᄂᆫ 眞理만 知ᄒ고 幸福은 不知ᄒᄂᆫ 듯ᄒ나 實은 此가 眞正ᄒ 幸福을
知홈이라 君子가 國家 再造에 其身을 獻ᄒ고 同胞 救濟에 其命을 供ᄒ야 國家가
興起치 못ᄒ면 寧死연뎡 不已라 ᄒ며, 同胞가 安寧치 못ᄒ면 甯死연뎡 不已라
ᄒ야 飢寒 苦痛 悲慘은 不顧ᄒ고 國家와 同胞로 더부러 休戚生死를 同홈이 彼
蚯蚓ᄀᆺᄒᆫ 者의 小眼孔으로 睹ᄒ면 實로 幸福을 不知홈인 듯ᄒ나 畢竟 其 國家로
ᄒ야금 泰山에 措ᄒ며 其 同胞로 ᄒ야금 樂土에 登ᄒᄂᆫ 日이 有ᄒ나니 此가 眞正
ᄒ 幸福이 아니오 何인가

嗚乎 同胞여 同胞는 此眞理를 仗ᄒ라 眞理가 同胞의 生命이니라 又 彼 劣性者의
面目을 戴ᄒ고 奴隸輩의 心腸을 肆ᄒ야 不義로 幸福을 求ᄒᄂ 者類여 君輩가
아모리 營營苟苟ᄒ야도 如彼ᄒ 手段으로는 到底히 幸福은 不得ᄒ고 慘禍만 當
ᄒ리니 戒懼홀지어다

▶**번역**　얼마 전 일본인의 신문에 「한인을 가르쳐 인도하노라」라는 제목을 달
고 대략 말하되, 인생의 목적이 진리 발휘에 있는가 행복 증진에 있는가, 한인
은 진리 발휘를 목적으로 삼지 말고 행복 증진을 목적으로 삼으라 하였더라.
기자가 이를 읽고 크게 탄식하며 한참을 침묵하다가 말하길, 이것이 일인의
글이니 어찌 그렇지 아니하리오. 그러나 가엾은 것은 한인 형제 중에 혹 행복이
라는 두 글자를 오해하여 일인이 하는 말과 정확히 일치하는 것이라 하였노라.
대체로 지금 한인 된 자는 마땅히 진리의 발휘를 호신의 부적으로 삼아야 할지
니 왜냐하면 한인에게는 진리가 곧 행복인 까닭이라.

생각해 보라. 저 그리스인은 진리를 발휘한 고로 오늘날 행복이 있으며 합중국
인이 진리를 발휘한 고로 오늘날 행복이 있으며 이탈리아인이 진리를 발휘한
고로 오늘날 행복이 있고 저 페르시아, 이집트, 베트남 등의 나라는 진리는
발휘하지 못하고 행복을 맹목적으로 추구하였기 때문에 오늘날 비참하고 끔찍
한 재난을 면하지 못하였나니 진리 아래에서 행복을 구하지 않으면 어디에서
구하리오.

지금 혹 사람들은 행복의 길을 오해하여 불의로 행복을 구하고자 하니 행복을
얻지 못할 뿐 아니라 오직 참화가 오는도다. 진리는 모르고 행복만 구하는지라.
그러므로 외국인에 빌붙음으로써 행복을 구하며, 그러므로 조국에 해를 끼침
으로써 행복을 구하며, 그러므로 일진회로 행복을 구하며, 그러므로 관광단으
로 행복을 구하며, 그러므로 국시유설단으로 행복을 구하며, 그러므로 상무조
합소로 행복을 구하며, 그러므로 오적이 있으며, 그러므로 칠적이 있으며,
그러므로 도깨비들이 대낮에 횡행하나니, 슬프도다, 진리는 알지 못하고 행복
만을 추구한 재앙이 이처럼 극단에 이르렀도다.

아아 슬프도다. 군자는 진리만 알고 행복은 알지 못하는 듯하나 실은 이것이야
말로 진정한 행복임을 앎이라. 군자가 국가를 다시 세우는 데 그 몸을 바치고

동포를 구제하는 데 그 생명을 바쳐, 국가가 다시 일어나지 못하면 차라리 죽을지언정 그치지 않는다고 하며, 동포가 안녕치 못하면 차라리 죽을지언정 그치지 않는다고 하여 배고픔과 추위, 고통과 비참함은 돌아보지 않고 국가와 동포와 더불어 안락과 근심, 죽음과 삶을 같이함이 저 지렁이 같은 자의 작은 눈구멍으로 보면 실로 행복을 알지 못하는 듯하나 필경 그 국가가 태산 같은 중대한 책임을 짊어지게 하고 그 동포를 낙토로 이끄는 날이 있나니 이것이 진정한 행복이 아니고 무엇이겠는가.

아아 동포여, 동포는 진리에 의지하라. 진리가 동포의 생명이니라. 또한 성품이 못난 자의 얼굴을 하고 노예 무리의 마음을 가지고 불의로 행복을 구하는 자들이여, 너희들이 아무리 아득바득 구차하게 굴어도 그와 같은 수단으로는 도저히 행복을 얻지 못하고 비참한 화만 당하리니 조심하고 두려워할지어다.

▸ **용어**　국시유설단, 상무조합소, 오적, 일진회, 칠적

016. (광고) 「삼가하여 여러분의 행복 있는 신년을 하하옵(삼가ᄒᆞ야 여러분의 幸福 잇ᄂᆞᆫ 新年을 賀하옵)」, 『대한매일신보』(국한문), 1910.1.1. 4면

▸ **원문**　多 條件의 隆熙 三年도 임의 ᄭᅮᆷ속ᄀᆞᆺ치 過ᄒᆞ엿소 吾輩ᄂᆞᆫ 有望ᄒᆞᆫ 隆熙 四年을 際ᄒᆞ야 如何ᄒᆞᆫ 感想으로 歡迎ᄒᆞᆯᄭᅡ 實業 問題의 隆熙 四年은 到來ᄒᆞ엿소 隆熙 四年에 處ᄒᆞᆫ 大韓國民은 實業 發展으로 最大 問題를 숨지 아니치 못ᄒᆞᆯ 機運은 到來ᄒᆞ엿소 여러분 回顧ᄒᆞ시오 多方面에 使用ᄒᆞ던 여러분의 神腦를 今年부터ᄂᆞᆫ 實業이란 問題에 就ᄒᆞ야 討究ᄒᆞᆸ시다 (…)

여러분 今年부터ᄂᆞᆫ 同胞 된 大韓 國民을 더욱 사랑ᄒᆞ야 쥬시오 그리ᄒᆞ고 여러분의 必要品을 購買ᄒᆞ실 時에 同價어던 아모죠록 同胞 商店에서 求ᄒᆞ시오 此ᄂᆞᆫ 억지로 請ᄒᆞᄂᆞᆫ 거슨 아니나 吾輩의 血誠으로 希望ᄒᆞᄂᆞᆫ 바이오

漢陽商會

漢城鍾路　電話一九一番

▸ **번역**　여러 조건의 융희 3년[1909년]도 이미 꿈속같이 지나갔소. 우리들은 유망한 융희 4년[1910년]을 맞이하여 어떤 감상으로 환영할까. 실업 문제의

융희 4년은 도래하였소. 융희 4년에 처한 대한 국민은 실업 발전으로 최대 문제를 삼지 않으면 안 될 때가 도래하였소. 여러분, 돌이켜보시오. 다방면에 사용하던 여러분의 정신을 올해부터는 실업이라는 문제에 따라 연구하옵시다. (…)

여러분, 올해부터는 동포인 대한 국민을 더욱 사랑하여 주시오. 그리고 여러분의 필요품을 구매하실 때 같은 값이거든 아무쪼록 동포 상점에서 구매하시오. 이는 억지로 청하는 것은 아니나 우리들이 정성으로 희망하는 바이오.

한양상회

한성 종로 전화 191번

▸ **용어** 한양상회

017. 「허씨변명(許氏辨明)」, 『대한매일신보』(국한문), 1910.3.13. 1면

▸ **원문** 救世軍 正領 許嘉斗 氏가 日人 警務局長과 面會談話ᄒᆞᆫ 事件을 셔울푸리쓰報에 誤揭가 된 故로 許 氏가 該報에 對ᄒᆞ야 辯明書를 送ᄒᆞ엿ᄂᆞᆫ딕 其 槪意에 曰 貴報에 本人이 韓國 內 日人의 行政에 關ᄒᆞᆫ 政治上 意見으로 談話ᄒᆞ엿다 揭布ᄒᆞ엿스나 其 事實이 不然ᄒᆞ니 普 天下의 救世軍은 元來 政治的 組織이 아니오 純然 宗敎的 目的이라 人間의 仁愛와 公衆의 幸福을 爲ᄒᆞ야 費力ᄒᆞ며 勞心ᄒᆞᆯ 而已인즉 政治上에 何等 關涉이 有ᄒᆞ리오 貴報 記事 中에 本人은 韓國이 日本 保護下에 在ᄒᆞᆫ 것을 讚美ᄒᆞᄂᆞᆫ 줄노 揭布ᄒᆞᆫ 것은 誠是驚訝不已ᄒᆞᆯ 바로다 其 面會 時 本人의 所言은 但只 我 宗敎에서도 人民의 身氣上 關係와 衛生上 事業에 注意ᄒᆞ야 永遠ᄒᆞᆫ 福音을 傳布ᄒᆞᄂᆞᆫ딕 這間本人이 駐京 中에 觀ᄒᆞᆫ 바 衛生業이 大 改良된 것을 彼 當局者의게 致賀ᄒᆞᆫ 바이오 韓日間 政治 關係에 對ᄒᆞ야 何等 意見을 發表ᄒᆞᆫ 바ㅣ 無ᄒᆞ거늘(corr.) (…)

▸ **번역** 구세군 정령 호가드 씨가 일인 경무국장과 면회 담화한 일이 『서울프레스』 신문에 잘못 게재된 고로 호가드 씨가 그 보도에 대해 변명서를 보냈는데 그 대강을 말하면, 귀 신문에 본인이 한국 내 일본인의 행정에 관한 정치상 의견으로 담화했다고 알렸으나 사실이 그렇지 않으니 두루 천하의 구세군은

원래 정치적 조직이 아니요 순전한 종교적 목적이라. 인간의 인애와 공중의 행복을 위하여 힘을 쓰며 마음을 쓸 뿐인즉 정치상에 어떤 간여가 있으리오. 귀 신문 기사 중에 본인이 한국이 일본 보호 아래 있는 것을 찬미한 줄로 알린 것은 정말 놀랄 만큼 의아한 일이로다. 그 면담에서 본인이 말한 것은 단지 우리 종교에서도 인민 신체의 기력 관계와 위생상 사업에 주의하여 영원한 복음을 전파하는데 그간 본인이 서울에 머무는 중에 본 바 위생업이 크게 개량된 점을 저 당국자에게 치하한 바요, 한일 정치 관계에 대해 조금도 의견을 발표한 바가 없거늘 (…)

▸ **용어** 구세군, 서울프레스, 호가드(=허가두)

018. 「평화회발기(平和會發起)」, 『황성신문』, 1910.5.25. 2면

▸ **원문** 紳士 沈一澤 氏가 觀光 次 月前에 渡日ᄒ얏다가 日本平和協會 會長 大隈重信 氏를 往訪ᄒ고 平和協會의 目的 及 事業을 詳問ᄒ 後 日昨 歸國ᄒ야 大韓平和協會를 發起ᄒ얏ᄂᄃᆡ 其 目的은 人種 間 及 國家 間의 關係를 親善케 ᄒ고 且 國際 紛議를 可成的 平和 手段으로 解決ᄒ도록 盡力ᄒ야 世界의 平和를 保全ᄒ고 人類의 幸福을 增進케 ᄒ랴 흠이라더라

▸ **번역** 신사 심일택 씨가 관광하러 달포 전에 일본에 건너갔다가 일본평화협회 회장 대외중신 씨를 방문하고 평화협회의 목적 및 사업을 상세히 물은 후 며칠 전에 귀국하여 대한평화협회를 발기했는데 그 목적은 인종 간 및 국가 간에 친선한 관계를 맺고 국제 분쟁을 가급적 평화 수단으로 해결하도록 힘써서 세계의 평화를 보전하고 인류의 행복을 증진케 하려 함이라더라.

▸ **용어** 대외중신, 대한평화협회, 심일택, 일본평화협회

019. 「송정국장연설(松井局長演說)」, 『황성신문』, 1910.6.1.~6.3. 1면

▸ **원문** 五月 卄七日 漢城俱樂園에셔 今回 歸國ᄒ 日本觀光團에 對ᄒ 松井 警務局長의 演說이 如左ᄒ니 (…)

要컨틴 本人의 所見으로는 觀光 時期에 두 가지가 잇는 것 갓삽ᄂᆡ다 몬져 第一期는 무엇시든지 널게 보는 시대요, 第二期에는 其 以外에 專門的으로 視察하는 것이니 日本셔도 維新 當時에는 널게 歐米洲로 遊覽ᄒᆞ야 大槪를 視察흔 者ㅣ만 오날날 當하야도 이와 갓흔 일이 種種잇스나 흔이들 專門 事業의 調査를 하러 漫遊하는 스람이 가장 만하젓습ᄂᆡ다 이와 갓치 第一期의 觀光은 有益키는 ᄒᆞ나 皮想의 所見이오 이를 싸라 弊段도 업달 수 업깃거니와 何如ᄒᆞ던지 多聞博識이 될 것이오 녯 사람의 말에도 百番 듣는 것이 흔 番 보는 것만 갓지 못ᄒᆞ다는 明言이 잇는 것과 갓치 其 效果가 적지 안습ᄂᆡ다 諸君은 잘 이 쯧을 아르시고 韓國 現狀을 도라보아 愼重흔 態度로 適當흔 方法을 硏究ᄒᆞ시고 日本셔 實見ᄒᆞ신 事物을 次第로 韓國에 應用되게 ᄒᆞ기로 힘쓰시기를 바라옵ᄂᆡ다 이것이 홀노 觀光團員의 個人을 爲흘 쑨아니라 韓國 全体의 幸福될 줄노 아옵ᄂᆡ다 이에 對ᄒᆞ야 諸君은 此 利益을 私事로 ᄒᆞ지 마시고 넓게 儒生과 兩班들에게도 紹介 說明ᄒᆞ시고 써 흔便으로 指導開發흘 任務를 負擔ᄒᆞ시기를 바람ᄂᆡ다 (…)

▶**번역**　5월 27일 한성구락원에서 이번 귀국한 일본관광단에 대한 송정 경무국장의 연설은 아래와 같으니 (…)

요컨대 본인의 생각으로는 관광 시기에 두 가지가 있는 것 같습니다. 먼저 제1기는 무엇이든지 넓게 보는 시기요, 제2기에는 그 이외에 전문적으로 시찰하는 것이니, 일본에서도 유신 당시에는 넓게 구미 대륙으로 유람하여 대강을 시찰한 자가 많았고 오늘날에도 이와 같은 일이 종종 있으나 흔히들 전문사업의 조사를 하러 만유하는 사람이 가장 많아졌습니다. 이와 같이 제1기의 관광은 유익하기는 하나 피상적인 소견이요, 이를 따라 폐단도 없다고 할 수 없겠지만 여하튼 많이 듣고 넓게 아는 게 될 것이오. 옛사람의 말에도 백 번 듣는 것이 한 번 보는 것만 같지 못하다는 명언이 있는 것과 같이 그 효과가 적지 않습니다. 제군은 이 의미를 잘 아시고 한국의 현재 상태를 돌아보아 신중한 태도로 적당한 방법을 연구하시고 일본서 실제로 본 사물을 이번에 한국에 응용하기로 힘쓰시기를 바라옵니다. 이것이 단지 관광단원 개인을 위할 뿐 아니라 한국 전체의 행복이 될 줄로 압니다. 이에 대하여 제군은 이 이익을 사사로이 하지 마시고 넓게 유생과 양반들에게도 소개 설명하시고 그럼으로써 한편으로 지도 개발할 임무를 짊어지기를 바랍니다. (…)

▸ **용어** 한성구락원

020. (일일 특보)「내부 지방국장이 신임한」,『경향신문』, 1910.6.3. 1면

▸ **전사** 내부 지방국장이 신임한 일인 군 주사들에게 훈시한 사의를 들은즉
기왕에는 군수가 행정권과 세납 징수권과 법률권을 모두 관리하다가 이제는
그 구분을 획정하였으니 부임한 후에 그 직권을 서로 침탈치 말고 또 일인
관리는 월봉이 한인보다 3, 4배가 더함으로 한인들이 돈을 모아 갈 주의라
의심하니 아무쪼록 직무를 근면히 하고 청렴하게 하여 한인에게 그런 의심을
받지 말도록 하라 하였다 하니, 다 그 훈시와 같이 하면 백성에게 행복이로다.

▸ **용어** 내부

021. (광고)「기회를 선히 이용하라(機會를 善히 利用ᄒ라)」,『황성신문』, 1910.8.3. 4면

▸ **원문** 機會를 善히 利用ᄒ라 此ᄂ 幸福을 增進ᄒᄂ 第一의 捷路니라
今에 此 好機會ᄂ 여러분 眼前에 開ᄒ엿도다 恒常 滿天下의 同胞를 喜悅케 ᄒ고
實業界의 指導者된 우리 漢陽商會ᄂ(corr.) 此 好機會를 여러분에게 提供ᄒ엿ᄉ
오니 即 數月前 歐美에서 盛行ᄒ야 歐美의 人士로 ᄒ야곰 大喜悅 大狂熱케ᄒ야
市街를 振動ᄒ던 嶄新ᄒ 方法이라 今에 우리 漢陽商會ᄂ 多大ᄒ 金錢과 勞力을
犧牲에 供ᄒ고 此를 同胞 顧客 여러분에게 紹介코ᄌ ᄒ오니 即 返金 大發賣法이
라 物品을 買去ᄒ 後 金額은 도로 還推ᄒᄂ(corr.) 方法이니 여러분은 此 方法의
奇異홈에 놀나지 마시고 其 方法의 如何홈을 드르시요 八月 三日붓터 同 月三
十日까지 여러분의 所用品을 鍾路 漢陽商會에 求ᄒ야 領受證을 得ᄒ신 后 九月
一日 上午 十時붓터 同 下午 三時 間에 여러분은 本 商會에 光臨ᄒ사(領受証을
持來ᄒ실 事) 本 商會 投票 用紙에 無記名 投票로 買去ᄒ신 日字를 記投ᄒ시면
即時 公開ᄒ 后 最多數의 日字를 定ᄒ야(假令 十七日이 最多數면 十七日로 定

흠) 此日에 買去ᄒ신 顧客 여러분에게ᄂ 金額을 還呈ᄒ깃삼ᄂ이다
아― 幸運은 誰의 手에 落홀가 此 趣味 잇고 確實ᄒ 方法이 如何히 顧客 여러분에
取ᄒ야 滿足과 歡樂을 得홀 바ᄂ 우리 漢陽商會의 自信不疑ᄒᄂ 바이옵ᄂ이다

▸**번역** 기회를 잘 이용하라. 이는 행복을 증진하는 제일가는 지름길이니라.
이제 이 좋은 기회가 여러분 눈앞에 열렸도다. 항상 만천하의 동포를 희열케
하고 실업계를 지도하는 우리 한양상회는 이 좋은 기회를 여러분에게 제공하였
사오니 즉 수개월 전 구미에서 성행하여 구미 사람들을 대 희열, 대 열광하게
하여 시가를 진동하던 참신한 방법이라. 이제 우리 한양상회는 많은 금전과
노력을 들여 이를 동포 고객 여러분에게 소개하고자 하오니, 즉 돈을 되돌려주
는 발매법이라. 물품을 사간 후 금액을 도로 돌려받는 방법이니 여러분은 이
방법의 기이함에 놀라지 마시고 그 방법이 어떠한가를 들으시오. 8월 3일부터
같은 달 30일까지 필요한 물품을 종로 한양상회에 구매하고 영수증을 받으신
후 9월 1일 오전 10시부터 같은 날 오후 3시 사이에 본 상회에 오셔서(영수증을
가지고 오실 것) 본 상회의 투표용지에 무기명투표로 구매하신 날짜를 적어
넣으시면 즉시 공개한 후 가장 많은 수의 날짜를 정하여(가령 17일이 가장 많으면
17일로 정함) 이날 구매하신 고객 여러분에게는 금액을 돌려주겠나이다.
아― 행운은 누구의 손에 떨어질까. 이 취미 있고 확실한 방법이 어떻게 고객
여러분에게 돌아가 만족과 환락을 얻을 것을 우리 한양상회는 믿어 의심치
않는 바이옵나이다.

▸**용어** 한양상회

박람회란 하(何)오

이지원

이지원

해제

일본의 박람회는 서양 박람회를 모방한 데서 시작했다. 일본 사절단이 처음 접한 박람회는 1862년 개최된 런던 박람회(London International Exhibition Of Industry and Art)였으며, 일본은 1873년의 빈 만국박람회(Weltausstellung 1973 Wien)를 모델로 삼아 1877년 도쿄 우에노공원(上野公園)에서 제1회 내국권업박람회(內國勸業博覽會)를 개최했다. 유럽의 나라들이 'International'이나 'Welt' 즉 '세계'라는 표현을 사용했던 것과 달리, 일본이 '내국'이라는 용어를 사용한 것은 박람회의 목적이 자국의 산업부흥에 있었음을 보여준다. 당시 일본은 웅장하고 화려한 건축물을 세울 경제적 여유가 없었고 산업 면에서도 군수공장 몇 개 외에는 보여줄 것이 없었다.

1894년 청국과의 전쟁에서 승리한 후 일본은 산업혁명에 박차를 가했으며 타이완(臺灣)을 식민지로 보유한 소위 '제국'이 되었다. 이제 일본은 비로소 유럽의 박람회를 선택적으로 모방했던 과거를 뒤로 하고 문명의 발전상을 자랑하는 박람회를 기획할 수 있었다. 그 첫 번째 성과가 바로 1903년 제5회 오사카 내국권업박람회다. 3월 1일 일본 천황이 참석한 가운데 개회한 오사카 박람회는 화려한 전시관을 세워 웅장함을 과시했다. 야간에는 조명을 비추었고, 오색 조명을 켠 분수와 엘리베이터를 설치한 대림고탑(大林高塔)이 큰 관심을 끌었다. 오늘날 놀이공원에서 볼 수 있는 워터슈트(Water chutes), 회전목마, 파노라마 세계일주관 등 기계식 오락 시설도 인기를 끌었으며, 특히 2층으로 건축된 수족관은 관람객들에게 많은 사랑을 받았다. 입장객 수는 총 5,305,209명으로 내국권업박람회 사상 최고 기록을 세웠다고 한다(「대판박람회의 관람인 통계」, 『황성신문』, 1903.8.10).

일본 정부는 오사카 박람회를 통해 자국의 문명화된 모습을 한국인들에게 적극적으로 알리려 했다. 예를 들어 오사카의 유지들은 박람회에 출품하는 한국인에게 보조금을 제공했으며 박람회에 오는 한국인들을 위해 숙소 한빈관(韓賓館)을 설치했다. 한빈관 설비위원인 와첨지조(窪添之助)는 한국을 방문하여 박람회의 취지와 관람 절차를 설명한 권람서(勸覽書)를 신문사에 보냈다. 『제국신문』과 『황성신문』은 권람서 전문을 실었을 뿐 아니라 박람회 상황을 상세하게 보도했다(『황성신문』, 1903.3.10.; 『제국신문』, 1903.3.18.). 하지만 한국에서 오사카 박람회를 관람하러 간 사람은 정부의 고위 관료들뿐이었다. 『황성신문』은 정부에서 파견한 소수의 인원 외에 "신사(紳士) 상민(商民) 간에 한 사람도 관람하러 간 이가 없음"을 부끄럽고 안타깝게 생각했다(1903.4.22).

그로부터 4년 후에는 좀 더 많은 한국인이 일본의 박람회를 경험할 기회를 얻었다. 1907년 3월 20일부터 7월 31일까지 약 5개월 동안 도쿄 우에노공원에서 다시 박람회가 열린 것이다. 이번에도 일본은 관람객 유치를 위해 여러 방안을 마련했는데, 그 가운데 하나가 일본유람협회의 설립이었다. 1907년 3월 27일 설립된 이 단체는 일본의 산업과 도시의 발전상을 효과적으로 보여줄 수 있는 관광 일정을 제공하고 관람 장소를 추천했는데, 『황성신문』은 이를 잡보에 게재했다(1907.4.23.). 이번에는 한국에서도 실업가, 판사, 은행장 등 다양한 전문가들이 도쿄에 가서 박람회를 관람했다. 오사카 박람회를 찾은 관료들이 박람회장에만 머물렀던 것과 달리, 이들은 자신들의 전문 분야와 관계된 재판소나 은행 등도 방문했다고 한다(「여비청발(旅費請撥)」, 『대한매일신보』, 1907.4.23.;「실업가 관찰발정(實業家觀察發程)」, 『제국신문』, 1907.4.30.).

도쿄 박람회를 크게 성공시킨 일본은 같은 해 9월 1일부터 11월 15일까지 경성의 구리개(銅峴) 일대에서 경성 박람회를 개최했다. 박람회는 통감부가 계획하고 총무장관 쓰루하라 사다키치(鶴原定吉, 1854~1914)가 회장을, 농상공부 사무관 오가와 쓰루지(小川鶴二)가 사무장을 담당하여 추진했다. '산업의 발달과 무역의 증진을 도모하는 한편 인민으로 하여금 널리 구경하게 하여 지식을 발달케 하기 위함'이라는 취지를 내세웠으나, 경성 박람회는, 도쿄 박람회와는 달리, 과학과 산업의 발전을 자랑하는 건물이나 기계, 기술 같은 것을 보여줄 수 없었다. 한규무의 논문「1907년 경성 박람회의 개최와 성격」에 따르면, 한국인의 출품 비율은 전체의 5.69%에 불과했고 나머지는 일본의 상품이었다. 박람회 개최의 실제 목적은 일본의 자본과 기술을 한국에 효과적으로 침투시키는 데 있었다.

당시 신문 보도에 의하면, 경성 박람회는 관람객을 유치하기 위해 여러 방안을 모색했다. 예를 들면 지방에서 오는 사람들을 위해 철도 승차권을 할인해주었고, 기생과 관기를 동원한 공연도 기획했다. 순종 황제와 황태자인 영친왕[李垠]의 사진을 넣은 기념엽서를 제작하여 판매했으며, 해설 요원을 배치하는 등 관람객의 편의를 도모했다. 관람객 유치의 획기적인 방안으로는 '추첨권 제도' 도입과 '부인의 날' 지정을 들 수 있다. 일정 금액 이상을 구매하면 추첨권을 주었는데 예상치도 못한 당첨의 기회는 많은 관심을 끌었다. 부인의 날에는 남성의 입장을 금지하고 여성들만 입장시켜서 불놀이, 군악대, 노래와 무용 등을 공연했다. 일본의 맥주회사가 무료로 맥주도 제공했다. 또한 폐회한 후 빈민들에게도 박람회를 구경할 기회를 주었다(「경성박람회」, 『제국신문』, 1907.8.31.;「기생일비(妓生日費)」, 『대한매일신보』(국문), 1907.9.7.;「박람회개회식」, 『제국신문』, 1907.9.13.;「맥주무료」, 『황성신문』, 1907.10.10.;「빈민만 입장홈」, 『황성신문』, 1907.11.14.).

박람회는 한국인들에게 새로운 문물과 문화를 접할 기회를 제공했지만, 동시에 그 이면을 마주하는 계기가 되기도 했다. 그 모순을 처리한 방식은 신문에 따라 차이가 있었는데, 한 예로 오사카 박람회와 도쿄 박람회에서 인종 전시를 한 일에 대한 보도를 들 수 있다. 1903년『제국신문』은 오사카 박람회가 열리기 전 "대한 기생도 출품물로" 일본에 갔다는 소식을 간략하게 전했다(「여기도일(麗妓渡日)」, 『제국신문』, 1903.2.21.). 하세봉의 연구에 따르면, 일본은 오사카 박람회 당시 '학술인류관'에 아이누인, 대만 고산족, 조선인, 청국인, 류큐인, 인도인, 자바인, 터키인, 아프리카인 등 총 32명을 전시했다. 이는 1889년 파리 박람회에서의 원주민 전시를 모방한 것으로 일본이 다른 아시아 민족들을 미개인으로 취급했음을 보여준다. 당시『제국신문』을 포함한 한국의 신문들은 조선인 기생의 전시에 관한 후속 기사나 그에 대한 논평을 싣지 않았다. 정보가 부족했기 때문일 수도 있지만, 박람회의 화두인 '문명'에 동의했기 때문에 그에 대해 특별히 문제의식을 갖지 않았을 수도 있다. 1907년 도쿄 박람회에서 다시 인종 전시가 등장했을 때, 『제국신문』이나 『황성신문』은 이를 보도하지 않았다. 그런데『대한매일신보』는 6월 21일자 1면에「동경 박람회에 출품한 아(我)부인 동포」라는 제목의 긴 기고문을 실었다. 일본에 체류하던 유학생으로 추정되는 "문루생(問淚生)"이라는 이름의 필자는 동경 박람회에 한국 부인이 전시된 사실을 전하며, 이는 한국 민족을 모욕한 일일 뿐만 아니라 인류를 능욕한 일이라고 비판하는 한편, 전시를 관람한 각 나라 사람들로부터 '한국은 외교권, 군사권과 정치권, 경제권을 외국인에게 다 팔아넘기고 마침내는 자국의 부인 동포까지도 물품으로 외국인에게 팔았다'는 비판을 받아도 변명의 여지가 없다고 한탄했다.

경성 박람회 소식 역시 신문에 따라 보도 내용과 논조에 다소 차이가 있었다. 『황성신문』은 '부인의 날' 행사에 "7천여 명"의 부인이 모였다고 썼는데(「부일예정(婦日預定)」, 『황성신문』, 1907.10.9.), 『대한매일신보』는 "천여 명" 정도가 모였다고 썼다(「부인구경하는날」, 『대한매일신보』(국문), 1907.10.10.). '추첨권'에 대한 보도 태도도 달랐다. 『황성신문』은 주최자가 제시한 추첨 행사의 일정과 경품을 자세히 서술하는 데 많은 지면을 할애한 데 반해(「박람회대추첨」, 『황성신문』, 1907.11.10.), 『대한매일신보』는 추첨에 참여한 사람들이 실제로 받는 경품은 값싼 것들뿐이었다며 "관광하는 사람들"의 말을 빌려 "공연히 수다(數多)한 돈을 허비"하게 한다고 비판했다(「박람회추첨사실」, 『대한매일신보』(국문), 1907.11.13.). 『황성신문』이 주어진 사실을 서술하는 데 그친 데 비해, 『대한매일신보』는 그 사실에 비판적으로 접근했던 것이다.

경성 박람회가 열렸던 1907년 9월부터 11월은 한국의 주권에 대한 일본의 침략이 더욱 노골화되던 때였다. 그해 6월에 고종은 헤이그 만국평화회의에 특사를 파견했으며, 이를 빌미로 일본은 고종을 압박했다. 고종이 황제 자리에서 물러난 날이 7월 20일이었다. 〈한일신협약(정미7조약)〉이 체결된 것은 24일이었고, 군대 해산 조칙이 내려진 것은 31일이었다. 8월부터 중앙군의 시위대가 해산되기 시작했으며 이후 중앙군과 지방군의 일부가 의병 활동에 합류했다. 『경향신문』의 1907년 9월 20일자 논설 「불놀이 구경 속에 다른 불 놓는 생각이 나는구나」는 경성 박람회의 개회를 알리는 화려한 불꽃놀이와 당시 시골에서 일병과 의병이 충돌하는 틈바구니에서 백성들의 집과 세간, 곡식이 불태워지고 있는 정황을 직접 대비했다. 아울러 박람회에 두 나라의 물건이 함께 놓였으나 두 나라 사람의 마음은 함께 하지 못한다면서 일본의 이익을 중심에 둔 정책을 비판하고 시골 백성들의 고충에 안타까움을 표했다. 1907년 10월 15일자 『대한매일신보』(국문)는 이 논설을 별보로 옮겨 실었다.

일본은 박람회를 자국의 문명을 보여주는 계기로 활용하는 한편 한국인들이 문명을 접할 수 있는 기회라고 선전했다. 신문들은 이 과정에서 생긴 잡음과 문명의 또 다른 이면을 놓치지 않았다. 『제국신문』과 『황성신문』은 사안에 따라 상세히 전달하거나 외면하기도 했으며, 두 신문에 비해 『대한매일신보』는 좀 더 비판적으로 접근하는 태도를 보였다. 결론적으로 근대계몽기의 신문들은 각각의 관점에서 박람회를 통해 문명의 모습뿐 아니라 그 그림자까지 포착한 것이다.

참고문헌

조성운, 『식민지 근대관광과 일본 시찰』, 경인문화사, 2011.
조성운 외, 『시선의 탄생 식민지 조선의 근대관광』, 선인, 2011.
하세봉, 「동아시아 박람회에 나타났던 '근대'의 양상들」, 『역사와 문화』 11, 문화사학회, 2006.
한규무, 「1907년 경성 박람회의 개최와 성격」, 『역사학연구』 38, 호남사학회, 2010.

기사

001. 「설회청객(說會請客)」, 『제국신문』, 1902.10.14. 2면

▸**전사**　일본 대판 시상에 박람회를 명년에 실시하는지라. 일본 외부성에서 주일 한 공관으로 조회하기를 한국 인사가 박람회에 많이 와서 구경함을 바라는 바이라. 본 정부에서 신문에 광고 청하는 사건은 주한 공사에게 훈칙하려니와 한 공사도 귀국 정부로 보고하여 박람회에 내관함을 권하라 한 고로 등인하여 외부로 보고하였더라.

002. 「수송박물(輸送博物)」, 『제국신문』, 1903.1.5. 2면

▸**전사**　양력 금년 2월에 일본 대판에서 박람회를 크게 설시하는데 농상공부에서 대판 삼정물산회사와 계약하고 본국에서 나는 천조물과 인조물을 무역하여 보내는데 명일에 인천 있는 삼정회사 지점으로 보내고 박람회에 가는 위원들은 추후로 파송한다더라.

▸**용어**　농상공부, 삼정물산회사

003. 「박람회출품(博覽會出品)」, 『제국신문』, 1903.2.7. 3면

▸**전사**　금번 일본 박람회에 대한에 있는 일본인 등이 출품하는데 일본 공사가 세무사 백탁안 씨에게 말하여 면세를 청하였는데 대한 각 개항장에 거류하는 일본인이 박람회 진열품으로 출구하는 물품에는 영사관에 증명서를 받은 후에 수출 물품에 면세하고 박람회에서 팔린 물건에는 수출세를 받고 나머지 물건이 도로 나올 때도 면세하되 다 영사에 증명서를 보고 시행한다더라.

▸**용어**　백탁안

004. 「여기도일(麗妓渡日)」, 『제국신문』, 1903.2.21. 3면

‣ 전사 일본 대판 박람회에 대한 기생도 출품물로 갈 터인데 재작일에 우선 2명이 인천을 떠나갔다더라.

005. 「환영위원(歡迎委員)」, 『제국신문』, 1903.3.5. 1~2면

‣ 전사 2월 7일에 박승건 씨와 일인 대강탁 씨 등이 대한 박람회 사무 위원으로 일본 대판 박람회에 참회할 차로 발정한 말은 이왕 기재하였거니와 동월 13일에 대판에 득달[得達]하여 이왕 보내었던 대한 물품을 개탁한 후에 태극기를 제조하여 관문 좌우에 달아 대한 국기를 표하였는데 대한 일에 유지한 일인 몇십 인이 상의하기를 일본인이 대한인에게 불가불 후대하리라 하고 7천 원을 연조하여 관광하는 대한인을 후대하였다 하며 대한 물품 수출 위원의 사무소는 대지 상점으로 작정하였다더라.

3월 1일 상오 10시에 개회하는데 일본 황제께옵서 친림하옵셨는데 화포를 놓고 각 공장과 포구 선척[船隻]과 기선과 본원사 등 각처에서 풍악으로 일시에 만세를 세 번 불렀다더라.

006. 「박람원보고(博覽員報告)」, 『황성신문』, 1903.3.10. 3면

‣ 원문 日本 博覽會 派員 朴承健 氏가 日昨 農部에 報告하되 日本 大阪 第五回 內國 勸業(corr.) 博覽會에 淸米 及 外他 各國 物品 陳列所를 各隨其俗하야 製造 舘門이오며 本國 陳列 所舘 門外에ᄂᆞᆫ 太極國旗와 李花를 畵繪하야 非久就成이웁고 交涉 文書도 特別히 韓國 博覽會 事務所 印札이라 刊出하온 바 今接鑑査員 大江卓指囑하와 大阪 有志者 幾人이 特爲大韓士民의 出品者 及 游覽者하야 捐 金七千元하야 加意庇護케 하되 來往舟車와 居留旅舘을 他 旅舘에 比ᄒᆞ면 便利 價歇케 하야 限千餘人 五個月 居留舘을 方擬議定인則 漢城 人民만 非徒勸誘라 各 道府 及 各 港에 發訓指導하야 使之多數來觀하라 ᄒᆞᆫ 故로 該 事務所 委員長이 各 觀察府 及 各 港 監理에게 發訓하야 商民 及 遊覽人을 依訓起送ᄒᆞ라 ᄒᆞ얏

더라

▸**번역** 일본 박람회에 파견된 박승건 씨가 일전에 농상공부에 보고하되, 일본 대판 제5회 내국 권업 박람회에 청국, 미국 그 외 각국 물품 진열소를 설치하고 각 풍속에 따라 전시관 문을 꾸몄으며, 본국 진열소 관문 밖에는 태극 국기와 오얏꽃을 그려 머지않아 완성할 것이며 교섭 문서도 특별히 한국 박람회 사무소라는 인쇄를 하여 발간하는 바, 최근 접한 바로는 감사원 대강탁이 지시하여 대판의 몇몇 뜻 있는 사람들이 대한의 일반 백성 가운데 출품자 및 유람자를 위해 7천 원을 기부하여 각별히 배려하고 보호하게 하되, 오가는 사람들의 교통편과 지낼 여관을 다른 여관에 비해서 편리하고 저렴하게 하며 천여 명이 5개월 동안 머무를 여관을 이제 막 논의하여 결정하려는 참인즉, 이는 단지 한성 인민들만을 권유하려는 것이 아니라 각 도와 각 부 및 각 항구에도 훈령을 내려 많은 사람이 보러 오게 함인 고로 해당 사무소 위원장이 각 관찰부 및 각 항 관리에게 훈령하여 상민과 유람인들이 많이 보러 오게 하라 하였더라.

▸**용어** 농상공부

007. 「박람회장관(博覽會壯觀)」, 『제국신문』, 1903.3.18. 3면

▸**전사** 일본 대판 박람회에 내외국 사람이 구름 모이듯 하는데 이달 3일에 박람회 안에 들어간 사람의 수효가 19,943인이요 그날 박람회에 붙은 수족관(물고기 기르는 집)에 들어간 사람이 23,034인이라더라.

008. 「권민박람(勸民博覽)」, 『제국신문』, 1903.4.3.3면

▸**전사** 일본 대판 박람회에는 한국 인민의 박람하기를 위하여 일인이 7천 원을 보조하고 또 기차비를 반감[半減]하고 정부로 조회한지라. 농부에서 13도로 훈령하여 인민이 박람회 유람함을 권면하였다더라.

009. 「권람열심(勸覽熱心)」, 『황성신문』, 1903.4.6. 2면

▸**원문** 日本 大阪에서 有志者가 發起하야 淸韓 兩國人의 博覽會 觀覽에 便宜케 홀 次로 淸韓協會를 組織하얏슴은 已報하얏거니와 同會 理事 原田利兵衛 氏가 我國人의 博覽會 觀覽者 勸導홀 方法을 日 領事舘 及 商業會議所 等과 協議 次로 數日 前 渡韓하얏더라

▸**번역** 일본 대판에서 뜻 있는 사람들이 나서서 청국과 한국 두 나라 사람들의 박람회 관람을 편리하게 할 차로 청한협희를 조직하였음은 이미 보도하였거니와 그 협회의 이사인 원전리병위 씨가 우리나라 사람의 박람회 관람을 권유 유도할 방법을 일본 영사관과 상업회의소 등과 협의할 차로 며칠 전에 한국에 방문하였더라.

▸**용어** 상업회의소

010. 「의왕박람(宜往博覽)」, 『황성신문』, 1903.4.22. 3면

▸**원문** 今次 日本에셔 第五回 勸業 博覽會를 大阪에 開設하얏단 說은 本報에 已記하얏거니와 近者 其 景況을 得聞한則 日本에셔 各國 觀覽 人員의 旅舘을 各設하고 各 其國 食品으로 供饋料를 設備하얏난듸 淸國과 我韓賓舘은 特別히 宏麗케 結搆하고 韓人 中으로 熟設手를 雇入하야 我韓 食料로 設備ᄒ얏난듸 食價도 比他ᄒ면 廉價로 定ᄒ고 來參者를 歡迎한다 하난듸 其 觀覽ᄒ난 各國 人員이 雲集ᄒ난 中 歐米 諸國은 尙矣勿論하고 淸國에셔도 紳士農商工 等 人民의 來覽者ㅣ 千餘 員에 殆近하거늘 我韓에셔난 政府에셔 派送한 略干 觀覽員뿐이오 紳士農商工 間에 人民의 往覽하난 者난 아즉 一人도 無하다 하니 此난 實노 慨歎할 事이라 各國에셔난 博覽會를 開設한다 하면 其 人民 中에셔 資斧를 各備하고 數萬里 外라도 往覽하난 者ㅣ 紛紛하거늘 我韓과 日本은 不過 一帆風 數日程뿐인則 可謂 咫尺과 如ᄒ고 來往 留覽 資費도 亦 不過 日貨 五十 元假量이면 自足하거늘 紳士商民間에 一人도 往覽ᄒ난 者ㅣ 無함은 吾輩의 慨咄은 姑捨ᄒ고 亦且 羞恥라 謂할지라 日本人 淸韓會 中에셔 窪添之助 氏로 韓賓舘 設備 委員을 選定ᄒ야 氏가 博覽會 觀覽 說明書를 刊出ᄒ얏기 其 大要를 左에 記載하노니

我韓에 有志한 人民은 略干 金額을 吝惜치 말고 博覽會에 往覽ᄒᆞ야 開明 各國에
셔 新發明한 各種 物品의 制度를 一覽ᄒᆞ고 我韓도 次次 智識과 技術을 擴張ᄒᆞ야
諸般 實業을 發達케 하면 國家만 利益이 宏大할 ᄲᅮᆫ 아니라 自己 生業도 興旺할
터이오 ᄯᅩ 우리도 어셔어셔 進步ᄒᆞ야 博覽會를 開設하고 富强業을 誇耀ᄒᆞ기 日夜
頌祝하노니 全國 同胞난 多多博覽ᄒᆞ기를 切願ᄒᆞ노라

▶ **번역**　이번에 일본에서 제5회 권업 박람회를 대판에 개설하였단 설은 본보에
기재하였거니와 요즘 그 상황을 들은즉 일본에서 각국 관람 인원의 여관을
따로 설치하고 각국의 음식으로 식사를 제공할 준비를 하였는데 청국과 우리
한빈관은 특별히 크고 화려하게 꾸몄고 한인 가운데 숙련된 요리사를 고용하
여 우리 한국 음식을 직접 준비하였으며 식사 가격도 다른 곳에 비해 저렴하게
정하고 참가한 사람들을 환영한다 하는데, 관람하는 각국 사람들이 구름처럼
몰려든 가운데 유럽과 미국 등 여러 나라는 말할 것도 없고 청국에서도 신사와
농상공인 등 다양한 사람들이 관람하러 온 인원이 천여 명에 가깝거늘 우리
대한에서는 정부가 파견한 약간의 관람원뿐이요 신사나 농업, 상업, 공업에
종사하는 사람들 중에 관람하러 간 이는 아직 한 명도 없다 하니 이는 실로
개탄할 일이라. 각국에서는 박람회를 개설한다 하면 그 인민들이 스스로 여비
를 마련하여 수만 리 밖이라도 구경하러 가는 자가 분분하거늘 우리 대한과
일본은 불과 돛단배로 몇 날이면 닿는 거리이니 지척과 같고 왕복과 체류 비용
도 일본 화폐로 고작 50원가량이면 족하거늘 신사, 상민 간에 한 사람도 관람하
러 간 이가 없음은 우리의 개탄은 고사하더라도 수치스럽고 안타깝다 할지라.
일본인의 청한협회 내에서 와첩지조 씨를 한빈관 설비 위원으로 선임하여 박
람회 관람 설명서를 발간하였기에 그 내용을 아래에 기재하노니 우리 대한에
뜻이 있는 인민은 적은 금액을 아끼지 말고 박람회에 가서 보고 개명한 각국에
서 새롭게 발명한 각종 물품과 제도를 두루 살펴보고 우리 한국도 점차 지식과
기술을 넓혀 제반 실업을 발달하게 하면 국가의 이익이 막대할 뿐 아니라 자기
의 생업도 흥왕할 터이요 또 우리도 어서어서 진보하여 박람회를 개최하고
부강한 산업을 자랑하게 되기를 밤낮으로 기원하노니, 전국 동포는 많이 많이
박람하기를 간절히 바라노라.

011. 「발총수자(發塚蒐磁)」, 『황성신문』, 1903.8.10. 2면

▸**원문** 近日 高麗磁器를 泥峴 日人 家에셔 貿入하난듸 願賣 次로 持來하난 者ㅣ 甚多하기로 問 其 理由則 該器를 大阪 博覽會로 輸送홀 터인 故로 多數의 金額을 費하야 各處 鄕曲人에게 出給하고 高麗塚을 掘毁하고 得來흐다난듸 開城 等地로셔 購入하난 數가 最多하다더라

▸**번역** 요즘 들어 고려자기를 니현 일본인 집에서 매입하는데 팔고자 물건을 가지고 오는 사람이 매우 많기로 그 이유를 물은즉 그 고려자기를 대판 박람회로 수송할 터인 고로 많은 금액을 들여 각지의 시골 사람들에게 돈을 주고 고려총을 파헤쳐 얻는다고 하는데 개성 등지로부터 구입하는 수가 가장 많다더라.

012. 「대판 박람회의 관람인 통계(大阪博覽會의 觀覽人統計)」, 『황성신문』, 1903.8.10. 1면

▸**원문** 日本 大阪 博覽會에셔 本月 一日에 閉會式을 擧行ㅎ얏난듸 去 三月 一日 붓터 七月 三十一日ᄭ지 該 博覽會 觀覽人을 計筭흐則 歐美人 一萬四千四百四十三, 淸韓人 八千六百七十七, 日本人 四百三十二萬七千五百七十三이니 合計 四百三十五萬六百九十三人이오 該 博覽會에 附屬흔 水族舘에난 歐美人 六百十九, 淸韓人 六百六十三, 日本人 九十五萬三千二百十四니 合計 九十五萬四千五百十六인듸 統計 五百三十萬五千二百九人이더라

▸**번역** 일본 대판 박람회에서 이달 1일에 폐회식을 거행하였는데 지난 3월 1일부터 7월 31일까지 해당 박람회의 관람객을 계산한 즉 구미인 14,443, 청인과 한인 8,677, 일본인 4,327,573이니 합계 4,350,693명이요 이 박람회에 부속한 수족관에는 구미인 619, 청인과 한인 663, 일본인 953,214니 합계 954,516명인데 모두 합치면 5,305,209명이더라.

013. 「유람회발기(遊覽會發起)」, 『황성신문』, 1907.3.27. 3면

▸**원문** 日本人 某某 氏가 今番 日本 東京에 開設흔 博覽會에 遊覽홀 韓日 兩國

人에게 便宜를 與홀 目的으로 日本遊覽協會를 設立혼다더라

▸**번역** 일본인 모모 씨가 금번 일본 동경에 개설한 박람회에 유람할 한일 양국 사람에게 편의를 줄 목적으로 일본유람협회를 설립한다더라

014. 「여비청발(旅費請撥)」, 『대한매일신보』(국한문), 1907.4.23. 2면

▸**원문** 元山港 裁判所 判事 趙秉敎 씨가 法部에 請願ᄒ되 本 判事가 외以非才로 叨忝司法지職ᄒ야 苟任邓에 徒切素餐지愧ᄒ고 臨事三思에 猶速毀瓦지譏이온中 竊念本裁判所ᄂ 百度未備에 半籌를 莫展이옵고 隨處生疢에 整理無述이오니 有究病源ᄒ오면 其所從來久矣라 如或뉴古姑息이 襲謬畵卵이온즉 誤刷신지主義에 孤負對揚지 責任이온지라 現伏聞인 本東京博覽會에 內外國官官紳이 多有往觀云이옵기 本 裁判所 補佐官補의 業經妥商ᄒ옵고 히 博覽會의 前往 觀광홀 샏 不是라 東경 各 裁判所의 一般 制度를 視察模範ᄒ옵기 爲ᄒ야 補佐官補 高田慶次郎과 伴行홀 터이오며 隨伴一人이 必要ᄒ옵기로 主事 權賢셜을 帶同 前往ᄒ깃습기 玆의 請願ᄒ오니 三인의 往還 旅費를 支撥ᄒ시와 事務 整理ᄒᄂ 方法의 一層 注意케 ᄒ라 ᄒ얏더라

▸**번역** 원산항 재판소 판사 조병교 씨가 법부에 청원하되, 본 판사가 재주가 없는데 외람되게도 사법의 직책을 맡아 하는 일 없이 녹을 받는 것이 부끄럽고 매사에 신중히 생각해 보건대 오히려 속히 구운 기와는 깨지기 쉽다는 조롱을 자초하는 상황에 이르러, 삼가 생각건대 본 재판소는 전반적으로 준비가 되지 않아 한 치의 계책도 제대로 펼 수 없고, 어디에나 문제점이 생겨 정리할 길이 없사오니 그 병폐의 근원을 따져보면 이는 오래된 데서 비롯된 것인지라, 만일 오랜 관행을 그대로 방임하여 그릇된 것을 답습하고 위태로운 기반 위에 문제를 쌓는다면 쇄신의 뜻을 무너뜨리고 그 뜻을 드높이고 실현해야 할 책임을 저버리게 되온지라, 지금 듣자니 이번 동경 박람회에 많은 내외국 관리와 벼슬아치들이 가서 관람한다고 하기에 본 재판소 보좌관과 협의를 거쳐 그 박람회에 가서 관광할 뿐 아니라 동경 각 재판소의 일반 제도를 시찰하고 본보기로 삼기 위하여 보좌관보인 고전경차랑과 함께 갈 터이오며 수행 인원 1명이 필요

하옵기로 주사 권현설을 데리고 함께 떠나고자 이에 청원하오니 세 사람의
왕복 여비를 지급하여 주시고 사무 정리하는 방법에 한층 주의하게 하소서
하였더라.

▸**용어** 법부, 원산, 조병교

015. 「일본유람협회관람순서(日本遊覽協會觀覽順序)」, 『황성신문』, 1907.4.23.
1면

▸**원문** 日本 遊覽에셔 遊覽 旅行者의 便宜를 爲ᄒ야 在東協會 京漫運用達所
南商會와 協約ᄒ고 又 其 觀覽 順序가 如左ᄒ니 東京 到着日 日本銀行. 二日
博覽會, 動物園, 博物舘. 三日 印刷局, 砲兵工廠, 淸樂園. 四日 白木屋 吳服店,
三越 吳服店, 九段 招魂社, 淺艸公園, 札幌 麥酒 工場, 吉原의 夜景. 發行日
宮城前, 日比谷 公園, 京都 舊御所, 西陳, 東本願寺, 淸水 又ᄂ 東山公園, 蹴上,
美術舘, 三條四條夜景, 大阪 中之島 造幣局, 大阪城, 築瀆, 寺町道 夜景

▸**번역** 일본 유람에 있어 유람 여행자의 편의를 위하여 동경에 있는 협회 및
경만운용달소 남상회와 협약하였으며 또 그 관람 순서가 아래와 같으니, 동경
도착일 일본은행. 2일 박람회, 동물원, 박물관. 3일 인쇄국, 포병 공창, 청락
원. 4일 백목옥 오복점, 삼월 오복점, 구단 초혼사, 천초공원, 찰황 맥주 공장,
길원의 야경. 출발일 궁성 앞, 일비곡 공원, 경도 옛 황궁, 서본원사, 동본원사,
청수 또는 동산 공원, 취상, 미술관, 3조 4조 거리 야경, 대판 중지도 조폐국,
대판성, 축독, 사정거리 야경.

016. 「실업가시찰발정(實業家視察發程(corr.))」, 『제국신문』, 1907.4.30. 1면

▸**전사** 실업가로 명유[名有]한 백완혁, 백인기, 한상룡 씨 등 8, 9인이 일본
박람회에 간다는 말은 이왕 기재하였거니와 동씨 등은 일본 내지 각 은행을
시찰하기 위하여 작일 발정하여 경부 철도 1번 차에 가는데 성내 각 실업가들이
남문 밖 정거장에 전송하는 자 많은지라. 실업계에 외국 시찰이 처음이라더라.

▸**용어**   백완혁, 백인기, 한상룡

017. 「박람회개최(博覽會開催)」, 『대한매일신보』(국한문), 1907.5.12. 2면

▸**원문**   京城셔 九月 一日붓터 約 二個月 半의 豫定으로 開催ᄒᆫ다 ᄒᆞᄂᆞᆫ 博覽會ᄂᆞᆫ 經費 預筭이 約 五百萬 圜인ᄃᆡ 韓日 兩國에셔 半額式 支出ᄒᆞᆯ 터이오 事務員도 不日 任命ᄒᆫ다 ᄒᆞ며 尙히 韓日 兩國 出品者의게 對ᄒᆞ야 칠月 二十日ᄭᆞ지 出品을 申請ᄒᆞ고 八月 十五日까지 物品의 到着을 終了케 ᄒᆞ야 翌日붓터 陳列에 着手ᄒᆞᆯ 터이라더라

▸**번역**   경성에서 9월 1일부터 약 2개월 반의 예정으로 개최하는 박람회는 경비 예산이 약 5백만 환인데 한일 양국에서 반액씩 지출할 터이고 사무원도 며칠 내로 임명한다고 하며 또한 한일 양국 출품자에게 7월 20일까지 출품을 신청하고 8월 15일까지 물품의 도착을 종료하게 하여 다음날부터 진열에 착수할 터이라더라.

018. 「박람회시찰(博覽會視察)」, 『대한매일신보』(국한문), 1907.5.15. 2면

▸**원문**   今番 東京 博覽會ᄂᆞᆫ 實業上 硏究에 必要ᄒᆫ 者가 有ᄒᆫ지라 多年 日本과 美洲에 遊學ᄒᆞ든 安昌鎬 氏가 南大門 外 金兄弟商會 主人 金弼淳 氏의 囑托을 因ᄒᆞ야 博覽會 視察 次로 昨日 發程ᄒᆞ야 東京으로 前往ᄒᆞ얏다더라

▸**번역**   이번 동경 박람회는 실업상 연구에 필요한 자가 있는지라 여러 해 일본과 미주에 유학하던 안창호 씨가 남대문 밖 김형제상회 주인 김필순 씨에게 부탁을 받아 박람회 시찰 차로 어제 출발하여 동경으로 건너갔다더라.

▸**용어**   김필순, 안창호

019. (기서) 「동경박람회에 출품한 아 부인 동포(東京博覽會에 出品ᄒ 我婦人同胞)」, 『대한매일신보』(국한문), 1907.6.21. 1면

▸원문 問淚生

嗚呼 痛哉라 我同胞여 昔者에 吾人이 阿弗利加 土人種을 哀憐ᄒ얏더니 엇지 今日에 阿弗利加土人이 吾人을 重憐ᄒ 줄 知하얏스리오 日夜勞働에 不能衣不能食ᄒ고 若干 金錢으로 由ᄒ야 自己 一身을 外人의게 販賣ᄒ야 一箇 出品物이 되여 東京博覽會 水晶宮 內에서 世界各國人의게 莫大ᄒ 恥辱을 買하고 西望故國ᄒ고 彷徨落淚ᄒᄂ 我邦 婦人의 慘狀을 我同 胞가 知乎아 不知乎아 聞乎아 不聞乎아 余도 二千萬 中 一箇 同胞라 此 婦人 同胞의 顚末를 略記ᄒ야 全國에 廣布코ᄌ ᄒ노라 先月에 我 留學生 諸人이 觀覽 次로 博覽會에 入場하야 順次로 쥬覽ᄒ다가 朝鮮舘 附屬 水晶舘에 入하니 入門은 暗室的 模樣으로 建築ᄒ얏스미 黑黑暗暗하야 咫尺을 難辨이라 咄咄怪異ᄒ고 手攀足探ᄒ면셔 舘中에 尋入ᄒ니 誰能知之리오 本邦 婦人 一名이 以衣掩面ᄒ고 椅子에 箕坐ᄒ얏ᄂ대 傍立 日人이 觀남者 各國人의게 說明ᄒ야 日 是ᄂ 韓國 所産이라 年은 幾何오 姓名은 誰오 容貌ᄂ 何如何如타고 云흠에 我留學生 諸人이 不勝憤慨ᄒ야 該舘 主人을 請ᄒ야 責言 日 貴國人이 動必(sic) 韓國은 同文同種이라 云하고 如此ᄒ 不人道 行爲를 爲而不憚ᄒ니 是ᄂ 我韓國 民族을 侮蔑흠에 不止ᄒ고 人類가 되야 人類를 凌辱ᄒ니 是ᄂ 吾儕가 一方으로 韓人이 되야 韓人의 侮辱을 默看ᄒ슈 無ᄒ고 一方으로 世界上 人類가 되야 同一ᄒ 人類가 其人類의게 對ᄒ야 侮辱을 加흠을 見ᄒ고 不可忍過라 不可不其罪를 鳴正이라ᄒ대 該舘主가 曖昧糊塗ᄒ 語法으로 回答흠에 我留學生이 益加激烈ᄒ야 一場痛罵ᄒ 后에 婦人同胞의게 其 事件의 本末를 問ᄒ즉 其左右에 韓語를 解ᄒᄂ 日人이 在ᄒ 故로 不能直言ᄒ고 泫然流涕ᄒ고 對答ᄒ야 日 余ᄂ 大邱人이라 當初 渡日 時에 通譯 朴某(與婦人同在水晶舘)와 日本人 某가 言ᄒ기를 日本에 博覽會가 開ᄒ얏시니 余等과 同往ᄒ면 遊覽도 잘ᄒ고 쏘 營利가 不少ᄒ다기로 來ᄒ얏더니 千萬意外에 如此ᄒ 侮辱을 當ᄒ다ᄒ고 更不多言하기로 我 留學生이 各各 含憤歸宿ᄒ얏다가 其 翌日에 ᄀ 團體에서 總代를 派送ᄒ야 日人과 交涉ᄒ야 歸國을 嚴勸하되 終是 好結果를 不得ᄒ야 忿恨이 徹骨ᄒ든 中에 엇더ᄒ 韓人은 同胞의 恥辱과 國家의 侮辱이 如何흠을 不知ᄒ

고 도리여 水晶舘 主人의게 致謝흔 者도 有ᄒ다는 傳說를 聞ᄒ니 可惜可痛에 所道를 不知로다 嗟홉다 我 二千萬 同胞여 今番 日本 博覽會 中에 阿弗利加 土人種도 出品物이 되야 陳列흠이 無ᄒ거늘 何故로 日本人이 我國 同胞 出品ᄒ고 東西洋 ᄀ國人에게 觀覽料를 取ᄒ니뇨 韓國人이 皆生耶아 皆死耶아 四千年 獨立 歷史를(corr.) 有흔 我 民族이 此에 止ᄒ고 已乎아 世界 각國人이 博覽會를 觀남ᄒ고 각歸其國ᄒ야 其 國民의게 報告ᄒ기를 韓國 民族은 自國의 外交權과 軍政權과 經濟權을 外人의게 盡賣ᄒ고 畢竟은 自國의 婦人 同胞까지 物品으로 外人의게 販賣ᄒ얏다 云ᄒ면 如何흔 答辭로 其 事件을 辨明ᄒ깃나뇨 血이 有ᄒ고 淚가 有ᄒ고 骨이 有흔 我 同胞의게 再三 請問ᄒ노라

皇天이 有心ᄒ고 同血이 相憐일ᄉ 此 可憐흔 同胞를 救濟흔 使命이 出하니 京城 居 內部 參書官 閔元식 氏라 同氏는 月前에 視察 次로 東京에 來留하더니 如此흔 慘狀을 聞ᄒ고 卽時 水晶舘에 往ᄒ야 其 眞相을 探聞ᄒ고 각 學生의게 其 事件의 始末을 調査하야 日本 官廳에 交涉하야 其 婦人의 所用費 數百 圓을 自己가 擔當ᄒ고 數日間 歸國케 하기를 決定ᄒ얏스니 壯哉라 同氏의 義擧여 爲其同胞 ᄒ야 不惜金捐ᄒ니 何其義俠也ㅣ며 爲其同胞ᄒ야 不拘毀譽勞苦ᄒ니 何其慈愛 也ㅣ오 若我二千萬同胞가 以閔元식氏之心으로 爲心ᄒ야 愛其同胞ᄒ며 救其同 胞면 何患同胞之團合이며 國家之獨立이리오 吾儕는 我邦에 如此흔 義人이 有 흠을 欣賀ᄒ고 感謝ᄒ노라

▸ 번역 　　　　　　　　　　　　　　　　　　　　　　　　　　　　　　　　문루생

아아, 슬프도다, 우리 동포들이여. 예전에는 우리가 아프리카 토인종을 가엽게 여겼거늘 어찌 오늘날 아프리카 토인이 우리를 가엽게 여길 줄 알았으리오. 밤낮으로 노동에 시달려 입지도 먹지도 못하고, 얼마 되지 않는 돈에 자기 몸 하나를 외국인에게 판매하여 한낱 출품물이 되어 동경 박람회의 수정궁 안에서 세계 각국 사람들에게 막대한 치욕을 사고, 서쪽으로 고국을 바라보다 방황하며 눈물짓는 우리나라 부인의 참상을 우리 동포는 아는가 모르는가, 듣는가 듣지 못하는가. 나 또한 2천만 가운데 한 사람인 동포라, 이 부인 동포 의 전말을 간략히 적어 전국에 널리 퍼뜨리고자 하노라. 지난달에 우리 유학생 들이 관람 차 박람회에 입장하여 차례로 관람하다가 조선관 부속 수정관에

들어가니, 입구는 암실과 같은 모양으로 건축하였으매 캄캄하여 지척도 분간하기 어려워 매우 기괴하고, 손으로 더듬고 발로 탐색하여 관 안으로 찾아 들어가니, 누가 알 수 있으리오. 본국 부인 한 사람이 옷으로 얼굴을 가리고 의자에 비스듬히 앉아 있었는데, 곁에 서 있던 일본인이 관람하러 온 각국 사람들에게 설명하며 이르기를, 이는 한국에서 나온 것이라, 나이는 얼마요 성명은 누구요 용모는 이러이러하다고 하는지라. 우리 유학생들이 분노를 이기지 못해 그 관의 주인을 불러 꾸짖으며 말하길, 귀국 사람은 말만 하면 한국은 동문동종이라 하면서도 이와 같은 비인도적 행위를 부끄러워하지 않으니, 이는 우리 한국 민족을 모욕하는 데 그치지 않고 인류가 되어서 인류를 능욕하는 것이로다. 우리가 한편으로는 한국인으로서 한국인의 모욕을 묵과할 수 없고, 한편으로는 세계상의 인류로서 동일한 인류가 그 인류에게 모욕을 가하는 것을 보고 차마 넘어갈 수 없으니 그 죄를 드러내어 바로잡지 않을 수 없다고 하는데, 그 관장은 모호하고 두루뭉술한 말투로 대답하는지라. 이에 우리 유학생들이 더욱 격렬해져 한바탕 통렬히 꾸짖은 뒤에 부인 동포에게 그 사건의 전말을 묻자, 그 곁에 한국어를 아는 일본인이 있는 고로 차마 곧이곧대로 말하지 못하고 눈물을 글썽이며 대답하는지라. 나는 대구 사람으로, 처음 일본에 건너올 적에 통역 박 모(그 부인과 함께 수정관에 있던 자)와 일본인 아무개가 말하기를, 일본에 박람회가 열렸으니 우리와 함께 가면 관람도 잘할 수 있고 또 벌이가 적지 않다 하기로 왔더니 천만뜻밖에 이러한 모욕을 당하였다고 하고는 더는 말을 잇지 않는지라. 우리 유학생들이 각기 분을 머금고 돌아갔다가 이튿날 각 단체에서 총대를 파송하여 일본인과 교섭하고 귀국을 엄중히 권하되 끝내 좋은 결과를 얻지 못하여 분한 마음이 뼛속에 사무쳤는데, 어떠한 한국인은 동포의 치욕과 국가의 모욕이 어떠한지를 알지 못하고 도리어 수정관 주인에게 감사의 뜻을 전한 자도 있다는 말을 들으니, 애석하고도 통한하여 말할 길을 알지 못하겠도다. 슬프도다, 우리 2천만 동포여. 이번 일본 박람회에는 아프리카 토인종도 출품물로 진열된 바 없거늘, 어찌하여 일본인이 우리나라 동포를 출품하여 동서양 각국 사람에게 관람료를 받느뇨. 한국인이 모두 산 것이냐, 모두 죽은 것이냐. 4천 년 독립의 찬란한 역사를 가진 우리 민족이 이에 그친단 말인가. 세계 각국의 사람들이 박람회를 관람하고 각자 그 나라로 돌아가서 그 국민에게, 한국 민족은 자국의 외교권과 군정권과 경제권을 외국인에게 다 팔아넘기고 마침내는 자국의 부인 동포까지 물품으로 외국인에게 팔았다고 보고하면, 우리가 무슨 말로 그 사건을 변명하겠느뇨. 피가 있고 눈물이 있고 뼈가 있는 우리 동포들에게 거듭거듭 묻노라.

하늘에 뜻이 있고 같은 피를 나눈 사람들이 서로를 불쌍히 여기매 이 가련한 동포를 구제할 사람이 나타났으니, 경성에 거주하는 내부 참서관 민원식 씨라. 동씨는 한 달 전 시찰 차 동경에 머무르던 중 이러한 참상을 듣고 곧바로 수정관에 가서 그 진상을 탐문하고 각 학생에게 그 사건의 시말을 조사하여 일본 관청에 교섭한 뒤, 그 부인의 소용비 수백 원을 스스로 부담하고 며칠 내로 귀국시키기로 결정하였으니, 장하도다. 동씨의 의로운 거사여, 그 동포를 위하여 아낌없이 돈을 내놓으니 어찌 그리 의협다우며, 그 동포를 위하여 명예의 훼손과 수고로움을 마다하지 않으니 어찌 그리 자애로운가. 만일 우리 2천만 동포가 민원식 씨의 그 마음을 본받아 마음으로 삼고서 동포를 사랑하고 동포를 구제한다면, 어찌 동포의 단합을 걱정하겠으며 국가의 독립을 염려하리오. 우리들은 우리나라에 이러한 의인이 있음을 기뻐하고 감사하노라.

▸ **용어** 내부, 민원식

020. 「박람회 구경」, 『대한매일신보』(국문), 1907.8.11. 3면

▸ **전사** 농상공부에서 13도 관찰사에게 공함하기를 박람회를 지금 경성에 설립할 터인데 9월 1일부터 11월 15일 내로 각 관찰사는 일제히 상경하여 참관하라 하였다더라.

▸ **용어** 농상공부

021. 「박람회장연대(博覽會長宴待)」, 『제국신문』, 1907.8.7. 2면

▸ **전사** 경성 박람회장 학원정길 씨는 재작일 오후 7시에 농상공부대신 송병준,

한성 부윤 장헌식 양 씨와 및 내외국 신문기자 30여 명을 일본인 구락부로 청하여 만찬회를 개[開]하고 박람회의 설립한 원인과 장래 발달할 방책을 일장 연설하였더라.

▸ **용어** 송병준, 일본인 구락부(=일본구락부), 장헌식, 학원정길

022. 「**경성박람회(京城博覽會)**」, 『제국신문』, 1907.8.31. 2면

▸ **전사** 경성에 박람회를 설치하는 말은 기왕 기재하였거니와 그 기한은 9월 1일로 위시하여 11월 15일까지 정하고 입장표 값은 신화 5전이요, 진열품은 곡물(穀物), 직물(織物), 식료품(食料品), 금은 세공물(金銀細工物), 미술품(美術品) 등물과 그 외에 각종 물품을 다수히 적치[積峙]하고 소청을 따라 물품을 방매[放賣]하며 또 한일 양국 기생과 군악으로 여흥을 돕게 하고 각 처에서 관람 차로 내왕하는 사람에게는 차비를 특별히 10분의 3을 감하고 환귀하는 윤선비[輪船費]는 10분의 6을 감한다 하니 이 일은 우리나라에 처음 되는 성사이라 경향 간에 구경 오는 사람이 구름 같다더라.

023. 「**기생일비(妓生日費)**」, 『대한매일신보』(국문), 1907.9.7. 2면

▸ **전사** 경성 박람회에서 인민이 많이 구경하기를 위하여 연희장을 설시하고 기생 10명을 불러다가 잡가도 시키며 검무도 추게 하고 기생 매명에 각기 일비는 5원씩 준다더라.

024. 「**박람회개회식(博覽會開會式)**」, 『제국신문』, 1907.9.13.2면

▸ **전사** 경성박람회 개회식은 예정함과 같이 재명일(9월 15일 음력 8월 8일)에 행하는데 그 절차는 좌와(corr.) 같더라.

● 개회식 15일 오전 9시부터 박람회관 안에 있는 연무장(演舞場)에서 거행하는데 한일 양국 문무 고등관과 각 이사관, 사무관, 민단장, 각 관찰사, 군수,

신문기자, 출품인, 박람회와 박람회 협찬회 회원 등이요 개회식을 마친 후에는
모의점(模擬店)에서 내빈을 대접하고 한일 양국 기생의 춤이 있으며
●황태자 전하 행계) 이왕 박람회장이 황태자 전하의 박람회에 행계하심을
주청하였더니 동회 개회식에 행계하옵시기로 정하옵셨다 하니 박람회의 영광
뿐 아니라 일반 출품인이 모두 기뻐한다 하며
●여흥 증가) 박람회에서 여흥으로 1주간에 한 번씩 기생의 가무가 있음은
이왕에도 말하였거니와 개회식을 행한 후로부터 궁중 의식에 행하는 여령[女
伶]의 가무를 1주간에 두 번씩 행하기로 궁내부의 허가를 물었다 하며
●개회식을 행하는 날은 오후 10시까지 일반 구경하는 사람은 들이지 않는다
더라.

▸ **용어** 궁내부

025. (논설) 「불놀이 구경 속에 다른 불놓는 생각이 나는고나」, 『경향신문』, 1907.9.20. 1~2면

▸ **전사** 본월 15일 서울 박람회에서 개회식을 꿩장하게 하는데 밤놀이는 남산
에 매화를 묻고 불놀이를 하는지라. 온 성안 사람이 다 구경하는 중에 우리도
또한 구경하니 그 장하게 번화하여 구경하엽즉 한즉 다른 이의 눈에도 필경
보기 좋아 구경스러울 것이거니와 그런 중 여기서 우리가 눈으로 보지 못하는
어떤 시골에서 아마 오늘 밤에 의병이나 일병들이 일본 사람의 집이나 대한
사람의 집에 불 놓는 것도 볼 것이 있는 듯하도다.
이 사이 사방에서 들리는 소문이 거짓말도 많거니와 일정코 아는 것은 여러
지방에 불 놓는 것이라. 그런즉 이 밤에도 이런 일이 있기 쉽도다.
지금 여기서 우리 구경하는 이 불은 즐거운 마음으로 놀이로 놓는 불이요,
시골서 놓는 저 불은 미워하는 마음으로 죽이는 불을 놓는 것이요, 지금 우리
구경하는 이 불은 박람회 사람들이 장사 잘되기를 바라는 표의 불이요, 시골서
놓는 저 불은 오래도록 장사 잘못될 표의 불이요, 지금 우리 구경하는 이 불은
즐거워하고 웃고 좋다 하는 불이요, 시골서 놓는 저 불은 서러워하고 울고

참혹하다는 불이로다.

지금 우리는 이 불구경한 후에 우리 집에 들어가 편안히 누워 자겠으나 시골서는 저 불 후에는 제 집도 없어지고 세간도 없어지고 곡식도 없어지고 늙은이와 어린아이가 다 한데서 한둔하여 무릎을 놓을 곳이 없고 또 얼마 못 되면 엄동설한을 당하여 이 백성들이 풍한을 가릴 의지 간도 없고 먹을 것도 없어 굶고 얼어 죽기는 의심 없도다.

불쌍하다, 만 번 불쌍하다, 백성들이여. 일이 이렇게 되지 아니하였다면 오늘 이 구경을 아무 원통함이 없이 즐거이 볼 것이라. 일본이 우리나라에 와서 개화도 잘 시키고 장사하는 법도 잘 가르치고 이 박람회에다가 두 나라 물건을 합하여 둠과 같이 두 나라 사람들의 마음도 합하고 힘도 합하고 일도 합하여 두 나라 장사도 흥왕하고 참 개화가 잘되어 두 나라의 복됨이 있었을 것이어늘 지금인즉 박람회에 두 나라 물건이 한가지로 한 자리에 놓인 것이 뜻 없는 것은 두 나라 물건은 같이 놓였으나 두 나라 사람의 마음은 같이 있지 못한즉 두 나라 일과 장사와 복됨이 이루기가 매우 어렵겠도다.

우리 눈에 이 불놀이가 황홀하여 구경하염즉한 중에 시골서 백성의 집도 불붙고 세간도 불붙고 경상을 아니 생각할 수 없도다.

오홉다, 누가 소리를 크게 질러 알아듣도록 이르겠느뇨. 큰 소리로 일본에 말하기를 시골 불을 없이 하소, 의병에게 말하기를 시골 불을 없이 하소, 백성에게 말하기를 시골 불을 없이 하소, 할지니

일본에 말할 것은, 시작은 잘못되었으나 마침은 잘될 수 있으니 대한 백성을 좀 생각하여 억지로만 하지 말고 의대로 하여 대한을 사랑하고 아끼는 것을 드러낼 것이로다. 개화하는 법도 내어버리고 대한 백성도 상관할 것 없다 할지라도 일본의 경영하는 일만 생각하여 일본인을 대한에 살게 하고 일본 장사 잘되기를 위하여 시골 백성의 집에 불 놓지 말 것이오.

의병에게 말하기를, 극히 조심하소, 우리나라 일이 망하여진 것을 더 망하여지게 말고 일본 사람의 흠 없는 양선한 이를 죽이는 것이 못 할 일이요, 아무 사람의 집을 불 놓는 것도 못 할 일이요, 다만 우리나라 일을 고치기에 따로 다른 모양이 있나니 불 놓는 그런 일만 하면 본국인에게도 미워함을 받을 것이

니 무슨 쓸 데 있으리오.

우리나라 불쌍한 백성에게 말하기를, 이런 어려운 경우를 당할수록 정신을 더욱 차리고 공연히 겁내지 말고 일마다 법대로 하며 일병이 동리에 들어오거든 도망하지 말고 잘못한 것 없는 빙거[憑據]를 자세히 드러낼 것이라. 여러 지방에서 백성이 도망하는 까닭에 일병이 불을 놓는다고 말을 하니 도망하지 말고 모든 어려운 것을 각 사람이 제 힘대로 면하기를 힘쓸지어다.

우리나라 동포들이 다 평안하고 참 개화가 되며 모든 일이 다 잘 되어 즐거이 매화 불놀이 구경을 좋게만 하기를 바라옵.

026. 「부일예정(婦日預定)」, 『황성신문』, 1907.10.9. 1면

▶ **원문** 九月 三十日에 京城 博覽會 婦人日에 非常흔 盛況을 뭍ᄒ야 入場者가 七千餘 名에 達ᄒ얏ᄂᆫ딕 我國에셔 此擧를 歡迎ᄒ야 今後 一週에 三回나 十日에 一回를 擧行홈을 希望ᄒᄂᆫ 故로 來 十日에 第三回 婦人日 擧行흔다ᄂᆫ딕 雨下ᄒ면 十月 十二日에 擧行흔다더라

▶ **번역** 9월 30일 경성 박람회에서 열린 부인의 날은 대단히 성황을 이루어, 입장자가 7천여 명에 달하였는데 우리나라에서 이러한 행사를 환영하여 앞으로는 일주일에 3회나 10일에 1회씩 거행하기를 희망하는 고로 오는 10일에 제3회 부인의 날을 거행한다는데, 비가 오면 10월 12일에 거행한다더라.

027. 「부인 구경 하는 날」, 『대한매일신보』(국문), 1907.10.10. 3면

▶ **전사** 9월 30일 경성 박람회 부인 구경하는 날에 구경한 부인이 천여 명이나 되었는데 이후에는 1주간에 한 번씩이나 혹 열흘에 한 번씩 거행하기를 바라는 고로 오늘에 제3차 부인 구경하는 날을 거행할 터인데 비가 오면 열이틀날로 거행한다더라.

028. 「맥주무료(麥酒無料)」, 『황성신문』, 1907.10.10. 1면

▸ **원문** 今日은 婦人 博覽會日인디 該會에 出品힌 日本 麥酒 會社에서 麥酒을 無料로 進呈ᄒ야 入場ᄒᄂ 婦人에게 欵待ᄒ다더라

▸ **번역** 오늘은 부인 박람회 날인데 이 박람회에 출품한 일본 맥주 회사에서 맥주를 무료로 제공하여 입장하는 부인에게 대접한다더라.

029. 「박람회대추첨(博覽會大抽籤)」, 『황성신문』, 1907.11.10. 1면

▸ **원문** 京城 博覽會에셔 來 十二 十三 兩日을 計하야 大 抽籤을 擧行ᄒ 터인디 一日 入場者를 一萬五千 人으로 二日間 三萬人을 假量하고 各 景品 三萬個를 準備하야 一一히 番號를 附하ᄂ디 抽籤券을 持힌 者에게 곳 景品을 引換ᄒ다ᄂ 디 該 景品은 一等 約 百圓이 一個오 二等 五十圓이 十個오 三等 十圓이 二十個 오 四等 五圓이 五十個오 五等 二圓이 二百個인디 最下等이라도 一個 五錢 以上 에 相當힌 物品이오 十四日에 更히 最終의 抽籤을 擧行하ᄂ디 景品 総數가 爲五 千個에 一等 七十圓이 一個오 二等 二十圓이 五個오 三等 十圓이 十個오 四等 五圓이 二十個오 五等 一圓이 五十個오 以下 最下者가 五錢인디 此ᄂ 大概 婦人 의게 適用ᄒ 터이라더라

▸ **번역** 경성 박람회에서 오는 12일과 13일 이틀에 걸쳐 대규모 추첨을 거행할 터인데 1일 입장자를 1만 5천 명으로, 이틀간 3만 명으로 짐작하여 총 3만 개의 경품을 준비하여 일일이 번호를 붙이며, 추첨권을 소지한 자에게 곧 경품 으로 바꾸어준다고 하는데 그 경품은 1등은 약 100환이 1개요 2등은 50환이 10개요 3등은 10환이 20개요 4등은 5환이 50개요 5등은 2환이 2백 개인데 최하등이라도 1개에 5전 이상에 상당하는 물품이요, 14일에는 다시 최종 추첨 을 거행하는데 경품 총수는 5천 개가 되며 1등은 70환이 1개요 2등은 20환이 5개요 3등은 10환이 10개요 4등은 5환이 20개요 5등은 1환이 50개요 이하 최하위 등급은 5전 짜리인데 이는 대게 부인에게 적용할 것이라더라.

030. 「박람회추첨사실」, 『대한매일신보』(국문), 1907.11.13. 3면

▸**전사** 작일 박람회에 추첨하러 온 한국인이 수만 인인데 상등 상품은 100원어치 되는 물건을 준다 하는 고로 한 사람이 표 한 장의 신화 10전씩 내고 4, 5장씩, 수십 장씩 사가지고 들어가서 사무원을 준즉 상여하는 물품은 비누갑이나 성냥갑이나 빈대 약통이나 불과 몇 푼어치 못 되는 것을 주는 고로 관광하는 사람들이 말하기를 공연히 수다한 돈을 허비한다고 하였다더라.

031. 「빈민만 입장홈(貧民만 入場홈)」, 『황성신문』, 1907.11.14. 1면

▸**원문** 京城 博覽會는 本月 十五日에 閉會ᄒ는ᄃᆡ 別히 閉會式은 擧行치 아니ᄒ고 但 同日 午後 五時에 煙花 數十 發을 放ᄒ고 閉會ᄒ고 十六日에는 貧民을 入場 觀覽케 ᄒ다더라

▸**번역** 경성 박람회는 이달 15일에 폐회하는데 따로 폐회식은 거행하지 않고, 다만 같은 날 오후 5시에 불꽃 수십 발을 쏘며 폐회하고 16일에는 빈민을 입장시켜 관람하게 한다더라.

한일 민간교류의 효시, 관광단

이지원

해제

강제 병합을 한 해 앞둔 1909년도 초부터 '관광단'이라는 이름으로 한국의 전·현직 관리와 지방의 관리, 재산가, 실업가, 교사 등이 일본을 방문하고, 일본의 지방 유지와 실업가, 교사, 학생들이 한국을 방문하기 시작했다. 왕족, 고위급 정치가와 관료, 군대, 주요 전문가 집단을 넘어 더 넓은 범위의 민간교류가 시작된 것이다. 신문에 양국 관광단의 참가자와 이들의 이동 경로, 현지에서의 활동, 이들을 환영하거나 환송하는 행사와 관련된 기사 등이 실렸는데, 여기에는 새로운 형태의 교류에 대한 복잡한 반응, 즉 지지와 환영, 불안과 경계심이 함께 드러난다.

1909년 3월 일본으로 출발하는 관광단을 모집한다는 소식이 맨 처음 신문에 보도되었다(「일관광단발기」, 『황성신문』, 1909.3.13.). 이 관광단은 통감부가 기획하고 대한제국 정부가 후원했는데, 순종 황제는 300만 원을 여비로 내놓았다. 관광단 모집은 통감부 기관지 『경성일보』가 주관했다. 3월 23일 『황성신문』 기사는 제1회 관광단으로 "최완고(最頑固)" 50여 명이 선정되었다고 했고, 이어서 24일 『대한매일신보』 기사는 총리대신 이완용(李完用, 1858~1926)이 선발 인원을 늘려서 애초 예정의 2배가 넘는 110명이 최종 선발되었다고 알렸다. 이들은 대부분 전·현직의 고위 관리들이었다. 4월 25일에는 제2회 관광단, 5월 6일에는 제3회 관광단 모집 소식이 실렸다.

『대한매일신보』에 따르면, 1909년 4월 13일에 출발한 제1회 관광단은 시모노세키(馬關)에 도착하여 경치 구경을 하고 도쿄에 있는 오쿠라 기하치로(大倉喜八郎, 1837~1928)의 집에서 열린 만찬회에 참석했다. 오쿠라는 당시 한국에 여러 개의 회사를 설립, 운영하던 재벌급 기업인이었는데, 이 만찬회에서 이토 히로부미가 "한일 양국의 친목하는 뜻으로 연설"을 했다는 기사로 미루어 볼 때(1909.5.13.), 관광단은 일본의 정계와 경제계가 합작한 기획이었다.

이어서 일본인들의 한국 관광 계획도 알려졌다. 1909년 5월 19일 『황성신문』은 「일광증수(日光增數)」라는 기사에서 오사카(大阪)에서 30명, 시모노세키(馬關)에서 30명, 규슈(九州)에서 50명의 일본인이 한국을 관광하러 온다는 소식을 전했다. "일본에서 건너오는 관광단이 동경파는 6일에 건너오고 대판파는 13일에 건너오고 신호파는 14일에 건너온다더라."(『대한매일신보』(국문), 1909.6.4.) 등 일본 각지에서 언론사나 경제인단체 등이 조직한 관광단이 입국한다는 소식이 잡보를 통해 속속 전해졌다.

경성에 도착한 일본인들은 먼저 경복궁 경회루, 창덕궁 비원 같은 조선 왕조의 유적이나 한국 최초의 근대식 공원인 탑골공원 등을 둘러보았는데(「공원관람」, 『대한매일신보』, 1909.6.9.; 「차제관광(次第觀光)」, 『대한매일신보』, 1909.6.10.), 이것이 주목적은 아니었다. 이를테면 오사카와 고베의 실업가들로 구성된 관광단은 일본인 경성상업회의소를 둘러보고 통감부를 방문하여 서기관으로부터 한국의 실업 현황에 대해 듣고 남대

문에서 열차를 타고 평양에 가서 관람한 후 신의주, 안동현 등을 시찰했
으며 진남포, 겸이포, 황주, 인천을 거쳐 삼랑진, 마산, 부산을 유람하
고 돌아갔다(「관광단유력(觀光團遊歷)」, 『황성신문』, 1909.6.13.). 대체로 지
방의 유지와 실업가들로 이루어진 일본인 관광단은 한반도를 종횡으로
이동하면서 지역의 경제 상황을 관찰하고 사업 가능성을 탐색했던 것으
로 보인다.

신문에는 양국 관광단의 행적뿐만 아니라 이들을 환영하는 행사에 대
한 소식도 실렸다. 이에 관해서는 특히 한성부민회(漢城府民會)의 행보가
주목된다. 한성부민회는 1908년 5월 유길준(俞吉濬, 1856~1914) 등에 의
해 지방자치단체로 발족한 후 한성부의 교육 문제와 위생 문제 해결에
주력했다고 알려져 있는데, 1909년에는 양국 관광단의 환영 행사에 앞
장섰다. 한성부민회는 제1회 일본 관광단이 귀국했을 때 환영식을 기획,
실행했다. 또 한국 관광단을 환영하는 연회도 주최했다.

하지만 당시 『대한매일신보』는 일본 관광단에 대해 의심과 경계의 태
도를 보였다. 제1회 일본 관광 참가자의 성격을 표현한 '완고'나 제2회
참가자를 가리킨 "불평당(不平黨)"은 관리들 가운데 일본에 호의적이지
않은 사람들을 지칭한 것으로 보이는데, 신문은 이들에 대한 회유가 일
본이 자국의 관광을 주선한 실제 목적이라고 보았다. 이완용을 비롯하
여 관광단에 포함된 전·현직 관리들의 실명을 반복하여 보도하고 이들
의 의도를 추정하거나 이후 행보를 들춘 것은 이러한 경계심 때문이었
다(1909.3.24.; 1909.4.24.; 1909.4.25.). 6월 22일자 논설 「관광단과 친목
회」는 이 신문이 우려한 바가 무엇이었는지를 명확히 보여준다. 필자는
일본을 적대시하던 대만인들이 일본의 문명을 체험하고 난 후 호의적으
로 변했다는, 상해와 일본의 신문 기사를 언급하면서 한국에도 같은 방
식을 적용하려는 일본의 "불순한 의도"를 직시해야 한다고 주장했다. 이

글은 "한국인들이여, 이런 은밀한 정상(情狀)은 다만 청국의 평론뿐 아니라 일인의 신문기자가 실상 스스로 자랑한 일이니 정신이 있고 귀와 눈이 있는 자들은 한번 생각하여 볼지어다."라고 호소했다.

또한 『대한매일신보』는 한국을 관광하러 온 일본인들과 이들을 맞이하는 한국인들의 태도도 강하게 비판했다. 기사에 따르면, 한국을 방문한 일본인들을 맞으러 보부상 단체인 대한상무조합소 부장 이학재(李學宰)는 대구로 내려갔으며, 제국신문사 사장 정운복(鄭雲復, 1870~1920)은 더 멀리 부산까지 내려가 이들을 환영했다. 일본인들은 경회루 연회에서 이완용의 환대를 받았고 중추원 고문 이지용(李址鎔, 1870~1928)의 집에도 초청받았다. 심지어 농상공부대신 조중응(趙重應, 1860~1919)은 일본 옷을 입고 일본 이사청까지 내려가 관광단을 영접했다고 한다 (1909.5.28.; 1909.5.30.; 1909.6.10.; 1909.6.16.; 1909.6.17.). 『대한매일신보』는 "문명국을 관광하는 것"은 그것을 배워서 더 나은 방향으로 나가고자 하는 목적이지만 일본인이 "패망국", 즉 한국을 관광하는 것은 "식욕 발동"에 다름 아니라고 비판한 한편, "찬송하고 춤을 추"고 "북치며 나팔 불고 일본[일본인] 관광단을 환영하는 자"들을 "외국인에게 아첨하는" "노예" 또는 "악마"에 비유하면서 강하게 비판했다(「시사평론」(국문), 1909.6.5.; 「외국인에게 아첨하는 자의 어리석은 계교」(국문), 1909.6.6.; 「첩출마(疊出魔)」, 1909.10.5.).

두 나라를 오간 관광단에 대한 의심과 경계는 비단 언론에만 한정된 것이 아니라 지식인, 학생 사회에도 널리 퍼져 있었던 것 같다. 단적인 예로 한성부민회가 주최한 일본 관광단 환영 행사가 여러 차례 저항에 부딪힌 일을 들 수 있다. 제1회 관광단이 귀국했을 때 한성부민회가 민간단체와 각 학교에 환영 행사 참석을 요청했는데, 일본이 유림(儒林)을 회유하기 위해 이완용, 조중응 등을 내세워 세운 대동전문학교(大東專門學校)를 제외한 대부분의 학교가 거세게 반발했고 일반 상민들도 "벌금을 낼지언정 관광단을 환영할 수는 없다."며 강하게 거부했다(「전문학교 환영」, 『대한매일신보』(국문), 1909.5.12.;「상민반대」, 『대한매일신보』(국문), 1909.5.12.).

한국을 관광하러 온 일본인들을 맞이한 환영 행사도 한성부민회의 뜻대로 진행되지 않았다. 한성부민회는 기대한 만큼의 경비를 모으지 못해 곤란을 겪었으며 관광단의 도착이 늦춰진 바람에 적지 않은 손해를 입기도 했다. 통감부조차 관광단 환영에 너무 많은 자금을 허비할 필요가 없다고 충고했다.(「통부통지(統府通知)」, 『대한매일신보』, 1909.5.29.;「열심이 과하고」, 『대한매일신보』(국문), 1909.6.4.;「민회손해」, 『대한매일신보』(국문), 1909.6.8.) 대부분의 학교가 학생 동원을 거부했고, 교주가 학생을 동원하려 했던 봉명학교(鳳鳴學校)의 학생들은 '차라리 죽을지언정 일본 국기를 들고 한국 관광단을 환영할 수는 없다.'며 시위를 벌이고 퇴학을 결의했다(「아첨하는 학교」, 『대한매일신보』(국문), 1909.6.9.;「학도퇴학」, 『대한매일신보』(국문), 1909.6.10.;「학생의분」, 『대한매일신보』(국문), 1909.6.11.;「학생계에 새 광채」, 『대한매일신보』(국문), 1909.6.12).

이와 같은 사회적 분위기 때문인지 1909년도 하반기 신문에서는 일본 관광단에 대한 기사가 많지 않은데, 1910년도에 들어서사 상황이 변했다. 1910년 2월부터 5월 사이 『대한매일신보』에는 일본 관광단 관련 기사가 무려 20여 건에 달한다. 의주, 대구, 수원, 평양, 선천, 군산 등지에서 해당 지역의 관리와 재산가, 실업가, 학교 직원 등으로 구성된 관광단이 당시 후쿠오카(福岡)에서 열린 공진회를 비롯하여 제철소 등 상공업, 교육, 농업의 실제를 시찰하기 위해 바다를 건넜다. 대한협회, 한성부민회 등 민간단체와 『경성일보』나 『평양일보』 같은 일본인 경영 신문들도 관광단 조직에 열성적이었다. 학부가 직접 관광단원을 모집하거나 농상공부가 관광단을 대상으로 환송회, 환영회를 열어주었다는 기사도 볼 수 있다. 기사 제목 "나는 것마다 관광단", "처처에 관광단", "또 관광 났다" 등은 이러한 정황을 잘 표현해 주고 있다(『대한매일신보』(국문), 1910.4.26.;『경향신문』, 1910.5.13.;『대한매일신보』(국문), 1910.5.29.).

그 사이 한국을 관광하려는 일본인도 참여 지역과 집단이 더 확대된 듯하다. 1909년 9월에는 마츠야마(松山) 권업협회의 관광단 25명이 종전처럼 한성부민회에 의해 환영을 받았고, 12월에는 히로시마(廣島) 고등사범학교 학생 12명이 수학여행을 왔다는 기사가 보인다(『대한매일신보』(국문), 1909.9.18;『황성신문』, 1909.12.26.). 한일병합 문제가 대두된 후에는 일본인들 사이에 한국을 탐지, 연구하려는 마음이 더 강해져 한국 관광을 희망하는 자가 늘었다는 기사도 볼 수 있다(「일인의 마음」, 『대한매일신보』(국문), 1910.4.12.).

'관광단'은 1900년대 말에 한일 간에 생성된 새로운 교류 양식이다. 19세기 말 이후 다양한 사람들이 한국과 일본의 국경을 넘나들었지만, 신문에 의해 자세히 포착되고 기록된 것은 대개 왕족, 고위급 정치인과 관료, 의사나 교사 같은 전문가 집단, 군인 등의 이동이었다. 관광단 관련 기사는 민간인들 사이에 '다른 나라에 가서 그곳의 풍경, 풍습, 문물들을 구경한다'는 새로운 사회적, 문화적 실천이 양식화되고 있었음을 보여준다. 그것의 정치경제적 의도와 효과에 대한 논쟁적이고 모순적인 반응 또한 이때 이미 등장했다.

참고문헌

임성모, 「팽창하는 경계와 제국의 시선-근대 일본의 만주 여행과 제국의식」, 『일본역사연구』 23, 일본사학회, 2006.
조성운, 『식민지 근대관광과 일본 시찰』, 경인문화사, 2011
조성운 외, 『시선의 탄생 식민지 조선의 근대관광』, 선인, 2011.

기사

001. 「일관광단발기(日觀光團發起)」, 『황성신문』, 1909.3.13. 2면

▸**원문** 京城日報社에셔는 日本의 福岡, 名古屋 兩 共進會 開設되는 機를 乘ᄒ야 更히 日本 觀光團을 組織ᄒ기로 發起 中인디 出發期는 來月 四五日頃이라더라

▸**번역** 경성일보사에서는 일본의 복강, 명고옥 두 곳에서 공진회가 개설되는 기회를 계기로 다시 일본 관광단을 조직하기로 의논 중인데 출발 시기는 다음 달 4, 5일경이라더라.

▸**용어** 경성일보, 공진회

002. 「관광단유람(觀光團遊覽)」, 『황성신문』, 1909.3.16. 2면

▸**원문** 日本셔 觀光團을 設寘ᄒᄂ 事에 對ᄒ야 我國人 限五十名을 選送ᄒ야 遊覽케 ᄒ며 來往 期限은 一朔으로 定ᄒ얏다ᄂ디 鄭鳳時 姜敬熙 兩氏도 被選되얏다더라

▸**번역** 일본에서 관광단을 조직하는 일에 대하여 우리나라 사람 50명을 뽑아서 보내 유람하게 하며 왕복 기한은 1개월로 정하였다는데 정봉시, 강경희 두 사람도 뽑혔다더라.

▸**용어** 강경희, 정봉시

003. 「관광자 피선」, 『대한매일신보』(국문), 1909.3.17.2면

▸**전사** 일전에 총리대신 이완용 씨 집에서 일본에 유람 차로 보낼 사람을 택하였는데 김종한, 민영소, 조명희, 윤길구 등 제씨가 피선되었다더라.

▸**용어** 김종한, 민영소, 윤길구, 이완용

004. 「관광단 입참자 연회」, 『대한매일신보』(국문), 1909.3.18. 2면

▸**전사** 일본 관광단에 입참한 제씨들이 재작일 하오 7시에 진고개 천진루에 모여서 간친회를 하고 크게 연락[宴樂]하였다더라.

005. 「삼원로관광(三元老觀光)」, 『황성신문』, 1909.3.23. 2면

▸**원문** 統監府에서 今回 觀光團에 對ᄒ야 南北村 元老 大臣 中 最頑 固限 五十名을 選擇 入送ᄒ라 ᄒ얏다 흠은 各報에 已揭어니와 元老 李容元 金鶴鎭 李容植 三氏가 渡往ᄒ랴다가 旋爲 停止ᄒ얏더니 自上으로 勅敎가 有ᄒ시고 旅費 一百圓式을 御下賜ᄒ심으로 不得已 渡往흔다더라

▸**번역** 통감부에서 이번 관광단에 대하여 남북촌 원로 대신 중 가장 완고한 50명을 선택하여 보내라 하였다는 것은 이미 여러 신문에서 보도하였거니와 원로 이용원, 김학진, 이용직 세 사람은 일본에 건너가려다가 곧 중단하였더니 폐하께서 칙교를 내려 여비 100원씩을 하사하시므로 부득이하게 건너간다더라.

▸**용어** 김학진, 이용원, 이용직, 통감부

006. 「완고한 떼」, 『대한매일신보』(국문), 1909.3.24. 2면

▸**전사** 일본 관광단에 가는 사람의 수효는 당초에 이등 통감이 50인만 완고로 들여보내라 하였는데 총리대신 이완용 씨가 60인을 더하여 합 110인이 일본에 간다더라.

▸**용어** 이완용

007. 「전별기제조(餞別旗製造)」, 『황성신문』, 1909.4.2. 2면

▸**원문** 今回 京城日報社에셔ᄂ 主催흔 觀光團에 參入흔 紳士의 氏名은 各 新聞에 已揭흔 바어니와 元老 以下 朝野 紳士 一百 人이 團結ᄒ야 外國에 游覽흠은 實노 空前의 盛況인 故로 漢城府民會에셔ᄂ 此에 對ᄒ야 觀團 餞別旗를 造製

携持ᄒᆞ고 當日에 南大門驛에셔 該 團員 一同을 餞送ᄒᆞ기로 準備 中이라더라

▶**번역** 이번에 경성일보사에서 주최한 관광단에 참여한 신사의 이름은 각 신문에 이미 기재한 바거니와 원로 이하 조정과 민간의 신사 100명이 무리를 이루어 외국을 유람하는 것은 실로 전례 없는 성대한 일이므로, 한성부민회에서는 이에 대하여 관광단 전별기를 만들어 손에 들게 하고 당일에 남대문역에서 그 단원 일동을 전송하기로 준비 중이라더라.

▶**용어** 경성일보, 한성부민회

008. 「특별의원회(特別議員會)」, 『황성신문』, 1909.4.10. 2면

▶**원문** 農商工部大臣 趙重應 氏가 韓日 國旗를 交叉 製造ᄒᆞ야 三千 介를 漢城府民會에 送ᄒᆞ고 今次 觀光 團員 餞別 時에 餞送 府民이 人各持一ᄒᆞ라얏ᄂᆞ듸 該會에셔 卽時 議員會를 開ᄒᆞ고 該 事件을 協議ᄒᆞᆷ이 反對者가 多ᄒᆞ야 停止되얏다더라

▶**번역** 농상공부대신 조중응 씨가 한일 국기를 교차로 제작하여 3천 개를 한성부민회에 보내고 이번 관광 단원 송별할 때 송별하는 부민들이 각자 하나씩 들게 하라 하였는데, 해당 회에서 즉시 의원회를 열고 그 사건을 협의하매 반대하는 사람이 많아 중지되었다더라.

▶**용어** 조중응, 한성부민회

009. 「이 씨만 부 자」, 『대한매일신보』(국문), 1909.4.24. 2면

▶**전사** 일본에 간 관광단 일행이 한일 연방 문제에 대하여 가부[可否]를 취결하였는데 연방하는 것이 양국 교의에 더욱 친밀함이라 하고 모두 가[可] 자를 썼으되 전 판서 이용직 씨는 부[否] 자를 썼다는 말이 낭자하나 준신[準信]키 어렵다더라.

▶**용어** 이용직

010. 「제2 관광단」, 『대한매일신보』(국문), 1909.4.25. 2면

▸**전사** 일인이 발행하는 경성일보사에서 주장하여 관광단을 또 모집하기로 준비하는 중이라는데 이번에는 불평당으로 모집한다더라.

▸**용어** 경성일보

011. 「한일인친목협의(韓日人親睦協議)」, 『황성신문』, 1909.4.29. 2면

▸**원문** 日本 觀光 團員이 歸來호 後에 同 團員의 慰勞 兼 京畿道 韓日人 春季 大親睦會를 開催홀 計畫으로 日本人 京城 居留民 團長 熊谷 氏는 理事官 三浦 氏와 漢城 府尹 張憲植 氏를 訪問혼다 호며 又 此에 關호야 來 三十日 午后 二時에 日本人 京城民團 役所 樓上에셔 協議會를 開호고 兩 會 議員과 各 新聞 社 通信員 及 有志 紳士를 會同 協議혼다더라

▸**번역** 일본 관광 단원이 돌아온 후 해당 단원을 위로할 겸 경기도의 한일 양국인을 아우르는 춘계 대친목회를 개최할 계획으로 일본인 경성 거류민 단장 웅곡 씨는 이사관 삼포 씨와 한성 부윤 장헌식 씨를 방문한다 하며 또한 이에 관하여 오는 30일 오후 2시에 일본인 경성민단 사무소에서 협의회를 열고 양측 의원과 각 신문사 통신원 및 유지 신사들이 한곳에 모여 협의한다더라.

▸**용어** 장헌식

012. 「3회 관광단」, 『대한매일신보』(국문), 1909.5.6. 2면

▸**전사** 제1회 관광단 일행은 10일에 귀국하고 제2회 관광단은 불평당으로 조직한다 하며 제3회 관광단은 각 군에 한 사람씩 모집한다더라.

013. 「부민회결의(府民會決議)」, 『황성신문』, 1909.5.7. 2면

▸**원문** 漢城府民會에셔 第七回 議士會를 開홈은 昨報에 已揭호얏거니와 昨日에 其 決議 事項을 聞혼즉 本 府民會와 日本人 居留民團이 合同호야 懇親會 兼

觀光團 歡迎홀 事에 對ᄒ야 本 會長 俞吉濬 氏로 懇親會 發起 委員을 準備ᄒ기로 決定되고 且 漢城 府民이 觀光團 到着日에 提燈ᄒ기로 議定ᄒ얏다더라

▶ **번역** 한성부민회에서 제7회 의사회를 개최함은 어제 이미 보도하였거니와 어제 그 결의 사항을 들은즉 본 부민회와 일본인 거류민단이 합동하여 간친회 겸 관광단 환영할 일에 대하여 본 회장 유길준 씨로 간친회 발기 위원을 준비하기로 결정되고 또 한성 부민이 관광단 도착하는 날에 등을 들기로 결정하였다더라.

▶ **용어** 거류민단, 유길준, 한성부민회

014. 「전문학교 환영」, 『대한매일신보』(국문), 1909.5.12. 2면

▶ **전사** 관광단 일행이 재작일 입성할 때에 각 학교에서 일제히 반대하여 영접지 아니하였는데 유독 대동전문학교에서 환영할 차로 1일을 휴학하였다더라.

▶ **용어** 대동전문학교

015. 「상민반대」, 『대한매일신보』(국문), 1909.5.12. 2면

▶ **전사** 재작일 관광단 일행이 입성할 때에 한성부민단에서 성내 상민은 대소를 물론하고 일제히 남대문 정거장으로 가서 제등[提燈]하고 환영하라고 지휘하였는데 여항 상민들이 반대하여 왈 벌금을 낼지언정 관광단을 환영할 수는 없다 하였다더라.

▶ **용어** 한성부민단(=한성부민회)

016. 「정씨강직」, 『대한매일신보』(국문), 1909.5.13. 2면

▶ **전사** 일전에 귀국한 관광단 중 어느 사람의 말을 들은즉 관광단 일행이 일본에 건너갈 때에 마관에서부터 일본 경치를 구경하고 소위 원로와 신사들이 흠선불이[欽羨不已]함과 비루한 행색은 이루 말하기 어렵거니와 동경에 있는 대창희팔랑의 집에서 만찬회를 배설하고 관광단 일행을 접대할 때에 통감 이

등 씨가 한일 양국의 친목하는 뜻으로 연설한 후에 (…)

▸ **용어** 대창희팔랑

017. 「관단경모(觀團更募)」, 『황성신문』, 1909.5.17. 3면

▸ **원문** 京城日報社에서는 更히 我國人의 實業家 中으로 日本 觀光團을 募集홀 터인틱 各部 次官이 二名式을 紹介 應募케 혼 後에는 該 次官이 領率 渡日ㅎ기로 預定ㅎ얏다더라

▸ **번역** 경성일보사에서는 다시 우리나라 실업가들 중에서 일본 관광단을 모집할 터인데 각부 차관이 2명씩을 소개하여 응모하게 한 뒤, 해당 차관이 영솔하여 일본으로 건너가기로 예정하였다더라.

▸ **용어** 경성일보

018. 「일광증수(日光增數)」, 『황성신문』, 1909.5.19. 2면

▸ **원문** 日本人의 韓國 觀光團이 大坂에서 三十名과 下之關에셔 三十名 合 六十名의 渡來홈은 前報에 已揭ㅎ얏거니와 今에 九州通信을 據혼 즉 當地에셔도 九州 實業新聞社의 主催로 五十名의 觀光團이 今月 末에 渡來혼다 ㅎ얏더라

▸ **번역** 일본인의 한국 관광단이 대판에서 30명, 하관에서 30명, 총 60명이 건너온다는 것은 앞서 이미 게재하였거니와 최근 구주 통신에 따르면 해당 지역에서도 구주 실업신문사의 주최로 50명의 관광단이 이달 말에 건너온다고 하였더라.

019. 「위로연의 환영 준비(慰勞演의 歡迎準備)」, 『황성신문』, 1909.5.25. 2면

▸ **원문** 再昨 日曜에 觀光團 諸氏가 獎忠壇에 慰勞宴을 設ㅎ고 京城日報 社員 及 漢城府民 會員을 請邀 宴待ㅎ는틱 盛大 茶果와 迭蕩혼 妓樂으로 興味를 暢敍 혼 後 漢城府民 會員 一同이 更集ㅎ야 今番 九州에셔 渡來ㅎ는 日本 觀光團

歡迎 準備를 協議ᄒ얏다더라

▸**번역** 그저께 일요일에 관광단 제씨가 장충단에서 위로연을 열고 경성일보 사원들과 한성부민 회원을 초청하여 대접하였는데 성대한 다과와 질탕한 기생의 연주로 흥을 마음껏 나눈 뒤, 한성부민 회원 일동이 다시 모여 이번 구주에서 건너오는 일본 관광단 환영 준비를 협의하였다더라.

▸**용어** 경성일보, 한성부민회

020. 「광단영접(光團迎接)」, 『황성신문』, 1909.5.26. 2면

▸**원문** 昨日 漢城府民會에셔 今番 日本셔 渡來ᄒᄂᆞᆫ 觀光團을 迎接 次로 迎接委員을 選定ᄒ얏ᄂᆞᆫᄃᆡ 釜山에 鄭雲復 崔岡 兩氏오 大邱에 李人植 李章雨 兩氏오 開城에 李台珽 李敏卿 金容觀 三氏오 平壤에 鄭觀朝 韓宜東 鄭應卨 三氏라더라

▸**번역** 어제 한성부민회에서 이번 일본에서 건너오는 관광단을 맞이하는 일로 영접 위원을 선정하였는데 부산에 정운복, 최강 두 사람이요, 대구에 이인직, 이장우 두 사람이요, 개성에 이태정, 이민경, 김용관 세 사람이요, 평양에 정관조, 한의동, 정응설 세 사람이라더라.

▸**용어** 이인직, 이장우, 정관조, 정운복, 최강, 한성부민회

021. 「일진예행(壹進例行)」, 『대한매일신보』(국한문), 1909.5.27. 2면

▸**원문** 壹進會 本部에셔 日本셔 渡來ᄒᄂᆞᆫ 觀光團 壹同을 來 六月 貳日頃에 獨立館으로 請邀 宴待ᄒ 次로 現今 準備 中이라더라

▸**번역** 일진회 본부에서 일본에서 건너오는 관광단 일동을 오는 6월 2일 경에 독립관으로 초대하여 대접할 예정으로, 현재 준비 중이라더라.

▸**용어** 독립관, 일진회

022. 「일진동공(壹進同功)」, 『대한매일신보』(국한문), 1909.5.27. 2면

▸ **원문** 日本셔 渡來ᄒᄂᆫ 觀光團을 迎接홀 準備를 漢城府民會에셔 協議홈은 已
報ᄒᄋᆞᆺ거니와 其 準備 事務에 對ᄒᄋᆞ 芮宗錫 氏를 顧問을 選定ᄒᄋᆞᆺ고 歡迎費ᄂᆫ
壹千圓으로 槪筭ᄒᄋᆞᆺ다더라

▸ **번역** 일본에서 건너오는 관광단을 영접할 준비를 한성부민회에서 협의함은
이미 보도하였거니와 그 준비하는 사무에 대하여 예종석 씨를 고문으로 선정
하였고 환영비는 약 1천 원으로 산정하였다더라.

▸ **용어** 예종석, 한성부민회

023. 「관광단 접대」, 『대한매일신보』(국문), 1909.5.28. 2면

▸ **전사** 총리대신 이완용 씨가 내월 5일 경에 한일 양국 관광단을 북궐 안에
경회루로 청하여 접대한다더라.

▸ **용어** 이완용

024. 「통부통지(統府通知)」, 『대한매일신보』(국한문), 1909.5.29. 2면

▸ **원문** 漢城府民會에셔 日本셔 渡來ᄒᄂᆫ 觀光團 歡迎ᄒᄂᆫ 準備를 盛大히 홈은
壹般 知了하ᄂᆫ 바이어니와 近聞ᄒᆫ즉 統監府에셔 該會로 通知ᄒ기를 觀光團 歡迎
ᄒᄂᆫ 事에 對ᄒᄋᆞ 如是히 巨額의 金을 消耗홀 必要가 無ᄒᄃᆞ ᄒᄋᆞᆺ다더라

▸ **번역** 한성부민회가 일본에서 오는 관광단을 환영하는 준비를 성대히 함은
일반에 알려진 바, 최근에 들은즉 통감부에서 해당 회에 통지하기를 관광단
환영하는 일에 대하여 이와 같이 거액의 돈을 허비할 필요가 없다고 하였다더라.

▸ **용어** 통감부, 한성부민회

025. 「환영 위원 발정」, 『대한매일신보』(국문), 1909.5.30. 2면

▸ **전사** 일본에서 오는 관광단을 환영하는 위원 정운복 모모 제씨가 작일에

부산항으로 내려갔다더라.

‣ **용어** 정운복

026. 「국기 반대」, 『대한매일신보』(국문), 1909.6.2. 2면

‣ **전사** 일본 관광단 환영하는 일에 대하여 한성부민회에서 각 방단[坊團]에 지휘하여 한일 국기를 가지고 환영하라 하였는데 국기 문제에 대하여 모두 반대하므로 준비 위원이 곤란한 모양이라더라.

‣ **용어** 한성부민회

027. 「관광단 세 패」, 『대한매일신보』(국문), 1909.6.4. 2면

‣ **전사** 일본에서 건너오는 관광단이 동경파는 6일에 건너오고 대판파는 13일에 건너오고 신호파는 14일에 건너온다더라.

028. 「열심이 과하고」, 『대한매일신보』(국문), 1909.6.4. 2면

‣ **전사** 한성부민회장 유길준 씨가 각 사립학교에 통첩하기를 일본에서 오는 관광단이 오늘 6일부터 시작하여 연차[連次] 3번을 한국에 올 터이니 여러 임원들이 10세 이상 되는 학도들을 영솔하고 한일 국기를 같이 들며 등을 가지고 환영하는 것이 국민의 자격을 양성하는 것이라 하였다는데 일반 여론을 들은즉, 부민회에서는 일본 관광단에 대하여 환영하는데 어찌 그리 열심하는고 하여 비평이 낭자하다더라.

‣ **용어** 유길준, 한성부민회

029. 「불원자거다(不願者居多)」, 『대한매일신보』(국한문), 1909.6.5. 2면

‣ **원문** 漢城府民會장이 日本 觀光團 渡韓 事에 對ᄒ야 歡迎홀 事로 各 私立학교

에 通牒홈은 己報ᄒ얏거니와 追後로 各 私校 物議을 據ᄒᆫ즉 학교가 漢城府民會
에 有何相關이며 日本 관光團 歡迎에 有何必要리오 ᄒ야 此歡迎에 不參ᄒ깃다
ᄂ 학校가 居多ᄒ다더라

▸ **번역**　한성부민회장이 일본 관광단이 한국에 건너오는 일에 대하여 환영할
차로 각 사립학교에 통첩함은 전보에 이미 게재하였거니와 추후 각 학교에서
의 논의를 들은즉, 학교가 한성부민회와 무슨 상관이 있으며 일본 관광단 환영
에 무슨 필요가 있으리오 하여, 이번 환영 행사에 참여하지 아니하겠다는 학교
가 많다더라.

▸ **용어**　한성부민회

030. 「시사평론」, 『대한매일신보』(국문), 1909.6.5. 2면

▸ **전사**　▲향자에는 한인들이 일본 관광 가노라고 일장 분요하더니만 근일에는
일인들이 한국 관광 오노라고 역시 분요 장관일세. 관광단은 일반이나 한인들은
무심이요 일인들은 유의로다. 기기괴괴 저 계책을 한번 설파하겠노라.
▲대한국의 관광단이 일본국에 건너갈 제 마관[馬關]부터 동경까지 제반 환영
준비하여 상등으로 대접키는 아무쪼록 일본국의 문명 제도 극진함을 어리석은
한인에게 시위하여 뵈는 게요 자랑코자 뵈는 게니 그 계책이 기괴하고
▲일본국의 관광단이 대한국을 건너옴은 선악 간에 모리로다. 문명국을 관광함
은 모방코자 하는 게요, 패망국을 관광함은 식욕 발동함이로다. 서로 관광하는
것이 친목이라 하지마는 실상인즉 딴 뜻이니 그 계책이 기괴하고
▲대한국의 관광단이 일본국을 건너갈 제 원로 유림 실업가며 각 사회의 대표자
를 중심 없고 정신 없는 완고 경박 인물들로 일등(sic) 골라 보낸 것은 벌레
같은 자격으로 나나니의 저 정신을 닮게 함이 이 아닌가 그 계책이 기괴하고
▲일본국의 관광단이 대한국을 건너옴은 각 당파를 물론하고 학문 지식 넉넉하며
경륜 배포 넓은 자로 택지우택[擇之又擇] 선별하여 한번 관광하고 나면 정책상에
어찌함이 이해득실 되는 것을 깨닫고저 함이로다. 그 계책이 기괴하다.
▲한국인의 관광단은 만복경륜[滿腹經綸] 하는 것이 이런 계제 당하여서 벼슬깨

나 얻으려고 열이 나서 간 것이나 일본인의 관광단은 어찌하면 이국[利國]할까 어찌하면 편민[便民]할까 열이 나서 오건마는 한인들은 이 관계를 알 사람이 있을는지.

031. (논설) 「외국인에게 아첨하는 자의 어리석은 계교」, 『대한매일신보』(국문), 1909.6.6. 1면

▸전사 일인 관광단이 나오매 저 외국인에게 아첨하는 자 일파가 저희 집 상전이 온다고 혼연하고 분주하며 찬송하고 춤을 추며 환영회를 크게 열고 환영하는 마음을 깊이 뵈이는데 이는 또한 한 가지 기괴한 외국인에게 아첨하는 꾀로다. 이에 대하여 우리는 족히 의논할 것이 없으니 어찌하여 그러한가. 대저 저희가 아무리 각 학교 학생을 지휘하여 환영하는 노래를 어지러이 부르며 저희가 아무리 동서 분주하여 영접하는 예절을 성비[盛備]하며 저희가 아무리 한일 국기를 높이 들고 동서 군악을 크게 벌여서 환영하는 잔치를 배설[排設]할지라도 한국 동포는 모두 팔을 뽐내고 꾸짖어 가로되, 외국인에게 아첨하는 무리들의 망동이라 하며 전세계 사람이 모두 입을 가리우고 웃어 가로되 외국인에게 아첨하는 자의 정략이라 할지니 저희 배[輩]가 과연 무슨 효력이 있을손가. 그런즉 우리는 무엇을 족히 의논하리오마는 다만 저희들의 제 도끼로 제 발을 찍는 것이 가석하여 한 말로 저희들에게 경고하노라.

그러나 저희에게 대하여 도덕이니 도덕이 아니니 정의이니 정의가 아니니 하는 고상한 언론으로 고함을 비유컨대 5, 6세 된 무지한 어린아이에게 중용, 대학, 시전[詩傳], 서전[書傳]을 가르침과 일반이라. 그런고로 우리는 도덕과 정의 같은 말은 차치물론하고 저희들의 사사 이익상으로만 경고하고저 하노라. 대저 저희들이 이런 망동을 행함은 사사 이익 한 가지를 위하여 하는 것이나 그러나 저희들이 이 일을 한 번 하는 데 백 가지 해는 있고 한 가지 이익은 없으니

저희가 어떻게 종의 얼굴과 종의 무릎으로 분주 불가할지라도 저희 바라는 바는 커야 대신, 차관[次官]이요 적으면 관찰, 군수에 지나지 못하거늘 이제

이 욕심을 채우고 보면 둘째 송병준이요, 둘째 이완용을 면치 못하리니 대신이나 관찰이나 군수를 사랑하여 이완용이나 송병준이 되는 것은 우부, 우맹도 아니할 바이오.

또 저희들은 원래 무명소졸[無名小卒]이 아니라 자래[自來]로 세상 사람이 지사라 칭도하며 신사라 존칭하며 선진이라 칭호하던 인물이거늘 이 한 가지 일에 외국인에게 아첨하는 종이라 하는 더러운 이름을 받으면 설혹 황금으로 집을 짓고 대광보국 숭록대부가 되어 큰 훈장을 늘어뜨리고 있을지라도 이는 얻는 것이 잃은 것을 갚지 못할 것이오.

또 이같이 분주하다가 만일 그 욕심을 이루지 못하면 이는 게도 구럭도 다 잃는 것이라.

오호-라, 저희들의 어리석은 계교여. 그 어찌 이같이 생각지 못하는가.

어떤 자는 가로되, 저희들의 이 일을 함은 외면으로 꾸미는 것이오. 실상으로 찬성코저 함이 아니라 하나니 이것도 또한 불가한 것이 이같이 하고는 도저히 공은 없고 해만 있으리라.

그러나 저희 이 일이 필연 잠시간 잘못 생각한 바이니 다만 바라건대 지금부터는 공익을 위하든지 사리를 위하든지 이런 어리석은 계교는 다시 꾀하지 말지어다.

▸ **용어** 송병준, 이완용

032. 「민회 손해」, 『대한매일신보』(국문), 1909.6.8. 2면

▸ **전사** 한성부민회장이 일본 관광단의 환영연을 작일 상오 12시에 경복궁 안 경회루에서 거행할 차로 각 사회에 통첩하고 준비까지 하였더니 해[該] 단의 입성함이 지체되므로 손해가 적지 아니하다더라.

▸ **용어** 한성부민회

033. 「반대 격기」, 『대한매일신보』(국문), 1909.6.8. 2면

▸ **전사** 금번 일본에서 오는 관광단을 영접하기 위하여 학부에서 각 학교에

지휘하고 한성부민회에서 각 방단[坊團]에 통지하기를 한일 국기를 가지고 남문 밖 정거장으로 가서 영접하라 하였는데 각 학교에서 반대가 일어났다더라.

▸ **용어** 학부, 한성부민회

034. 「충분소격(衷憤所激)」, 『대한매일신보』(국한문), 1909.6.9. 2면

▸ **원문** 今番 日本 관광團 出來ᄒᄂᆫ 時를 際ᄒ야 所謂 五 條件 實行 等 奇怪ᄒᆫ 說이 電報로 來ᄒᆫ 故로 韓人 中에 或 觀光團을 歡迎코ᄌ ᄒ던 者도 憤心이 益出ᄒ야 歡迎치 아니ᄒᄂᆫ 者들이 有ᄒ얏다더라

▸ **번역** 이번 일본 관광단이 나오는 시기를 맞아 소위 5개 조항 실행 등의 기괴한 말이 전보로 전해진 고로 한인 가운데 혹 관광단을 환영하고자 하던 자도 분노심이 더 치밀어 올라 환영하지 아니하는 자들이 있었다더라.

035. 「공원관람(公園觀覽)」, 『대한매일신보』(국한문), 1909.6.9. 2면

▸ **원문** 日本셔 渡來ᄒᆫ 觀光團 諸人이 本日 下午 二時에 塔洞公園을 觀覽ᄒ다더라

▸ **번역** 일본에서 건너온 관광단 일행이 오늘 오후 2시에 탑골공원을 관람한다더라.

036. 「관광단연대(觀光團宴待)」, 『황성신문』, 1909.6.9. 2면

▸ **원문** 各 社會 及 團體 代表者와 其他 各 新聞 記者가 昨日 上午 十二時에 景福宮 內 慶會樓에서 宴會를 設ᄒ고 日本 觀光團을 宴待ᄒ얏다더라

▸ **번역** 각 사회 및 단체 대표자와 기타 각 신문 기자가 어제 오후 12시에 경복궁 내 경회루에서 연회를 베풀고 일본 관광단을 대접했다더라.

037. 「구경꾼의 욕설」, 『대한매일신보』(국문), 1909.6.9. 2면

▸**전사** 재작일에 일인 관광단이 경성에 도착하였는데 그 인원들이 모두 불사[不似: 꼴답지 아니함]한 인물뿐인 고로 구경하는 사람들이 환영하는 자들을 욕하여 말하는데 장차 일본의 개가 와도 환영하리라 하였다더라.

038. 「아첨하는 학교」, 『대한매일신보』(국문), 1909.6.9. 2면

▸**전사** 재작일 일본 관광단이 남문 밖 정거장에 도착할 때에 각 학교에서 환영함을 모두 반대하였는데 진명여학교와 고아원과 봉명학교와 공성학교에서만 나가서 영접하였다더라.

▸**용어** 봉명학교, 진명여학교

039. 「차제관광(次第觀光)」, 『대한매일신보』(국한문), 1909.6.10. 2면

▸**원문** 日本 觀光團 壹行이 昨日 上午 九時에 昌德宮 秘苑을 拜觀ᄒ고 同 拾時에 大韓醫院을 觀光ᄒ고 同 拾二時에 壹進會에셔 主催ᄒ 明月館 宴會에 往參하고 同 下午 四時에ᄂ 京仁 列車로 仁川港에 下往 觀覽ᄒ고 本日에 平壤 義州 方面으로 向ᄒ얏다가 十貳日에 歸京 回國ᄒ다더라

▸**번역** 일본 관광단 일행이 어제 오전 9시에 창덕궁 비원을 구경하고 같은 날 10시에 대한의원을 관광하고 같은 날 12시에 일진회에서 주최한 명월관 연회에 참석하고 같은 날 오후 4시에는 경인 열차로 인천항에 내려가서 관람하고 오늘 평양, 의주 방면으로 향하였다가 12일에 서울로 돌아와 귀국한다더라.

▸**용어** 일진회

040. 「관광단 유람」, 『대한매일신보』(국문), 1909.6.10. 2면

▸**전사** 일본 관광단 일행이 작일 상오 9시에 창덕궁 비원을 구경하고 10시에 대한의원을 구경하고 12시에 일진회 국민연설 대연회에 참례하고 하오 3시에

경일 철도를 타고 인천항으로 내려갔다더라.

▸ **용어**　일진회

041. 「2파 관광 영접」, 『대한매일신보』(국문), 1909.6.10. 2면

▸ **전사**　일본에서 추후로 올 관광단 일파는 본월 13일에 입성하고 또 일파는 14일에 입성할 예정인데 상무조합 부장 이학재 씨가 영접하기 위하여 작일에 경부 철도를 타고 대구까지 내려가서 기다린다더라.

042. 「환영 절차 의논」, 『대한매일신보』(국문), 1909.6.10. 2면

▸ **전사**　평양 군수 안승설 씨가 일인 관광단을 환영할 차로 모모 인을 청하여 환영 절차를 의논하는데 그 경비는 민간에 수렴하여 쓰자는 말이 누설되므로 인민들이 분울하여 대단히 칭원한다더라.

043. 「학도 퇴학」, 『대한매일신보』(국문), 1909.6.10. 2면

▸ **전사**　미동 봉명학교에서 일본 관광단을 환영함은 작보에 게재하였거니와 학도는 다른 학교도 일제히 환영하는 줄로 알고 부득이하여 나갔더니 마침내 환영장에 나가본즉 환영하는 학교가 2, 3처에 불과한지라. 학도들이 대단 참괴[慙愧]하여 장성한 자는 퇴학하고 어린 학생 수십 명만 남았는데 학교 주인이 어린 학도를 대하여 외인에게 아첨하는 정신으로 연설하매 어린 학생이 또한 퇴학코자 하는지라. 교주가 어린 학도들을 위협하여 퇴학지 못하게 하였다더라.

▸ **용어**　봉명학교

044. 「학생 의분」, 『대한매일신보』(국문), 1909.6.11. 2면

▸ **전사**　일전에 일본 관광단이 건너올 때에 봉명학교에서 환영코저 하거늘 학

원들이 일제히 반대하매 학감 송기호 씨가 꾸짖어 가로되, 만일 환영치 아니하면 품행 점을 감한다 하고 어린 학도들을 달래어 환영하였더니 그 이튿날에 중학과 학원 150명과 보통과 학원 둘이 모여 김영운 씨로 대표를 정하여 그 이유를 질문한즉, 송 씨가 대답하여 가로되, 너희 놈들이 무슨 질문이 있느뇨, 김 씨가 분내어 가로되 만일 이러한 학감을 두고 수업하면 우리 학생의 전도가 어느 지경이 되는지 모를 것이니 급히 물러가자 하였더니 교주 이봉래 씨가 김 씨를 구타하여 왈, 너희 놈들에게 대하여 이놈 저놈 하면 무슨 관계가 있으리오 하며 무수히 구타하므로 일반 학원이 다 분히 여겨 중학과 학생은 영영 해산하기로 결심하고 당장 물러갔다더라.

▸**용어** 봉명학교, 이봉래

045. **(논설)** 「학생계에 새 광채」, 『대한매일신보』(국문), 1909.6.12. 1면

▸**전사** 장하다, 봉명학교 학생들이여, 용맹하다, 봉명학교 학생들이여, 우리는 그 학생들을 사랑하노라. 장하다, 봉명학교 학생들이여, 용맹하다, 봉명학교 학생들이여, 우리는 그 학생들을 대하여 절을 하노라.

이번에 일인 관광단이 들어올 때에 그 학교 교주 이봉래 씨가 학생을 지휘하여 관광단을 환영하고자 하거늘 학생들이 분연히 일어나 반대하기를 우리는 대한제국 남자라, 아무리 교주의 명령이 엄하며 아무리 학감의 위협이 급할지라도 일본 기를 가지고 구주에서 오는 자들을 환영함은 차라리 죽을지언정 아니하겠노라 하였거늘, 저 이봉래 씨의 요망한 마음이 풀리지 아니하여 필경에는 어리고 몰각한 아이 학생들 몇 명을 달래어 정거장에 나가 영접하였는지라.

학생들의 충분한 마음이 더욱 격동이 되며 노기가 더욱 등등하여 분분히 꾸짖어 이르되 저 이봉래 씨가 우리와 무슨 원수가 있기로 우리를 유인하여 노예의 굴로 몰아넣으려 하며 우리를 위협하여 마귀가 되게 하여 우리 학생으로 하여금 노예의 성질을 양성케 하고 우리 민족으로 하여금 부끄러운 욕을 당케 하며 우리 대한제국의 참혹한 화를 재촉하는가. 이런 마귀 학교에서 저런 마귀 교주의 교육을 받음은 만만불가하다 하고 일제히 퇴학하였으니 장하다, 그 학생들이여,

용맹하다, 그 학생들이여.

한국 학생의 독립 사상이 저렇듯 웅장하며 한국 학생의 애국 정신이 저렇듯 맹렬하니 우리는 또 무엇을 근심하리오.

대저 이봉래 씨의 사적은 지나가는 사람도 아는 바라. 우리는 또 말할 것 없거니와 저는 일전 학생을 대하여 연설할 때에 그 요망한 입이 본 신문사의 말까지 하였다 하나 이봉래 씨의 말 같은 것이야 본사에 무엇을 옳다 그르다 할 바오마는 다만 가통가석한 바는 저 학생을 능멸히 여기고 학대함이로다.

학생들이 분노하여 퇴학할 때에 저는 학생들을 위협 공갈하다가 심지어 무수 난타하였다 하니 오호—라 저의 불량함이 어찌 이러한가.

또 저 소위 학감 송 모는 조걸위학[助桀爲虐]하여 학생을 능욕하였다 하니 오호—라 봉명학교의 교육가들은 모두 이러한가.

어떤 사람은 말하기를 아무리 교주의 지도함이 불량할지라도 학생 된 자는 그 당연한 목적만 변치 아니하면 가할 것이어늘 어찌 퇴학까지 함은 너무 심하지 아니리오 하나니, 이는 그렇지 아니한 것이 대저 학생이 되어 교육을 받음은 지식을 늘리고저 함이요 애국 정신을 굳게 하고저 함이거늘 이런 교주의 지휘를 받으면 지식이 늘기는 바랄 수도 없고 마귀의 마음만 자랄 것이요, 애국 정신의 굳기는 가망 밖이요, 노예의 성질만 굳으리니 저 학생이 퇴학하는 것은 결단코 그 학교에 있어서 우등 졸업을 하는 것보다 백배나 우승하니라.

그러나 우리는 이봉래 씨를 위하여 심히 애석함은 씨가 국가 정신으로 목적을 세워 자세를 교도[敎導]하면 씨는 지금 한국에 큰 교육가로 유명할 것이요, 장래 한국에 큰 공신이 될 것이거늘 이것을 아니하고 다만 목전의 외국인에게 납첨[納諂]이나 하여 전일 임금 섬길 제 아첨하고 속이던 그 버릇을 종시 버리지 못하니 어찌 가석[可惜]지 않으리오.

오호—라 학생들이여 더욱더욱 용진할지어다. 이봉래 씨는 일찍이 회개할지어다.

▶ **용어** 봉명학교, 이봉래

046. 「관광단유력(觀光團遊歷)」, 『황성신문』, 1909.6.13. 2면

▸**원문** 現今 京城에 滯在흔 大阪 神戶 實業家로 組織흔 韓國 觀光團은 昨日 午前 十時붓터 日本人 京城 商業會議所를 觀ᄒ고 午後 一時에는 統監府를 訪問ᄒ고 萩田 書記官에게 韓國 實業에 關흔 意見을 聞ᄒ고 本日 午前 九時 十分에는 南大門 發 列車로 平壤에 向ᄒ야 同地를 觀覽흔 後 新義州, 安東縣 等을 視察ᄒ고 歸路에 鎭南浦, 兼二浦(corr.), 黃州, 仁川 等을 經ᄒ야 三津, 馬山, 釜山을 巡覽ᄒ고 二十五日 後에 歸國ᄒ다더라

▸**번역** 지금 경성에 체류하는 대판, 신호 실업가로 조직한 한국 관광단은 어제 오전 10시부터 일본인 경성상업소를 관람하고 오후 1시에는 통감부를 방문하고 추전 서기관에게 한국 실업에 관한 의견을 묻고 오늘 오전 9시 10분에는 남대문 발 열차로 평양으로 향하여 그 지역을 관람한 후 신의주, 안동현 등을 시찰하고 돌아오는 길에 진남포, 겸이포, 황주, 인천 등을 경유하여 삼진, 마산, 부산을 구경하고 25일 후에 귀국한다더라.

▸**용어** 통감부

047. 「관광환영(觀光歡迎)」, 『대한매일신보』(국한문), 1909.6.15. 2면

▸**원문** 再昨日 下午 八時量에 日本 觀光團 壹行이 南大門 外 停車場에 到着ᄒ얏는대 漢셩 內 各坊 中 仁平 仁達 誠明 順化 四坊과 商務組合所와 壹進會 及 大韓新聞社 普信社와 各 學校 中에는 桂山 文昌 兩學校가 出往迎接ᄒ얏다더라

▸**번역** 그저께 오후 8시쯤에 일본 관광단 일행이 남대문 밖 정거장에 도착하였는데 한성 내 각방 중 인평, 인달, 성명, 순화 4방과 상무조합소와 일진회 및 대한신문사, 보신사와 각 학교 중에는 계산, 문창 두 학교가 나와서 영접하였다더라.

▸**용어** 대한신문, 상무조합소, 일진회

048. 「북궐연회(北闕宴會)」, 『대한매일신보』(국한문), 1909.6.16. 2면

▸**원문**　昨日 漢城府民會에서 北闕 內 慶會樓에 宴會를 設ᄒ고 日本 觀光團을 招待ᄒ얏ᄂᄃᆡ 히 宴費ᄂᆫ 三百圓 假量이라더라

▸**번역**　어제 한성부민회에서 북궐 내 경회루에 연회를 베풀고 일본 관광단을 초대하였는데 그 연회비는 300환 가량이라더라.

▸**용어**　한성부민회

049. 「조 씨 일복」, 『대한매일신보』(국문), 1909.6.16. 2면

▸**전사**　농상대신 조중응 씨는 일전에 일본 관광단이 입성함에 일인의 복식으로 높은 모자를 쓰고 일본 이사청 앞까지 가서 영접하였다더라.

▸**용어**　이사청, 조중응

050. 「고아 낙막」, 『대한매일신보』(국문), 1909.6.17. 2면

▸**전사**　고아원 학도들이 근년에 군악을 배워 매우 선숙한지라.(sic) 일전에 일본 관광단을 경희루에 환영할 차로 한성부민회와 일진회에서 고아원 학도 7인을 청하여 종일토록 군악을 치고 한푼 상급이 없다고 고아들이 낙망하였다더라.

▸**용어**　일진회, 한성부민회

051. 「관광단연대(觀光團宴待)」, 『황성신문』, 1909.6.17. 2면

▸**원문**　再昨日 漢城府民會에서 日本서 渡來ᄒᆫ 日本 觀光團 一行을 北闕 慶會樓로 請邀 宴待ᄒᄂᄃᆡ 舊式 大吹打와 新式 音樂을 迭奏ᄒ얏고 餘興에 妓生 等의 歌舞, 聖眞舞, 項莊舞를 觀覽ᄒ고 抵暮 散歸ᄒ얏다더라

▸**번역**　그저께 한성부민회에서 일본에서 건너온 일본 관광단 일행을 북궐 경회루로 불러 대접하였는데 구식 대취타와 신식 음악을 번갈아 연주하였고 여

흥(餘興)에 기생 등의 가무, 성진무, 항장무를 관람하고 날이 저문 후에 각자 돌아갔다다더라.

▶ **용어**   한성부민회

052. 「부인으로 대우」, 『대한매일신보』(국문), 1909.6.18. 2면

▶ **전사**   일전 경회루에서 한성부민회가 일본 관광단 일행에게 물품을 보이기 위하여 태극 부채 2병과 은으로 제조한 연죽[煙竹]과 장도와 방울 등속 각 1개씩을 관광 단원에게 기부하였다더라.

▶ **용어**   한성부민회

053. (논설) 「관광단과 친목회」, 『대한매일신보』(국문), 1909.6.22. 1면

▶ **전사**   지금에 한국과 일본 두 나라 사이에 관광단과 친목회가 전후에 연속하여 가고 오고 하는데 심히 정다운 예절과 권커니 작[酌]커니 하는데 심히 합의한 의사가 있으니 과연 두 나라 사람 사이에 의심과 혐의가 다 풀리고 교계[交契]가 더욱 돈독하여 장래 동양에 무량한 평화의 연락을 함께 누리겠는가. 만일 그 진정이 실상 이러하고 보면 우리 서양 사람들도 이것을 찬양하고 이것을 축원할지라. 무슨 다른 의논이 있으리오마는 다만 옛사람이 이르되 말하는 것이 너무 달게 하면 그 가운데 반드시 쓴 것이 있다 하였으니 이제 관광단의 오고 가는 것과 친목회의 발기하는 것으로 볼진대 가위 말하는 것이 너무 달다 할지라. 그 내평이 어떠한 것을 불가불 살필지로다. 슬프다, 한국 사람들이여, 귀와 눈이 있고 정신이 있거든 온전히 다른 사람이 주는 몽혼 약만 먹기를 탐하지 말지어다. 이제 청국에서 발행하는 어떤 신문을 본즉, 일인의 속 형편을 설파한 것이 있는데
대련만에서 동국에 유람하는 은밀한 사정이라 하고 상해『민호일보』에 설명하여 가로되, 대련만에 있는 태동보관[泰東報舘]은 일인이 창설한 바라. 무릇 청국 동삼성에서 동국에 유람하는 자는 그 보관에서 청하여 대접하고 또 그

차비와 선비를 3분의 1이 되게 감하여 주며 동삼성 사람들이 일본에 이르는 날이면 각처 신사와 상민들이 환영하고 유람하는 곳을 자세 자세 지시하여 주인된 인사를 극진히 하니, 가히 성한 일이 아니라 할 수는 없으나 그러하나 영구[營口]에서 발행하는 어떤 일본 신문을 본즉, 대만 토종이 완미하여 복종치 아니하더니 그 후에 일본 사람이 일본으로 인도하여 가서 유람하고 돌아온 후에는 그 동류에게 널리 전포[展布]하여 지금에는 순연히 복종하며 한국 사람은 나라가 망하는 것을 절통히 여겨서 때때로 난처한 일을 야기하여 우리 일인으로 더불어 힐난을 하다가 후에 일인이 방법을 꾀하여 일본으로 인도하여 가서 문명 제도를 두루 유람케 하였으므로 지금에는 점점 우리 범위 안으로 들어오는지라. 이제 동유회[東遊會]를 창립하고 청국에서 유람하는 사람들을 우대하면 제일 큰 공효를 얻으리라 하였으니 이로써 볼진대 저 일인들이 대만 토종과 한국 사람을 대접하던 것으로써 청인을 대접함이니 우리 청국 사람이 능히 참으리오. 대련만에 창설한 동유회가 그 이름인즉 아름답다 할 듯하나 일인의 신문에 말한 바를 보건대 가히 일인의 마음 쓰는 것이 주밀함을 가히 알지로다 하였더라.

슬프다, 이런 수단을 한번 대만에 시험하여 그 효험을 보았고 두 번째 한국에 시험하여 그 효험을 보았는 고로 또 청국에다가 시험코저 하니 그 속으로 경영하는 바는 어찌 장원치 아니하뇨. 슬프다, 한국 사람들이여, 이런 은밀한 정상은 다만 청국의 평론뿐 아니라 일인의 신문 기자가 실상 스스로 자랑한 자이니 정신이 있고 귀와 눈이 있는 자들은 한번 생각하여 볼지어다.

▸ **용어** 민호일보

054. 「광단연대(光團宴待)」, 『황성신문』, 1909.9.11. 2면

▸ **원문** 昨日 上午 十二時에 慶福宮 內 慶會樓에서 日本 觀光團 一行을 接待ㅎ는 디 各 社會 代表者 及 內外國 新聞 記者 諸氏 等이 往參ㅎ얏고 當地 警察署에셔는 署長 以下 警部 及 韓日 巡査 十餘 名을 派送 警護ㅎ얏다더라

▸ **번역** 어제 오전 12시에 경복궁 안 경회루에서 일본 관광단 일행을 접대하는

데 각 사회 대표자 및 내외국 신문 기자 제씨 등이 참석하였고 해당 지역 경찰서에서는 서장 이하 경부 및 한일 순사 10여 명을 파견하여 경호하였다더라.

▸ **용어** 경부

055. 「관광단 또 온다지」, 『대한매일신보』(국문), 1909.9.15. 2면

▸ **전사** 일본 송산 권업협회에서 관광단 25명이 본일에 발정하여 한국으로 온다더라.

056. 「관광단 환영」, 『대한매일신보』(국문), 1909.9.18. 3면

▸ **전사** 일본 송산시에서 오는 관광단 일행이 본일 하오 8시에 남대문에 도착한 터인데 한성부민회에서 나아가 환영하고 명일 하오 1시에는 경복궁 안 경회루에서 환영 연회를 한다더라.

▸ **용어** 한성부민회

057. 「첩출마(疊出魔)」, 『대한매일신보』(국한문), 1909.10.5. 1면

▸ **원문** 時事가 乖亂ㅎ여, 層生疊出惡魔로다.

북치며 나나리 불고 일본 관광단을 歡迎ㅎᄂᆫ 者, 留聲器 둘너메고 附日主義로 演說ㅎᄂᆫ 者.

언제나, 壹陣大풍 모러다가, 쓰러닐쏘.

▸ **번역** 시국이 괴란하여, 악마들이 층층 겹겹이 나타나는도다.

북치며 나팔 불고 일본 관광단을 환영하는 자, 유성기 둘러메고 부일주의로 연설하는 자.

언제나, 한바탕 큰 바람을 몰아다가, 쓸어낼고.

058. 「일학도수학여행(日學徒修學旅行)」, 『황성신문』, 1909.12.26. 2면

‣ **원문** 日本 廣島縣 高等 師範學校 歷史 地理科 生徒 十三名은 修學旅行흘 目
的으로 昨日에 廣島를 出發ᄒ야 渡韓 途에 登ᄒ얏ᄂᄃᆡ 本日 午後 六時 二十分에
ᄂᆞ 南大門驛에 到着될 터이오 監率흔 者ᄂᆞ 同校 敎授 重岡, 中目, 山下, 講師
神佐, 助敎諭 桐谷, 柏木 六 氏라더라

‣ **번역** 일본 광도현 고등 사범학교 역사 지리과 생도 13명은 수학여행을 목적
으로 어제 광도를 출발하여 한국으로 건너오는 길에 올랐는데, 오늘 오후 6시
20분에는 남대문역에 도착할 터이요, 이들을 인솔한 사람은 같은 학교 교수
중강, 중목, 산하, 강사 신좌, 조교 동곡, 백목 6명이라더라.

059. 「관광단 또 났다」, 『대한매일신보』(국문), 1910.2.26. 3면

‣ **전사** 의주 부윤 서상면 씨의 발기로 그 지방 인민 20여 명이 일본 복강현
공진회에 관광할 차로 간다는 말이 있다더라

‣ **용어** 공진회

060. 「관광단 또 났다」, 『대한매일신보』(국문), 1910.4.2. 3면

‣ **전사** 의주 부윤 서상면 씨는 일본 관광단을 조직하여 일본으로 보낼 차로
일간에 상경한다는데 그 이허[裏許]는 농상공부대신 조중응 씨의 지촉[指囑]
을 받음이라더라.

‣ **용어** 조중응

061. 「관광단 보낸다」, 『대한매일신보』(국문), 1910.4.5. 2면

‣ **전사** 일본 관광단을 조직하는 중에 내각에서는 인원 10명을 파송하기로 결
정하였다더라.

062. 「관광단 또 낫다」, 『대한매일신보』(국문), 1910.4.9. 3면

▸**전사** 대구 대한협회 지회 총무 이일우 씨와 개령 군수 정재학 씨 등이 일본 관광단을 조직하여 일간 일본으로 건너갔다더라.

▸**용어** 대한협회, 이일우

063. 「열심이로고나」, 『대한매일신보』(국문), 1910.4.10. 2면

▸**전사** 한성부민회장 유길준 씨는 일본 관광단을 조직할 차로 재작일에 수원 군으로 내려갔다더라.

▸**용어** 유길준, 한성부민회

064. 「일인의 마음」, 『대한매일신보』(국문), 1910.4.12. 3면

▸**전사** 일본 인민들은 한일 합병 문제가 난 이후로 한국을 탐지 연구코자 하는 마음이 더욱 심하여 한국 관광을 희망하는 자 많다더라.

065. 「올라왔구나」, 『대한매일신보』(국문), 1910.4.17. 2면

▸**전사** 의주에서 발기된 일본 관광단 일행은 재작일에 상경하였는데 경무국장 송정이가 그 일행에 대하여 시찰에 관한 설명을 하였다더라.

▸**용어** 송정(=송정무)

066. 「기어이 간다」, 『대한매일신보』(국문), 1910.4.20. 3면

▸**전사** 농상공부대신 조중응 씨는 일인이 주간하는 관광단과 함께 일본을 간 다는데 그 왕반[往返]할 기한은 1주일간으로 예정하였다더라.

▸**용어** 조중응

067. 「관광단 떠나갔다」, 『대한매일신보』(국문), 1910.4.21. 2면

▶ **전사** 이미 게재함과 같이 일본 관광 단원 50여 명은 작일 오전 9시에 발정하였다더라.

068. 「마귀단 떠날 기한」, 『대한매일신보』(국문), 1910.4.21. 2면

▶ **전사** 평양 등지에서 조직한 일본 관광단 23명은 본월 23일에 출발한다더라.

069. 「선천관광단(宣川觀光團)」, 『황성신문』, 1910.4.22. 2면

▶ **원문** 平北 宣川郡 普通學校에셔 發起ᄒ야 平北 普通學校 職員 等이 組織ᄒ 觀光 團員 二十五 名은 昨日 宣川에셔 出發ᄒ야 渡日의 途에 登ᄒ얏ᄂᆫ디 該 一行은 共進會, 製鉄所 等 商工業을 視察ᄒᄂ 外에 敎育 及 農業의 實際ᄭ지 視察ᄒ 後 來月 二日에 歸國ᄒ다더라

▶ **번역** 평북 선천군 보통학교에서 발기하여 평북 지역 보통학교 직원 등이 조직한 관광 단원 25명은 어제 선천에서 출발하여 일본으로 갔는데 그 일행은 공진회, 제철소 등 상공업을 시찰하는 것 외에 교육과 농업의 실태까지 시찰한 후 다음 달 2일에 귀국한다더라.

▶ **용어** 공신회

070. 「나는 것마다 관광단」, 『대한매일신보』(국문), 1910.4.26. 2면

▶ **전사** 일인이 주창하는 평양일보사에서 조직한 관광단 22명은 지난 23일에 평양에서 발정하여 일본으로 건너갔다더라.

071. 「관광 다했나」, 『대한매일신보』(국문), 1910.4.30. 3면

▶ **전사** 관광단 의주 패 26명 중에 6명은 먼저 환국하여 재작일에 입성하였다

더라.

072. 「관광단 쏟아진다」, 『대한매일신보』(국문), 1910.5.3. 2면

▸**전사** 군산항에서도 일본 관광 단원을 한[限] 50명하고 집[集]하는데 일인 상업회의소 대표 1명과 한인 호상상회 대표 1명과 기타 재산가로 조직하고 단장은 호상상회 총무 김광제 씨로 선정하여 음력 본월 25일에 출발할 터이라 더라.

▸**용어** 김광제

073. 「관광단 환영」, 『대한매일신보』(국문), 1910.5.4. 3면

▸**전사** 학부에서는 작일 하오 1시에 평안북도 관광단을 사범학교 안으로 청하여 환영회를 하였다더라.

▸**용어** 학부

074. 「잘 구경했나」, 『대한매일신보』(국문), 1910.5.11. 2면

▸**전사** 월전에 일본으로 건너갔던 호남 관광 단원 김영학 씨 등은 재작일 오후 8시에 입성하였는데 호남학회 회원 일동이 남대문 정거장에 나가서 영접하였다더라.

▸**용어** 호남학회

075. 「관광단 입성(觀光團入城)」, 『대한매일신보』(국문), 1910.5.12. 2면

▸**전사** 경성일보사에서 조직한 일본 관광단 일행은 삼작일에 수원군 모범장을 관람하고 재작일 오전 8시에 입성하였다더라.

▸**용어** 경성일보

076. **(전라보)「처처에 관광단」, 『경향신문』, 1910.5.13. 3면**

▸ **전사** 군산항에서도 일본 관광 단원을 50명 한하고 모집하는 한인 호상상회 대표 1명과 일인 상업회의소 대표 1명과 그 외에 재산가로 조직하고 단장은 호상상회 총무 김광제 씨로 선정하여 음력 거월 25일에 발정하였다더라.

▸ **용어** 김광제

077. **「평양 관광단 전송」, 『대한매일신보』(국문), 1910.5.14. 2면**

▸ **전사** 일전에 귀국한 평양 관광단 일행은 재작일 오전 9시에 발정하여 집으로 가는데 농상공부대신 조중응, 경시부감 구연수 등 제씨가 남대문 밖 정거장에 나가서 전별하였다더라.

▸ **용어** 구연수, 조중응

078. **「또 관광 났다」, 『대한매일신보』(국문), 1910.5.29. 2면**

▸ **전사** 경상북도 관찰사 박중양 씨는 관하 각 군 군수를 권유하여 인민 30명으로 일본 관광단을 모집하였는데 본월 30일에 대구를 출발하여 일본으로 건너 간다더라.

▸ **용어** 박중양

한반도의 철도 건설 과정과 민생의 파탄

정재호

해제

1899년 9월 18일 한반도에 처음 기차가 달렸다. 화륜거나 화륜차(火輪車), 화차(火車) 등으로 불렸던 기차는 오전 9시 10분에 영등포를 출발해 총 33.2km를 달려서 10시 40분에 인천항에 도착했다. 경인철도는 하루 2회 왕복 운행(인천발 08:00, 14:00/노량진발 10:30, 16:30)으로 승객 400명과 14~15톤 정도의 물품을 운송할 수 있었다. 신문은 한반도 최초 대규모 육상 운송의 개시를 상세하게 보도했다(「기차운행」, 『황성신문』, 1899.9.19.; 「철로 개업 예식」, 『독립신문』, 1899.9.19.). 그런데 철도에 대한 당시 신문의 관심은 이에 그치지 않았다. 신문은 한반도에 철도가 건설되는 과정에 대한 거시적이고 구조적인 맥락에서부터 그것이 사람들의 생명과 노동, 생활에 끼친 영향에 이르기까지 매우 다양한 기사를 실었다.

한국에서 철도부설에 관한 논의는 1890년대 초에 시작되었다. 미국(1830), 일본(1872), 중국(1876) 순으로 철도가 이미 개통되었으며, 한인 가운데도 철도를 경험한 이들이 있었다. 일본에 수신사(修信使)로 다녀온 김기수(金綺秀, 1832~미상)는 『일동기유(日東記遊, 1876)』에 철도 승차

경험을 썼고, 주미 대리공사였던 이하영(李夏榮, 1858~1929)은 1889년 철도 모형을 들여와 대신들에게 보여주었다. 철도 운송의 필요성이 고조되던 가운데, 고종은 1892년 3월 미국인 사업가 제임스 모스(James R. Morse)를 초청해 경부철도 부설을 협의하기에 이른다. 그러나 조선 정부 주도의 경부철도 건설 계약은 일본 정부의 견제와 신사유람단(紳士遊覽團)의 일원이기도 했던 정병하(鄭秉夏, 1849~1896) 등의 반대로 중단되었다.

1894년 8월 한국 정부가 경부철도 부설 우선권을 일본 측에 넘긴다는 잠정 보증을 한 후로 이를 확정하려는 일본과 피하려는 한국 정부 간의 줄다리기가 이어졌다. 『독립신문』에 따르면, 일본 공사가 일본 회사의 경부철도 부설 의사를 여러 차례 전했지만, 조선 정부는 이를 거절하고 철도를 자체적으로 건설할 작정이었다(1896.8.15.). 일본은 계획대로 일이 진행되지 않자 1898년 1월 군함 2척을 인천항에 입항시키겠다고 위협하며 철도 부설권 양도를 공식 요구했다. 결국 한국 정부는 1898년 9월 경부철도주식회사와 15조로 이루어진 〈경부철도합동〉 조약을 체결했다. 이 조약은 철도 부설권과 영업권을 일본 측이 소유하고 한국 정부가 토지를 무상으로 제공하는 등 불평등한 조항을 포함하고 있었다(「경부철로(京釜鐵路)」, 『황성신문』, 1899.8.5.).

한국 정부가 미국인 모스를 철도 부설권 경쟁에 끌어들인 것은 일본을 견제하기 위해서였다. 한국 정부는 경부철도 부설권 협상 실패에 따른 보상으로 모스에게 경인철도의 부설권을 주었다. 그런데 경부철도에 이어 경인철도마저 일본에 넘어갈 것이라는 불안감이 당시에 널리 퍼져 있었던 듯하다. 『독립신문』은 모스가 일본 정부에 경인철도를 팔 것이라는 "풍설"이 "거짓"이라고 민심을 단속했다(「근일에 일본 신문에서」, 1897.7.10.). 하지만 이듬해인 1898년 12월 자금 부족으로 곤경에 처한 모스는 일본 회사인 경인철도인수조합에 철도 부설권을 180만 원에 양도한다는 계약을 체결함으로써 한국 정부와의 약속을 파기했다. 경인철도는 1899년 4월 일본 회사의 명의로 기공식을 다시 했고, 맨 앞에 언급한 것처럼 약 5개월 뒤 가개통되었다.

철도의 궤간, 즉 선로 너비도 열강들이 각축하던 끝에 일본의 안으로 귀착되었다. 경인철도 부설권을 획득한 모스는 당초 중국 대륙철도와의 연결을 위해 '표준궤'를 고려했다. 그러나 러시아 재무상 세르게이 비테(Sergei Yulievich Vitte, 1849~1915)가 한국 정부에 러시아와 동일한 '국제표준궤'를 요구하여 1896년 11월 고종의 칙령 반포로 국제표준궤가 채택되었다. 1898년 9월 일본은 한국 정부에 500만 원의 차관을 보증하여 경인철도의 궤간을 다시 표준궤로 돌려놓았다. 경부철도를 건설할 때 다시 궤간 문제가 불거졌지만, 일본은 경부철도의 궤간을 경인철도와 동일하게 맞추는 데 성공했다(「경부철로」, 『황성신문』, 1898.9.12.), 경부선 전체 구간을 개통하고 남대문정거장에서 개통식을 거행한 때는 1905년 5월이었다.

신문은 경의철도 건설 과정에도 주목했다. 고종은 1896년 7월 경의철도 부설권을 프랑스 회사 피브릴(Fives Lile)에 허용했다. 『황성신문』은 피브릴사가 부설권을 일본에 싼값으로 매도할 것으로 전망했는데(「경의철도」, 1899.6.15.), 해당 계약은 결국 자금 문제로 인해 파기되었다. 이후 대한철도회사와 궁내부 내장원의 서북철도국이 차례로 개통을 시도했으나 모두 자금 문제로 무산되었다. 『제국신문』은 경의철도를 절대로 외국인에게 허락하지 않겠다는 내장원경 이용익(李容翊, 1854~1907)의 "결심"을 보도했지만(「이씨결심(李氏決心)」, 1903.2.21.), 이도 실현되지 못했다. 결국 1903년 9월 일본 제일은행과 대한철도회사가 체결한 13조의 〈경의철도차관계약〉으로 경의철도의 건설 및 운영 권한도 일본에 넘어

갔다. 이제 궁내부 서북철도국은 '쓸모없는 관청(無用衙門)'으로 언급되었다(「서철합부(西鉄合附)」, 『황성신문』, 1904.8.11.). 일본은 러일전쟁 직전인 1904년 2월, 경의선을 군용철도로 부설할 것을 결정했고 1905년 11월 개성에서 개통식을 거행했다.

그런데 당시의 신문 보도를 통해 우리는 한반도의 철도가 국가 차원의 조약과 일본의 자본에 의해서만이 아니라, 한국인들의 재산과 노동력에 의해 건설되었다는 것을 알 수 있다. 특히 잡보는 애초의 불평등한 조약과 계약의 불이행에 의한 민간인의 피해를 자세히 전달했다. 철도의 정거장과 노선을 따라 수많은 가옥이 훼철되고 묘지가 파헤쳐졌는데, 이에 대한 배상액과 이전비는 턱없이 적었다. 신문은 "우리 대한 오백 년 대대로 타인이 손을 대지 못하도록 금지하여 보호하던 분묘가 이와 같이 외인에게 파헤쳐지는 꼴을 보이고 어디로 이장하든지 후일에 이 같은 폐단이 없을지 어찌 알겠으리오"라는 주민의 절절한 한탄을 전했다(「빈난이장(貧難移葬)」, 『황성신문』, 1903.8.5.). 경의철도 부설 당시 장단군(長湍郡) 군수는 용산철도국이 철도정거장에 편입된 전답과 삼림 7만여 평에 대해 군수의 보증을 지속적으로 요구하고 있으나 백성의 고충에 관련된 일이므로 임의로 결정하기 어렵다고 보고했다(「유난인증(有難印証)」, 『황성신문』, 1905.7.4.). 경의철도 부설을 시작한 지 4년 후까지도 철도에 편입된 땅값을 받지 못하여 철도감부, 한성부, 내부, 농상공부를 오가며 호소하던 용산과 신창리 주민들의 딱하고 원통한 사정을 전달한 기사도 있다(「호소무처(呼訴無處)」, 『대한매일신보』, 1907.6.26.).

철도 건설 과정에서 노동력의 착취도 심각했다. 경부철도는 1901년 8월 20일에 기공식을 하고 공사를 시작했는데, "역부들은 품삯이 대단히 적으므로 항의하며 다투고, 해당 부지의 땅 주인은 땅값을 내놓으라 하고 소란을 벌"였다(「기공쟁료(起工爭鬧)」, 『황성신문』, 1901.9.9.). 철도 건설 기간 내내 경부철도주식회사의 협약 위반이나 그에 대한 민간의 대응이 다수 기사화되었다. 한국인 청부업자들이 대한철도원과 경부철도주식회사에 일본인 청부업자들에게 토목 공사를 독점 분급한 것, 한국인 노동자를 9할 이상 채용한다는 약정을 위반한 것에 대해 항의하기로 했다는 기사가 있고(「각사련의(各社聯議)」, 『황성신문』, 1903.5.5.;「각사총회의결(各社總會議決)」, 『황성신문』, 1903.5.8.), 한국인들이 강도 높은 노역에 따른 생명의 위협을 호소하기 위해 노동자 단체를 조직하려 한다는 기사 등이 있다(「노동단체」, 『황성신문』, 1903.5.25.).

군용철도인 경의선을 부설할 때는 한국인 역부의 조건과 지위가 더욱 열악해졌다. 일본군 사령부는 지방의 관리들을 통해 각 부락에서 인부를 강제로 동원했으며, 노동 조건과 임금은 일방적으로 정해졌고 제대로 지켜지지도 않았다. 계약서에 따르면, 인부들은 비가 오는 날에도 출역을 해야 했고 노동 시간은 하루 12시간에 달했다. 일반 인부의 하루 임금은 일화 30전~40전으로 오이 예닐곱 개를 살 수 있는 금액에 불과했다(「역부계약(役夫契約)」, 『황성신문』, 1905.8.10.;「서민호원(西民呼寃)」, 『대한매일신보』, 1906.3.7.). 철도부설로 가장 심각한 피해를 본 곳은 농촌이었다. 해주 관찰사 구영조(具永祖)는 '자기 집 농사일만으로도 어깨를 쉴 수 없는 농민을 인부로 징발하여 민심이 들끓고 있다며 수확기만이라도 징발을 중지해달라'고 내부에 요청했다(「해찰보고(海察報告)」, 『대한매일신보』, 1905.8.25.).

철도부설 과정에서 일본군의 폭력은 매우 심각했다. 1904년부터 군용철도와 부설된 전신을 훼손하는 등의 행위에 대한 처벌령이 거듭 고시되었다(「한판고시(漢判告示)」, 『황성신문』, 1904.7.28.;「일군령공포(日軍令公佈)」, 『황성신문』, 1905.3.15.). 1905년을 전후해 철도 파괴를 이유로 처형된 한국인은 약 35명에 달하는 것으로 전해진다. 현장에서 일본군에 의해 사살된 경우도 잇따랐다. 공덕리 부근에서 한인 3명이 총살되었을 때는 한성소윤

(漢城少尹) 박승조(朴承祖)가 일본군 사령관을 찾아가 "일차 교섭도 아니하고 즉시 포살"한 데 대해 항의하기도 했지만(「포살한민」, 『대한매일신보』(국문), 1904.9.1.; 「국교무고」, 『대한매일신보』(국문), 1904.9.26.), 일본군의 폭력은 누그러지지 않았다. "철도 탈 사람 외에 정거장 울타리 안에 수상한 한국인은 당장에 살펴 물을 것 없이 포살하라"는 군령이 붙어 있을 정도였다(「정거장에 붙인 방」, 『경향신문』, 1907.9.20.).

일본의 폭압에 대한 민중의 저항은 산발적인 개인행동과 조직적인 의병 활동이 병존하는 양상으로 전개되었다. 예컨대 이토 히로부미가 탑승한 열차를 향해 개인이 돌을 던진 사례가 있었고(「투석자처형(投石者處刑)」, 『제국신문』, 1905.11.27.; 「투석피착(投石被捉)」, 『제국신문』, 1906.6.27.), 의병이 선로에 장애물을 설치하여 열차를 탈선시키고 이를 급습하려는 시도가 있었다. 이 과정에서 급파된 헌병과 보조원이 의병들과 마주쳐 교전이 벌어지기도 했다(『황성신문』, 1910.3.5.). 이러한 사건들은 당시 민중의 불만과 분노가 다면적인 형태로 발산되고 있었음을 보여준다.

한반도에 기차가 처음 달린 1899년부터 10년에 걸쳐 경인선, 경부선, 경의선이 차례로 건설·개통되었다. 일본은 한반도 철도 건설을 한일 간 통상 증진과 문명 발전의 기초로 삼겠다는 명분을 내세웠으며, 한국 농업의 낙후성을 이유로 토지 수용을 정당화했다. 이러한 명분과 논리를 바탕으로 한반도의 철도부설은 일본의 정부, 군대, 자본 삼자가 결합한 구조 속에서 진행되었는데, 그 결과 한국인은 수많은 토지와 노동 그리고 생명을 내놓아야만 했다.

참고문헌

김지환, 『모던철도-근대화, 수탈, 저항이 깃든 철도 이야기』, 책과함께, 2022.

이수광, 『경부선: 눈물과 한의 철도 이야기』, 효광출판, 2010.

이철우, 「일본의 철도부설과 한국민족주의의 저항」, 『평화연구』 12, 고려대학교 평화와민주주의연구소, 2004.

정재정, 『일제침략과 한국철도』, 서울대학교 출판문화원, 2013.

허우긍, 『일제강점기의 철도 수송』, 서울대학교 출판문화원, 2018.

기사

001. 「일본 회사 하나가」, 『독립신문』, 1896.8.15. 2면

▸**전사** 일본 회사 하나가 서울 부산 사이에 철도를 놓겠다고 조선 정부에 일본 공사 하라 씨가 말을 여러 번 하였으되 내각에서 작정하고 허락하지 아니하고 조선 정부에서 철도를 놓겠다 하였다더라.

▸**용어** 하라(=원경)

002. 「근일에 일본 신문에서」, 『독립신문』, 1897.7.10. 4면

▸**전사** 근일에 일본 신문에서 조선 사람들이 보고 말하기를 서울 제물포 철도를 미국 사람 모스 씨가 일본 사람에게 팔아 일본 사람이 그 철도를 상관한다는 말이 유행하나 이것은 모두 거짓말이라. 모스 씨가 이 철도를 언제까지든지 조선 정부에서 사기 전에는 가지고 있을 터이니 이런 풍설들은 믿지 말지어다.

▸**용어** 모스

003. 「경부철로(京釜鐵路)」, 『황성신문』, 1898.9.12. 3면

▸**원문** 京城과 釜山 間 鐵路 開設ᄒᄂ 事件을 日本人애게 准許ᄒ기로 外部의셔 日本 公使에게 知照ᄒ얏다 ᄒ고 傳說이 數日 狼藉ᄒ더니 日昨에 該 約案을 政府에셔 會議 決定되얏다 ᄒᄂᄃ 該 事件의 顚末을 略聞ᄒ즉 開國 五百三年 七月에 外部大臣 金允植 氏와 日本 公使 大鳥圭介 氏가 朝日 暫定 合同을 議定ᄒᄂᄃ 該 合同 第二條애 京城 釜山 間과 京城 仁川 間 鐵路를 日本人에게 議ᄒ다ᄂ 句語가 有ᄒ 바 京仁 間 鐵路ᄂ 五百五年에 外部大臣 李完用 氏가 美國 商會에 許設ᄒ얏고 京釜 鐵路ᄂ 此次에 日本人에게 准許ᄒ얏다 하니 金 大臣이 始定ᄒ 暫字가 李 大臣을 經하야 朴 署理에게 當하야 確字가 되얏도다 該 約書 要旨ᄂ 京仁 鐵道 約書와 略同하야 定約日로 起하야 限三年內에 開工하고 開工 後 十年

內에 竣工하고 竣工 後 第十五年에 我 政府에서 估價 買入하되 만일 定約 後 三 年內에 開工치 못하거나 開工 後 十年 內에 竣役치 못하면 此 約은 自歸 廢止라 하고 鐵道 廣狹은 必照 京仁 鐵道라 하얏다 하니 我國 鐵道 規則에 廣狹 尺量이 自在하거늘 必照 京仁이라 함은 有甚理由흔지

▸**번역** 경성과 부산 간 철로 개설하는 사건을 일본인에게 준허하기로 외부에서 일본 공사에게 조회하여 알렸다 하고 풍문이 며칠 낭자하더니 어제 그 협약안이 정부에서 회의 결정되었다 하는데 해당 사건의 전말을 대략 들은즉, 개국 503년 7월에 외부대신 김윤식 씨와 일본 공사 대조규개 씨가 조일 잠정 협약을 의정하는데 해당 협약 제2조에 경성과 부산 사이, 경성과 인천 사이의 철로를 일본인에게 의논한다는 이야기가 있는 바 경인 간 철로는 개국 505년[1896년]에 외부대신 이완용 씨가 미국 상회에 설치를 허가하였고, 경부 철로는 이번에 일본인에게 준허하였다 하니 김 대신이 처음 정한 잠이라는 글자가 이 대신을 거쳐 박 서리에게 이르러 확이라는 글자가 되었도다. 해당 약서 요지는 경인 철도 약서와 거의 동일하여 정약일로부터 3년 안에 공사를 시작하고 개공 후 10년 내에 준공하고 준공 후 15년째 되는 해에 우리 정부에서 값을 매겨 매입하되 만일 정약 후 3년 안에 공사를 시작하지 못하거나 공사를 시작 후 10년 안에 준공하지 못하면 이 약속은 저절로 폐지될 것이라 하고 철도의 폭은 반드시 경인 철도를 따르도록 하였다 하니 우리나라 철도 규칙에 너비의 기준이 있거늘 꼭 경인 철도를 따르도록 함은 무슨 깊은 이유가 있는지.

▸**용어** 김윤식, 대조규개, 외부, 이완용

004. 「철도 회사」, 『독립신문』, 1898.9.15. 3면

▸**전사** 서울과 부산 사이에 철로 놓을 약조 합동하기 전에 일본 제일 호부한 사람 168인이 벌써 경부 간 철로 회사를 조직하였다는데 그 회사 사원 중에 유명하다는 몇 사람의 성명은 좌에 게재하노라. 전도밀(전 내무대보), 대상륜 장병위(corr.)(현 중의원 의원), 익전효(전 조폐국장) 미기삼량(궁중 고문관), 죽내망(내부대신), 오백병장평(전 58은행장), 후등상자랑(전 농상대신), 부전

철지조(전 일본은행 총재)

‣ **용어** 내부, 대삼륜장병위, 미기삼량, 부전철지조, 익전효, 전도밀, 죽내망

005. 「한국의 각국 세력(韓國의 各國 勢力)」, 『황성신문』, 1899.5.24. 3면

‣ **원문** 大阪朝日新聞 第六千二百十號를 據ᄒᆞᆫ즉 各國 事業의 勢力 區域을 如左

히 揭ᄒᆞ얏시니

一 堂峴 金礦 德人

一 鬱陵島 及 茂山의 森林 種伐權 俄人

一 平安道 雲山 砂金 美人

一 捕鯨 用地 三個所 俄人

一 京元 鉄道 美人 周旋 中

一 京仁 鉄道 日本一 京釜 鐵道 日本

一 京堂 間 電話 德人 測量 中

一 京仁 間 電信 日本

一 京釜 間 電信 日本

一 京元 間 電信 韓國 政府

一 京義 間 鐵道 法人

一 漢江 小滊船 日本

一 大同江 小滊船 韓國

一 永興 鎭岫峰 石炭 安駒壽

一 咸鏡道 鏡城 石炭 同人

一 平壤 無烟 石炭 韓國 政府

‣ **번역** 『대판조일신문』 제6210호에 따르면, 각국 사업의 세력 구역을 아래와

같이 게시하였으니

1. 당현 금광 독일인

1. 울릉도 및 무산의 삼림종벌권 러시아인

1. 평안도 운산 사금 미국인

1. 포경용지 세 군데 러시아인

1. 경원철도 미국인 주선하는 중

1. 경인철도 일본

1. 경부철도 일본

1. 경당 간 전화 독일인 측량 중

1. 경인 간 전신 일본

1. 경부 간 전신 일본

1. 경원 간 전신 한국 정부

1. 경의 간 철도 프랑스인

1. 한강 소기선 일본

1. 대동강 소기선 한국

1. 영흥진 수봉 석탄 안경수

1. 함경도 경성 석탄 동일인

1. 평양 무연 석탄 한국 정부

▸ **용어** 대판조일신문, 안경수

006. 「경의철도(京義鐵道)」, 『황성신문』, 1899.6.15. 3면

▸ **원문** 法國人이 特許를 得ᄒ 京義 鐵道 敷設權은 來 七月붓터 起工ᄒᆯ 契約인ᄃᆡ 法國人은 其 准備를 不爲ᄒ고 今 此 敷設權을 日本에 賣渡ᄒ기로 ᄒᆫᄃ 云인ᄃᆡ 日本 資本家 및 企業家가 此를 應諾ᄒ면 廉價로 買得ᄒᆯ 것이오 其 鐵道 特許權도 渡與ᄒ깃ᄃ고 去月 三十一日에 發電ᄒ얏다더라

▸ **번역** 프랑스인이 특허를 얻은 경의 철도 부설권은 오는 7월부터 기공할 계약인데 프랑스인은 그 준비를 하지 않고 이제 이 부설권을 일본에 매도하기로 한다고 하는데 일본 자본가 및 기업가가 이에 응낙하면 헐값에 매득할 것이요 그 철도 특허권도 넘어가겠다고 지난달 31일에 전보를 쳐서 보냈다더라.

007. 「경부철로(京釜鐵路)」, 『황성신문』, 1899.8.5. 3면

▸**원문** 京釜 鐵道 發起人 澁澤 等 諸氏가 過日 來로 協議ᄒᆞᆫ 後에 其 設計를 略定ᄒᆞᆫ 大要ᄂᆞᆫ 資本金을 二千五百萬圓으로 ᄒᆞ되 一股 五十元式 第一回에 五圓을 出케 ᄒᆞᆯ 事, 政府에 對ᄒᆞ야 其 保助를 請求ᄒᆞᆯ 事, 釜山은 外海一砲之地에 在ᄒᆞᆫ즉 釜山鎭붓터 起點ᄒᆞ되 該 鎭에ᄂᆞᆫ 堅牢ᄒᆞᆫ 倉庫를 設置ᄒᆞᆯ 事, 鐵道 用地ᄂᆞᆫ 韓國 政府에게 借受ᄒᆞ기로 ᄒᆞ얏ᄉᆞ즉 아모조록 廣地를 借受ᄒᆞ야 停車場에 倉庫 及 商舘을 設ᄒᆞ야 商業을 隆昌케 ᄒᆞᆯ 事, 狹軌 鉄道를 敷設ᄒᆞ야 列車 幅을 廣軌갓치 ᄒᆞ더라도 顚覆ᄒᆞᆯ 憂가 無ᄒᆞᆷ은 參謀本部 調査를 據ᄒᆞᆷ이 確實ᄒᆞᆫ즉 軌道ᄂᆞᆫ 狹軌로, 列車ᄂᆞᆫ 廣軌갓치 ᄒᆞᆯ 事, 工事費ᄂᆞᆫ 一里(我 八里 量)에 八萬元으로 量宜ᄒᆞᆯ 事 (朝日新聞)

▸**번역** 경부 철도 발기인 삽택 등 여러 사람이 요 며칠 동안 협의한 후에 그 설계를 대략 확정하였는데 주요 내용은, 자본금을 2,500만 원으로 하되 1주 50원씩, 제1차에는 5원을 내도록 할 것, 정부에 대하여 그 보조를 청구할 것, 부산은 바다에서 대포 한 발이면 닿을 거리에 있는 땅인즉 부산진부터 시작하되 해당 진에는 견고한 창고를 설치할 것, 철도 용지는 한국 정부로부터 임차하기로 하였는즉 아무쪼록 넓은 땅을 빌려 정차장에 창고와 상관을 설치하여 상업을 번창하게 할 것, 협궤 철도를 부설하되 열차 폭을 광궤와 같이 하더라도 전복할 우려가 없음은 참모본부의 조사에 근거하매 확실한즉 궤도는 협궤로, 열차는 광궤와 같이 할 것, 공사비는 1리(우리의 8리 가량)에 8만 원으로 산정할 것. (『조일신문』)

▸**용어** 삽택(=삽택영일)

008. 「철도요구(鐵道要求)」, 『황성신문』, 1899.9.14. 2면

▸**원문** 向日에 德國 領事 賴思德 氏가 外部大臣에게 以書以面으로 屢次 强請ᄒᆞ기를 大韓國 內 鐵道 用達 會社에 資本金을 貸與ᄒᆞ깃노라 ᄒᆞ고 ᄯᅩ 平壤 甑南浦 間 及 平壤 元山 間의 鐵道 敷設權을 要求하얏더니 外部大臣이 照覆하기를 會社에 資金 貸與하ᄂᆞᆫ 件은 該 會社에서 鐵道 敷設權을 이믜 准獲하얏ᄉᆞᆷ이 其 經費ᄂᆞᆫ

응당 籌辦할 方法이 自有할 터이니 借款을 不要하깃고 平甑 及 平元 間 鐵道ᄂ
本國에 鐵道局을 已設ᄒ고 次第로 敷設홀 터인즉 外國人에게 이미 定約 准許ᄒ
者 外에ᄂ 更히 准許치 못ᄒ깃노라 ᄒ얏다더니 今聞ᄒ즉 日昨에 日 公使 林權助
氏가 外部에 照會ᄒ기를 大韓 政府에셔 外國人에게 鐵道 敷設權을 許ᄒ면 日本
政府에셔도 均沾 利益의 條約을 准ᄒ야 鐵道 一處를 要請ᄒ깃노라 ᄒ얏다더라

▸**번역** 요전에 독일 영사 라인스도르프 씨가 외부대신에게 서면과 면담으로
여러 차례 강청하길 대한국 내 철도 용달 회사에 자본금을 대여하겠노라 하고,
또한 평양과 증남포 간 및 평양과 원산 간의 철도 부설권을 요구하였더니 외부
대신이 회답하기를 회사에 자금 대여하는 건은 해당 회사에서 철도 부설권을
이미 획득하였으매 그 경비는 응당 적당히 처리할 방법이 절로 생길 터이니
차관은 필요하지 않겠고 평양과 증남포 및 평양과 원산 간 철도는 본국에 철도
국을 이미 설치하고 차례로 부설할 터인즉 외국인에게는 이미 계약 및 인허한
자 외에는 더 이상 인허치 못하겠노라 하였다더니, 이제 들은즉 어제 일본
공사 임권조 씨가 외부에 조회하기를 대한 정부에서 외국인에게 철도 부설권
을 허가하면 일본 정부에서도 이익을 균점한다는 조약에 따라 철도 한 곳을
요청하겠노라 하였다더라.

▸**용어** 외부, 원산, 임권조, 철도국

009. 「기차운행(汽車運行)」, 『황성신문』, 1899.9.19. 3면

▸**원문** 京仁 鐵道 會社에셔 昨日에 汽車 運動을 試驗할시 麻浦 對岸 永登浦에
停車場을 權設ᄒ고 內外國 紳士를 請ᄒ야 搭乘ᄒᄂ디 列車ᄂ 六이오 來賓은
數百이러라 當日 上午 九時 十分에 永登浦에셔 發ᄒ야 十時 四十分에 仁港에
着ᄒ니 該港 停車場에 松門을 高建ᄒ고 大韓 日本 兩國 國旗와 該 會社旗를
三交ᄒ야 掛ᄒ얏ᄂ디 來賓을 接導ᄒ야 三層高床에 坐ᄒ고 四面으로 祝砲를 亂
放ᄒ며 一場 演戲를 觀ᄒ 後에 다시 接賓所로 入ᄒ야 日本人 足立太郎 氏가
會社를 摠代ᄒ야 祝辭ᄒᄂ디 大韓 大皇帝 陛下 萬歲, 大日本 大皇帝 陛下 萬歲
를 三呼ᄒᄆ이 外部大臣 朴齊純 氏가 또 會社를 對ᄒ야 祝辭ᄒ고 大日本 大皇帝

陛下 萬歲, 大韓 大皇帝 陛下 萬歲를 三呼ᄒ 後에 立食을 供ᄒ고 下午 一時 十分에 來賓을 更搭ᄒ고 二時 四十分에 永登浦에 着ᄒ야 送客ᄒ얏더라 該 停車 場 左右에 觀光人이 雲과 如ᄒ게 會集ᄒ야 말ᄒ되 참 奇異ᄒ다 開化를 ᄒ엿기에 如此한 구경을 ᄒ깃다 한듸 傍에 一人이 長歎ᄒ여 曰 我國이 참 開化가 되엿시면 本國에서 할 일인듸 近來 外國人이 各處에 鐵路를 달는다 ᄒ더니 實行됨을 今日 에 쳐음 보깃도다 此 鐵路를 二十五年 後면 該 所費를 日本에 還償ᄒ고 我國에서 管理한다 ᄒ니 그 限 內에 我 政府와 人民이 志氣를 奮發ᄒ고 財源이 富興ᄒ야 該 合同 條約을 施行ᄒ여 볼가 ᄒ고 放筇而去ᄒ더라더라

▶**번역**　경인 철도 회사에서 어제 기차 운행을 시험할새 마포 맞은편 영등포에 정차장을 임시로 설치하고 내외국 신사를 청하여 탑승하는데, 열차는 6량이요 내빈은 수백이러라. 그날 오전 9시 10분에 영등포에서 출발하여 10시 40분에 인천항에 도착하니 해당 항구의 정거장에 소나무 축문을 높이 세우고 대한과 일본 두 나라의 국기와 해당 회사 깃발 세 개를 교차하여 걸었는데, 내빈을 안내하여 3단 높이의 단상에 앉히고 사방으로 축포를 쏘아 올리며 한바탕 연희 를 본 후에 다시 접빈소로 들어와 일본인 족립태랑 씨가 회사 전체를 대표하여 축사하는데, 대한 대황제 폐하 만세, 대일본 대황제 폐하 만세를 삼창하매 외부대신 박제순 씨가 또 회사에 대하여 축사하고 대일본 대황제 폐하 만세, 대한 대황제 폐하 만세를 삼창한 후에 입식 다과를 제공하고, 오후 1시 10분에 내빈을 다시 태우고 2시 40분에 영등포에 도착하여 손님들을 보냈다더라. 해당 정거장 좌우에는 관광인이 구름과 같이 모여들어 말하되, 참으로 기이하 다, 개화를 하였기에 이와 같은 구경을 하겠다 하는데 곁에 있던 한 사람이 길게 탄식하며 말하기를, 우리나라가 참 개화가 되었으면 본국에서 할 일인데 근래 외국인이 각처에 철로를 설치한다 하더니 실행됨을 금일에 처음 보겠도 다 하더라. 이 철로는 25년 후면 그 비용을 일본에 갚고 우리나라에서 관리하게 된다고 하니, 그 기한 내에 우리 정부와 인민이 의지를 떨쳐 일으키고 재정을 풍족히 하여 그 합동 조약을 시행하여 볼까 하다가 지팡이만 던져 두고 떠났더 라더라.

▶**용어**　박제순, 족립태랑

010. 「철로 개업 예식」, 『독립신문』, 1899.9.19. 3~4면

▶ 전사 경인 철도 회사에서 어저께 개업 예식을 거행하는데 인천서 화륜거가 떠나 삼개 건너 영등포로 와서 경성에 내외국 빈객들을 수레에 영접하여 앉히고 오전 9시에 떠나 인천으로 향하는데 화륜거 구는 소리는 우뢰 같아 천지가 진동하고 기관차의 굴뚝 연기는 반공[半空]에 솟아오르더라.

수레를 각기 방 한 간씩 되게 만들어 여러 수레를 철구[鐵鉤]로 연[連]하여 수미상접하게 이었는데 수레 속은 상, 중, 하 3등으로 수장하여 그 안에 배포한 것과 그 밖에 치장한 것은 이루 다 형언할 수 없더라.

수레 속에 앉어 영창으로 내다보니 산천초목이 모두 활동하여 닿는 것 같고 나는 새도 미처 따르지 못하더라.

대한 리 수로 80리 되는 인천을 순식간에 당도하였는데 그곳 정거장에 배포한 범절은 형형색색 황홀 찬란하여 진실로 대한 사람의 눈을 놀래더라.

정거장에 당도하여 일제히 내려서 각기 유람하다가 오정[午正]에 정거장으로 들어가서 하고 다과례를 행하는데 제제창창[濟濟蹌蹌]하고 차서[次序]가 분명하여(corr.) 착란지폐[錯亂之弊]와 헌화지성[喧譁之聲]이 없더라.

그중에 더욱 가관 되는 것은 인천항에 거류하는 일인들이 각기 집에 국기를 세웠으며 축사하는 뜻을 표하여 유지 제씨가 연회장에 기묘한 불놀이하는 여화 23발을 보조하였는데 1 축포 2 제국 만세 3 대한 만세 4 황연류 5 명룡 6 도성사 7 축주 8 뇌우 9 발연 10 적운룡 11 유국 12 군접 13 일청평화 14 양산 15 흑운뢰 16 서연 17 개화 부인 18 뇌후쌍룡 19 이룡상 20 청양룡 21 국화 22 황백류 23 팔룬국인데 경치가 더욱 황홀하더라.

예식을 모두 행하고 오후 1시에 서울 빈객들이 도로 화륜거에 올라 2시 반에 영등포에 당도하여 서울 빈객들은 서울로 들어오고 인천 빈객들은 도로 곧(corr.) 타 4시 반에 인천에 당도하였다더라.

011. 「위원회 모양」, 『독립신문』, 1899.11.30. 3~4면

▶ 전사 대한 서울과 부산 사이에 놓을 철도 사건은 5년 전에 일본과 청국이

서로 싸울 즈음에 일본 정부와 한국 정부가 체결하여 잠깐 약조를 정하였더니, 그 후에 일본과 아라사가 협상 약조를 하고 일본 정부에서 그 철도 놓을 권리를 놓아 버렸다가 일, 아 간에 두 번째 하는 협상을 의지하여 상공업상에 베풀기에 대하여 자유를 얻어서 삽택영일, 대강택 등 제씨 백수십 명이 발기하고 경부철도 회사 성립함을 바라다가 작년 9월 8일에 다시 그 부설권을 얻어 회사를 조직하였으나 회사의 단독한 힘으로 도저히 그 목적을 당하기 능치 못하여 근래에 정부와 교섭하고 6주(株) 보급의 이자를 얻기로 꾀하는데 어떤 연고로 일본 정부에서 확실히 대답을 아니 하는데, 해[該] 회사 위원장 등이 이달 9일 오전 9시에 그 사무소에서 위원회를 열고 보급 이자에 관계하여 정부에 청원서를 정[呈]하여 그 확실한 대답을 요구하기로 하는데 해 회사에서 한국 정부의 사이에 타결한 경부철도 약조를 의지하여 3개년이 차도록 철도 공사에 손을 붙이지 못하는 때에는 폐하고 돌아가겠기에 더욱 공사에 손을 붙이겠는 지라. 회사에서 상법서 밖에 특별히 조례를 베풀고 사채(社債)를 모집하며 또 보급 이자 얻기로 금번 의회에 제출하여 승낙(承諾)을 얻지 못하거든 드디어 약조를 폐하리라고 어느 외국 사람의 신문에 말을 하였더라.

012. 「시하철도(是何鐵道)」, 『황성신문』, 1900.3.30. 2면

▶ **전사** 안양 정거장에서 이등 대사 탄 수레에 돌 던진 김태근은 군사령부에서 태 1백, 2개월 감금에 처하기로 한다더라.

013. 「경부철도기공식(京釜鐵道起工式)」, 『황성신문』, 1901.8.21. 2면

▶ **원문** 京釜 鐵道 會社에셔 昨日 上午 十一時에 該 鐵道 起工式을 永登浦 停車 場에서 行ㅎㄴ딕 몬져 神位를 設ㅎ고 日本 神官 六人이 地鎭祭文을 朗讀ㅎ 後 鐵道院 總裁 閔丙奭 氏와 該 會社 事務總辦 竹內綱 氏가 神位 前에서 一鍬土式 掘開ㅎ야 起工을 表ㅎ고 竹內綱 氏가 祝辭를 讀ㅎ야 宮內로셔 派遣ㅎ신 完順君 李載完 淸安君 李載純 兩氏와 來賓을 謝ㅎ고 且 該 鐵道의 前頭興旺 흠을 祝흠이

閔丙奭 氏가 答辭를 讀ᄒ야 竹內綱 氏의 請邀 及 祝詞를 致謝ᄒ고 該 鐵道 成工 後 內外國 商務의 興旺흠을 祝ᄒ고 且 我國 人民은 今日 此 鐵道 創設되ᄂ 理由를 記念ᄒ야 將來 我國 權利의 根本 損傷치 안토록 深究흠을 切望이라 ᄒ얏더라 祝畢에 賓主가 食堂에 入ᄒ야 立食例로 茶果를 進ᄒ고 日 公使 林權助 氏가 獻祝흠이 外部大臣 朴齊純 氏가 答祝ᄒ고 式畢흠이 同日 下午 一時에 特別 滊車를 乘ᄒ고 歸散ᄒ얏더라

▸**번역** 경부 철도 회사에서 어제 오전 11시에 해당 철도의 기공식을 영등포 정거장에서 거행하는데, 먼저 신위를 마련하고 일본 신관 6명이 지진제문을 낭독한 후 철도원 총재 민병석 씨와 해당 회사 사무총판 죽내강 씨가 신위 앞에서 첫 삽을 떠 기공을 선언하고 죽내강 씨가 축사를 읽어 궁내부에서 파견하신 완순군 이재완, 청안군 이재순 두 분과 내빈에게 감사하고 또 해당 철도의 앞날에 번창을 기원하고, 또한 민병석 씨가 답사를 낭독하여 죽내강 씨의 초청과 축사에 감사를 표하고 해당 철도가 준공된 뒤에 내외국 상무사 흥왕하기를 기원하고, 또한 우리나라 인민은 오늘 이 철도가 창설되는 이유를 기념하여 장래 우리나라의 권리가 근본적으로 손상되지 않도록 깊이 연구하기를 간절히 바란다 하였더라. 축사가 끝난 뒤 내빈과 주최 측은 식당에 들어가 입식의 예로 다과를 나누고 일본 공사 임권조 씨가 축사하매 외부대신 박제순 씨가 답사하고 기공식이 모두 끝난 후 같은 날 오후 1시에 특별 기차를 타고 각기 돌아갔다더라.

▸**용어** 궁내부, 민병석, 박제순, 이재순, 이재완, 임권조, 철도원

014. 「기공쟁료(起工爭鬧)」, 『황성신문』, 1901.9.9. 2면

▸**원문** 始興 等地에셔 京釜 鐵道 起工흔 後에 役夫 等은 雇價가 太少흠으로 爭詰ᄒ고 該 地段 主ᄂ 價額 出給ᄒ라 ᄒ고 爭鬧ᄒ기로 兵丁 及 巡檢이 鎭壓ᄒ야 大起鬧에ᄂ 至치 아니ᄒ얏다더라

▸**번역** 시흥 등지에서 경부 철도 공사가 시작된 이후에 역부들은 품삯이 대단히 적으므로 항의하며 다투고, 해당 부지의 땅 주인은 땅값을 내놓으라 하고 소란

을 벌이기로, 병정과 순검이 진압하여 큰 소요에는 이르지 아니하였다더라.

015. 「철감체관(鐵監遞官)」, 『황성신문』, 1902.4.3. 3면

▸**원문** 日昨 鐵道院 監督 閔泳璇 氏가 疏遞ㅎ얏ᄂᆡ 傳說을 聞ㅎ則 向日 京釜 鐵道 會社의 日本人員이 鐵道院 官吏에게 言嘱ㅎ야 永登浦 京釜 鐵道 停車塲 地段을 割定ㅎᄌ ㅎ기로 一同 進去ㅎ얏더니 日本人이 該 停車塲 地段을 業自占 築ㅎ고 四五 處 家屋을 建立ㅎ얏ᄂᆞᆫ지라 閔 監督이 日本人을 對詰ㅎ야 曰 右 地段을 本院 官吏의 認定을 不經ㅎ고 先自占據ㅎ얏슨則 更何地段之割定乎아 ㅎ고 直時歸來ㅎ야 此意로 上奏ㅎ얏더니 日 公使 林權助 氏가 大段 激昂ㅎ야 閔 監督을 未穩히 녁이ᄂᆞᆫ 事由로 畢竟 見遞되깃다더니 此 委折로 緣ㅎ야 疏遞ㅎᆷ 인지 或說에ᄂᆞᆫ 日本人이 言ㅎ기를 該 停車塲 地段은 旣往 黙許를 承ㅎ야 占築ㅎ 얏다더라

▸**번역** 며칠 전 철도원 감독 민영선 씨가 사직을 청하였는데 전해 들은 말로는, 이전에 경부 철도 회사의 일본인 직원이 철도원 관리에게 언약하여 영등포에 경부 철도 정거장 부지를 획정하자 하기로, 일동이 함께 가보았더니 일본인이 해당 정거장 부지를 자기들 마음대로 점거하여 축조하고 네댓 곳에 가옥을 지어 놓았는지라. 민 감독이 일본인에게 따져 묻기를, 이 지단을 본원 관리의 인정을 거치지 않고 이미 마음대로 점기하였는즉 무슨 부지를 또 지정한다는 말이냐 하고 즉시 돌아와 이 사정을 상주하였더니, 일본 공사 임권조 씨가 대단히 격앙하여 민 감독을 온당치 않다고 여기는 까닭에 필경 면직되겠다더 니, 이 곡절 때문에 사직을 상주한 것인지. 또 다른 풍설에 따르면 일본인이 말하기를 해당 정거장 부지는 기왕에 이미 묵인 허가를 받아 점거 축조하였다 더라.

▸**용어** 민영선, 임권조, 철도원

016. 「함철천축(函撤擅築)」, 『황성신문』, 1902.4.8. 3면

▸**원문** 日本人이 永登浦 京釜 鐵道 停車塲에서 無認准ᄒ고 家屋 占築ᄒᆫ 事로 其時 監督 閔泳璇 氏가 該 鐵道 會社 人員을 對詰ᄒ얏단 事ᄂᆫ 本報에 已記ᄒ얏거니와 今聞ᄒᆫ則 該 院에서 其 家屋을 毁撤ᄒ라고 該 鐵道 會社에 公函ᄒ얏더니 該 會社에서 答言ᄒ되 此 事件은 問題가 重大ᄒ야 自社로 擅便치 못ᄒ깃스니 東京으로 通知ᄒ야 回音을 俟ᄒᆫ 後에 答函ᄒ깃다 ᄒ얏다더라

▸**번역** 일본인이 영등포 경부 철도 정거장에서 인준 없이 가옥을 점거하고 건축한 일로 당시 감독 민영선 씨가 그 철도 회사 직원을 추궁하였다는 일은 본보에 이미 기재하였거니와, 지금 들은 바로는 철도원에서 그 가옥을 훼철하라고 해당 철도 회사에 공문을 보냈더니 그 회사에서 답변하되 이 사건은 문제가 중대하여 본사에서 멋대로 처리하지 못하겠으니 동경으로 통지하여 회답을 기다린 후에 답하겠다 하였다더라.

▸**용어** 민영선, 철도원

017. 「선택순검(選擇巡檢)」, 『황성신문』, 1902.4.18. 2면

▸**원문** 京釜 鐵道 開工 以後로 日本으로셔 保護 巡查을 派送ᄒ야 線路 各處 及 停車塲 四十餘 處에 分寘ᄒ얏ᄂᆫ되 昨日 我廷에셔도 該 鐵道 沿路에 派送ᄒ을 巡檢 百名을 選擇ᄒᆯᄉᆡ 文筭有餘ᄒᆫ 者로 試取ᄒ야 鐵道院으로 移送ᄒ다더라

▸**번역** 경부 철도 공사가 시작된 이후로 일본에서 보호 순사를 파송하여 선로 각처와 정거장 40여 곳에 분산 배치하였는데, 어제 우리 정부에서도 해당 철도 연로에 파송할 순검 100명을 선택할새 글과 셈에 능숙한 자로 시험을 거쳐 채용하여 철도원으로 이송한다더라.

▸**용어** 철도원

018. 「일사항조(日使抗照)」, 『제국신문』, 1903.2.20. 3면

▸**전사** 일본 공사 임권조 씨가 외부에 조회하였으되 들으매 아국[俄國]이 귀국

에 대하여 경부철도 전례를 의방[依倣]하여 경성 의주 간 철도를 양여하여 이익을 균첨하되 불연[不然]이면 해[該] 철도 부설하는 자본금을 담당하여 주겠다 하니 이것은 악한 결과요, 귀국 자주 독립에 대단 방해로우니 양여치 말고 그 요구함을 항거함이 만만다행이요, 모국이 경부철도의 전례를 빙자함은 불과 비리[非理]의 의논인 것이 경부 철도 부설함은 균첨으로 할 바 아니라 해 철도는 우리 두 나라가 함께 결맹하여 공사상 소용인즉 모국이 어찌 그것을 빙자하리오. 청컨대 귀 대신은 이런 사상을 생각하여 그 청구함을 아주 거절하여 귀국 독립에 해롭지 않게 하심이 어떠하오 하였다더라.

▸ **용어** 외부, 임권조

019. 「이씨결심(李氏決心)」, 『제국신문』, 1903.2.21. 3면

▸ **전사** 대한에서 경인 간과 경부 간 철도 부설권을 일본인에게 준 것을 대한 인민이 모두 분하게 여기는데 그 중 내장원경 이용익 씨가 더욱 분히 생각하여 경의 철도는 결단코 외국인에게 허급치 아니하고 대한국 재력으로 부설코자 결심한다더라.

▸ **용어** 이용익

020. 「각사련의(各社聯議)」, 『황성신문』, 1903.5.5. 3면

▸ **원문** 今番 京釜 鐵道 株式會社에셔 土木 工役 地段을 分給홀 時에 日本人 請負業者에게만 分給혼 故로 大韓 各 會社에셔는 其 株式會社의 偏僻됨을 怨恨히 녁이어 本月 六日에 一齊 會同ᄒ야 協議 妥商ᄒ다더라

▸ **번역** 이번에 경부 철도 주식회사에서 토목 공역 지단을 나누어 줄 때에 일본인 청부업자에게만 나누어 준 고로 대한 각 회사에서는 그 주식회사의 편벽됨을 원한히 여겨 이번 달 6일에 일제히 모여 협의 타협한다더라.

021. 「각사총회의결(各社總會議決)」, 『황성신문』, 1903.5.8. 2면

▸**원문** 各 會社 協議한 概況은 前報에 已記ᄒ얏거니와 本月 六日에 總會 妥決한 議案을 詳聞한則 京釜 鐵道 工事에 對ᄒ야 大韓 鐵道院 及 日本 株式會社의 合同한 條約에 日韓人 及 外國人을 皆可招雇作工인딕 惟遵監督之意ᄒ야 必優 用韓人이오 至於雇人工役ᄒ야도 十分之九난 用韓人이라 ᄒ얏거늘 這般 地段 分給ᄒ 時에 竹內綱 及 笠井愛太郎이 約書를 大違ᄒ야 惡感情을 釀成ᄒ기로 各 會社의 決議案이 如左한딕 一 錬道院에 訴請ᄒ야 株式會社에 對한 交渉을 決案케 ᄒ 事 一 株式會社에 直接 陳請하야 地段 工事를 公同 分給케 ᄒ 事 一 合同 條約 違背 問題를 成案ᄒ야 株式會社에 另明 聲言ᄒ 事 一 上節 問題로 仲裁場을 開하야 外國 高明한 人으로 仲裁長을 延請ᄒ 事 一 這般 問題를 如何히 歸正ᄒ던지 役夫를 董率ᄒ야 應用ᄒ난 規程을 定ᄒ 事 一 資本을 募集하야 京釜 京仁 鐵道 還退ᄒ 方針을 勉行ᄒ 事더라

▸**번역** 각 회사가 협의한 개략적인 상황은 이전 기사에 이미 기재하였거니와 이달 6일에 총회 타결한 의안을 자세히 들은즉 경부 철도 공사에 대하여 대한 철도원 및 일본 주식회사가 합동한 조약에 일본인과 한국인 및 외국인을 모두 작공으로 고용할 수 있는데 단지 감독의 뜻을 존중하여 반드시 한인을 우선적으로 고용하고, 고용 인부나 공역에 대해서도 10분의 9는 한인을 써야 한다 하였거늘 이번 지단 분급할 때 죽내강과 입정애태랑이 약서를 크게 위반해서 악감정을 키우기로 각 회사의 결의안이 아래와 같은데,

1. 철도원에 소청하여 주식회사에 대한 교섭을 결안케 할 것
1. 주식회사와 직접 진정하여 지단 공사를 공동으로 분급케 할 것
1. 합동 조약을 위배한 문제를 결론지어 주식회사에 따로 성명할 것
1. 위의 문제로 중재의 장을 열어 외국의 고명한 인사를 중재장으로 초빙할 것
1. 이번 문제를 어떻게 바로잡든 간에, 역부를 감독하고 사용할 규정을 정할 것
1. 자본을 모집하여 경부, 경인 철도 되찾을 방침을 실행할 것이더라.

▸**용어** 철도원

022. 「노동단체(勞働團體)」, 『황성신문』, 1903.5.25. 2면

▸**원문** 大韓 鉄道 各 會社 總會所에서 勞働者 團體를 組織하기 爲하야 內部에 請明한 槪意가 如左하니라 ― 天下에 至極히 矜惻한 者난 煢獨이오 至極히 貧賤한 者난 勞働이니 煢獨에 가장 勞働者ㅣ 多한지라 無虐煢獨하기 爲하야 勞働者를 極히 團體로 結合하야 保護함이라 ― 國內 勞働者의 保護 團體난 各 會社 總會所에 組織함이라 ― 內部 認許를 承准함이라 ― 漢城과 밋 各 地方에 各 開市場과 各 港岸과 各 鉄道에 自由 勞働과 使用 勞働하난 者를 盡力 保護함이라 ― 勞働者의 生命 財産에 損害가 生할 境遇에난 一心極力하야 保護함이라 ― 勞働者가 無識에 因ㅎ야 格外에 無禮한 虐待를 禁止함이라

▸**번역** 대한 철도 각 회사 총회소에서 노동자 단체를 조직하기 위하여 내부에 청원한 개요가 아래와 같으니라. 1. 천하에서 가장 불쌍한 자는 아무도 의지할 곳이 없는 외로운 이요 가장 가난하고 천한 자는 노동자이니, 그 외로운 자들 가운데 가장 노동자가 많은지라. 외로운 자를 학대하지 않기 위해 노동자를 극히 단체로 결합하여 보호함이라. 1. 국내 노동자의 보호 단체는 각 회사 총회소에서 조직함이라 1. 내부 인허 승인에 의거함이라. 1. 한성과 각 지방의 각 개시장, 각 항구, 각 철도 등지에서 자유 노동과 사용 노동하는 자를 진력 보호함이라. 1. 노동자의 생명과 재산에 손해가 생길 경우에는 온 마음과 온 힘을 다하여 보호함이라. 1. 노동자가 무식으로 인하여 지나치게 무례한 학대를 받는 일이 없도록 금지함이라.

▸**용어** 내부

023. 「빈난이장(貧難移葬)」, 『황성신문』, 1903.8.5. 2면

▸**원문** 南門 外 京釜 鉄道 停車場 附近■在 人塚을 該 會社에셔 掘移함은 已記하얏거니와 近聞ㅎ則 該社에서 移葬費를 每塚에 三元式 出給하난딕 塚主 中 富饒한 者난 可커니와 其中貧乏한 人은 所給葬費로난 移葬禮를 行할 道가 無하야 互相哭泣하야 曰 我韓五百年世傳禁護하던 墳墓를 如此히 外人에게 見掘하고 何處로 移去하던지 後日에 安知不有此獒리오 하고 白骨을 露出하야 火葬하난 者ㅣ

頗多하다더라

▸**번역** 남문 밖 경부 철도 정거장 부근에 있는 분묘를 해당 회사에서 파내어 옮긴 일은 이미 기재하였거니와 근래 들은즉, 해당 회사에서 이장비를 무덤 하나당 3원씩 지급하는데 무덤 주인 중 부유한 사람은 괜찮지만 그중 가난한 사람은 지급받은 비용으로는 이장 예식을 치를 길이 없어 서로 부둥켜안고 통곡하며 말하기를, 우리 대한 5백 년 대대로 타인이 손을 대지 못하도록 금지하여 보호하던 분묘가 이와 같이 외인에게 파헤쳐지는 꼴을 보이고 어디로 이장하든지 후일에 이 같은 폐단이 없을지 어찌 알겠으리오 하고 백골을 드러내 화장한 사람이 아주 많다더라.

024. 「일본 소장의 의견(日本 少將의 意見)」, 『황성신문』, 1903.11.18. 3면

▸**원문** 日本 廣島灣 要塞 司令官 稅所 小將의 談話를 據ᄒ則 日俄가 萬若 開戰되야 我國이 大捷ᄒ더라도 講和(corr.) 時에 至ᄒ면 列强의 干涉을 因ᄒ야 日本이 戰勝의 名譽만 有ᄒ고 利益은 得치 못홀지라 然則 此際 數億의 軍費를 擲ᄒ야 戰爭을 開흠이 外交上 手段으로써 京城 義州 間 及 義州 營口 間 鐵道 敷設權을 獲得ᄒ야 迅速히 兩 鐵道의 工役을 完成흠만 莫如ᄒ고 兩 鐵道가 我 掌中에 入ᄒ면 滿韓 一帶 地方에셔 日本의 經濟 政治 軍事上 利權이 確固ᄒ야 俄國의 跳梁跋扈를 制御홀지라 或曰 現今 京釜 鐵道의 工役이 遲遲ᄒ 時에 京義 及 義營 鐵道의 工役을 一時에 進行흠이 極難ᄒ 事로 思惟ᄒ난 者가 有홀 것이로딕 京義 鐵道난 略 二百八十 哩, 義營 鐵道난 略 百六十 哩 合 四百四十 哩에 不過ᄒ고 其 工役도 大同江 及 鴨綠江의 架橋 工役을 除ᄒ면 京釜 鉄道보담 容易ᄒ지라 然則 我國이 一大 決心으로써 今日 好機를 逸치 勿ᄒ고 兩 鉄道의 敷設權을 獲得ᄒ야 迅速히 竣工 方法을 講究홀 事라 ᄒ얏더라

▸**번역** 일본 광도만 요새 사령관 세소 소장의 담화에 따르면, 일본과 러시아가 만약 전쟁을 벌여 우리나라가 크게 이기더라도 강화 시점에 이르면 열강의 간섭 때문에 일본은 전승의 명예만 얻고 이익은 얻지 못할지라. 그런즉 이제 수억의 군비를 내던져 전쟁을 일으키는 것이 외교적 수단으로 경성과 의주

간 및 의주와 영구 간 철도 부설권을 획득하여 신속히 두 철도의 공사를 완성하는 것만 하지 못하고, 두 철도가 우리 손아귀에 들어오면 만한 일대 지방에서 일본의 경제, 정치, 군사상의 이권이 확고하여 러시아의 세력이 제멋대로 날뛰는 행동을 누를지라. 혹자는 말하기를, 현재 경부 철도 공사가 더디게 진행되는 때에 경의 및 의영 철도의 공역을 일시에 진행함이 매우 어려운 일로 사유하는 자가 있을 것이로되 경의 철도는 약 280마일, 의영 철도는 약 160마일로 합해서 440마일에 불과하고 그 공사 또한 대동강과 압록강의 가교 공사를 제외하면 경부 철도보다도 쉬운지라. 그런즉 우리나라가 일대 결단을 내려 오늘날의 호기를 놓치지 말고 두 철도의 부설권을 획득하여 신속히 준공할 방법을 강구할 일이라 하였더라.

▸ **용어** 만한

025. 「경부철도운전개황(京釜鉄道運轉槪況)」, 『황성신문』, 1903.12.7. 2면

▸ **원문** 再昨日 上午 九点半量에 我廷 各 大官과 鐵道院 摠裁 以下 各 官吏와 新聞 記者 與 樂工 妓生과 日本 公使 以下 諸人員과 京釜 鐵道 會社諸員 等이 敦義門 外 京仁 鐵道 停車場에 會集하얏난듸 紅錦 太陽票 一個式 每人에게 分給하야 胸前 衣帶 間에 掛着하고 一齊히 滊車 上에 搭坐하야 永登浦ᄭᅵ지 進往하야 少停하얏다가 直時 水原府 南 十餘 里 中山ᄭᅵ지 前進하야 아직 橋梁이 未完흠으로 烏山ᄭᅵ지난 未往하고 旋卽倒退하야 至水原府西停車場하야 住車하니 巍懸太極旗與太陽旗하고 酒肴床卓은 舖張于 最前 兩個 滊車 而 第一車난 各 大官이 列坐하고 第二車난 一般 人員이 列坐하야 盃酒 數行 後에 本國 樂工은 以絲管鼓吹하고 韓日 倡妓난 以盃樽巡勸하고 歌客은 又唱靈山及雜歌 場하고 醄嬉淋漓에 歡娛揚揚하니 子時난 北風이 怒號에 雨雪이 驟集하야 揚沙捲帳에 寒氣凜烈이라 乃回車罷歸하니 卽六点鍾也러라

記者도 亦獲參於當日席末하야 略記其光景如右하거니와 窃不無慨然興吁者하야 玆附數言하노니 盖鐵道之多多敷設이 卽其國興旺發達之步趣則 可喜而不可慷者나 然而我韓은 如京仁 京釜 等 鐵道를 俱屬外人하고 所謂 京義鐵道도 雖稱

本國敷設이나 徒似白談而已하니 然則 鐵道之稍稍 開通이 雖曰 亦幸이나 一面思之則 實爲慨歎寒心處也니 我政府及人民은 宜亟圖奮發齊誠하야 雖尺寸之哩라도 以自國資力으로 得有實際敷設하고 開通運轉하야 其試運之席에 請邀外國賓客하야 慶祝宴樂則 吾輩國民之感幸이 何等欣躍哉아마난 乃者 以我利益으로 讓許外人하고 今此開通之日에 請邀我人하야 絲管倡妓와 酒肴杯盤으로 酣歌逸蕩하니 外面觀光은 有若兩國之敦誼로 極意和悅이로딕 夷考其中이면 豈不赧顏而泚頼者乎아 鳴乎라 韓日兩國이 迨此梟熊跳踉之日하야 宜痛去障壁畦畛之設하고 互相一心戮力을 如彼鐵軌之貫通無碍하며 如彼滊車之勇往邁進이라야 庶幾 保有今日은 此內外國民之所知也라 今彼日人은 如彼其熱心苦力하야 期圖前進이어늘 我人은 如斯慢心怠力으로 各自等棄하야 絲毫無愛國之性하니 鳴乎라 自暴自■하며 自棄自身則 人雖欲併力이나 亦復奈何리오 異日에 獲免爲奴隸倖矣라 試觀伊日 梗槪컨딕 彼得其利者난 宜乎其快意歡樂矣어니와 我讓利之人은 當局慼之不暇어늘 有何勝事하야 酣嬉歡娛에 聲妓以爲樂也오 是人也ㅣ 果皆有戮力同心之想하야 敦睦而然歟아 抑有赧顏泚頼之態하야 黽勉而然歟아 未敢知人人之同情也로딕 記者난 聞其絲管之音에 有鳴鳴可哀之聲하고 觀其冶妓之容에 有楚楚可憐之態하니 請訂諸上天컨딕 北風雨雪이 慘憺栗烈하니 豈非警告我國民之深歟아 鳴乎人士여

▶**번역** 그저께 오전 9시 반쯤에 우리 조정의 각 대관과 철도원 총재 이하 각 관리와 신문 기자, 악공, 기생과 일본 공사 이하 여러 인원들과 경부 철도 회사 여러 직원들이 돈의문 밖 경인 철도 정거장에 모였는데, 붉은 비단으로 된 태양표를 하나씩 모든 사람에게 나누어주어 가슴 앞 옷고름 사이에 걸고 일제히 기차 위에 올라 타 영등포까지 나아가 잠시 멈췄다가 곧바로 수원부 남쪽 십여 리의 중산까지 나아가, 아직 교량이 완공되지 않았으므로 오산까지는 가지 못하고 곧바로 물러나 수원부 서쪽 정거장에 이르러 정차하니, 위로는 태극기와 일장기가 높이 걸리고, 술과 안주를 차린 상과 탁자는 맨 앞 두 량의 기차에 펼쳐졌으며 제1차에는 각 대관이 줄지어 앉고 제2차에는 일반 인원이 줄지어 앉아 술잔을 여러 번 돌린 뒤에 본국 악공은 악기를 연주하고 한일의 창기는 술잔을 돌리며 권하고, 가객은 또한 영산과 잡가를 불러 취기와 홍이

무르익어 환희가 드높았더니 자시에는 북풍이 성나 울부짖고 비와 눈이 몰려와 모래가 천막을 휘감아 한기가 몹시 사나웠으므로 이에 기차를 돌려 돌아오니 곧 6시이더라.

기자도 또한 당일 말석에 자리하여 그 광경을 대략 기록함이 아래와 같거니와, 조용히 감개하여 탄식하는 바가 없지 아니하여 이에 몇 마디 말을 덧붙이노니 대개 철도를 많이 부설하는 것이 곧 그 나라가 흥왕하고 발달해 가는 걸음과 흐름이니, 가히 기쁘다 할 수는 있으나 만족할 수는 없는 것이, 우리 한국은 경인, 경부 등의 철도가 모두 외국인에 속하게 하고 이른바 경의 철도도 비록 본국의 부설이라 칭하나 다만 허황한 말처럼 보일 뿐이니, 그런즉 철도가 조금씩 개통되는 것이 비록 말로는 또한 다행이라 하나 한편으로 생각해 보면 실로 개탄스럽고 마음이 서늘해지는 바이니, 우리 정부와 인민은 마땅히 속히 분발하고 정성을 모아 비록 짧은 거리라도 우리나라의 자력으로 실제로 부설하고 개통 운전하여, 그 시험 운행의 자리에 외국 귀빈을 초청하여 경축하고 연회를 벌인즉 우리 국민이 느낄 감격과 행복이 얼마나 기쁘고 즐겁겠는가마는, 지금은 우리 이익으로써 외국인에게 양허하고 지금 이 개통의 날에 우리 사람들을 초청하여 악기와 창기, 주안상과 술잔으로 흥겹게 노래하고 흥청거리니 겉으로 보기에는 양국의 돈독한 우의로서 뜻을 다해 화목한 듯하되 그 속을 찬찬히 들여다보면 어찌 얼굴 붉히고 이마에 땀 흘릴 일이 아니겠는가. 아아 슬프도다, 한일 양국이 이처럼 교활하고 사나운 자들이 날뛰는 시국에 이르러 마땅히 애통한 마음으로 장벽과 경계를 없애고 서로 한마음으로 힘을 합쳐, 저 철도 궤도처럼 막힘 없이 관통하고 저 기차처럼 용감히 나아가야 하니, 그래야만 오늘을 보존할 수 있음은 내외국민이 다 아는 바라. 이제 저 일본인은 저토록 열심히 노력하며 앞으로 나아가기를 도모하거늘 우리 사람은 이처럼 게으른 마음과 나태한 힘으로 저마다 스스로를 내던지고 털끝만큼도 애국하는 성정이 없으니, 아 슬프도다, 자포자■하며 자기 몸을 내던지는즉 다른 사람이 비록 힘을 합하고자 하더라도 또한 어찌하리오. 훗날 노예 됨을 면하게 된 것이 다행이라 하겠거니와, 저 일본인을 한번 보라, 요컨대 이익을 얻은 자가 기뻐하고 즐거워하는 것은 당연한 일이거니와, 이익을 내준 우리는 당장의 일로

다급하고 쫓기기에 겨를이 없거늘 무슨 경사스러운 일이 있어 흥청망청 즐기고 기생을 불러 기쁨으로 삼으리오. 이 사람들이 과연 모두 한마음으로 협력하려는 생각이 있어 서로 친목하며 그렇게 한 것인가, 아니면 부끄러움에 얼굴 붉히고 이마에 땀을 흘리며 마지못해 그렇게 한 것인가. 사람들 각자의 속마음을 감히 알지는 못하겠으나, 기자는 그 악기의 음조에서 우우 슬퍼 우는 듯한 애처로운 소리를 들었고, 그 기녀들의 얼굴에서 초췌하고 가련한 기색을 보았으니, 이 모든 상황을 하늘에 묻건대 북풍과 비와 눈이 매섭고 참담하게 몰아친 것이 어찌 우리 국민에게 보내는 깊은 경고가 아니겠는가. 아아 슬프도다, 인사들이여.

▸ **용어** 경부 철도 회사(=경부철도주식회사), 철도원

026. 「실소민호소(失巢民呼訴)」, 『황성신문』, 1904.4.13. 2면

▸ **원문** 再昨夜에 日本 京義 鉄道隊가 龍山 附近에 來到하야 民家 四十餘 戶를 占有혼 故로 村民 等이 當夜 出門에 奠接無處하야 該 事狀을 警務廳에(corr.) 呼訴하얏다더라

▸ **번역** 그저께 밤에 일본 경의 철도대가 용산 부근에 와서 민가 40여 호를 점유한 고로 마을 사람들이 그날 밤 집을 나섰는데 머무를 곳이 없어서 그 사정을 경무청에 호소하였다더라.

▸ **용어** 경무청

027. 「한판고시(漢判告示)」, 『황성신문』, 1904.7.28. 3면

▸ **원문** 漢城 判尹 金奎照 氏가 日 領事의 照會를 因하야 坊曲에 告示하기를 鉄道의 電信은 軍事上에 第一 緊要혼 關係가 有혼 바 挽近 浮浪 萍民이 此意를 不解하고 鉄道線 及 電線 材料를 種種 截斷하는 獘가 有하야 日本 領事의 交涉이 頻至하기로 現方 四面 譏詗하야 期圖 捉得이건과 現 又 日 本領事에 照會를 接准 內槪에 日本 軍用 電線 及 鉄道 保護에 關하야 我駐箚 軍司令官 軍令을

發布홈이 如左하니 一 軍用 電線 軍用 鐵道에 加害하난 者난 死刑에 處홈 二 知情 隱匿 者도 死刑에 處홈 三 加害者 捕拿者에게 二十元을 賞與홈 四 加害者를 密告拿捕케 하난 者난 十元을 賞與홈 五 村內에 架設한 軍用 電線 軍用 鐵道線의 保護난 其全 村民의 責任으로 하야 各 村에서 主張하야 委員을 設하야 若干名式 每日 軍用 電線 軍用 鐵道線의 保護에 任함이 可홈 六 村內에서 軍用 電線 軍用 鐵道線이 切斷이 되얏난딕 加害者를 拿捕하지 못하난 境遇에난 保護委員을 笞罰 或 拘留에 處홈 七 一村 內에서 二回 加害者가 有한 時에난 韓國 政府에 通報하야 嚴罰에 處홈 八 船舶의 操縱을 愆하거나 或 其他 過誤■雷線을 切斷한 者난 拘留 에 處하고 笞罰을 加附하며 且 其 情狀에 依하야 船舶을 沒收홈 又 地方 情況에 依하야셔ᄂ 韓國 官吏에게 要求하야 嚴罰에 處하ᄂ 事가 有하니 此 境遇에ᄂ 兵站 司令官이 此를 嚴히 監視홈 且 本令은 右外 軍用 營造物에 燒棄 破壞하거나 或 武噐 彈藥 軍需品에 窃取 毁損 等에도 適用함이라 하얏스니 太小 人民은 咸須知悉하야 母得犯科事라 하얏더라

▸**번역** 한성 판윤 김규조 씨가 일본 영사의 조회로 인하여 방곡에 고시하기를 철도의 전신은 군사상에서 제일 긴요한 관계가 있는 바, 근래에 부랑 유민들이 이 뜻을 이해하지 못해 철도선 및 전선 재료를 종종 절단하는 폐해가 있어 일본 영사의 교섭이 빈번히 이르기로 현재 사방을 탐문하여 잡아들이려 도모 하던 중, 지금 또 일본 영사에게서 조회를 접수하였는데 그 개요는 일본 군용 전선 및 철도 보호에 관하여 우리 주차군 사령관의 군령을 발표한 것이고 내용 은 아래와 같으니, 1. 군용 전선과 군용 철도에 가해를 한 자는 사형에 처함 2. 이를 알고도 숨긴 자도 사형에 처함 3. 가해자를 포박한 자에게 20원을 상여함 4. 가해자를 밀고하여 체포하게 한 자는 10원을 상여함 5. 마을 안에 설치된 군용 전선과 군용 철도선의 보호는 그 전 마을 주민의 책임으로 하여 각 마을에서 주장하여 위원을 설치하고 약간 명씩 군용 전선과 군용 철도선의 보호를 맡는 것이 바람직함 6. 마을 안에서 군용 전선이나 군용 철도선이 절단 되었는데 가해자를 잡지 못한 경우에는 보호위원을 태형 또는 구류에 처함 7. 하나의 마을에서 두 차례 가해자가 발생한 때에는 한국 정부에 통보하여 엄벌에 처함 8. 선박의 조종을 잘못하거나 또는 기타 과오로 전선을 절단한

자는 구류에 처하고 태형을 추가하며 또 그 정황에 따라 선박을 몰수함, 또한 지방 정황에 따라 한국 관리에게 요청하여 엄벌에 처하는 경우도 있으니 이 경우에는 병참 사령관이 이를 엄중히 감시함. 또한 본 명령은 위의 군용 건조물을 소각하여 파괴하거나 무기, 탄약, 군수품을 절취 및 훼손하는 등의 경우에도 적용함이라 하였으니 모든 인민은 반드시 이를 숙지하여 감히 범죄하는 일이 없도록 할지어다 하였더라.

▶ **용어** 주차군

028. 「서철합부(西鉄合附)」, 『황성신문』, 1904.8.11. 2면

▶ **원문** 京義 鉄道난 日人이 軍用 鉄道로 敷設함으로 西北 鉄道局은 無用 衙門이 된지라 日 公使가 廢止하라고 外部에 屢次 交涉하더니 昨日에 詔勅을 下하사 該 局을 鉄道院에 合附하얏더라

▶ **번역** 경의 철도는 일본인이 군용 철도로 부설하므로 서북 철도국은 쓸데없는 관청이 된 지라, 일본 공사가 이를 폐지하라고 외부와 여러 차례 교섭하더니 어제 조칙을 내려 해당 철도국을 철도원에 합부하였더라.

▶ **용어** 외부, 철도국, 철도원

029. 「포살한민」, 『대한매일신보』(국문), 1904.9.1. 6면

▶ **전사** 삼화 감리 고영철 씨가 외부에 보고하되 양주 사람 김백조를 일본 병참소에서 잡아다가 수죄하는 말이 군령을 멸시하여 철도를 방해하니 군사상 행동에 구애된다 하고 본월 22일 상오 10시에 항구 밖 지동에서 포살하였다 하였더라.

▶ **용어** 고영철, 외부

030. 「청물광점」, 『대한매일신보』(국문), 1904.9.2. 4면

‣ **전사** 외부에서 일본 공관에 조회하되 평양 관찰사의 보고를 거한즉 해[該] 부 외성 정거장 기지 외에 일본인이 지방관에게 교섭 아니하고 자의로 더 광점한 지단이 길이가 1,200보요, 광이 400보에, 인가 백여 호와 밭 수천 묘가 범입한즉 외성 전폭이 다 들어간지라. 이왕 정거장 기지에서 외성으로 이거시킨 백성을 또 지금 두 번 이거케 하면 그 정경이 참혹하다 하였으니 생각건대 이왕 정거장 기지 정할 시에 그 소용을 측량하였을(corr.) 터인데 이제 또 더 광점하는(corr.) 것이 심히 아혹한지라. 해[該] 철도대에 전칙하여 광점 지단 일사를 물시케 하라 하였더라.

‣ **용어** 외부

031. 「보청후고」, 『대한매일신보』(국문), 1904.9.5. 4면

‣ **전사** 신계 군수가 외부로 보고하되 평산 철도 역사[役事]에 본군에 배정한 역부 700명을 농민 중 모집하여 부역시켰더니 그 삯전이 당일 식비도 못 되는 고로 각 면, 각 리에서 생징[生徵]하여 배렴한 돈이 4, 5천 량이거늘 현금 감독부에서 700명을 청구한 고로 겨우 모집한 것이 500명인데 그 삯전이 매우 박한즉 역부의 당일 식비 부족한 것을 구처할 방략이 없으니 곧 일 공관에 이조하여 삯전을 후히 수게 하라 하였더라.

‣ **용어** 외부

032. 「국교무고」, 『대한매일신보』(국문), 1904.9.26. 4면

‣ **전사** 군용 철도에 소위 방해자 3명을 일전에 일[日] 군대가 공덕에서 포살한 사건으로 한성 소윤 박승조 씨가 일본 사령관을 찾아가 보고 담판하기를 설혹 그 사람들이 죄상이 있더래도 어찌하여 일차 교섭도 아니 하고 즉시 포살하였으니 이것이 무슨 국교이냐 하고 대단 힐책하였다더라.

033. 「일군령공포(日軍令公佈)」, 『황성신문』, 1905.3.15. 2면

▶**원문** 日 公使가 外部에 照會ᄒ되 京釜 鉄道 全通 以來로 同 鉄道 及 京仁 鉄道 該 兩道 沿架 電線은 軍事 通信과 輸送上 使用 程度가 一層 頻繁한ᄃᆡ 挽近 同 鉄道 及 電線한 多加妨害이기 我 軍司令官의 軍令을 別紙 送交ᄒ니 沿道 官民에게 一切 知悉케 ᄒ기 爲ᄒ야 斯速 發訓ᄒ라 하얏ᄂᆞᄃᆡ 一 軍用 電線 敷設 鉄道에 加害하ᄂᆞᆫ 者ᄂᆞᆫ 死刑에 處ᄒᆯ 事오 二 知情 隱匿하ᄂᆞᆫ 者ᄂᆞᆫ 死刑에 處ᄒᆫ 事오 三 加害者를 拿捕하ᄂᆞᆫ 者ᄂᆞᆫ 金 二十 元을 賞與ᄒᆯ 事오 四 加害者를 密告하야 捕拿케 ᄒᆫ 者ᄂᆞᆫ 金十元을 賞與ᄒᆯ 事오 五 村內에 架設ᄒᆫ 軍用 電線 及 鉄道線의 保護ᄂᆞᆫ 其全 村民의 責任이니 各 村에서 村長을 二十一 坐로 定ᄒ고 委員을 實ᄒ야 若干名式 每日 交代ᄒ야 保護▣ 任할 事오 六 村內에서 軍用鐵道 及 電線▣ 被斷ᄒ고 加害者를 拿捕치 못함 境遇에ᄂᆞᆫ 當日의 保護委員을 笞罰 或 拘留에 處할 事오 七 村內에서 二回 加害者가 有할 時난 韓國 政府에 通報하야 嚴罰을 付課할 事오 八 船舶에 操縱을 致慾하거나 其他 過失之電線을 切斷ᄒᆫ 者ᄂᆞᆫ 拘留에 處ᄒ고 笞罰을 附加ᄒ며 又 情狀에 依ᄒ야 船舶을 沒收ᄒ고 或 地方 情況에 依ᄒ야ᄂᆞᆫ 韓國 官吏에게 要求ᄒ야 嚴罰을 課케 ᄒᆷ이 有하되 此境에ᄂᆞᆫ 兵站 司令官이 嚴이 監視ᄒᆯ 事오 拘留 間 寢具 及 食物은 本人이 自辦ᄒᆯ 事라 하얏더라

▶**번역** 일본 공사가 외부에 조회하되 경부 철도가 전부 개통된 이래로 동 철도 및 경인 철도, 이 두 철도를 따라 설치된 전선은 군사 통신과 수송상 사용 정도가 더욱 빈번한데 근래에 해당 철도 및 전선에 다수의 방해를 가하기에 우리 군사령관의 군령을 별지로 송부하니 철도 연선 지역의 관민에게 모든 내용을 빠짐없이 알리기 위하여 즉시 훈령을 내리라 하였는데, 1. 군용 전선 및 부설된 철도에 해를 가한 자는 사형에 처할 것이요, 2. 사정을 알고 은닉하는 자는 사형에 처할 것이요, 3. 가해자를 잡는 자에게는 금 20원을 상여할 것이요, 4. 가해자를 밀고하여 체포하게 한 자에게는 금 10원을 상여할 것이요, 5. 마을 안에 가설한 군용 전선 및 철도선의 보호는 해당 마을 전체 주민의 책임이니 각 마을에서 촌장을 21명으로 정하고 위원을 두어 일정 인원씩 매일 교대하여 보호 임무를 맡게 할 것이요, 6. 마을 안에서 군용 철도 및 전선이

절단되었으나 가해자를 체포하지 못한 경우에는 당일의 보호위원을 태형 또는 구류에 처할 것이요, 7. 한 마을 안에서 가해자가 두 차례 발생하였을 때에는 한국 정부에 통보하여 엄벌을 부과할 것이요, 8. 선박의 조종에 과실을 범하거나 그 밖의 실수로 전선을 절단한 자는 구류에 처하고 태형을 부가하며 또 정황에 따라 선박을 몰수하고 혹은 지방 정황에 따라 한국 관리에게 요구하여 엄벌을 부과하는 일이 있되 이러한 경우에는 병참 사령관이 엄하게 감시할 것이요 구류 기간 중 침구 및 음식물은 본인이 자비로 마련할 것이라 하였더라.

▶ **용어**　외부

034. 「유난인증(有難印証)」, 『황성신문』, 1905.7.4. 2면

▶ **원문**　長湍 郡守가 又報ᄒ되 本郡 中面 細石里 鉄道 停車場 犯入 田畓與結數를 已有所報告이온 바 該犯田畓이 爲五萬七千二百四十二坪이고 山林이 爲一萬五千八百三十三坪인딕 自龍山鉄道監部로 圖形以來ᄒ야 該紙本에 捺印保証之意로 今爲來督이 非止一再이온 바 此是上關國計ᄒ고 下係民隱이온則 該 圖本에 捺章이 果難擅便이옵기 擧實報告라 ᄒ얏더라

▶ **번역**　장단 군수가 다시 보고하되 본군 중면 세석리의 철도 정거장에 범입한 전답과 결수를 이미 보고드린 바, 그 범입한 전답은 57,242평이고 산림이 15,833평인데, 용산 철도 감독부에서 도면을 들고 온 이래로 해당 문서에 날인하여 보증해 달라는 뜻으로 찾아 온 것이 한두 번이 아닌 바, 이는 위로는 국정에 관련되고 아래로는 백성의 고충에 관련된 일인즉 해당 도본에 날인하는 것이 임의로 결정하기 어렵기에 사실 그대로 보고한다 하였더라.

035. 「역부계약(役夫契約)」, 『황성신문』, 1905.8.10. 2면

▶ **원문**　開城府 駐箚 日本 軍司令部에셔 府尹과 各 郡守 間에 鉄道 工事 應役 人夫에 關ᄒ 契約을 成立흠이 如左하니
一 府尹 或 郡守ᄂ 其 管內 各坊 各 部落에 鄕長 尊位 等으로 軍用 鉄道 修理

及 工事에 必要ᄒ 人夫 供給에 勗ᄒᆷ이 可ᄒᆯ 事

二 府尹 郡守ᄂ 其 管人夫를 必要ᄒᆷ으로 供給ᄒ되 但 各 部落 村名 村長 執網 頭民의 姓名과 各村 戶數 及 勞動ᄒᄂ 人民의 姓名簿를 作하야 監部 及 司令部로 送ᄒᆷ이 可ᄒᆷ

三 名簿ᄂ 日傭 使役 等으로 하야곰 糊口居生ᄒᄂ 者를 先用하고 餘ᄂ 順次로 應役ᄒᆯ 事

四 雇傭을 職業으로 삼ᄂ 者로 一團을 作하야 此를 第一班이라 ᄒ고 但 金銀이 有야하도 人夫 應役을 免치 못ᄒᆯ 事

五 人夫의 必要ᄒ 거슨 雨天 其他 事故가 有ᄒ 時라도 出役ᄒᆷ이 可ᄒᆫ데 萬若 出役을 怠히 ᄒ면 府尹 及 郡守ᄂ 此를 處罰ᄒᆯ 事

六 人夫의 出役하고 否ᄒᄂ 것을 當該 村落 執綱 班首 及 頭民이 其責任될 事

七 事變之際에 第一班 人夫ᄲᆫ 아니라 第二班 人夫도 悉皆出役하ᄂ 義務가 有ᄒᆫ데 農事가 多하다고 口實하여도 出役을 免치 못ᄒᆯ 事

八 通常 人夫ᄂ 第一班으로 出役ᄒᆷ이 可하나 然이나 必用上 第二班으로 出役ᄒᆯ 時에ᄂ 監部에셔 郡守에게로 通報ᄒᆯ 事

九 監部ᄂ 兵站 司令部 及 支部에 申告ᄒ야 其 証明이 有ᄒᆫ 者로 請負人 通譯 等이 直接 人夫를 要求ᄒᆯ 事

十 事變之際에 第二班 人夫ᄭ지 出役 要求ᄒᆯ 時에ᄂ 司令部에셔 命令ᄒᆷ

十一 人夫 勞動 時間은 一日 十二 時間으로 定ᄒ고 一人 作業力에 一日 賃金은 日貨 三十 錢으로 乃至 四十 錢ᄒᆯ 事

十二 人夫 三十五 人에 一名은 小頭로 置ᄒ고 小頭ᄂ 日貨 四十 錢 乃至 五十 錢을 給ᄒᆯ 事

十三 第十一條에 示ᄒ 作業力에 充치 못ᄒᆯ 者에ᄂ 相當ᄒ 賃銀을 減額ᄒᆯ 事가 有ᄒᆷ

十四 勞動 時間 作業 分量에 應ᄒ야 賃金 支撥을 受치 못ᄒᆯ 時ᄂ 其旨를 監部 及 司令部에 請願ᄒᆷ이 可ᄒᆯ 事

十五 鉄道 沿道에 有ᄒ 鉄道 人夫로 出役치 아니ᄒ 者ᄂ 普通 道路 修理를 行ᄒ되 人民에게 不平케 ᄒ야 呈訴치 아니케 ᄒᆷ이 可ᄒᆷ 以上 事ᄂ 府尹 各 郡守 鉄道

監部 建築 班長 兵站 司令官이 立會흔 後에 協定흠이라 此를 依하야 必要흔 部落에는 此를 揭示하야 人民에게 詳知케 흠이 可홈

▸**번역** 개성부 주차 일본 군사령부에서 부윤 및 각 군수와 철도 공사에 필요한 인부에 관한 계약을 성립함이 아래와 같으니,

1. 부윤 또는 군수는 그 관내 각 방 및 각 부락에서 향장과 존위 등을 통해 군용 철도 수리 및 공사에 필요한 인부 공급에 노력해야 함.

2. 부윤 및 군수는 관내 인부를 필요에 따라 공급하되, 다만 각 부락의 촌명, 촌장, 집강, 두민의 성명과 각 촌의 호수 및 노동할 인민의 성명부를 작성하여 감부 및 사령부로 송부해야 함.

3. 명부는 일용직 사역 등으로 생계를 유지하는 자를 우선적으로 사용하고, 나머지는 차례에 따라 인부로 동원할 것.

4. 고용을 직업으로 삼는 자들로 한 단체를 조직하여 이를 제1반이라 하고 설령 금전이 있더라도 인부로 동원되는 것을 면치 못함.

5. 인부가 필요한 경우에는 비가 오거나 기타 사고가 있을 때라도 출역할 수 있는데, 만약 출역을 태만하게 할 경우 부윤 및 군수는 이를 처벌할 것.

6. 인부가 출역하고 안 하는지에 대한 책임은 해당 촌락의 집강, 반수 및 두민이 질 것.

7. 유사시에는 제1반 인부뿐 아니라 제2반 인부도 모두 출역할 의무가 있는데 농사가 많다는 구실이 있어도 출역을 면하시 못함.

8. 통상 인부는 제1반을 출역시키는 것으로 충분하나 필요한 경우 제2반을 출역시키고자 할 때에는 감부에서 군수에게 통보할 것.

9. 감부는 병참 사령부 및 지부에 신고하여 그 증명이 있는 자에 한하여 청부업자나 통역 등이 직접 인부를 요구할 것.

10. 유사시 제2반 인부까지 출역을 요구할 때에는 사령부에서 명령함.

11. 인부의 노동 시간은 하루 12시간으로 정하고 1인 작업량에 따른 하루 임금은 일본 화폐로 30전 내지 40전으로 할 것.

12. 인부 35명당 1명을 소두로 두고 소두에게는 일본 화폐로 40전 내지 50전을 지급할 것.

13. 제11조에 제시한 작업량에 미치지 못한 자에게는 그에 상응하는 임금을 감액할 수 있음.

14. 노동 시간과 작업 분량에 따라 임금을 지급받지 못할 때에는 그 취지를 감부 및 사령부에 청원할 수 있음.

15. 철도 연선에 있는 철도 인부 중 출역하지 아니한 자는 일반 도로 수리를 행하되 인민에게 불만을 초래하여 진정하게 해서는 안 됨.

이상의 사항은 부윤, 각 군수, 철도 감독부, 건축 반장, 병참 사령관이 입회한 후에 협정함이라. 이를 근거로 하여, 필요한 부락에는 이를 게시하여 인민이 자세히 알 수 있도록 해야 함.

▸ **용어** 집강

036. 「해찰보고(海察報告)」, 『대한매일신보』(국한문), 1905.8.25. 2면

▸ **원문** 海州 觀察 具永祖 氏가 內部에 報告ᄒᆞ얏시되 現接 新溪 郡守 報告 內開에 昨年 以來로 本郡役夫之趨赴於銕道者ㅣ 爲十萬名이요 役費之民間斂徵이 爲四十萬兩인 바 現接 叢水站 阿川組의 通牒 內開에 役夫一百七十名式限一箇月 請求인즉 當此秋成에 民不息肩타가 値此募役ᄒᆞ야 衆情이 沸騰ᄒᆞ니 役夫之偏募偏害가 何獨甚於本郡乎아 特爲轉報京部ᄒᆞ야 交涉日公舘ᄒᆞ야 限秋成停募等因이기 玆據實報告라 ᄒᆞ얏더라

▸ **번역** 해주 관찰사 구영조 씨가 내부에 보고하였으되, 현재 신계 군수의 보고를 접하였는데 그 내용에 따르면 작년 이래로 본군에서 철도로 보낸 역부가 10만 명이요 역비를 민간에서 징수한 것이 40만 냥에 달하는 바, 지금 총수참 아천조가 보낸 통첩 내에 역부 170명을 한 달 기한으로 청구하는즉 마침 추수철이라 백성들이 어깨를 쉴 수 없던 차에 이처럼 인부를 다시 징발하여 민심이 들끓고 있으니, 역부 모집의 편중과 그 폐해가 어찌하여 유독 본군에서 이다지도 심한 것입니까. 특별히 경부에 전보하여 일본 공관과 교섭하시어 추수철만이라도 징발을 중지하게 해주시기를 바라옵기에 사실에 근거하여 보고드린다 하였더라.

▸ **용어** 내부, 총수참 아천조

037. 「투석자처형(投石者處刑)」, 『제국신문』, 1905.11.27. 1면

▸ **전사** 안양 정거장에서 이등 대사 탄 수레에 돌 던진 김태근은 군사령부에서 태 1백, 2개월 감금에 처하기로 한다더라.

038. 「서민호원(西民呼寃)」, 『대한매일신보』(국한문), 1906.3.7. 3면

▸ **원문** 平安北道 人民 等이 軍用 銕道의 役夫 勒募之弊害를 擧ᄒ야 統監府에 呼訴ᄒ얏다ᄂᆞᆫ딕 其 事實은 日人이 酷使人夫ᄒ야 不得一時暫休케 ᄒ고 一日之役에 半日雇價를 不給ᄒ니 民不應募라 於是日人이 排定各郡ᄒ야 責出役夫ᄒ니 勢無奈何ᄒ야 自各面里로 家收戶斂ᄒ야 雇得人夫ᄒ야 使之應役케 ᄒ니 由是로 閭里蕭條에 莫可支保이고 且 日人이 散在沿江各處ᄒ야 勒買松山而不約時價十分之一ᄒ고 勒使戶出人夫ᄒ야 斫伐移運ᄒ야 轉賣於鍊甓場ᄒ니 此皆日人之勒取其材ᄒ고 勒使其人ᄒ야 私相牟利者也오 千里銕道의 所犯田畓을 全不給價ᄒ고 又日人所住處則抑奪鷄群與菜蔬故로 從而素價則反爲歐打ᄒᆞᆫ 諸般虐待之事라더라

▸ **번역** 평안북도 인민들이 군용 철노의 역부를 강제로 모집하는 폐해를 들어 통감부에 호소하였다는데, 그 실제 사정은 일본인이 인부를 혹사하여 잠시도 쉬지 못하게 하고 하루치 일에 대해 한나절 품삯조차 제대로 주지 않으니 백성이 모집에 응하지 않는 것이라. 이에 일본인이 각 군에 역부 수를 배정하여 책임지고 내게 하니 그 기세에 어찌할 수 없어 각 면과 리에서 집집마다 거두어 인부를 고용한 뒤 그들을 부역에 응하게 하니, 이로 인해 마을은 황폐해져 지탱할 수 없게 되었고 또한 일본인이 강가 곳곳에 흩어져 살며 시세의 10분의 1도 안 되는 값으로 송산을 강제 매입하고, 각 집마다 인부를 내도록 강요하여 나무를 베고 옮기게 한 뒤 이를 벽돌 제조장에 되팔고 있으니, 이는 모두 일본인이 그 자재를 강제로 빼앗고 그 사람들에게 억지로 일을 시켜 사적으로 이익을

챙기는 것이라. 천리에 이르는 철도 공사 중에 침범한 논밭에 대해서는 전혀 값을 주지 않고, 또 일본인이 거주하는 곳에서는 닭이나 채소를 강제로 **빼앗아**서 그 값을 요구하면 도리어 구타를 당하는 등 온갖 학대가 자행된다더라.

▸ **용어**　통감부

039. 「호소무처(呼訴無處)」, 『대한매일신보』(국한문), 1907.6.26. 2면

▸ **원문**　龍山 新倉里 兩處에 京義 鐵道에 犯入ᄒᆫ 民有地 々段價ᄂᆫ 鐵道 敷設ᄒᆫ 지가 已過四載에 尙不支撥ᄒᆞ니 兩동 人民이 呼訴于鐵道監部ᄒᆞ야도 支給지 아니ᄒᆞ고 漢城府에 呈訴ᄒᆫ즉 往呈于內部ᄒᆞ라 ᄒᆞ고 呈于內部ᄒᆞ면 呈于農商工部ᄒᆞ라 ᄒᆞ고 該地를 耕起ᄒᆞ면 日人이 禁之逐之ᄒᆞᄂᆫ 故로 兩동 人民 累十名이 呈訴 次로 昨日 農部 門前에 來到ᄒᆫ즉 內部로 往呈ᄒᆞ라 ᄒᆞᄂᆫ 故로 該 人民 等이 莫知所向ᄒᆞ야 呼冤이 載路ᄒᆞ더라

▸ **번역**　용산과 신창리 두 곳에 경의 철도가 침범한 민유지의 지단 값은 철도를 부설한 지 이미 4년이 지나도록 아직도 지급되지 않고 있으니, 두 마을 인민들이 철도 감부에 호소하여도 지급하지 아니하고, 한성부에 정소하니 내부에 가서 하라 하고 내부에 정소하면 농상공부에 정소하라 하며, 해당 토지를 경작하려 하면 일본인이 이를 금하고 쫓아내는 고로 두 마을 인민 수십 명이 정소할 차로 어제 농상공부 문 앞까지 찾아간즉 내부로 가서 정소하라 하는 고로 그 인민들이 어디로 가야 할지 몰라 원통함을 외치는 소리가 거리마다 가득하더라.

▸ **용어**　내부, 농상공부

040. 「투석피착(投石被捉)」, 『제국신문』, 1906.6.27. 2면

▸ **전사**　일전 이등 통감이 경부 철도로 올라오는데 안양역 근처에서 농부 이만여가 기차에 돌을 던져 이등 씨를 치려 하다가 일본 헌병에게 피착이 되었는데 유리창만 상하고 사람은 상하지 아니하였다더라.

041. (전국보)「정거장에 붙인 방」,『경향신문』, 1907.9.20. 3~4면

▸**전사** 철도 탈 사람 외에 정거장 울타리 안에 수상한 한국인은 당장에 살펴 물을 것도 없이 포살하라 하였더라.

명치 40년[1907년] 8월 일국지 대장

042.「잠성탈선(岑城脫線)」,『황성신문』, 1910.3.5. 3면

▸**원문** 再昨日 十二時 五分 南大門發 平壤行 列車ᄂᆞᆫ 四時 三十八分에 黃海道 新溪郡 岑城驛을 通過ᄒᆞ야 鷄井으로 向ᄒᆞ야 約 十分間 進行ᄒᆞ다가 列車가 轟然히 大音을 發ᄒᆞ면서 同時에 脫線된지라 乘組員 等이 急히 下車ᄒᆞ야 檢視ᄒᆞᆫ즉 線路에 多大ᄒᆞᆫ 障碍物이 積堆ᄒᆞ얏고 西方에ᄂᆞᆫ 多數ᄒᆞᆫ 暴徒가 來襲ᄒᆞ랴 ᄒᆞᄂᆞᆫ 듯홈으로 急히 遮障物을 排除ᄒᆞ고 約 四時 後에 發車ᄒᆞ얏ᄂᆞᆫᄃᆡ 乘客 及 車體에ᄂᆞᆫ 何等 損傷이 無ᄒᆞ나 此ᄂᆞᆫ 暴徒의 所爲라 ᄒᆞ야 平山、開城 兩 憲兵 分遣隊에서 各 其 憲兵 及 補助員을 多數 急 沠ᄒᆞᆫ 바 岑城 西方 約 十里 地에서 李鎭龍의 部下 八十餘 名을 逢ᄒᆞ야 兩次 衝突ᄒᆞ얏ᄂᆞᆫᄃᆡ 初次에ᄂᆞᆫ 互相間 死傷이 無ᄒᆞ얏고 再次에ᄂᆞᆫ 暴兎 中 拾名이 死ᄒᆞ얏다고 公報가 到着ᄒᆞ얏다더라

▸**번역** 그저께 12시 5분 남대문에서 출발한 평양행 열차는 4시 38분에 황해도 신계군 잠성역을 통과하여 계정 방면으로 약 10분간 진행하다가 열차가 굉연히 큰소리를 내며 동시에 탈선된지라. 승무원들이 급히 하차하여 점검한즉 선로에 매우 큰 장애물이 쌓여 있었고 서쪽에서는 다수의 폭도가 습격해 오는 듯하여 급히 장애물을 제거하고 약 4시간 후에 발차하였는데, 승객 및 차체에 는 아무런 손상이 없었으나 이는 폭도의 소위라 하여 평산, 개성 양 헌병 분견 대에서 각기 헌병 및 보조원을 다수 급파한 바, 잠성 서쪽 약 10리 지점에서 이진룡의 부하 80여 명과 마주쳐 두 차례 충돌하였는데 첫 번째 충돌에서는 서로 사상이 없었고 두 번째 충돌에서는 폭도 중 10명이 사망하였다고 공보가 도착하였다더라.

▸**용어** 분견대, 이진룡

2부

유동하는 경계와 흩어지는 표상

일본은 우리의 '외국'이라

─아국(我國)과 외국들, 그리고 일본─

신민영

해제

　개화기 신문에서 '외국'이라는 단어는, '서양'과 함께, '우리'의 바깥을 상정하며 대한제국과의 차이를 환기하는 맥락에서 단골로 등장한다. 신문은 일본 병대의 깃발 수여식에 대해 "외국서는 새로 육군의 연대가 생기게 되면 그 나라 임금이 친히 그 연대에 연대기를 주고 연설을" 하는 예식이 있다고 설명하는가 하면(『독립신문』, 1896.12.22.), 일본 공장(工匠)이 와서 고등재판소를 외국 재판소 모양처럼 고친다는 소식을 전하기도 한다(『매일신문』, 1899.1.13.). 그런데 여기에서의 '외국'을 비단 일본의 대유적 지칭으로 단정하기는 곤란해 보인다. 기사가 묘사하는 외국 재판소의 모습은 우리에게도 이미 익숙한 서구식 재판정의 모습이다.

　"청국 상해에 있는 어느 외국 사람"(『제국신문』, 1900.2.20.)이나 "우물을 외국 우물 모양으로 수리하기로 하는데"(『대한매일신보』, 1905.1.27.)처럼 '외국'이 마치 구체적인 내용을 확보하고 있는 것처럼 사용된 사례를 어렵지 않게 찾을 수 있다. 하지만 '외국'은 아국(我國)을 제외한 여집합의 개념으로 그 외연이 불분명할뿐더러, 외국'들' 사이의 균질성이나 동질성을 논하는 것도 애초 무용하다. 그럼에도 이 시기 '외국'은 인종적·문화적 친연성이 희소한 나라 일반을 단수화한 일반 명사로서, 마치 구체적인 지칭 대상을 가진 단어처럼 통용되었다. 이때의 '외국'은 이질적이고 낯섦의 총체로서 당시 빈번하게 호명되었던 '서양'과도 상당 부분 겹쳤다.

1907년 8월 3일자 『황성신문』은 군대의 강제 해산에 강력하게 저항하는 대한제국 시위대(侍衛隊)와 일본군 사이의 교전을 전하며, 외국인의 선행을 상찬하는 기사를 싣고 있는데 꽤나 흥미롭다. 남대문 전투 중에 미국인 조원시(趙元時, Georhe H. Jonses) 씨와 어비신(魚丕信, Oliver R. Avison) 씨 등이 "포환을 꺼리지 않고 동서분주하여 인력거를 전세한 후에 남은 자들을 모두 태워서 제중원으로 치료차 이송"했다고 하고 "외국인임에도 위험을 불고하고 이같이 구호함은 듣는 자 감격해 마지 않더라"라고 묘사한다. 여기에는 일본과 '외국'의 경계가 어수선하다. 남대문 전투는 통감부가 대한제국의 군대를 강제로 해산시키려 했기 때문에 아국 군대와 일본 군대가 무력으로 정면충돌한 사건이다. 일본은 분명 외국들 가운데 하나지만 기자에게 일본은 그저 단순한 외국이기에 앞서, 아국의 적(敵)이라는 분명한 실체로서 특수하게 인식되었던 것으로 보인다. 이에 반해 조원시 씨와 어비신 씨는 위험을 무릅쓰고 '우리(吾輩)' 일에 끼어든 고마운 '외국인'이었다.

그런데 '외국'은 이렇듯 생경함의 대명사격으로 통용된 동시에, 여러 나라들과 직접적으로 조우하는 경험이 축적되면서 일본·덕국·법국·아라사·미국 등으로 구체화되고 개별화되었다. "아라사국 사람이 대한 바다에서 고래 잡겠다고 땅을 빌리려"(『매일신문』, 1899.3.16.) 한다든가, "우리 한국에 철도, 포경, 광산, 삼림 네 가지 사업 권리 차지한 세력을 조사하건데, 일인은 경인철도와 경부철도와 (…) 각 도에 고기와 고래 잡는 권과 또 덕원 일읍 삼림과 임진강변 삼림이며 또 직산금광, 철원철광 (…) 은률철광, 연천금광은 다 일인 소관이오."라고 밝힌다. 이에 그치지 않고 해당 기사는 덕인, 아인(俄人), 영인, 미국인, 법인의 소관을 일일이 모두 나열한다(『제국신문』, 1901.5.28.). 당시 신문들은 대한제국에서의 금광 개발, 철도 건설, 고래잡이, 전신국 설치 등을 둘러싸고 외국 각국들과 대한제국의 이익이 상충하는 상황을 놓치지 않고 기록했다. 또 각각의 구체적인 개별 사안을 다루며 "일본인에게 준 것을 대한 인민이 다 분히 여기는데"(『제국신문』, 1903.2.26.), 평안도와 함경도의 광산에 "근래 외국인들이 침을 흘리고 종종 수단을 부려 한국 정부에 향하여 특허하기를 원하는 자 많은데"(『제국신문』, 1906.4.14.) 등 그 행태에 대해 비판적인 입장을 숨김없이 드러내기도 했다.

한편 이 시기 일본 정부가 '외국'의 화용(話用)에서 대한제국과 상당한 낙차를 가졌다는 점 또한 특별한 주목을 요한다. 일본은 '외국'을 규정하며 대한제국과 청국을 별도로 범주화하고자 했다. 특히 이는 일본 정부가 하의원에 제출한 이민보호법 제1조의 개정 법률안에서 더욱 노골화되었다(『황성신문』, 1901.12.20.). 개정안은 '외국'이란 자구의 적용과 관련된 건으로, 대한과 청국·일본 사이에 경험적으로 축적된 유사성과 친밀성을 들어 이들 나라를 '외국'이란 범주에서 배제한다는 내용을 담고 있다. 일본이 대한제국과 청국을 예외로 취급하려는 이러한 시도는 대한제국에 대한 내정 간섭 행위를 호의로 포장하는 데도 유효한 초석이 되었다. 하야시 곤스케(林權助)는 대한제국 조정에 외국인과 경솔하게 계약을 맺으면 국가의 권리가 침해받을 수 있다면서 "매번 [외국(인)과] 체약하기 전에 본 공사의 충고를 받을 수 있게 미리 통지"(『황성신문』, 1904.4.4.)하라든지, 혹은 "향일에 (…) 대한정부는 다른 외국으로 더불어 계약하며 혹 고빙할 경우에는 일본 정부와 미리 상의"(『대한매일신보(국문)』, 1904.8.25.)하라고 요구했다. 여기에서 일본은 대한제국과 여러 외국들 사이에 끼어들어 경계를 임의로 여닫으며 자신을 대한제국의 '외국'이 아닌 어딘가에 자리매김하려 들었다.

일본의 이러한 견강부회한 논리는 농광회사(農鑛會社)의 설립을 둘러싸고 다시 한번 단적으로 드러난다. 농광회사는 1904년 이도재(李道宰, 1848~1909)가 내장원의 인허를 얻어 설립한 회사로, 일본인들의 황무지 개간권 요구에 대응하여 구상되었다. 대한제국은 외국 자본 수용과 농광회사 설립을 통해 국유황무지를 개간할 계획을 세우고 있었다. 이에 대해 일본은 매우 예민하게 반응했다. 하야시 공사는 농광회사의 특권을 즉시 환수하라고 요구하면서 자본 마련을 위한 차관 도입을 두고 "그러하면 좋지 아닌 지경에 이를까 하노라"(『대한매일신보(국문)』, 1904.8.9.), "자본이 없어 외국 차관을 차입한다 하니 괜한 무익일 뿐 아니라 반드시 손해가 있으리니"(『황성신문』, 1904.8.9.), "외국으로서 차관한다 하니, 만일 그러하면 귀 정부가 장래 위험할 경우를 면치 못할 것"(『대한매일신보(국문)』, 1904.8.11.)이라며 극구 만류하고 나섰다. 그런데 화폐개혁, 군비강화, 철도 부설 등 각종 개혁사업에 필요한 자금을 확보하기 위해 해외 차관에 적극적이었던 대한제국을 상대로 일본의 경의철도 부설권을 조건으로 내걸고 차관 교섭을 추진했던 인물이 바로 하야시 곤스케였다. 심지어 그는 일본 정부에 '향후 한국에서 가장 강력한 발언권을 얻기 위해서는 차관의 형태로 가장 많은 자본을 투입하는 것이 필요하며 이를 위해서라면 다소 저리(低利)의 이자라도 개의치 말아야 한다'고 주장했다고 알려져 있다.

그런데 이처럼 대한제국의 외국들에서 은근슬쩍 자신을 희미하게 지우려 하는 가운데서도, 일본(인)이 스스로 대한제국에서의 자신을 '외국(인)'으로 구분하며 나선 때가 있었다. 1899년 11월 21일자 『황성신문』은 외부(外部)가 일본 공관에 여러 차례 울릉도에 있는 일본인을 철수시키라고 요구했던 사정을 전하는데, 이를 거부하며 내세운 하야시 공사의 논리는 일본을 여느 외국들 가운데 하나로 재위치시키며 생산된다. 그는 한일조약뿐만 아니라 대한제국과 각국이 정한 조약에서도 외국인의 거주를 불허하고 있음을 강조하며, "유독 일인만 물러가라 하는 것이 심히 아혹[訝惑]한지라. 조계 외에 거류한 외국인이 다 물러가면 울릉도에 있는 일인도 다 거둬가겠노라"라고 응대했다. 그러니까 그는 대한제국이 기타 외국들과 일본을 다르게 대우한다고 지적하며 일본 역시 여러 외국들과 동등하게 대해야 한다고 반박하고 있는 것이다. 하야시 곤스케는 1899년 주한 일본 공사로 부임한 후, 일본 정부를 대표하여 대한제국 정부로부터 1904년 외국인 고문 용빙에 관한 협정서(〈제1차 한일협약〉), 1905년 을사늑약(〈제2차 한일협약〉)을 강제해낸 인물이다. 그러므로 대한제국에서 일본의 위치를 수시로 재조정하는 그의 이중적이고 자의적인 화법은 비단 개인의 특이점이 아니라 일본 정부의 입장과 상당히 동기화되어 있었다고 봐야 한다.

이와 더불어, 일본(인)은 군법 및 군령, 치외법권을 내세우며 자신을 한반도에서의 '외국(인)'으로 인정했다. 1907년 『대한매일신보』는 "서녘에서 온 확실한 통신"을 옮긴다면서 한국과 청국 경계의 상업지구에서 일어난 일병의 무력 갈취 사건을 보도했다. 일본 병사 세 명이 60전 가치의 물건을 10전만 내고 가져가려 하면서 한인 상인과 충돌이 벌어졌는데, 이때 일본 병사들이 칼을 뽑아 들고 상점 주인을 위협하자 주변의 한인들이 칼을 뺏고 이들을 나무에 포박해두었다는 내용이다. 결국 이들의 신병은 일 헌병이 와서 인도해 갔는데, 그 과정에서 두 개의 입장이 맞섰다. 한인들은 이 사건을 "양국 간에 크게 판결할" 사안이라 주장하며 대한제국의 사법체계 안에서 처리하고자 했다. 이에 반해 일 헌병 측은 "우리나라 군율로" 징치(懲治)하겠다며 간곡히 사정했다는 전언이다(1907.5.7.).

이런 방식으로 일본은 한반도에서 자신의 위치를 가변(可變)과 선택의 영역으로 옮겨 놓고 있었다. 일본(인)은 대한제국 내에서 자신을 예외적인 지위로 상정하고, 대한제국과 일본, 대한제국과 '외국', 일본과 '외국'의 관계를 자의적으로 재조정하면서 '우리' 혹은 안팎의 경계를 수시로 다시 긋고자 했다. 그리고 이는 1910년 강제병합 이후 한반도를 식민지, 외지(外地)로서 호명하는 데에도 효과적으로 작동했다.

반면 한인들의 언술에서 일본은 결코 '외국'을 벗어나지 않았다. 대한제국기 신문매체의 수많은 기사들에서 한인들의 언술은 일본(인)을 '외국(인)', '외지(인)' 혹은 '외방(인)'으로 간단없이 구분하며 '우리'의 바깥으로 밀어냈다. 한반도에서 러일전쟁의 전운이 감지되며 더욱 본격화되긴 했지만, 그 이전부터 일본은 이미 '우리'를 위협하는 나라로 지목되어 경계의 대상이었다. 그렇기 때문에 "경부철도 사채 4백만 원을 일본 내지에서 모집하는 일에 반대가 있어, 정부와 교섭한 결과로 내지에서 모집하기를 정지하고 외국에서 모집하기로 의정"하였다는 1903년 8월 18일자 『황성신문』의 해당 기사는 매우 의미심장하다. 경부철도 건설에 필요한 외국 차관 유치 문제를 전하면서 기사는 일본과 '외국'을 양자로 구별하여 적시한다. 이는 마치 여러 외국들 사이에서 일본을 따로 떼어내어 '특별히' 더 멀리 두려는 의도로서 읽힌다. 그러니까 대한제국 시기 한인들은 '우리'의 경계를 두고 일본(인)과 치열한 신경전을 벌이고 있었던 것이다. 일본은 엄연한 '외국이다'라는 확인은 당시 '우리' 공동체의 존망과 직결되는 문제였다.

참고문헌

이영학, 『일제의 농업생산정책』, 동북아시아재단, 2022.
이지영, 「개화기의 외국 지명 수용 과정」, 『국어국문학』 150, 국어국문학회, 2008.
홍순애, 「근대계몽기 지리적 상상력과 서사적 재현」, 『현대소설연구』 40, 한국현대소설학회, 2009.

기사

001. 「이달 19일 진고개」, 『독립신문』, 1896.12.22. 2면

▸ **전사** 이달 19일 진고개 있는 일본 병대가 기념회를 하였는데 이 풍속인즉 외국서는 새로 육군의 연대가 생기게 되면 그 나라 임금이 친히 그 연대에 연대기를 주고 연설을 하는 예식이라. 지금 여기 있는 일본 병대는 일본 육군 제일 연대에 속한 중대들이라. 이 연대기 받기를 22년 전 12월 19일인 고로 올해도 그날 기념회를 하였는데 조선 육군 장관들과 러시아 해륙군 관원들과 그외 외국 사람들을 청하여 대접하고 일본 병대들이 군가를 하고 육군 소좌 리아마 씨가 연설을 하고 일본 공영사관 관원들과 거류지 인민들이 많이 왔는데 서양 요리와 일본 음식으로 손님들을 대접하였다더라.

002. 「우리나라 사람 하나가」, 『매일신문』, 1898.4.11. 3면

▸ **전사** 우리나라 사람 하나가 진고개 일본 사람의 전[廛]에서 사기 한 개를 사려고 값을 물은즉 일곱냥이라거늘 우리나라 사람이 넉량 닷돈 받으라 한즉 아니 판다 하여 다른 사기전으로 가려 하니 일본 사람 말이 왜 남의 물건을 만져보고 아니 사가느냐 하고 붙잡은즉 값이 틀려 못 사겠다 하니 일본 사람이 몽동이로 의관을 부수매 위력에 못 이겨 도망하였다니 우리 대한 사람이 임오 년 이후로 외국 사람과 무수히 단련하였으니 그만하면 자기 권리를 좀 찾으려 할 터인데 당당히 옳은 일에 무례한 욕을 볼 지경이면 외국 사람이라고 겁만 내지 말고 영사관으로 끌고 가서 변백할 것이지 한 말도 못 하고 도망을 하였으니 그런 사람은 제 몸 이해도 모를 뿐더러 독립국 백성이 되어 나라의 수치 되는 줄도 모르는가. 일본 사람으로 말하여도 문명국 상민이 되어 남의 나라에 와서 장사를 하거든 몰경계한 것을 말아야 자기 나라 명예도 손상치 아니고 상업에도 방해되지 아니할 터인데 무리한 청인의 억매 흥성함을 본받으려 하니 참 알 수 없는 일이노라.

003. 「일전에 어느 친구」, 『매일신문』, 1898.8.16. 3면

▶ **전사** 일전에 어느 친구 두 분이 서로 대하여 말하기를 그대가 근일에 무엇을 하느뇨. 한 친구가 대답하되, 내 요사이에 통감을 보노라 하니, 그러면 그 통감이 어느 나라 글이뇨. 중국 역대를 기록한 글이니라, 그러면 그대가 평일에 외국 글이나 외국법을 다 못 쓸 거이라 하더니 왜 청국 글을 보느냐. 외국 것을 다 못 쓸 거이라 할진대 우리나라의 수천 년 시행하던 기자[箕子]의 팔조교[八條敎]를 다 버리며 한문도 우리나라 사람이 지은 바 아니니 다 버리며 의관이나 법률을 다 우리 사람이 지은 바 아니니 다 버리라 우리나라에 범백 제도가 다 외국 사람의 소견으로 지은 바인즉 그대의 외국 일을 싫어하는 마음으로 우리나라에 시행하던 일을 다 버릴 지경이면 그대의 마음이 우리나라가 없도록 하는 일이니 그대가 다시 생각하기를 내가 대한 사람으로 왜 청국 사적을 보는고 하며, 자연히 마음이 열려 어느 나라 법이든지 가히 쓸만하거든 쓸 줄로 생각을 하리니 청컨대 다시 생각하라 한데, 그 친구가 그제야 꿈을 깨인 듯하여 방금 외국 서책을 많이 본다더라.

▶ **용어** 기자의 팔조교

004. 「고등재판소를 새로 수리할」, 『매일신문』, 1899.1.13. 4면

▶ **전사** 고등재판소를 새로 수리할 새 일본 공장이 와서 하는데 재판정 사면으로 유리문을 달고 죄인 서는 데는 함[陷]하게 하고 외국 재판소 모양과 같이 한다는데 수리비 예산이 1천 6백 원이라더라.

▶ **용어** 고등재판소

005. 「무슨 일이든지」, 『제국신문』, 1898.11.21. 4면

▶ **전사** 이치와 경위대로 옹용조처[雍容措處]하여 가는 것은 점잖은 사람의 일 일뿐더러 남이 알아도 지혜로 싸운다 하려니와 만일 경위도 없고 이치도 모른다 하고 세력만 믿고 힘대로 억지만 부리게 되면 필경에 일도 되지 않을뿐더러

해가 나가기 쉬운지라. 그런고로 근년에 청국 사정을 보게 되면 백성들이 관장들의 탐학을 견지지 못하여 일제히 충돌이 되어 가지고 각국 공영사관이며 야소교당과 천주교당을 처부수어놓은즉 자기들에게 해가 미칠 뿐이 아니라, 나라에 큰일이 되어 배상금을 몇 백만 원씩 물어주며 땅을 베어준다 하고도 야만국이란 이름을 면치 못하였는데 또한 그렇게 하기를 한두 번이 아니니 어찌 애달지 아니하리오. 그러한고로 개명한 나라 사람들이 개명 못한 나라에 와 있다가 백성들이 많이 모이게 되면 그 백성들에 나라일이 잘되고 못되는 것은 염려할 것이 없거니와 자기들의 공관이나 교당의 해가 미칠까 걱정이 적지 아니하여 혹 군사도 들여다가 보호도 하고 그 나라 정부에 말하여 예방하기도 하는지라. 금번에 독립협회에서부터 관민공동회와 신의소 부상들이 대단히 떠들어 여러 날을 상지[相持]하는 까닭에 각국 사람들이 미상불 걱정이 적지 아니하더니 다행히 백성들이 폐 없이 지나가매 얼마쯤 다행히 여기더니 지금은 형세가 점점 커져서 그저 무사하기 용이치 아니하매 외국 사람도 대단히 염려하거니와 우리는 생각하기를 우리 대한이 개명한 나라이라 내 나라 동포끼리 싸우자는 것이 아니라. 관민공동회에서 여러 번 물러 가라신 칙령이 계시되 물러가지 않는 까닭에 형세를 장대히 하며 민회를 물리치려는 뜻인 줄로 알거니와 아무쪼록 내 나라 사람들끼리 서로 싸워서 외국 사람들에게라도 치소[嗤笑]받지 않도록 지내기를 바라노라.

▸ **용어** 관민공동회, 독립협회, 신의소

006. 「아라사국 사람이 대한」, 『매일신문』, 1899.3.16. 3면

▸ **전사** 아라사국 사람이 대한 바다에서 고래 잡겠다고 땅을 빌리라는 청의서를 의정부에서 중추원에 자순[諮詢]하였더니 중추원에서 그 청의서에 대하여 설명서를 만들어 의정부에 보내였기로 기록하노라. 청의서에 대하여 이미 심사하고 이 사건에 주임하던 위원의 변명함도 또한 이미 자세히 들었으나 근본 의안에 대강이 이미 사체[事體]가 아닌즉 그 외 다른 세세한 조목은 축조[逐條]하여 의논치 못할 것이고 근래에 개광할 처소와 토지와 삼림 등처를 외국 사람

이 빌리라는 대로 허락을 할 지경이며 수응할 겨를이 없을까 두려워함은 진실로 우리는 약하고 저 사람들은 강함에 말미암은 것이라. 박부득이[迫不得已]한 연고인즉 따라 궁구[窮究]하건대 유익함이 없으나 이에 또한 다하지 못하여 이어서 이 일이 있으니 또한 반드시 가로되 박부득이라 하며, 또 장차 가로되 기지를 권조[勸助]하여 세금을 확정함이 조금 이익에 관계함이니 오히려 가히 다행하다 할지요, 다시 다른 염려가 없다 할지나 저 사람들 싫어함이 없는 욕심은 이에만 그침이 있을 따름이 아니며, 또한 약장 합편 중에 이익에 균첨[均沾]하는 말이 있은즉 동편 집과 서편 이웃이 기틀을 타서 쭝그림을(sic)을 본받을지니 이같이 하여 말지 아니하면 오직 세 군데 기지뿐 아니라 반드시 십, 백, 천, 만 기지에 이르러 다시 여지가 없으리니 어찌 크게 가히 걱정하고 탄식치 아니하며 고식지계[姑息之計]로 구차히 편안함이 오히려 금일 계교[計巧]는 되나 명일 일은 또한 어찌 써 수응[酬應]을 할는지. 달라고 하는 것을 허락지 아니하고 오히려 그 걱정을 받을지언정 당초에 허락지 아니하고 굳이 지켜 스스로 편안함만 같음이 없기에 이 일은 결단코 가히 시행치 못할 뜻으로 공공 설명하여 보내노라 하였더라.

▸ **용어** 약장합편, 의정부, 중추원

007. 「대한 독립문」, 『독립신문』, 1899.3.21. 2면

▸ **전사** 대한이 갑오 이전까지는 혹 청국의 속방이라 일렀으나 실상은 전제 자주하는 나라이라. 그런고로 병자년에 일본과 처음 조약할 때에 대등 예우를 받았고 그후에 미국과 조약하였으며 구라파 6국과 조약하면서도 일체 대등 조약을 체결하였으니 어찌 청국의 속방이라 하리오. 갑오년[1894년] 일청 교전 후에 일본서 우의를 돈독히 하여 청국과 마관서 조약할 때에 청국이 조선을 전과 같이 멸시를 못 하게 하여 조선이 영영 자주 독립이 더욱 완연히 되고 그 후에 조약 각국이 또한 당당한 황제국으로 승인을 하였으니 자주 독립하는 표준이 6대주에 현저한지라. 이런고로 대한 신민들이 그 자주 독립함을 기념하려고 독립문을 건축할 적에 황태자 전하께서 금액을 많이 사급하시고 예필로

독립관 현판을 써 나리셨으며 조야 관민들이 각기 힘대로 보조금을 내고 동서양 각국 사람들도 또한 보조금을 각기 자원하여 내었거늘, 한성신보 일자보에 말하기를 대한 독립문을 미국 사람이 보조하여 건축한 것이라 하였으니 이는 그 신보사에서 그 내평을 자세히 몰랐든지 혹 오착하여 기재함인 듯한 고로 우리는 그 그렇지 아니한 이유를 이에 설명하노니 대한 대소 관민들은 더욱 각심하여 독립 두 자를 영세 기념들 하시오. 그러나 대한 신민으로 대한 독립의 영귀한 것을 모르고 독립 두 자를 잘 보호하는 이가 적고 독립 두 자를 혹 저희[沮戱]하는 이가 있었기에 외국 사람의 신문에 이러한 말이 있는 듯하니 대한 신민 된 이들은 더욱 수치로 알아 외국 사람들에게 의지 말고 외국 사람들 형세를 빙자 말고 내치 외교를 분명히 하여 세계에 상등 대접들을 받기만 힘들 쓸지어다.

▸**용어**　독립관, 독립문, 일청 교전(=일청전쟁), 한성신보

008. 「이달 1일 밤에」, 『제국신문』, 1899.4.4. 3면

▸**전사**　이달 1일 밤에 구리개 십자가 거리 아래서 어떠한 아이들이 노래하기를 영국 병정도 믿지 마오. 아라사 병정도 믿지 마오. 미국 병정도 믿지 말고 우리 대한 병정들을 어서 바삐 교련하여 세계상에 막강지국이 되어 보자고 하였다더라.

009. 「밤이 낮 되라」, 『독립신문』, 1899.9.2. 3면

▸**전사**　어떤 유지각한 외국 친구의 지리 역사 설명한 것을 좌에 게재하노라. 지리를 알지 못하면 능히 써 동서를 분변하지 못하며 역사를 알지 못하면 능히 써 고금을 살피지 못 하나니 그러고 본즉 어찌 능히 길고 짧은 것을 취하며 놓아 얻고 잃는 것을 결단하리오. 지금 구미 각국과 일본은 서울과 시골과 각 촌려[村閭]에 각종 학교가 편만하여 무릇 인민의 자제 6세 이상된 자들이 다 학업에 나아가 교화의 갖춤이 찬연한 고로, 글자 모르는 이가 없고 읽지

않는 이가 없어서 역사와 지리는 그 가장 먼저 배울 것으로 아느니라. 또 신문 사의 설립한 것을 볼진대 별 같이 벌였고 수풀 같이 섰으매 인민이 그 신문지들을 보지 않는 자 없는 고로 동서양 고금의 일이 가슴에 환연한지라. 구미 각국과 일본서는 비록 삼척 동자라도 상하 백대의 변혁과 피차 각국의 형세를 통투 [通透]히 아는데 대한과 청국 사람들은 자기의 나라 외에는 또 무슨 나라가 있는 줄을 알지 못하고 또 동양 아시아주 외에는 무슨 사기[史記]가 있는지 알지 못하니, 구미 각국과 일본 사람들에게 비교하면 어찌 하늘과 땅의 차등 있음과 다르리오. 대개 천하 각주 각국의 형세와 풍토와 인정과 물산을 알고자 할진대 반드시 지리를 배워야 하겠고, 고금 각국(corr.) 각 인종의 성쇠와 흥망 을 상고하고자 할진대 반드시 역사를 강하여야 할지니라. 지금 구미 각국과 일본 인민은 천하 고금의 형세와 변혁을 비록 부인과 어린 아이들이라도 다 모르는 이가 없거늘 대한과 청국 사람들은 사대부라도 다른 나라의 지리를 능히 모르며 구미 각국의(corr.) 역사를 알지 못하니 어찌 그다지 고루한고. 대범 강한 것은 밝은 데서 생하고 약한 것은 어두운 데서 근본 하나니 백성의 지식이 서로 다른 것이 이 같을진대 그 밝고 어두운 것이 백주와 칠야에 못지 아니할지니 그 나라 성쇠 강약의 서로 다름이 또한 어찌 우연함이리오. 우리 이 신문에다 이런 말을 하는 것은 실로 칠야를 변하여 백주를 삼고자 하기에 있을 따름이로라.

010. 「좋은 청인」, 『독립신문』, 1899.9.14. 3면

▸ 전사 서울 중서[中署] 베전 병문[屛門] 근처에 거류하는 청국 상민 이윤중 씨는 대한에 와서 산 지가 8, 9년이 되는데 대한 사람들과 언어를 능통하여 대한 사정을 더러 짐작하며 대한 사람들을 대하면 항상 말하기를 대청과 대한 사정이 조금도 틀릴 것 없이 서로 같다 하며 한탄하는 모양이 있을 뿐더러 동서양 세계 각국의 시세 형편을 매우 알려고 애를 쓰거늘 누가 말하기를 그대 가 천하 만국의 사정을 자세히 알려거든 대한 국문을 배워 가지고 대한에서 출판하는 각처 신문지를 보라 한즉 그 청인이 그 말을 듣더니 대단 기뻐하여

그날부터 대한 사람 하나를 선생으로 정하여 주야로 열심하여 한 달쯤 되더니 대한 국문을 능통하였는지라. 그후부터 각처 신문지를 사서 통달하게 보는데 그 성의가 가장 기이한지라. 구미 각국 사람과 일본 사람은 개명한 나라 사람이니 다시 더 말할 것이 없거니와 지어[至於] 이윤중 씨 하여는 완고 막심한 청국 사람으로서 그 마음이 이렇게 개명에 주의하는 것을 본즉 너무 희한하기로 두어 말하노라고 어떤 유지한 대한 친구가 본사에 편지하였더라.

▸**용어** 증서

011. 「울릉도와 일사(鬱陵島와 日使)」, 『황성신문』, 1899.11.27. 2면

▸**원문** 鬱陵嶋에 居留ᄒᄂᆫ 日本人을 撤還하기로 外部에셔 駐京 日 公使 林權助 氏에게 屢次 照會하얏더니 林 公使가 該嶋 日人을 撤還하기로 附近 領事舘 人員을 警備艦에 搭乘하야 派送한다고 照復하얏슴은 向報에 記하얏거니와 今聞한즉 日昨에 林 公使가 外部에 更히 照會하얏다ᄂᆫ데 其 槩에 貴國 內地 不通商 口岸에 駐留하ᄂᆫ 外國人이 甚多하거늘 唯獨 鬱陵島에 來寓한 日本人을 撤還케 함은 事 甚訝惑이라 其他 內地 駐留하ᄂᆫ 外國人이 并皆撤去하여야 日本人도 撤退케 하깃노라 하얏다더라

▸**번역** 울릉도에 거류하는 일본인을 거두어 돌아가기로 외부에서 경성 주재 일본 공사 임권조 씨에게 여러 차례 조회하였더니, 임 공사가 해당 섬의 일본인을 거두어 돌아가기로 부근 영사관 인원을 경비함에 태워 파송하겠다고 회신하였음은 이전 신문에 기재하였거니와. 지금 들은즉 어제 임 공사가 외부에 다시 조회하였는데, 그 대강에 귀국 내지에 불통상 개항지에 주류하는 외국인이 매우 많거늘, 유독 울릉도에 와서 거주하는 일본인만을 거두어 돌아가게 하니, 이는 매우 의아하고 의혹스러운 일이라. 그 외의 내지에 거류하는 외국인도 모두 물러가게 하면 일본인도 거두어 돌아가겠노라 하였다더라.

▸**용어** 외부, 임권조

012. **「청국 상해 있는」**, 『제국신문』, 1900.2.20. 3면

▸**전사** 청국 상해 있는 어느 외국 사람이 인천으로 와서 일본 우표 파는 곳에 우리 한국에서 인쇄하는 일본 각종 우표 1907원어치를 사가기로 인천 있는 일본 우체지사 국장 암기 씨에게 말하여 산다더라.

013. **「서울 우체사에서 작일부터」**, 『제국신문』, 1900.5.11. 3면

▸**전사** 서울 우체사에서 작일부터 동전 한 개짜리 엽서란 것을 발행하는데 그 엽서는 본국 내와 일본과 청국 지방에 일본 우체국 설시한 천진, 상해, 연태, 소주, 하문, 한구 등지에까지는 시행하고 외국으로 보내는 엽서도 장차 발행할 터이니 엽서 붙이는 사람은 규칙대로 시용하되 그 엽서 거죽에는 받아 보는 사람의 거주성명만 기록하고 안에는 기별하는 사실을 기재하라고 고시하였더라. 엽서란 것은 명첩 같이 된 것인데 동전 한 푼만 주고 사서 편지 사실을 기재하여 피봉 없이 그대로 보내면 전하여주는 것이니 값도 헐하고 편리한 것이라.

014. **「경기 관찰부 공립소학교에서」**, 『제국신문』, 1900.9.7. 2면

▸**전사** 경기 관찰부 공립소학교에서 일본 어학교 일과를 더 설시하고 일본인 판곡계융 씨가 의연금을 담당하여 명예교사로 자원하는 고로 그 학교에서 학부로 보고하여 인허함을 청하였더니 훈령하기를 공립학교에서 외국인 고빙하는 법이 없으니 그 일인을 도로 보내라 하였다더라.

▸**용어** 경기 관찰부, 학부

015. **「일본 공사 임권조」**, 『제국신문』, 1901.5.1. 3면

▸**전사** 일본 공사 임권조 씨가 정부로 조회하되 일한 양국 간에 시행하는 특수 우체를 5월 1일로부터 우체물 한 량 중에 요금 1전씩 받기로 일한 조약을 개정

하자고 하였더니 정부에서 답조회하기를 우체물도 희소할뿐더러 인민의 낙종하는 일이 아니니 그만 사소한 이익으로 조약을 개정하는 것이 불편하다 하였고, 또 일 공사의 줄 없는 전보 놓겠다고 청구한 일과 부산서 마산포 사이에 전보해놓겠다고 청구한 일에 대하여 회답하기를 그 일이 다 우리 정부의 자유 권리에 있는 것이니 외국 사람에게 허여할 수 없노라고 하였다더라.

▸ **용어** 임권조

016. 「외국인이 우리 한국에」, 『제국신문』, 1901.5.28. 2~3면

▸ **전사** 외국인이 우리 한국에 철도, 포경, 광산, 삼림 4가지 사업 권리 차지한 세력을 조사하건대 일인은 경인 철도와 경부 철도와 경기, 충청, 전라, 경상, 강원 각 도에 고기와 고래 잡는 권과 또 덕원 1읍 삼림과 임진강변 삼림이며 또 직산 금광, 철원 철광, 창원 금광, 평양 탄광, 황해도 일곱 골 금점[金店]과 은률 철광, 연천 금광은 다 일인의 소관이오. 덕인은 김성 금광이며 또 경성 김성 간 철도를 계획 중이오. 아인[俄人]은 강원, 함경, 경상 3도 고래 잡는 기지에 두만강 상류, 압록강 상류와 무산군과 울릉도 삼림과 경흥 탄광이오. 영인은 은산 금광이오. 미국인은 운산 금광이오. 법인은 의주 철도와 송도 철도에 관계가 있더라.

대저 이 여러 가지는 다 대관사거니와 그 외에 절영도, 고하도 등지와 소소 관계가 적지 않고 황해도 7군 금점과 은률 철광과 연천 금광은 금광 위원과 화동한 일이더라. 또 외국인 공용하는 인원은 영인은 총세무사 백탁안 씨와 경부 고문관 설필림 씨와 영어학교 교사 해래백사, 불암돈 양씨[兩氏]와 사범학교 교사 헐법 씨요, 미국인은 궁내부 고문관 산도 씨와 양지아문 고문관 구오무 씨요, 법인은 법어 교사 마태을 씨와 법률 교사 김아시 씨와 통신원 기사 미륜사, 클네망새트, 트래물니, 군부 기계 조사원 이하 합 7인이요, 아인은 아어 교사 미루고프 씨와 군부 기계국 기사 세파노우 양씨[兩氏]요, 덕인은 덕어 교사 볼지암 씨와 궁내부 여의와 군악대 교사 제씨요, 일인은 철도원 기사 액전대조 씨 등 5인이요, 전환국 인쇄 기사 우진성 씨 이하 양인[兩人]이

요, 일어학교 교사 장도암차랑, 전전여일량 씨와 인천 일어 교사 암기후태랑
씨요, 영국인은(corr.) 해관에 있으니 미유렌 스데스도 씨 1인이더라.

▶**용어** 궁내부, 마태을, 백탁안, 설필림, 양지아문, 철도원, 해래백사, 헐법

017. 「일본 이민법의 개정(日本移民法의 改正)」, 『황성신문』, 1901.12.20. 2면

▶**원문** 日本 各 新報에 記載한 바를 據한則 日本 政府에서 移民保護法 中 改正
法律案을 其 下議院에 提出ᄒᆞ얏스되 從前 其 移民保護法 第一條 中에 外國이란
字句ᄂᆞᆫ 淸韓 兩國 以外의 外國으로 改正한다 ᄒᆞ얏ᄂᆞᆫ딕 其 理由書에 曰 淸韓
兩國이 日本과 密邇ᄒᆞ야 諸般 狀況이 渡航 勞働者에게 特別한 保護를 與홈을
不要ᄒᆞᆯ ᄲᅮᆫ더러 其 監督에 關ᄒᆞ야ᄂᆞᆫ 別有方法ᄒᆞ니 此에 繁雜한 移民保護法을
適用홈이 必要가 無ᄒᆞ다 ᄒᆞ얏더라

▶**번역** 일본 각 신문에 기재한 바에 따르면, 일본 정부에서 이민보호법 중
개정 법률안을 그 하의원에 제출하였으되 종전 그 이민보호법 제1조 중에 외국
이란 자구는 청국과 한국 두 나라 이외의 외국으로 개정한다 하였는데. 그
이유서에 이르기를 청국과 한국 두 나라가 일본과 밀접하여 제반 상황이 도항
노동자에게 특별한 보호를 줄 필요가 없을 뿐더러 그 감독에 관해서는 달리
방법이 있으니 이에 번잡한 이민보호법을 적용할 필요가 없다 하였더라.

▶**용어** 이민보호법

018. 「일본대한경영(日本對韓經營)」, 『제국신문』, 1902.12.5. 2~3면

▶**전사** 일본 신문에 말하기를 아라사에서 한국에 대한 태도가 대사 위패 씨가
나온 이후로 각 방면에 운동함을 등한히 두지 못할 형세가 있는 고로 일본
정부에서 임권조 씨를 불러들여 만사를 의논할 터인데, 그 사건인즉 경상,
전라 양 도에 대하여 정치, 군사, 통상 사건을 타국이 새로이 요구하는 때에는
일본 공사가 경비함대를 불러들여 호위하는 도를 강구하는 사요, 한국에서

경제상에 설시[設施] 차로 외국에 대하여 무역의 경영과 국민 상공업의 발달과 광산과 철도부설 사업에 대하여 타국에서 일본의 이익과 충돌할새 요구를 제출하는 때에는 일본 공사가 농상공부 고문관 가등 씨와 협의하여 처치할 사요, 한국 탁지부와 제일은행 간에 재정상에 합의한 신 조약을 체결할 사요, 일한 통상 항해 조약을 개정에 대하여 한국 각 지방 일본인 상업회의소에서 제출한 의견서를 침양하여(sic) 새로 작정하는 대방침을 협의할 사요, 일본에 두류[逗留]하는 한국 망명객을 감독하는 데 대하여 정치상 혹 교제상 평화를 유지하기 위하여 일한 양국 정부 간에 새 약조를 처결할 사건인데 임 공사가 미구[未久]에 휴가하여 귀국할 터이라더라.

▶ **용어** 가등(=가등중웅), 위패, 임권조, 탁지부

019. 「일사항의(日使抗議)」, 『황성신문』, 1903.1.5. 2면

▶ **원문** 日 公使 萩原 氏가 內藏院卿 李容翊 氏 免官 事로 外部에 屢次 照詰홈으로 其 事由를 條條 說明ㅎ야 答照홈은 本報에 襲記ㅎ얏거니와 去月 三十一日 夜에 日 公使 萩原 氏가 李容翊 氏 事案을 更히 提起ㅎ야 外部大臣을 詰駁ㅎ얏다는듸 云ㅎ기를 如此한 國盜 國賊을 重要한 ■職■還■ㅎ며 外國에셔 間接 直接으로 宮中部中之事를 干涉ㅎ니 我 政府에셔는 不好홀 쑨 아니라 後日에 事案이 起ㅎ더라도 貴 政府에셔 擔認ㅎ라 ㅎ며 一月 一日 正朝進賀에 本使는 不參ㅎ깃다 홈으로 外相이 俄使 須泰仁 氏와 日使를 罔夜 訪問ㅎ고 該 事案을 妥商ㅎ야 畢竟은 日俄 兩使가 不復相關ㅎ기로 되얏다더라

▶ **번역** 일본 공사 추원 씨가 내장원경 이용익 씨를 관직에서 물러나게 하는 일로 외부에 여러 차례 통지하여 따지므로 그 사유를 조목조목 설명하여 답조함은 본보에 이미 기재하였거니와, 지난달 31일 밤에 일본 공사 추원 씨가 이용익 씨 사안을 다시 제기하여 외부대신을 힐박하였다는데 말하기를 이 같이 국고를 도둑질하고 나라를 배신한 역적을 중요한 ■직에 ■환■하며 외국에서 직간접적으로 궁내부의 일을 간섭하니 우리 정부에서는 좋아하지 않을 뿐 아니라 후일에 사안이 불거지더라도 귀국 정부에서 책임을 지라 하며 1월 1일

정월 아침 진하 의례에도 본 공사는 불참하겠다 하므로. 외상이 러시아 공사 스타인 씨와 일본 공사를 한밤중에 방문하여 이 사안을 협의하고 결국 일본과 러시아 두 공사 모두 더는 상관하지 않기로 되었다더라.

▸ **용어** 궁내부, 외부, 이용익, 추원(=추원수일)

020. 「이씨결심(李氏決心)」, 『제국신문』, 1903.2.21. 3면

▸ **전사** 대한에서 경인 간과 경부 간 철도 부설권을 일본인에게 준 것을 대한 인민이 다 분히 여기는데, 그중 내장원경 이용익 씨가 더욱 분히 생각하여 경의 철도는 결단코 외국인에게 허급하지 아니하고 대한국 재력으로 부설코자 결심한다더라.

▸ **용어** 이용익

021. 「전화확장(電話擴張)」, 『제국신문』, 1903.2.26. 2면

▸ **전사** 한성 내에 전화를 외국인이 부설하는 고로 외부와 각 공사관에 상힐[相詰]이 되더니 통신원에서 판리하기를 본원에서 먼저 설시치 아니하는 고로 외국인이 먼저 착수하는 것이라 하고 종로 남대문 등지 각 긴요처에 전화 설시할 전간목[電杆木]을 설립한다더라.

▸ **용어** 외부

022. 「청송성감(請送城監)」, 『제국신문』, 1903.2.27. 3면

▸ **전사** 일본 공사 임권조 군이 외부로 조회하기를 성진항에는 감리가 없어 민요[民擾]가 침식[侵蝕]하지 아니한즉 외국인의 상황이 성실하지 못하니 종속히 감리를 택정 파송하여 상민의 사무를 교섭 판리[辦理]케 하라 하였다더라.

▸ **용어** 외부, 임권조

023. 「조청철우(照請撤郵)」, 『제국신문』, 1903.3.2. 3면

▸**전사** 외부에서 통신원 조회를 거[據]하여 일 공관에 조회하되 외국인이 남의 나라 내지에 우체 설시하는 것은 조약상에 당금[當禁]하는 바어늘 지금 일인이 자의로 우체통을 거류지 밖에 동래, 초량 등지에 달고 편지를 모아 가니 이것이 크게 한국 우체에 방해되는 것이니 곧 걷어 가게 하라 하였다더라.

▸**용어** 외부

024. 「재외모채(在外募債)」, 『황성신문』, 1903.8.18. 2면

▸**원문** 朝鮮新報의 東京 電報를 據한則 京釜 鐵道 社債 四百萬 元을 日本 內地에서 募集ᄒ난 事에 反對가 有ᄒ야 政府와 交涉한 結果로 內地에서 募集ᄒ기를 停止ᄒ고 外國에서 募集ᄒ기로 議定되얏다더라

▸**번역** 『조선신보』의 동경 전보에 따르면, 경부 철도 사채 4백만 원을 일본 내지에서 모집하는 일에 반대가 있어 정부와 교섭한 결과로 내지에서 모집하기를 정지하고 외국에서 모집하기로 의정하였다더라.

▸**용어** 조선신보

025. 「차설하설(此說何說)」, 『황성신문』, 194.1.18. 2면

▸**원문** 再昨日 漢城新報를 據한則 海關 摠稅務司 柏卓安 氏가 軍部 砲工局에 來하야 機械를 修理한다 藉稱하고 北一營과 各隊 所在 大砲 機械를 沒數 收去하엿다 하엿스니 此 說의 確的 與否난 未知하거니와 吾輩난 驚歎홈을 不勝하노니 엇지 如此홀 理由가 有하리오 假令 軍器를 修理홀 터이면 砲工局에셔도 官員이 有한則 機械廠으로 送하야 修理하깃거늘 總稅務司가 軍器 修理에 何關이며 設或 外國人이 器械를 收去하더라도 砲工局에셔난 무슴 職務를 擔任하엿기 軍器修理를 無關한 外人의게 見奪하엿난지 實노 此 言은 可信치 못홀 言이기로 玆에 辨說하거니와 萬若 的確할진딘 大端 驚動홀 事이라 하노라

▸**번역** 그저께 발행한 『한성신보』에 따르면 해관 총세무사 브라운 씨가 군부

포공국에 와서 기계를 수리한다는 핑계로 북일영과 각 부대에 있는 대포 기계를 몰수이 수거하였다 하였으니 이 말이 사실인지 아닌지는 아직 알 수 없지만 우리는 경탄을 금할 수 없으니, 어찌 이 같은 이유가 있으리오. 가령 군기를 수리할 터이면 포공국에도 관원이 있는즉 기계창으로 보내어 수리하겠거늘 총세무사가 군기 수리에 무슨 관련이 있으며 설혹 외국인이 기계를 수거하더라도 포공국에서는 무슨 직무를 담임하였기에 군기 수리와 무관한 외국인에게 빼앗기게 된 것인지 실로 이 말은 믿지 못할 말이기로 여기에 변설하거니와 만약 확실하다면 대단히 경동할 일이라 하노라.

▸ **용어** 한성신보

026. 「조청예통(照請預通)」, 『황성신문』, 1904.4.4. 2면

▸ **원문** 再昨日에 日 公使 林權助 氏가 外部에 照會한 槪意를 聞한則 毋論宮中府中하고 與各外國人으로 締約홀이 寔係審愼이니 率爾締結이면 國家權利가 因以蹂躪하야 必有意外義務라 每於締約前에 可容本使忠告之意ᄒ야 預先通知에 互進福利가 兩國 關係上 緊要라 ᄒ엿더라

▸ **번역** 그저께 일본 공사 임권조 씨가 외부에 조회한 개의를 들은즉 궁중과 정부를 막론하고 외국인들과 조약을 체결하는 일은 실로 매우 신중해야 하며, 경솔히 체결하면 국가의 권리가 그로 인해 유린되어 뜻밖의 의무가 발생할 것이라. 매번 조약을 체결하기 전에는 본 공사의 충고를 받아들일 수 있도록 우선 통지하여 서로 간에 복리를 증진하는 것이 양국 관계상 긴요하다 하였더라.

▸ **용어** 외부, 임권조

027. 「고속선명(雇續先明)」, 『황성신문』, 1904.5.14. 2면

▸ **원문** 日 公使 林權助 氏가 我廷에 照會하되 貴 政府에셔 外國人으로 何 衙門 顧問官을 延聘하던지 續聘하던지 本 公使에게 豫先 聲明함이 似好라 하얏다더라

▸ **번역** 일본 공사 임권조 씨가 우리 조정에 조회하되 귀 정부에서 외국인을

어떤 아문의 고문관으로 연빙하건 속빙하건 간에 본 공사에게 미리 성명하는
것이 좋을 듯하다 하였다더라.

▸ **용어** 임권조

028. 「일본의 대한 경영 전호 속(日本의 對韓經營 前号 續)」, 『황성신문』, 1904.6.6. 3면

▸ **원문** 一, 韓國의 警察 制度를 改良ᄒ난 件은 彼我 貿易을 完全히 實行코져
ᄒ랴면 其 條約上에 互相 確保ᄒ난 바 營業 居住의 自由를 不可不 鞏固케 할
것이어늘 韓國의 現況을 徵ᄒ건틴 警察 制度가 甚히 弛廢함으로 暴徒가 白晝
橫行ᄒ야 良民을 威嚇ᄒ고 或은 人民이 排外 思想으로써 外國人에게 危害를 加
ᄒ야 其 營業 居住가 實際 安固함을 認케 難한 故로 此際 警察 制度를 改良ᄒ야
彼我 人民으로 ᄒ야곰 均一히 其 保護를 享受케 홈이 目下 急務니 韓國 利源의
開發을 誘導ᄒ랴면 此點에 深히 留意할 事
一, 漁業權을 鞏固케 ᄒᄂ 事件은 日本人이 從來 韓國의 河川 及 其 近海에셔
恒常 漁業을 營爲ᄒᄂ틴 其 漁業權은 古來 習慣을 因ᄒ야 多히 日本에 屬한
者라 然ᄒ나 아즉 一部만 協約이 成立되고 其 中에 其 權利와 名義가 明確지
못ᄒ야 往往 紛擾를 惹起ᄒ난 事가 有한 故로 此際에 相當한 手段으로써 永久히
鞏固케 하기를 希望하난 事
一, 滿韓에셔 開港塲한 新設ᄒ고 世界 各國으로 하야곰 自由通商케 홈이 亦 東亞
貿易의 發達을 助勢하난 一策이라 故로 戰爭 結局 前이라도 戰線이 擴張홈을
從하야 稍稍 平時 狀態에 回復하난 地域에셔난 速히 開港設備를 行하야 內外通
商을 便利케 홀 事
一, 滿韓에셔 鉄道 其他 通信 事業을 아모죠록 日本人으로 하야곰 營爲케 하난
件은 韓國 鉄道 中 京仁 京釜 兩 線路난 現今 日本人이 營爲하고 又 韓國 內
各 開港 市場 間과 韓國 外國 間 通信機關의 郵遞 電信은 皆 日本人이 營爲하난
틴 今後 滿韓 地方에 關聯하야 新히 鉄道를 敷設하고 通信機關을 擴張홀 時에ᄂ
日本人으로 ᄒ야곰 營爲케 홈이 交通 事業을 統一ᄒ기에 最히 必要한 計畫으로

信ᄒᄂᆫ 事

一, 滿韓에셔 沿海 及 河川의 航運 事業을 아모조록 日本人으로 ᄒ야곰 營爲케 ᄒᄂᆫ 件은 滿韓의 利源을 開發ᄒ랴면 交通機關을 完備홈이 甚히 必要한 手段으로 信ᄒ노에 陸地에셔 日本人이 營爲ᄒᄂᆫ 鉄道 其他 事業의 一部를 今에 尙且 擴張ᄒ랴ᄂᆫ 時를 當ᄒ야 沿海 及 河川의 航運도 亦 日本人에게 委ᄒ야 益益 交通 事業의 統一을 不可不 期圖홀 事

一, 滿韓에셔 鑛山 採掘과 其他 制造 工業의 自由를 獲得ᄒᄂᆫ 件은 滿韓 兩地에 各種 鑛物이 多ᄒ고 特이 韓國의 金礦에 至ᄒ야ᄂᆫ 이믜 著名한ᄃᆡ 從來 韓國에셔ᄂᆫ 外國人에게 其 採掘을 許ᄒ고 現今 日本人이 營爲ᄒᄂᆫ 것도 亦 不少ᄒ나 其 採掘이 不實한 故로 其 利益이 十分 完全지 못한則 此際에 相當한 協約을 依ᄒ야 確保ᄒ난 手段을 行ᄒ기를 希望ᄒ고 特히 滿洲에 至ᄒ야난 土地를 開放ᄒ고 外國人으로 ᄒ야곰 礦業을 自由 營爲케 함이 必要ᄒ고 此外 韓滿 兩地에셔도 製造 工業 等을 擦히 各國人으로 ᄒ야곰 均히 自由 營爲케 할 것이니 此等 一切 營爲 事業에 對ᄒ야난 彼我를 區別치 勿함이 元來 妥當할 것이로ᄃᆡ 礦山 採掘과 工業의 所用地나 或 開港 市場 內 居留地를 收用ᄒ난 等事에 關ᄒ야난 日本人으로 ᄒ야금 特別한 便利를 得케 함이 必要함으로 認ᄒ난 事 (未完)

▶**번역** 1. 한국의 경찰 제도를 개량하는 건은, 한일 양국 간의 무역을 완전히 실행코자 한다면 조약상 상호 간에 보장된 영업과 거주의 자유를 반드시 공고히 할 것이어늘, 한국의 현황을 살피건대 경찰 제도가 매우 해이하므로 폭도가 대낮에 활개를 치며 양민을 위협하고 혹은 인민이 배외 사상으로 외국인에게 위해를 가하여 그 영업과 거주가 실제로 안고함을 인정하기 어려운 고로 이 기회에 경찰 제도를 개량하여 한일 양국 인민이 균일하게 그 보호를 누리게 함이 눈앞의 급선무이니, 한국 자원의 개발을 유도하려면 이 점에 깊이 유의함
1. 어업권을 공고케 하는 건은 일본인이 종래 한국의 하천 및 근해에서 항상 어업을 해 왔는데 그 어업권은 본래 오랜 관습에 따라 다수가 일본에 속한 것이라. 그러나 아직 일부만 협약이 성립되고 그 가운데 그 권리와 명의가 명확하지 않아 왕왕 분쟁을 야기하는 일이 있는 고로 이번 기회에 상당한 수단으로 영구히 공고케 하기를 희망함

1. 만한에서 개항장을 신설하고 세계 각국이 자유롭게 통상케 함이 또한 동아 무역의 발달을 돕는 방법이라. 그러므로 전쟁이 끝나기 전에라도 전선의 확장에 따라 조금씩 평시 상태로 회복하는 지역에서는 조속히 개항 설비를 행하여 내외 통상을 편리케 함

1. 만한에서 철도 및 기타 통신 사업을 아무쪼록 일본인이 영위케 하는 건은 한국 철도 중 경인, 경부 두 선로는 지금 일본인이 영위하고 있으며 또 한국 내 각 개항 시장 간, 그리고 한국과 외국 간의 통신기관인 우체 전신은 모두 일본인이 영위하는데, 앞으로 만한 지방에 관련하여 새로 철도를 부설하고 통신기관을 확장할 때에도 일본인이 영위케 함이 교통 사업을 통일하기에 가장 필요한 계획으로 확신함

1. 만한에서 연해 및 하천의 항운 사업을 아무쪼록 일본인으로 하여금 영위케 하는 건은 만한의 자원을 개발하려면 교통기관을 완비함이 심히 필요한 수단이라고 믿으므로, 육지에서 일본인이 영위하는 철도 및 기타 사업의 일부를 지금 더욱더 확장하려는 때를 맞아 연해 및 하천의 항운도 또한 일본인에게 맡겨서 더욱더 교통사업의 통일을 기도하지 않을 수 없음

1. 만한에서 광산 채굴과 기타 제조 공업의 자유를 획득하는 건은 만주와 한국 두 지역에 각종 광물이 많고 특히 한국의 금광에 이르러서는 이미 저명한데 종래 한국에서는 외국인에게 그 채굴을 허용해 왔고 현재 일본인이 영위하는 것도 또한 적지 않으나 그 채굴이 부실한 고로 그 이익이 충분히 완전치 못한즉 이번 기회에 적절한 협약을 근거로 하여 이익을 확보할 수 있는 수단을 행하기를 희망하고 특히 만주에 이르러서는 토지를 개방하고 외국인이 자유롭게 광업을 경영할 수 있도록 함이 필요하며. 이외 한만 양 지역에서도 제조 공업 등을 모두 각국인이 균등히 자유롭게 영위하도록 할 것이니 이러한 모든 사업 활동에 대하여 피아를 구별치 않음이 원칙적으로 타당할 것이로되, 광산 채굴과 공업용 부지, 혹은 개항 시장 내 거류지 수용 등과 관련된 사항에서는 일본인이 특별한 편리를 얻게 함이 필요함으로 인정함 (미완)

▸ **용어**   만한

029. 「조철특허」, 『대한매일신보』(국문), 1904.8.9. 6면

▸ **전사** 일본 공사가 외부로 공함[公緘]하기를 귀 정부에서 인허한 바 농광회사에 특별권을 즉시 환수하라 하였고 또 말하되 설시하려면 필경 외국 자본을 인[因]하여 되리니 그러하면 좋지 않은 지경에 이를까 하노라 하였더라.

▸ **용어** 외부

030. 「조청파사(照請罷社)」, 『황성신문』, 1904.8.9. 2면

▸ **원문** 日 公使가 外部에 照會한 槪意를 聞한則 農礦會社를 雖云 創設이나 資本이 無하야 外國 債欸를 借入한다 하니 非徒無益이라 必有損害리니 該 會社난 姑爲 革罷하고 待資本稍饒하야 設行홈이 亦爲未晩이라 하얏다더라

▸ **번역** 일본 공사가 외부에 조회한 개의를 들은즉 농광회사를 비록 새로 설립한다고는 하나 자본이 없어 외국 차관을 차입한다 하니 무익할 뿐 아니라 반드시 손해가 있으리니 해당 회사는 우선 혁파하고 자본에 어느 정도 여유가 생기기를 기다려 설립해도 늦지 않으리라 하였더라.

▸ **용어** 외부

031. 「조촉폐사」, 『대한매일신보』(국문), 1904.8.11. 6면

▸ **전사** 외부대신이 궁내부와 농상공부에 조회하되 일본 공사가 조회하기를 향일에 귀 대신과 심 참정이 황무지 문제 사건으로 귀국 대황제 폐하 칙명을 봉승하여 폐관에 왕림하셔서 상의할 때에 농광회사 폐지할 사를 상약하였더니 즉금 들은즉 해[該] 회사에 자본을 외국으로서 차관한다 하니, 만일 그러하면 귀 정부가 장래 위험할 경우를 면치 못할 것이요 본사의 마음에도 불합하니 해 회사 폐지 여부를 시명하라 한 고로 등인하여 조회하오니 신속히 관리하고 조복[照覆]하라 하였더라.

▸ **용어** 궁내부, 농상공부

032. 「일사청약」, 『대한매일신보』(국문), 1904.8.25. 4면

▸ **전사**　일본 공사가 한 약조를 억지로 청하였는데 향일에 외부와 탁지부 양부 고문관을 추천하여 고빙하는 외에 대한 정부는 다른 외국으로 더불어 체약하며 혹 고빙할 경우에는 일본 정부 대표자와 미리 상의할 사라 하더라.

▸ **용어**　외부, 탁지부

033. 「고빙권인허[雇聘權認許]」, 『황성신문』, 1904.8.25. 2면

▸ **원문**　日昨 外部에서 政府에 請議書를 提出하얏난딕 大韓 政府에서 外國人을 雇聘 條約할 時에난 大日本 政府 代表者와 相議 取決 事라 한지라 再昨日 政府 會議에 該 事件을 爛商公議하야 代表者 三字만 刪去하고 其 議決案을 同 下午 五時에 外部에서 日 公舘으로 送交하얏다더라

▸ **번역**　며칠 전 외부에서 정부에 청의서를 제출하였는데 대한 정부에서 외국인을 고빙 조약할 때에는 대일본 정부 대표자와 상의하여 결정할 일이라 한지라. 그저께 정부 회의에 이 사건을 난상공의하여 대표자 세 글자를 빼고 그 의결안을 같은 날 오후 5시에 외부에서 일본 공관으로 송교하였다더라.

▸ **용어**　외부

034. 「개탄개탄」, 『대한매일신보』(국문), 1904.10.8. 4면

▸ **전사**　경무청에서 외부로 조회하기를 공주대 위관과 병정을 일본 헌병이 압상[押上]하여 해[該] 병영에 구수[拘囚]하였으니 우리나라 군인을 외국인이 무난히 압상하니 심히 개탄하다 하였더라.

▸ **용어**　경무청, 외부

035. 「경조외부(警照外部)」, 『황성신문』, 1904.10.8. 2면

▸ **원문**　警務廳에서 外部에 照會하되 公州隊 兵士와 尉官을 日 憲兵이 押上하야

該 兵營에 拘囚ㅎ얏스니 我國 兵弁을 外國人이 無難 押上하니 殊切 慨歎이라
ㅎ얏더라

▸**번역** 경무청에서 외부에 조회하되 공주대의 병사와 위관을 일본 헌병이 압
송하여 해당 병영에 가두었으니 우리나라 군인을 외국인이 별 어려움 없이
압송하니 매우 개탄할 일이라 하였더라.

▸**용어** 경무청, 외부

036. 「일청 경관 찬성」, 『대한매일신보』(국문), 1905.1.27. 6면

▸**전사** 경무청에서 오서 내에 우물을 외국 우물 모양으로 수리하기로 하는데
그 경부를 부득불 그 물을 먹는 사람들에게 배렴[排斂: 어떤 목적을 위해 강제
적으로 돈이나 물자를 거두는 것]하매 일청 양국 경무관과 교섭한즉 다 찬성하
여 배렴을 가히 내기로 하였다더라

▸**용어** 경무청, 오서

037. 「법인해고(法人解雇)」, 『제국신문』, 1905.3.22. 2면

▸**전사** 일 공사가 외부로 조회하여 관제[官制] 이정[釐正]한 후에는 이용익,
현상건 등이 주관하여 고빙한 외국인의 합동이 쓸데없으니 속히 조사하여 귀
정하라 하였다더니. 또 농상공부로 공함하기를 관제 개정한 후에 철도국이
농부로 부속하였는즉 그 철도국에 고빙하였던 외국(법국)인의 감독과 기사를
속히 해고하고 기타 고빙한 2인은 이미 계약서가 있다 한즉 1개년 봉급을 지발
한 후에 곧 해고하는 것이 가하다 한지라. 농상공부에서 궁내부로 조회하였다
더라.

▸**용어** 궁내부, 농상공부, 외부, 이용익, 철도국, 현상건

038. 「회의미결(會議未決)」, 『제국신문』, 1905.3.23. 2면

▸ **전사** 통신원 사무를 일인에게 위임할 차로 재작일 상오 12시에 정부에서 회의한다 하더니 정부에서 일제 반대하기를 이 같은 큰 문제를 힘이 부족하여 차라리 빼앗기기는 할지언정 정부에서 회의하여 외국인을 줄 수는 없다 하고 무수 상지[相持]하다가 중지되었다더라.

039. 「통신기관조관개의(通信機關條欵改議)」, 『황성신문』, 1905.5.19. 2면

▸ **원문** 政府에서 通信機關 合同 中에 加減홀 條欵을 提議ᄒ기를 電郵 兩司 官吏ᄂ 韓國 政府에서 敍任ᄒ고 官吏의 俸給은 該 兩司 收入金 中에서 支給ᄒ고 郵票ᄂ 大韓 郵票로 仍舊通用ᄒ고 協定書 第七條 通信機關에 關ᄒ야 將來에 新히 韓國 政府와 外國 政府 間에 協定ᄒᄂ 必要가 有한 境遇에ᄂ 日本 政府ᄂ 韓國 政府 代로 其 協定의 責을 任홀 事 一欵을 減除ᄒ기로 議定ᄒ고 再昨日에 政府에서 日使와 交涉ᄒ야 協定書의 添入 調印홈을 請ᄒ얏더라

▸ **번역** 정부에서 통신기관 협정 가운데 가감할 조관을 제의하기를 전보, 우편 두 기관의 관리는 한국 정부에서 임명하고 관리의 봉급은 두 기관의 수입금에서 지급하며 우표는 대한 우표를 계속 그대로 통용하고, 협정서 제7조 통신기관에 관하여 장래에 새로 한국 정부와 외국 정부 간에 협정할 필요가 있을 경우에는 일본 성부가 한국 정부를 대신하여 그 협정의 책임을 맡는다는 조항 하나를 삭제하기로 의정하고 그저께 정부에서 일본 공사와 교섭하여 협정서에 추가로 넣어 조인하기를 청하였더라.

▸ **용어** 통신기관 협정(=일한통신기관협정)

040. 「대한책밀훈(對韓策密訓)」, 『제국신문』, 1905.5.25. 1면

▸ **전사** 일 공사 임권조 씨가 이번 일본 갔다올 때에 한국에 대한 정책으로 여러 가지 훈령을 맡아 왔다는데 소문을 거[據]한즉 그 훈령 중에 가장 중요한 것은 외국인 거류지 제도를 폐지하고 한국 내지에 섞여 살게 하기로 하는 일과

토지 매매를 임의로 하게 하는 사건이라더라.

▸ **용어** 임권조

041. 「일진선언서 속(-進宣言書 續)」, 『제국신문』, 1905.11.10. 3면

▸ **전사** 한일 양국 관계가 내두에 아직 어떻게 변할 것은 알지 못하나 그러나 가령 외교의 권리를 일본정부에 맡기겠는가. 외국에 나간 공사의 소환함과 한국에 있는 각국 공사 철환하는 것으로 과연 말하는 문제대로 의론하는 자가로되 독립 권리를 해롭게 하며 국가의 체면을 손상함으로 혹 창황분주[蒼黃 奔走]하여 망국하는 탄식을 발한 자 있으나, 그러하나 이는 그 하나만 알고 둘은 알지 못함이로다. 이전에 체약한 한일의정서 중에 이미 외교 사무는 대소 물론하고 반드시 일본 정부에 물어서 고문관을 추천한 후에 결정한다고 밝게 말하였으니 만일 외교 사무를 일본 정부에 맡긴다 하면 그 어그러짐이 과연 얼마나 되겠는가. 그 실상을 의론하면 서로 같은 것이요, 불과 형식만 변할 따름이라. (미완)

▸ **용어** 한일의정서

042. 「철도매수(鐵道買收)」, 『제국신문』, 1906.3.15. 3면

▸ **전사** 일본 정부에서 자기 나라 소관 내 외국에 있는 사설 철도를 정부에서 사들이기로 결정되었는데 경부 철도 값은 1,800만 원으로 경인 철도는 440만 7,940원에 사기로 하였다더라.

043. 「금광대경영(金鑛大經營)」, 『제국신문』, 1906.4.14. 3면

▸ **전사** 평안도와 함경도는 광산이 과다하고 기타 금광 사금의 소산이 풍부함은 세상이 모두 아는 바이거니와 근래 외국인들이 침을 흘리고 종종 수단을 부려 한국 정부에 향하여 특허하기를 원하는 자 많은데 그 두 곳은 광산 구역으

로 황실의 재산 나는 곳이라. 그러므로 혹 유력가에서 계책을 들여 황상 폐하께서 칙교를 내리사 궁내부에 광산소를 설치하고 금광에 정통한 박사도 부르고 일본 기사 삼상소륭 씨를 빙용하여 그 조사의 직임을 부탁한지라. 동씨는 조사를 마친 후 그 의견을 보고하기까지는 어떻게 될는지 결단코 내외국인에게 특허함을 내정하였더라도 삼상 기사의 직권은 통감부 지휘 명령을 받을 뿐만 아니요 또 거지부 박사가 제정한 한국 광업조례대로만 할 뿐도 아니요 전혀 한국 황실의 직할로 착수하기를 신속히 운동하고 동 기사는 그 책임을 받은 후에 곧 일본국에 돌아가 기수 41명을 고용하고 대판 상선회사에 교섭하여 특별히 우전천환이란 윤선을 18만 원으로 사서 사금 채굴하는 기계와 41명의 기수를 그 배에 싣고 문사항에서 행선하여 원산으로 향할 터인데 잠시 그곳에서 집무하고 먼저 함경도, 평안도 양 도의 금광 조사를 마칠 계획이라 하고 또 일본 사람이나 외국인에게 대하여 특허하고 아니할 광산 구역은 이후부터 전수[全數]이 삼상 기사의 의견대로 결정할 터이라고 하였더라.

▸ **용어** 궁내부, 원산, 통감부

044. 「통부질문(統府質問)」, 『제국신문』, 1906.5.14. 3면

▸ **전사** 한일협약 성립한 후로 외국인 교섭 사건은 대소사를 물론하고 통감부에 협의한 후에야 행하는 것인데, 이전에 들이온 미국 부자 시푸 씨의 폐현과 응접 절차를 궁내부에서 통감부와 협의치 아니하고 직접 단행한 까닭으로 통감부에서 궁내대신에게 공함으로 질문하였다는데 아직 미결 중이라 하며. 궁내대신 이재극 씨는 그 사건에 대하여 극히 난처함으로 기어이 갈려 가기로 한다더라.

▸ **용어** 궁내부, 이재극, 통감부

045. 「보수정형(報囚情形)」, 『황성신문』, 1906.5.19. 2면

▸ **원문** 文義 郡守 慶必永 氏가 法部에 報告ᄒ되 淸州 鳥致院 日 憲兵 分遣所에

셔 罪人 一名을 押付郡獄이기 問其罪犯則憲兵所答이 此是貴境這隱洞等地에셔
鉄路에 投石作戲한 趙雲景인딕 自憲所로 屢次審辦ᄒ야 監禁一個年에 照律移囚
ᄒ얏슨則 自郡으로 押送觀察府ᄒ야 滿限放送케ᄒ라 ᄒ기에 該趙雲景押上與否
를 本府에 質稟ᄒ얏더니 指令內에 不必押上事인 바 該犯人은 本非本郡人이오
他道孤踪으로 應募役夫타가 誤犯重罪ᄒ고 移囚多日에 其所受苦가 可謂懲警이
기 放送之意로 該分遣所에 公函說明則答函內에 該犯은 已經照律에 特赦以前은
蕪變通이라한 바 哀彼愚氓이 使酒作戲ᄒ고 重被外國法律ᄒ야 監禁이 果是愛惜
이오 在囚食費ᄂ 極爲難辦이라 該犯이 本以客踪으로 供獄無人에 監禁情景이
極涉憂憫이라 ᄒ얏더라

▸ **번역** 문의 군수 경필영 씨가 법부에 보고하되, 청주 조치원의 일본 헌병
분견소에서 죄인 한 명을 문의군 감옥으로 압송하였는데 그 죄를 물으니 헌병
의 대답이, 이 사람은 국경의 은동 등지에서 철로에 장난으로 돌을 던진 조운경
인데, 헌병소에서 여러 번 심문하여 법률에 따라 1년 금고형으로 판결하고
이송하였는즉, 문의군에서 관찰부로 압송하여 기한이 차면 석방하라 하기에
해당 조운경의 압송 여부를 본부에 질문하였더니, 지령 내에 굳이 압송할 필요
가 없다고 한 바, 해당 범인은 본래 본군 사람이 아니요 타 도 출신으로 외롭게
살다가 부역 모집에 응했다가 잘못하여 중죄를 범했고 수감된 지가 여러 날이
되어 그가 받은 고통은 징계라 이를 만하므로 방면할 뜻으로 해당 분견소에
공함을 보내 설명한즉, 회신 공문에 이르기를 해당 범인은 이미 법률에 따라
처분되었고, 특사 이전에는 변통될 수 없다고 한 바라. 불쌍한 저 어리석은
백성이 술에 취해 장난을 하다가 외국 법률로 감금을 당하니 과연 안타깝구나.
수감 중의 식비 또한 마련하기 매우 어려우니 해당 범인은 본래 객지 사람으로
옥중 생활을 도와줄 이가 없으니 옥중 형편이 매우 측은하다 하였더라.

▸ **용어** 경필영, 법부, 분견소

046. 「조약무시(條約無視)」, 『대한매일신보(국한문)』, 1906.7.13. 2면

▸ **원문** 移民 礦山 等 事業 認可ᄂ 農商工部에셔 認許ᄒ되 統監에 同意를 經한

後施한다고 條例가 自在하고 其他 農商 工業은 農商大臣이 全權 管掌ᄒᆞ야 外國人의게 認許 與否를 自辦ᄒᆞᄂᆞᆫᄃᆡ 近日에 日人이 어업 請顧을 統監府에 先呈ᄒᆞ면 該府에셔 接受ᄒᆞ야 自行認許하고 農部에ᄂᆞᆫ 通奇만하니 統監은 有無條約을 全破 爲蔑視而已라더라

▸**번역** 이민, 광산 등의 사업 인가는 농상공부에서 인허하되 통감에 동의를 거친 후에 시행한다고 조례가 이미 정해져 있고, 기타 농상공업은 농상대신이 전권으로 관장하여 외국인에게 인허 여부를 스스로 처리하는데, 근래 일본인이 어업 청원을 통감부에 먼저 제출하면 해당 부에서 접수하여 스스로 인허하고 농부에는 통지만 하니 통감은 조약 유무를 전부 깨고 멸시하는 것이라더라.

▸**용어** 농상공부, 통감부

047. 「일신의조(日紳義助)」, 『대한매일신보(국한문)』, 1906.7.18. 3면

▸**원문** 日本人 廣瀨長康 氏ᄂᆞᆫ 平壤 大同學校에 贊成을 爲하야 新貨 一百三十元을 損하야 校費를 補助하얏스니 同氏ᄂᆞᆫ 外國人으로 韓國 敎育에 對하야 如此 義擧가 有하니 西來 人士가 多稱有頌 故로 特爲揭載하야 其 捐助한 厚意를 表明하노라

▸**번역** 일본인 광뢰장강 씨는 평양 대동학교를 찬성함에 있어 새 화폐로 130원을 헌납하여 교비를 보조하였으니 동씨는 외국인으로서 한국 교육에 대하여 이와 같은 의거가 있으니 서녘에서 온 인사가 많이 칭송하는 고로 특별히 게재하여 그 연조한 후의를 표명하노라.

048. 「한인일용(韓人日用)」, 『황성신문』, 1906.9.15. 3면

▸**원문** 巷說을 聞한則 前 刑事局長 趙重應 氏와 前 出納司長 鄭鎭弘 氏가 年前에 日本으로 亾命ᄒᆞ야 異方에 托跡한지 十有二年인ᄃᆡ 兩氏가 本國의 貧弱ᄒᆞᆷ을 痛恨ᄒᆞ야 許多艱苦를 備嘗ᄒᆞ면셔 實業을 專修ᄒᆞᄂᆞᆫᄃᆡ 趙氏ᄂᆞᆫ 農業을 研習ᄒᆞ야 造詣가 宏博ᄒᆞ고 學問과 實地가 兼備ᄒᆞ며 鄭氏ᄂᆞᆫ 各種 實業上에 實地 視察한

聞見과 學識이 甚博홀 뿐 아니라 製鹽ᄒᆞᄂᆞᆫ 機械를 發明홈으로 日本 政府에 特許 專賣權᠊ᄭᅥ지 認許한지라 向者에 特赦 處分이 게신 後 兩氏가 國恩을 感泣ᄒᆞ고 故國으로 歸來ᄒᆞ얏더니 統監府에셔 農事 改量과 實業 發達식임이 爲韓國ᄒᆞ야 最先 急務인ᄃᆡ 多幸히 韓國人 中에 此等 學術에 適當한 人을 採用홈이 可ᄒᆞ나 ᄒᆞ고 好誼로써 我 政府에 數次를 薦用 勸告ᄒᆞ얏더니 무삼 事情이 有한지 冷然不 顧ᄒᆞᄂᆞᆫ지라 統監府에셔 我 政府의 人材를 不用홈을 慨然히 역이여 兩氏를 統監 府 農事 調査 囑托員으로 引用ᄒᆞ얏다 ᄒᆞ니 日本셔ᄂᆞᆫ 韓人이라도 學術과 才藝만 有ᄒᆞ면 不分自他國人ᄒᆞ고 引用ᄒᆞᄂᆞᆫᄃᆡ 本國셔ᄂᆞᆫ 外國人은 多數 雇聘ᄒᆞ면셔도 本國人은 何如한 學術이 有ᄒᆞ든지 反置勿問ᄒᆞ니 是ᄂᆞᆫ 主客이 反常이오 本末이 倒錯홈이라 엇지 慨歎치 안이며 且 兩氏의 多年間 備嘗艱苦하면셔도 爲本國一念 으로 農業과 實業을 硏習ᄒᆞ야 國事의 萬一을 補益코자 ᄒᆞ든 丹心之餘에 本國 政府가 叙用치 아니ᄒᆞ니 兩氏의 心中事을 推想한즉 自然히 同胞相愛ᄒᆞᄂᆞᆫ 至情 에 熱淚가 自生ᄒᆞ고 ᄯᅩ 我 政府ᄒᆞᄂᆞᆫ 일도 慨歎홀 事이 無窮ᄒᆞ니 每事를 若如 此히 ᄒᆞ면 國家를 救濟ᄒᆞᄂᆞᆫ 善後之策은 무엇스로 홀ᄂᆞᆫ지 當局 諸公은 再三思之 홈이 可ᄒᆞ다 ᄒᆞ더라

▸**번역** 항설을 들은즉, 전 형사국장 조중응 씨와 전 출납사장 정진홍 씨가 몇 해 전 일본으로 망명하여 다른 지역에 몸을 의탁한 지 12년이 되었는데, 두 사람은 본국의 빈약함을 한탄하여 많은 고난을 맛보면서 실업에 전념했는 지라. 조 씨는 농업을 연구하여 조예가 깊고 학문과 실지를 겸비하였으며, 정 씨는 각종 실업 분야를 실제로 관찰하여 견문과 학식이 심히 넓을 뿐 아니라 제염 기계를 발명하여 일본 정부로부터 특허 전매권까지 인허받은지라. 일전 에 특별 사면 처분이 있으신 뒤로 두 사람은 국은에 감격하여 눈물짓고 고국으 로 돌아왔더니, 통감부에서는 농사 개량과 실업의 발전이 한국을 위한 가장 시급한 문제라 하며, 다행히도 한국인 중에 이러한 학술에 적합한 인재를 채용 하는 것이 가능하다고 하고, 호의로 우리 정부에 누차 추천 권고를 하였는데 무슨 사정이 있는지 우리 정부는 냉담하게 고려하지 않는지라. 통감부에서 우리 정부가 인재를 채용하지 않는 것을 개탄히 여겨 두 사람을 통감부의 농사 조사 촉탁원으로 채용하였다 하니, 일본에서는 한국인이라도 학술과 재주만

있으면 자국인과 타국인을 가리지 않고 등용하는데, 본국에서는 외국인은 다수 초빙하면서도 본국인은 어떠한 학술이 있든 간에 도리어 제쳐두고 묻지 아니하니, 이는 주객의 이치에 어긋나고 본말이 전도된 것이니 어찌 개탄하지 않겠는가. 또한 두 사람이 오랜 세월 고난을 감수하면서도 본국을 위한 일념으로 농업과 실업을 연구하여 국사에 만분의 일이라도 보익하고자 하던 단심을 다 쏟은 후에 본국 정부는 기용하지 아니하니, 두 사람의 마음을 생각하면 자연히 동포를 사랑하는 지극한 정에 뜨거운 눈물이 흐르며, 또 우리 정부가 하는 일에 대해서도 개탄할 일이 끝이 없으니, 모든 일이 이와 같다면 국가를 구제할 수 있는 방안은 무엇으로 삼을지 당국 인사들은 여러 번 생각해 보아야 할 것이라 하더라.

▸**용어** 정진홍, 조중응, 통감부

049. 「일헌자복(日憲自服)」, 『대한매일신보(국한문)』, 1907.5.7. 2면

▸**원문** 서來 確信을 據ᄒ則 楚山郡 20里許 越江은 卽 淸國界인대 該郡은 號稱 분溝也라 商業이 一層 興旺ᄒ야 韓淸 間 商賈가 來往不絕ᄒ고 商店이 數百戶에 達ᄒ지라 去月 8日에 日 슈備隊 兵丁 3名이 분溝에 來到ᄒ야 商店에셔 物品을 買得ᄒ식 60전 價値을 10전에 勒買ᄒ고ᄌ ᄒ즉 該 店主 曰 50전은 何不計給ᄒ고 物貨만 持去ᄒᄂ야 ᄒ즉 反生怒氣ᄒ야 無數 毆打ᄒ거늘 該 店土가 不勝憤울ᄒ야 商會所에 告急ᄒᄃ 商賈 百餘 人이 會集ᄒ야 該 日兵에 物貨勒買ᄒᄂ 緣由를 質問ᄒ랴 ᄒ즉 該日兵 3人이 拔創揮之ᄒ며 又欲毆打ᄒ미 商賈 等이 一聲大責 曰 此是 빅晝强盜則 不可不 質判懲治라ᄒ고 該日兵에 鎗을 執奪ᄒ고 3名을 結縛ᄒ야 座下류木에 堅縛ᄒ얏더니 當日 日隊에셔 此 消息을 聞ᄒ고 日 憲兵 3人이 來到ᄒ야 與商賈談判ᄒ식 該 商民 等이 對日憲兵質問 曰 日本은 自稱 開明이라 ᄒ면셔 外國人에 物貨을 勒奪ᄒ기로 爲一能事ᄒ야 빅晝拔劒ᄒ야 外國人에 生命을 欲害ᄒ니 此亦强盜라 若不 懲其賊習이면 商賈가 難保ᄒ 터인즉 兩國間 一大判決ᄒ 事라 ᄒᄃ 日 憲兵이 拱手無答ᄒ고 百端哀乞ᄒ야 曰 我國 軍律로 懲治ᄒ마 ᄒ고 翌日에 該兵 3名을 領率以去ᄒ더니 軍律은 姑舍ᄒ고 無一次懲治

흔지라 淸人이 聞此消息ᄒ고 相爲鼻笑 曰 所謂 日兵의 軍制을 團束ᄒ다더니 悖習을 故養홈이라 ᄒ더라

▸**번역** 서녘에서 온 확실한 통신에 따르면, 초산군 20리쯤 떨어진 강 건너편은 곧 청국 경계인데 이 군은 일명 분구라 불리는지라. 상업이 한층 흥왕하여 한청 간 상인의 왕래가 끊이지 않고 상점이 수백 호에 달한지라. 지난달 8일에 일본 수비대 병정 3명이 분구에 내도하여 상점에서 물품을 살새 60전 어치를 10전에 억지로 사가고자 한즉 그 상점의 주인이 말하길, 50전은 왜 계산하지 않고 물건만 가져가느냐 한즉 오히려 병정들이 노기를 일으키며 무수 구타하거늘, 이에 점주가 분을 이기지 못하고 상회소에 급히 알렸더니 상인 백여 명이 모여들어 그 일본 병정들에게 물건을 강제로 산 연유를 질문하려 한즉 그 일본 병정 3인이 칼을 뽑아들어 휘두르며 또다시 구타하려고 하매 상인들이 큰소리로 꾸짖으며 말하길, 이는 대낮의 강도인즉 반드시 책임을 따져 단죄하고 처벌해야 한다고 그 일본 병정들에게서 칼을 빼앗고 3명을 결박하여 나무 아래 단단히 묶어 앉혀 두었더니 당일 일본 수비대에서 이 소식을 듣고 일본 헌병 3명이 내도하여 상인들과 담판할새 그 상민들이 일본 헌병에게 따져 묻기를, 일본은 개명이라 자칭하면서 외국인의 물건을 강제로 빼앗기를 유일 능사로 하여 대낮에 칼을 뽑아 외국인의 생명을 해하려 하니 이 또한 강도라, 만약 그 도적 같은 행실을 처벌하지 아니하면 상인들의 안전을 보장하기 어려울 터인즉 양국 간에 크게 판결할 일이라 하되 일본 헌병은 손을 모은 채 답이 없고 백 가지로 애걸복걸하며 말하기를, 우리나라 군율로 징계하마 하고 다음 날에 해당 병정 3명을 영솔하고 떠나더니 군율은 고사하고 한 번의 처벌도 없는지라. 청인이 이 소식을 듣고 서로 코웃음을 지으며 말하기를 소위 일본 병정의 군제로 단속한다더니 패습을 일부러 기르는 꼴이라 하더라.

▸**용어** 일본 수비대

050. 「일보등재(日報謄載)」, 『대한매일신보(국한문)』, 1907.7.21. 2면

▸**원문** 朝鮮타임스報의 昨日 號外로 發布ᄒ얏스되 前皇帝不謹愼이라 題하고 其

大慨는 日 朕은 皇太子의게 讓位홈이 아니오 代理케 홀쑨 이라고 放言ㅎ시고 加之에 新帝 陛下는 依然히 皇太子의 待遇을 受ㅎ옵시고 彼之詔勅도 前皇이 自爲署名ㅎ오시니 讓位는 有名쑨이오 其實은 毫無하니 實로 不謹愼之極이로■ 外務省에서 旣히 踐祚事를 諸外國에 通知한 今日에 如斯不謹愼한 行動에 出한 前皇의게 對ㅎ야는 統監府에서 斷斷處置을 希望홈이라하얏더라

▶**번역** 『조선 타임스보』에서 어제 호외로 발포하였으되 전 황제 불근신이라 제목을 달고 그 대개는 이르기를, 짐은 황태자에게 양위함이 아니요 대리하게 할 뿐이라고 거리낌 없이 말씀하시고, 더욱이 새 황제 폐하는 여전히 황태자의 대우를 받으시고 그 조칙도 전 황제가 스스로 서명하시니 양위는 이름일 뿐이요 그 실은 전혀 없으니 실로 신중하지 못함이 극치로■ 외무성에서 이미 황위 계승 일을 여러 외국에 통지한 오늘날에 이처럼 신중하지 못한 행동을 한 전 황제에 대하여는 통감부에서 단호한 조치를 취하기를 희망함이라 하였더라.

▶**용어** 외무성, 통감부

051. 「외국통신원도한설(外國通信員渡韓說)」, 『황성신문』, 1907.7.24. 2면

▶**원문** 朝鮮타임스新報를 據한 즉 韓國 今日에 問題에 對하야 諸 外國이 注意를 不怠하는 模樣인디 海牙에서 發行하는디, 텔레구라후 新聞의 通信員으로 東京에 久留하던 데네간푸 氏는 同社의 急電을 接하고 不日間 京城에 來하야 其 狀態를 電報홀 터이오 東京에 在한 他外 國記者도 來韓하리라 하니 右一團은 近間에 京城에 來着홀 듯하다고 ㅎ얏더라

▶**번역** 『조선 타임스 신보』에 따르면 한국 금일의 문제에 대하여 제 외국이 주의를 게을리하지 않는 모양이니, 헤이그에서 발행하는 『텔레그래프』 신문 의 통신원으로서 동경에 오래 머물던 데네간푸 씨는 동사의 긴급 전보를 접하 고 머지않아 경성에 와서 그 상태를 전보할 터이요 동경에 있는 다른 외국 기자도 한국에 올 것이라 하니, 위의 일행은 가까운 시일 내에 경성에 도착할 듯하다고 하였더라.

052. 「조박사대자선(趙博士大慈善)」, 『황성신문』, 1907.8.3. 2면

▸**원문** 再昨日 西小門 內에서 上午 八時半으로붓터 十二時半♡지 韓日兵 衝突은 已爲揭載어니와 當日에 大韓 耶蘇敎 総理師 美國 哲學博士 趙元時 氏와 醫士 魚丕信 氏가 貞洞 聖書公會 總幹事 閔休 江原道 地方 宣敎師 高永福 淸州 地方 宣敎師 閔羅 諸氏를 帶同ᄒ고 侍衛 第一聯隊 一大隊에 冒入한 즉 中丸倒地한 我韓 兵丁이 數百 名에 達ᄒ얏ᄂ지라 同 諸氏가 不憚砲丸ᄒ고 東西奔走ᄒ야 貰得人力車後에 餘存殘縷者를 一倂抱乘ᄒ야 濟衆院으로 治療次 移送한 兵丁의 數가 五十餘 名에 至ᄒ얏다 ᄒ며 去十八九 兩日에 大漢門前에서 我 同胞가 中丸 重傷者 數人을 該 趙氏가 自己所乘ᄒ얏던 人力車로 換乘ᄒ야 濟衆院으로 擔去 治療케 ᄒ얏다 ᄒ니 以若外國人으로 不顯危險ᄒ고 如是救護홈은 聞者 莫不感賀ᄒ더라

▸**번역** 그저께 서소문 안에서 오전 8시 반으로부터 12시 반까지 있었던 한일병 충돌은 이미 게재하였거니와 당일에 대한 예수교 총리사이자 미국 철학박사인 존스 씨와 의사 어비슨 씨가 정동 성서공회 총간사 민휴, 강원도 지방 선교사 고영복, 청주 지방 선교사 민라 제씨를 대동하고 시위 제1연대의 한 대대에 들어가 본즉, 탄환 맞아 땅에 쓰러진 우리 한국 병정이 수백 명에 달하였는지라. 이들 제씨가 포탄을 두려워하지 않고 동분서주하여 인력거를 빌린 뒤 남은 자들을 모두 태워서 제중원으로 치료를 위해 이송하였는데 그 병정의 수가 50여 명에 달하였다 하며, 지난 18, 19 양일에 대한문 앞에서 총을 맞아 중상을 입은 우리 동포 몇 명을 그 존스 씨가 자기가 타고 있던 인력거로 갈아태워 제중원으로 데리고 가서 치료케 하였다 하니 외국인임에도 위험을 개의치 않고 이처럼 구호함은 듣는 이마다 감격하고 칭송하지 않을 수 없다더라.

▸**용어** 민휴, 애비슨(=어비신), 존스(=조원시), 제중원

053. 「일저사금(日儲賜金)」, 『황성신문』, 1907.11.6. 2면

▸**원문** 傳說을 聞한즉 今番에 日本 皇太子 殿下끠셔 在島 及 在外國人에게 金額을 分賜ᄒ얏다ᄂᄃᆡ 金允植 趙羲淵 俞吉濬 張博 氏에게ᄂ 各 一千圜式이오 李範

來 趙義聞 李軫鎬 氏에게는 各 七百圜式이오 權東鎭 李圭完 申應熙 氏 等에게는
各 五百圜式이라더라

▸번역　전하는 말을 들은즉 이번에 일본 황태자 전하께서 재도 및 재외국인에
게 금액을 나누어 하사하였다는데 김윤식, 조의연, 유길준, 장박 씨에게는
각 1천환씩이요 이범래, 조의문, 이진호 씨에게는 각 7백환씩이요 권동진,
이규완, 신응희 씨 등에게는 각 5백환씩 이라더라.

▸용어　권동진, 김윤식, 유길준, 이규완, 이범래, 이진호, 장박, 조의연

054. 「한국 정황에 대하여 미국 여론(韓國情況에 對하여 美國輿論)」, 『대한매
일신보(국한문)』, 1907.12.28. 2면

▸원문　紐育허랠드報를 據한즉 美國 上議院 議官 쓰톤 氏가 大韓 形便을 規察키
爲ᄒ야 一週日 間을 漢城에 逗留ᄒ다가 伊藤 公爵이 帶同ᄒ고 太皇帝 及 大皇帝
兩 陛下씌 陛見ᄒ얏는대 同氏가 右 形便을 略擧 說明 曰 以吾 觀之건딘 大韓
形便이 極爲 悲慘ᄒ도다 外國이 其 征服한 臣民에게 對ᄒ야 干預ᄒ는 手段이
若是 殘虐홈은 吾 平生에 初見이로다 大韓을 衰弱케 ᄒ기 爲ᄒ야 太皇帝를 壓逼
ᄒ야 禪位케 ᄒ얏는대 現今 兩 陛下씌셔 實로 獄囚가 된 모양이오 擔銃한 日本
兵丁이 闕內에 駐守ᄒ고 大韓 臣民은 不許出入ᄒ며 但 伊藤 公爵의 指揮를 聽從
ᄒ는 大臣 等만 出入ᄒ는대 此 大臣 等은 日兵 保護 업시는 道路에 不敢 露出ᄒ
며 毋論 內外國人ᄒ고 伊藤 公爵의 許可나 或 帶同 업시는 不得陛見ᄒ고 兩
陛下는 獄囚와 갓치 宮中에 게시고 伊藤 公爵이 分明한 君主요 政府는 日本兵力
의 壓制 政治요 人民은 日本 殘虐에 驚嚇 沸鬱ᄒ니 不幸히 失望 無告한 此 人民
이 極爲 可哀이며 美國人은 此等 慘酷한 國際를 觀望ᄒ고 該 濱死者를 爲ᄒ야
憫哀치 아니홀 이 업스나 各國 形勢를 因ᄒ야 尚此 寂然히 不爲 反對ᄒ는도다

▸번역　『뉴욕 헤럴드 신보』에 따르면, 미국 상의원 의관 스톤 씨가 대한의
형편을 살펴보기 위하여 1주일간을 한성에 머물다가 이등 공작이 대동하고
태황제 및 대황제 두 폐하를 알현하였는데 동씨가 이 형편을 대략 설명하여
이르기를, 내가 보기에 대한의 형편이 극히 비참하도다. 외국이 그 정복한

신민에게 대하여 간여하는 수단이 이같이 잔학함은 나는 평생 처음에 보는도다. 대한을 쇠약케 하기 위하여 태황제를 핍박하여 강제로 선위케 하였는데 현재 두 폐하께서 실로 옥에 갇힌 죄수가 된 모양이요, 총을 든 일본 병정이 궐내에 주둔하고 대한의 신민은 출입을 불허하며 오직 이등 공작의 지휘에 복종하는 대신들만 출입하는데, 이 대신들은 일본 병사의 보호 없이는 도로에 감히 나서지 못하며 내외국인을 막론하고 이등 공작의 허가나 동행 없이는 황제를 알현하지 못하고. 두 폐하는 옥에 갇힌 죄수와 같이 궁중에 계시고 이등 공작이 분명한 군주요, 정부는 일본 병력의 압제 정치요, 인민은 일본의 잔학에 놀라고 분노하며 괴로워하고 있으니 불행하게도 절망 속에 하소연할 길 없는 이 인민들은 실로 매우 가여우며 미국인은 이러한 참혹한 국제 정세를 관망하고 이처럼 거의 죽어가는 자들을 위하여 슬퍼하지 않는 것은 아니나 각국의 형세로 인해 여전히 침묵을 지키며 반대하지 못하는도다.

055. 「원유청첩(園遊請牒)」, 『황성신문』, 1908.3.14. 2면

▸ **원문** 秘苑 園遊會에셔 韓日人 其他 外國人에게 請牒ᄒᆞ얏는듸 其 數가 一千四百餘 名이라더라

▸ **번역** 비원 원유회에서 한국인과 일본인, 기타 외국인에게 청첩하였는데 그 수가 1천 4백 명이라더라.

056. 「헌병 보조원 모집의 내용」, 『제국신문』, 1908.6.14. 2면

▸ **전사** 현금 헌병 보조원을 모집하여 의병 토벌을 담임케 한 내용을 들은즉, 의병 토벌하는 데 본국인을 사용하는 것이 정탐과 기타 편의가 있을 뿐 아니라 일반 국민은 일본 군대와 헌병 경찰관이 의병을 토벌함을 보고 외국인이 본국 동포를 살육한다 하여 도리어 의병에게 동정을 표하여 토벌하는 행동상에 불리한 일이 적지 아니한지라. 이왕 내부 경무국에서 본국인으로써 조직하여 일본 경관의 감독 하에 부속한 특별순사대는 그 인원이 얼마 되지 못하나 의병

토벌의 효과가 양호한 데 이른 것은 위에 말한 바 이유를 인함이라. 고로 이제 정부에서 헌병 보조원을 모집하여 일본 헌병대 지휘하에 두어 의병을 진압케 한 일은 일반 국민의 오해를 덜고 의병 토벌의 효과를 보려■ 계책이라더라.

‣ **용어** 내부, 헌병대

057. 「자창자화(自唱自和)」, 『대한매일신보』(국한문), 1908.11.12. 2면

‣ **원문** 日本人 發行ᄒᄂᆞ 大韓日報에 韓國 農商工部에셔 狩獵法을 發布흠을 評論ᄒᆞ얏ᄂᆞ되 畧曰 現今 韓人에게 對ᄒᆞ야ᄂᆞ 壹般히 銃器 携帶를 嚴禁하ᄂᆞ 中인즉 該法의 適用흘바ᄂᆞ 韓人 以外의 外國人(卽 日本人)일지라 盖 韓日 官吏가 其 適用의 如何를 不顧ᄒᆞ고 法令雨下의 弊를 作흠은 吾徒의 駁論ᄒᄂᆞ 비라 ᄒᆞ얏더라

‣ **번역** 일본인이 발행하는 『대한일보』에 한국 농상공부에서 수렵법을 발포함을 평론하였는데, 대략 이르기를 현재 한인에게 대하여는 일반적으로 총기 휴대를 엄금하는 중인즉 이 법의 적용할 바는 한인 이외의 외국인(즉 일본인)일지라. 아무래도 한일 관리가 그 적용 여하를 고려하지 않고 쏟아지듯이 법령을 내리는 폐단을 만듦은 우리들이 반대하는 바라 하였더라.

‣ **용어** 농상공부, 대한일보

058. 「측량저희」, 『대한매일신보』(국문), 1909.3.16. 3면

‣ **전사** 남도에서 온 사람의 말을 들은즉 전라남도 각 군은 요즘에 의병이 측량원의 전답 측량함을 저희[沮戱]하는 고로 그 지방 인민들이 각 처에 방을 붙이되 지금 전답을 측량하는 것은 외국인을 위함이 아니라 각기 전답을 보전하기 위하여 측량함이니 의병은 의심을 풀고 저희하지 말라 하였다더라.

059. 「안중근 씨의 공판」, 『대한매일신보』(국문), 1910.2.12. 1면

‣ **전사** 본월 7일 9시 20분에 안중근 씨의 공판을 여순에 있는 일본 관동 도독부

고등법원 제1정에서 시작하였는데 차례대로 심문할새 안중근씨가 공초[供招]하여 가로되, 해삼위에는 3년 전에 갔었고 생활하기는 처음에 고향에서 가져다가 지내었고 후에는 친구의 보조로 지내었으며 교육은 가정에서 천자, 동몽선습, 맹자 등 한문을 배웠고 후에는 천주교 선교사 법국인에게 법어를 배우고 천주교에 입교하여 17세에 세례를 받았다 하며 나라를 떠난 후 3년 동안은 무엇을 하였느냐 한즉, 나의 잡은 뜻을 실행하기로 힘썼나니 나의 뜻은 하나는 외국에 있는 동포를 교육함이요 또 하나는 의병을 일으킬 경영이로다. 독립할 생각은 어느 때부터 있었느뇨. 대답하되 나의 이 생각은 수년 전부터 있었는데 가장 격분하기는 아일전쟁 후에 5조약과 7협약을 체결할 때라. 1895년 일본 황제 선전조칙에는 동양 평화와 한국 독립을 위한다 하더니 이등이 군사의 위세를 끼고 여러 가지 조약을 억지로 체결하는 고로 그때부터 이등을 죽일 뜻이 있어서 연래에 잠시도 잊지 아니하였노라 하고 일장 연설을 한 후에 다시 이등을 살해하던 때 일을 물으니 대답하되, 그 사실은 알지마는 총을 놓은 후에 이등이 어떻게 된 것은 알지 못하노라 하며 또 가로되 이 일은 대한국 독립 의병의 참모중장 된 신분으로 행할 바이요 결단코 일개인의 뜻으로 행한 바는 아니로라 하였다 하며.

또 그날에 안중근 씨 외에 세 사람은 잡힐 때에 입었던 복장으로 법정에 들어가 허리에 매인 박승을 풀고 일동이 법대로 심문함을 받은 후에 자리에 앉게 하고 안 씨를 먼저 심문하였는데, 방청하는 사람들은 대련과 다른 데서 온 사람은 그 전날 밤에 왔고 여순에서는 그날 아침에 와서 방청표가 ■■하여 허행하고 돌아간 자가 여러 명이요, 또 오후에 들어가기를 기대고 있는 자가 산같이 섰으며 고등관의 방청하는 자리도 찼으며 부인 방청하는 자가 20여 명인데 한국인은 변호사 안병찬 씨와 안 씨의 두 아우뿐이요, 법정에 들어갈 때에는 일본인까지 몸을 검사하여 경계를 엄밀히 하였다더라.

▶ **용어** 선전조칙, 아일전쟁(=일아전쟁), 안병찬, 안중근

'동양'을 둘러싼 동상이몽

신민영

해제

공간을 구획하고 그 내부를 인식하는 것은 공간을 물리적·인식적으로 지배하는 일과 밀접하게 관련되어 있다. 지역에 대한 정의는 지역의 경계를 확정하고 중심을 결정하는 것뿐만 아니라 어느 지대를 포함하거나 배제하는 일과 관계한다. 필연적으로 지역에 대한 정의(定意)는 '그곳'을 알 필요가 있는 집단의 이해관계에 부응하는 의미를 산출한다. 따라서 지역의 경계와 구조는 유동적이며, 정의의 문제란 곧 역사적이다. 그렇기 때문에 한반도의 바깥을 담지하는 '서양'이라는 단어는 즉자적인 의미를 가질 수 없고, 항상 대자적이다. '서양'은 '동양'을 필요조건으로 한다.

한자문화권에서 '동양(東洋)'은 애초 화이(華夷)질서 아래에서 탄생한 용어이다. 송대에 이르기까지 중국의 해양 개념은 '남양(南洋)'에 관한 논의가 그 중심을 이루고 있었으며 동양은 세분화된 남해 영역의 일부분으로 언급되었다. 12세기 남송(南宋)의 주거비(周去非)가 작성한 『영외대답(嶺外代答)』을 보면 지금의 태평양은 동대양해(東大洋海)로, 현재 영토 분쟁이 일고 있는 인도네시아 일대의 해역은 남대양해(南大洋海)로 표기되어 있다. 이는 명대까지 그 기본적인 형태를 유지했는데, '(대)동양'은 중국 대륙을 중심으로 동쪽에 위치한 넓은 바다, 곧 태평양을 가리키는 지리적 차원의 의미 정도로 사용됐다. 해역 구분과 관계하던 '동양'이 한반도, 중국 대륙, 일본 열도 등의 지역에서 '서양'의 반대쌍으로 재의미화되기 시작한 것은 19세기말 무렵이다.

1898년 6월 7일자 『독립신문』은 대한제국, 청국, 일본을 묶어 '동양'이라 지칭하는 일본인의 연설을 실었는데, 그는 "서양 호랑이들이" "우리 동양으로 와서" "삼켜 먹으려고 입에 침을 질질 흘리는 모양"이라며 '동양'의 위급한 형세를 근심한다. 이때의 '서양'은 공업화에 성공하고 나서 안정적인 해외시장 확보를 구실로 식민지 개척에 혈안이 된 제국주의 열강들과 대체로 일치했다. 그러므로 '서양'은 폭력과 침략이라는 이미지뿐만 아니라, 진보와 문명이라는 이미지를 동시적으로 가졌다. 이 무렵 신문 잡보란에서 '서양'은 "서양신문", "서양요리"(『독립신문』, 1896.12.22.), "서양 친구 한 분"(『매일신문』, 1898.7.14.)에서처럼 구체성이 결여된 막연한 이질성의 대명사로 통용됐다.

그러나 1899년 일어난 의화단 사건은 '서양'이 환기하던 위협에 대한 두루뭉술한 인식에 질적인 변화를 가져왔다. 의화단이 베이징(北京)과 톈진(天津) 일대를 점령하자, 러시아가 만주 지역에 철도 경비를 구실로 대규모 병력을 이동시키고 실질적으로 만주 지역에서의 청국 지배권을 무력화하는 협상을 요구했기 때문이다. 실제 동양과 서양이 보다 구체적으로 대척점을 이루며 "서양은 기계로 만들기를 잘하고 동양서는 손으로 만들기를 잘하나니"(『제국신문』, 1903.4.28.) 같은 언술이 눈에 띄기 시작하는 것도 1903년께이다. 만주 일대에 대한 러시아의 조치를 두고 일본이 강력하게 반발하고 나서면서, 당시 『제국신문』, 『황성신문』 등에서 '동양'을 위협하는 "서양 호랑이"는 러시아로 명시되었다. '서양'의 위협은 '동양' 3국을 균질적인 운명공동체로서 상상하게 만들었고, 이를 위해 "인종이 또한 같은 동포 형제", "한 동리에 세 사람의 집", "서로 붙들어 입(脣)과 이(齒)같이 한가지로 전진하는 나라"(『제국신문』, 1903. 4.24.) 등의 언술이 동원되었다. 여기에서 '동양'은 서세동점(西勢東漸)이라고 하는 시대적 위기의식 속에 침략세력에 맞서는 막연한 동질감에 근거한 연대체로서, 3국 간의 상호존중과 동등성 위에서 상상되었던 것으로 보인다.

하지만 사실상 이들 3국 사이에는 이미 위계가 발생하기 시작했고, '상보적인' 관계란 단지 문면에 머무르고 있었다. 당시 신문들에서 일본은 러시아의 핍박을 받는 청국을 지키고 "동양평화를 위하여 금현 지금 육해군을 일으켜 러시아를 정토한"(『황성신문』, 1904.2.29.) 맹주로서 호명되었다. 한편 대한은 "동양의 서충(西衝)이오 일실(一室)의 대문(大門)"(『황성신문』, 1905.5.9.)이라는 지위로 지시되었는데, 이는 일본의 서쪽에 위치한 대한제국이 방패가 되어 일본에 대한 러시아의 공격을 미리/대신 받는 것을 교묘하게 정당화한다. 이들 언술 속에서 대한제국과 청국은 일본을 '동양'의 요체로서 의미화하는 데 기능했다. 러시아라는 주적의 등장은 한때 막연하게나마 표방됐던 이들 3국의 호혜 관계를 맹주국 일본을 위시한 층위 구조로 빠르게 변화시켰다.

이후 러일전쟁에서 승리하며, 일본은 스스로를 "개명한 나라", "문명국"의 지위로 격상하고 부국(富國)과 강병(强兵)으로 대표되는 구미 각국과 자신을 나란히 위치시켰다. 동양국 일본의 승리는 역설적으로 일본에게서 '동양'의 이미지를 효과적으로 털어주었다. 또한 일본은 대한제국과 청국을 "만한(滿韓)"으로 묶어 상반된 일방에 세움으로써, 자신을 '동양'에서의 '서양'으로 주조해내는 데도 성공한다. 이는 '동양'의 식민

자로서 그 자격을 추인받는 동시에 당위성을 공언하는 과정이었다.

그런데 러일전쟁의 종전 협상(Treaty of Portsmouth)이 체결되기도 전인 1905년 3월에 벌써 한반도에서는 일본의 이러한 속내를 경계하는 목소리가 확인된다. 강원형·여중룡 등 11인은 각 공관에 편지를 보내 "겉으로는 아라사를 막는다 하나 실상은 한국을 삼킴이니 가위 아국(俄國)도 못 막고 한국이 먼저 망함"이라고 성토했다(『제국신문』, 1905.3.18.). 또 같은 해 11월 국민교육회는 일진선언서(一進宣言書)를 발송한 일진회를 향해 "일아전쟁이 또한 우리 독립을 붙들기 위함인즉, (…) 지금 귀회에서 이런 생각이 없이 이렇게 '보호'라는 두 글자를 거연(遽然)히 선언"하는 것은 신중하지 못하다고 규탄했다(『제국신문』, 1905.11.14.). 그리고 바로 이 지점은 안중근이 법정에서 이토 히로부미를 저격한 이유를 밝히면서 12번째로 언급한 "동양평화"를 "교란"(『대한매일신보』, 1909.11.21.)했다는 내용과도 맞닿아 있다.

『대한매일신보』는 1909년 11월부터 다음 해 2월까지 긴 지면을 할애하여 안중근의 재판 내용을 전한다. 안중근은 공동방어라는 동양 3국의 전략적 연대구상이 러일전쟁 이후부터 어그러지기 시작했다고 보았다. 그는 "동양평화 및 한국독립을 위함이라고 운운했던" 청일전쟁 때와 달리, 러일전쟁 이후에는 "한일오조약(韓日五條約)"과 "그후 칠조약(七條約) 체결"이 강제되었음을 근거로 들었다(1910.2.12.). 이러한 인식은 『신한민보(新韓民報)』의 하와이 한인공동회 발(發) 「포와특보(布哇特報)」(1909.3.10.)를 전재(轉載)한 기사에서도 동일하게 발견된다. 특히 해당 기사는 1909년 2월 24일 일황에게 보낸 전문(電文)을 함께 옮기고 있는데, 공동회는 청국과 러시아에 대한 일본의 선전포고가 내세웠던 대의가 바로 대한제국의 독립과 동양의 평화였음을 재차 강조한다(『대한매일신보』, 1909.4.13.).

본래 "한국독립"과 "동양평화"는 일본 정부의 대외적인 행동을 설명하는 대표적인 명분이었다. 1902년 1월 30일 체결된 일영협상(日英協商, 〈제1차 일영동맹협약〉)은 당시 신문들에서 전언(傳言) 형태로 기사화되었는데, 『황성신문』은 부산 거류 일본인들이 발행한 『조선신보(朝鮮新報)』의 기사를 빌려 "그 이유는 동양평화를 유지하는 데 있다고 하고", "또한 일영협상 중에는 한국 독립을 방해하는 것은 배제한다는 협약이 있다고 하였고"라고 전한다(1902.2.17.). 『제국신문』에도 비슷한 내용의 기사가 등장하는데, "다만 한청 양국에 강토를 보전하고 통상에 이익을 확실히 보존함에 있고 다른 뜻은 없다 한지라"(1902.2.26.) 등이다. 그러나 실제 일영협상의 내용은 대한제국의 주권과 독립을 심각하게 훼손하고 있었다. 1903년 3월 16일자 제국신문에 실린 황해도 지역의 교안사(敎案事)를 다룬 기사에서, 일영협상의 의미는 "서양에 일이 있으면 영인이 주관하고, 동양에 일이 있으면 일인이 보기로 하였는데"라는 내용으로 소개된다. 이어 기자는 일영협상을 근거로 해당 사건의 당사국인 미국이 일본에 군대를 요청해 사태를 진정시키겠다고 한다면서, "우리 정부에는 정신들 좀 차리시오"라고 일갈한다(『제국신문』, 1903.3.16.). 그러니까 해당 기사는 일영협상의 발효가 실제 보장하는 내용이란 것이 "한국독립"과 "동양평화"가 아니라, '동양'에서의 일본의 특수한 지위였음을 구체적으로 방증하고 있는 셈이다. 다만 해서교안(海西敎案)은 기자의 우려와는 달리 외부대신과 대한제국 정부가 파견한 사핵사(査覈使), 천주교 주교와 프랑스 공사가 사건 조정에 적극 참여하며 나섰고, 1903년 4월 7일 해서교안의 중심에 있던 빌렘(J. Wilhelm, 1860~1938) 신부가 서울로 소환되는 것으로 일단락되었다. 이는 해서교안이 표면적으로는 천주교 신자와 개신교 신자 사이의 충돌이었지만, 사실 훨씬 더 복잡한 속사정이 있었기 때문이다. 당시 황해도 지역은 천주교회가 지역민들의 제반 사회 문제— 특히 경제적 이권 문제에 깊이 관여하면서, 지역 내 지방 관리뿐만 아니라 지방 토호층, 지역민들과의 갈등이 연이어 불거지던 사정이었다.

대한제국 시기 신문매체들에서 '동양'은 발화자들의 모합심리(貌合心離)를 담고 다양한 맥락 위에서 등장했다. '동양'은 연대의 필요성을 고양하는 가운데 '서양'과 대조적으로 충분히 공업화하지 못하고 물질문명에서 뒤떨어진 지역으로 규정됐는가 하면, 자국 국력의 미약함을 보완하기 위한 공동운명체로서 지목되었다. 때로는 역내의 불균등성과 맹주의 통솔 필요성을 부각하면서, '동양'은 일본의 식민자로서의 정당성에 힘을 실어주도록 기능했다. 게다가 '동양'이 내포하는 범주 역시 매우 유동적이었는데, 대한제국과 청국, 일본은 "동양에서 가장 중요한 나라"(『독립신문』, 1898.6.9.)로서 지목되었는가 하면, "동양지경", "동양 아시아주"(『독립신문』, 1899.9.2.), "동양 각 항구"(『제국신문』, 1899.10.28.), 심지어는 "동양 여러 악한 정치 행하는 나라들"(『제국신문』, 1899.11.13.)에서처럼 그 외연조차 불분명하고 모호했다. 결국 1910년, 일본이 대한제국을 병탄하며 "솥을 받치는 세 다리", '동양평화'는 말 그대로 공수표가 되었다.

하지만 그렇다고 해서 '동양'이 흡인력을 상실하고 역사의 뒤안으로 완전히 사라진 것은 아니었다. 시효가 만료된 듯했던 '서양'과 그 부정항(否定項)으로서의 '동양'이라는 도식은 이십여 년의 시간을 건너 또다시 역사의 수면 위로 올라왔다. 그런데 이때의 '서양'은 문명·개화·선진의 담지물인 대신, 개인주의·민주주의·자유주의 등 이른바 근대적 이상에 대한 비판으로 수렴했다. 반면 '동양'은 서양적 근대의 몰락을 선언하고 동양적 가치의 제고를 요구하는 목소리에 기대어 재규정되었다. 곧 '서양'의 근대주의적 맥락에서 정신적·직관적·집단적 등— 과거 '동양'의 후진성을 표상한다고 여겨지던 것들이 새로운 보편성을 창출하는 원리로서 재소환된 것이다. 그리고 1930년대의 이 '동양론' 역시 대한제국 시기 그랬던 것처럼 다시 한 번 일본 제국의 수많은 식민지 지식인들을 미혹했다.

참고문헌

최원식·백영서, 『동아시아인의 '동양' 인식』, 창착과 비평사, 2010.
정종현, 『동양론과 식민지 조선문학』, 창작과 비평사, 2011.

기사

001. 「일본 신호에서 만든」, 『독립신문』, 1896.10.22. 2면

▶전사   일본 신호에서 만든 서양 신문을 보니 조선 학도 80여 명이 이달 나흘날 동경에서 친목회를 하고 여러 사람이 연설을 하는데 조선이 자주독립을 해야 하겠고 인민들이 독립할 마음을 기르지 않아서는 못 쓰겠다고들 의논하여, 조선에서 장사와 공업이 흥성케 하지 않아서는 나라가 안 되겠다고들 의논하며 학교가 번성치 않아서는 나라가 개명치 못하리라고 연설들을 하였다더라.

002. 「돌아간 일요일 독립협회」, 『독립신문』, 1898.6.7. 2면

▶전사   돌아간 일요일 독립협회 회원들이 모여 토론하는데 본 회에 명예 회원 일본 의사 고하송지조 씨가 연설하기를 내가 일본 사람으로 대한 독립협회 회원에 들었으니 여러 회원네가 혹 나를 의심하실 듯하기에 이에 설명하오니 그리들 아시오. 내가 근본 일본 사람으로 대한에 와서 4, 5년 수토를 먹으니 일본은 곧 나의 제일 고향이요, 대한은 곧 나의 제2 고향이라. 내가 어찌 대한을 한갓 남의 나라로 여기리오. 기간에 듣고 본즉 충의 있는 제공께서 나라를 위하여 자주독립의 기초를 견고하게 하시고 백성을 위하여 문명 부강의 사업을 면려토록 하시기에 내 비록 외국 사람일지라도 흠앙하는 마음으로 이 회중에 들어 왔소. 지금 동서양 세계 형편을 보건대 서양 호랑이들이 서양서는 다 먹고 더 먹을 것이 없는 고로 우리 동양으로 와서 큰 고기 덩어리를 보고 욕심을 내어 삼켜 먹으려고 입에 침을 질질 흘리는 모양이니 동양 형세가 어찌 위급치 아니하리오. 대한, 일본, 청국은 동양에 가장 중요한 나라로 인종이 또한 같은 동포 형제라. 청국이 망할 지경이면 대한과 일본이 합력하여 구원하겠고, 일본이 망할 지경이면 대한과 청국이 합력하여 구원하겠고, 대한이 망할 터이면 일본과 청국이 구원하겠으니, 비유하건대 한 동리에 세 사람의 집이 있는데 한 사람의 집에서 불이 나거나 도적이 들거드면 그 이웃에 사는 두

사람의 집에서 어찌 무심히 문만 닫히고 있어 그 한 사람의 집에서 화재와 적환을 혼자 당하게 하리오. 그러한즉 불가불 한, 일, 청 삼국 인민이 이제는 잠들을 깨고 모두 동심합력하여 서양 호랑이의 환 될 것을 방비하여야 옳겠소 하였다니, 외국 사람도 충의 있는 이는 남의 나라에 와서도 위국 애민하는 목적에 이렇게 열심으로 향하는데 하물며 대한 신민 되고야 우리나라의 자주 독립하는 권리와 우리 동포 형제의 문명 부강하려는 사업에 어찌 추호인들 범홀히 여기리오. 아무쪼록 일심 애국하여 세계 만국의 공등 대접을 받도록 힘들을 쓸지어다.

‣ **용어** 독립협회

003. 「동십자교 사는 우순동이란」, 『협성회회보』, 1898.2.19. 2면

‣ **전사** 동십자교 사는 우순동이란 아이가 우리 회보에 편지하였는데 근일 신문을 보니 영, 아, 법, 덕이 청국을 분파하여 동양지경에 일이 많다 하오니 우리나라도 청국과 같이 위태하니 우리나라 신민들은 이때를 당하여 동심합력하면 남의 나라에 수치를 면할 터이오니 아무쪼록 우리도 일심하여 개명 진보하자 하였더라.

004. 「미국 사람 피어스」, 『제국신문』, 1899.11.18. 3면

‣ **전사** 미국 사람 피어스 씨가 대한에 유람으로 나왔는데 작일에 정동 배재학당에 와서 자기가 연전에 미국 자원병으로 필리핀 전장에 가서 싸움하던 이야기를 하는데 미국이 서반아와 이렇게 전쟁을 이룬 것은 미국이 싸움하기를 좋아하여서 싸운 것이 아니요, 미국 이웃에 있는 서반아 속지 쿠바 백성을 서반아에서 학대함을 밉게 여겨 그러한 것인데 필리핀과 싸움할 때에 나는 미국 텐덴쓰에서 자원병 뽑는 데 참예하여 필리핀으로 가서 여러 달 싸움을 하여 무수히 고생을 하고 같이 갔던 사람들이 모두 죽고 상하고 명을 보전하여 본국에 돌아간 자가 겨우 3분의 1이라 하고 이렇게 자원하고 부모 형제 친척을

떠나 전장에 나가 죽기를 불구하고 싸우는 것은 월급을 받거나 상을 타자고 하는 것이 아니라, 다만 애국하는 충심으로 나라를 위함이라 하며 이 싸움도 서반아가 자기 나라 속지 인민을 압제한 까닭으로 났으며 또 지금 구미 각부 강국들이 정치가 그르고 악한 나라들을 미워하여 그 나라를 쳐 뺏으려고 대단히 힘들을 쓰니 동양 여러 악한 정치 행하는 나라들의 근심이라 하였다더라.

005. 「동양 연해에 일본」, 『제국신문』, 1900.5.8. 3면

▸전사 동양 연해에 일본 군함이 56척이요, 영국 동양 함대가 36척이요, 아국 [俄國] 동양 함대는 19척이요, 덕국은 8척이요, 미국은 28척이요, 이태리국은 5척이 있다더라.

006. 「전구대한의견(田口對韓意見)」, 『황성신문』, 1900.11.12. 2면

▸원문 日本의 下議院 議員 田口卯吉 氏가 泥峴 總代役場에서 演述한 바는 已載 ᄒᆞ얏거니와 仁港 總代役場에서 演陳한 意見을 更據한즉 曰 韓國 扶植은 素其美 名이나 然ᄒᆞ나 我國民은 我國民의 發達 進步를 計치 아님이 不可ᄒᆞ고 日韓은 國與國이니 國與國 間에 他國을 愛憐ᄒᆞᆯ 必要가 無ᄒᆞ고 且 韓國을 勢力 範圍 下에 置ᄒᆞᆷ도 不可ᄒᆞ고 但 貿易에 從事ᄒᆞᄂᆞᆫ 商民을 保護ᄒᆞᆷ이 可한지라 又 韓國에 在한 諸君은 見ᄒᆞ라 俄國이 東洋의 倫敦을 合고져 大連灣을 自由貿易港으로크게 施設ᄒᆞ니 我도 京仁 鐵道를 速成ᄒᆞ야 仁川 或 釜山으로써 東洋에 倫敦갓치 ᄒᆞᆯ 事를 覺悟ᄒᆞᆷ이 可ᄒᆞ고 且是等의 費用은 我國이 雖貧ᄒᆞ나 此를 支出ᄒᆞ기엔 無難 ᄒᆞ다 ᄒᆞ얏더라 朝鮮新報

▸번역 일본의 하의원 의원 전구묘길 씨가 진고개 총대역장에서 연설한 바는 이미 기재하였거니와 인천항 총대역장에서 펼친 의견을 다시 인용하자면, 한국을 돕는 것은 본래 그 명분은 아름다우나 그렇다고 해도 우리 국민은 우리 국민의 발달 진보를 도모하지 않을 수 없고 일본과 한국은 국가와 국가의 관계이니 국가 간에 다른 나라를 불쌍히 여길 필요가 없고 또한 한국을 세력 범위

하에 두려 해서도 안 되며 다만 무역에 종사하는 상민을 보호하는 것이 바람직
한지라. 또 한국에 있는 제군은 보라, 러시아가 동양의 런던으로 삼고자 대련
만을 자유무역항으로 크게 시설하니 우리도 경인 철도를 속성하여 인천 혹
부산을 동양의 런던처럼 할 일을 각오해야 하고, 또 이러한 비용은 비록 우리나
라가 가난하나 이를 지출하기엔 어려움이 없다 하였더라. 『조선신보』

▸**용어** 전구묘길, 조선신보, 총대역장

007. 「청국 만주 땅은」, 『제국신문』, 1901.2.11. 2면

▸**전사** 청국 만주 땅은 즉 동양 요충지지라, 청국이 만주를 아라사에 양여하마
하고 아라사에서 만주를 보호한다는 문제에 대하여 일본국에서 극구 반대한다
하니 그 접계하여 있는 대한에 관계가 적지 아니하다고들 하더라.

008. 「일영협상(日英協商)」, 『황성신문』, 1902.2.17. 2면

▸**원문** 聞한則 本年 一月 三十日에 駐英 日本 公使 林董 氏와 英國 外部大臣
란스타운 氏가 日英 協商을 締結ᄒ얏ᄂᆞᆫ딕 其 協商의 理由ᄂᆞᆫ 東洋 平和를 維持ᄒ
ᄂᆞᆫ 데 在ᄒ다 ᄒ고 又聞한則 日昨 駐英 公使 閔泳敦 氏가 電報ᄒ되 英國 外部에
셔 本 公使다려 曰 日英 協商이 成立이라 ᄒ얏다 ᄒ고 朝鮮新報에ᄂᆞᆫ 槩云 駐韓
日英 兩 公使가 各其 本國 政府의 命을 因ᄒ야 日英 兩國 協商이 成立한 事를
韓廷에 對 이 進牒을 發ᄒ얏다 傳ᄒᄂᆞᆫ딕 尙且 日英 協商 中에ᄂᆞᆫ 韓國 獨立을
妨害ᄒᄂᆞᆫ 者ᄂᆞᆫ 排除한다ᄂᆞᆫ 協約이 有ᄒ다 ᄒ얏고 漢城新報에ᄂᆞᆫ 槩云 日英이
協約ᄒ야 韓國 獨立을 擁護 盟從의 保全ᄒᆯ 計가 已堅ᄒ얏다 ᄒ고 又 云 去 十三
日에 駐東京 韓國 公使舘에셔 日英의 同盟 條約이 發布된 쥴로 電報라 ᄒ얏더라

▸**번역** 들은즉, 올해 1월 30일에 주영 일본 공사 임동 씨와 영국 외부대신
란스타운 씨가 일영 협상을 체결하였는데, 그 협상의 이유는 동양 평화를 유지
하는 데 있다 하고. 또 들은즉 전날 주영 공사 민영돈 씨가 전보하되 영국
외부에서 본 공사더러 이르기를 일영 협상이 성립이라 하였다 하고. 『조선신

보』에서는 대개를 말하기를 주한 일영 공사가 각기 본국 정부의 명을 따라 일영 양국 협상이 성립한 일을 대한 정부에 대하여 진첩을 보냈다 전하는데. 또 일영 협상 중에는 한국 독립을 방해하는 것은 배제한다는 협약이 있다 하였고, 『한성신보』에는 대략 말하기를 일영이 협약하여 한국 독립을 옹호하고 동맹을 좇아 보전할 계획이 이미 확고해졌다 하고. 또 말하기를 지난 13일에 주 동경 한국 공사관에서 일영의 동맹 조약이 발포된 줄로 전보했다 하였더라.

▸**용어**　민영돈, 조선신보, 한성신보

009. 「미인의향(米人意向)」, 『제국신문』, 1903.3.16. 3면

▸**전사**　황해도 교요 사건으로 미국 예수교 목사 원두우 씨가 다녀오고 또 목사 기일 씨가 해주를 다녀온 후에 미국 관민 간에 공론하는 말이 그곳에 영미 양국 교인이 다 있는지라. 당초에 교인 사건으로 협상되기를 서양이 일이 있으면 영인이 주간하고 동양이 일이 있으면 일인이 보기로 하였는데 지금 황해도 교인 사건은 한국 병력으로는 어찌하지 못할 터이니 프랑스 공관에 조회하여 프랑스서 그 일을 진압하지 아니하면 일본 병정을 청하여 진압케 하겠다고 한다 하니, 우리 정부에서는(corr.) 정신들 좀 차리시오.

▸**용어**　기일, 원두우, 황해도 교요 사건(=해서교안)

010. 「미인의정(美人議定)」, 『황성신문』, 1903.3.17. 2면

▸**원문**　海西 敎擾 事案으로 美國人 耶蘇敎 牧師 元杜宇 氏와 奇一 氏가 下去흠은 已報하얏거니와 更聞한則 元 氏ᄂᆞᆫ 先歸하고 奇 氏ᄂᆞᆫ 日昨 回京하얏ᄂᆞᆫ듸 傳說을 續聞하니 美 公舘에셔 官民 間에 相議하기를 海西 地方에 英美 兩國 敎人이 皆有한則 當初 以敎人事件을 協商흘 時에 若 西洋이 有一하면(sic) 英人이 主幹하고 東洋이 有事하면 日人이 主幹하기로 議定하얏스니 目今 黃海道 敎人 事件을 韓國 兵力으로ᄂᆞᆫ 彈壓흘 슈 업스니 맛당히 法 公舘에 照會하야 該 事件을 法國에셔 鎭壓치 아니하면 不得不 日本 兵力을 借하야 鎭壓케 하깃다 한다더라

▸**번역**   해서 교요 사안으로 미국인 야소교 목사 언더우드 씨와 게일 씨가 내려감은 이미 보도하였거니와, 다시 들은즉 언더우드 씨는 먼저 돌아오고 게일 씨는 어제 경성으로 돌아왔는데 전하는 이야기를 들으니, 미국 공관에서 관민 간에 상의하기를 해서 지방에 영미 양국 교인이 모두 있는즉 당초 교인 사건으로 협상할 시에 만약 서양이 하나 있으면 영국인이 주간하고 동양이 일이 생기면 일본인이 주간하기로 의정하였으니, 지금 황해도 교인 사건을 한국 병력으로는 탄압할 수 없으니 마땅히 프랑스 공관에 조회하여 해당 사건을 프랑스에서 진압하지 아니하면 어쩔 수 없이 일본 병력을 빌려 진압하게 하겠다 한다더라.

▸**용어**   게일(=기일), 언더우드(=원두우), 해서 교요 사안(=해서교안)

011. 「대판박람회권람서 1(大坂博覽會勸覽書 一)」, 『제국신문』, 1903.4.24. 1면

▸**전사**   (…) 한, 청, 일 삼국은 내두[來頭]에 서로 붙들어 입과 이같이 한가지로 전진하는 나라이오. 폐국[弊國] 제5회 권업박람회는 대판[大阪]에 개설되었기로 귀국과 청국에서 건너오는 일이 극히 편리하며 또 서양 각국과 귀국과 청국에서도 참고할 물품을 가져왔으니 이른바 만국박람회 첫걸음이라. 그러므로 청한협회를 조직하여 그중에 귀국에는 한빈관이라 이름하고 처소를 설시하였는데 창설한 사의 뜻인즉 이후 교제상에 더욱 친밀하게 함은 물론하고 피차 무역상 발달을 경영하기 위하여 건너오시는 첨원[僉員]의 유숙할 처소와 기타 실지를 위하여 설명하오니 조량[照諒]하시오. (…)

012. 「대판박람회권람서 속(大坂博覽會勸覽書 續)」, 『제국신문』, 1903.4.28. 1면

▸**전사**   (…) 대저 의복과 밥과 거처하는 것 세 가지는 세상일의 전진하는 대로 자연히 나아가는 것은 당연한 이치오며 피차에 교제를 중하게 생각할수록 긴 것을 빼며 짧은 것은 깁는 이치로 서로 교환하며 무역이 발흥하는 연고이니

지금 서양 각국에서 오히려 폐국의 칠기와 조각한 것과 도기, 자기 등속을 모본하여 만들고 서양은 기계로 만들기를 잘하고 동양서는 손으로 만들기를 잘하나니 특별히 다른 장기를 빼앗다가 오히려 더 낫게 하기는 용이치 아니할 일이어니와 밥 먹을 때에 젓가락질하기는 모두 손재주가 있다는 말이 있으니 폐국과 귀국은 다 같이 젓가락질하기는 일반이요 귀국 부인네는 바느질이 공교하다 하니 내두에는 각색 미술 물품의 발달함은 의심 없을 일이오. 금번에 귀국 물건 출품 중에 바느질 물건이 없는 것은 대단히 섭섭한 일이오며 이 제조소에 벌인 물건 중에 귀국 소용에 적당할 것은 깊이 상고하시오.

013. 「일본 청년국민당(日本靑年國民黨)」, 『제국신문』, 1903.5.9. 2면

▶ 전사　일본 국민당 간사원들이 회집 결의하였는데 아라사가 만주 철병하는 데 관하여 청국에 대하여 비밀히 새로 칭구하기를 핍박하니 그 수단이 음험하여 동양 평화를 어지럽게 할 줄로 안즉 우리 일본은 이때에 저의 방패와 창을 보겠으니 스스로 호위하기를 마지않을 것이요 둘째는 이 사실을 평론하기 위하여 근일 큰 연설회를 개설할 일이요 또 격서를 중외에 발포할 일이라 하였더라.

014. 「전보일인행문(轉報日人行文)」, 『황성신문』, 1904.2.29. 3면

▶ 원문　慶南 觀察使 閔衡植 氏가 日本 先發 軍隊 司令官 宮崎吉輝民의 行文을 內部에 謄報하얏난디 大日本帝國 皇帝 陛下난 東洋 平和하기를 爲하야 今玆 陸海軍을 起하야 俄國을 征討하시나 余난 當地 近傍 司令官을 奉하야 此地에 下陸하오민 軍令을 不遵하면 余난 職責上 軍法을 가지고 處分홀 터이니 郡守난 管轄內 晉州로 河東에 至ᄒ기와 露梁으로 河東에 至하난 道路를 最大히 修治하되 長廣이 四尺 以上에 至하야 軍事上 物件 運輸ᄒ난디 便利케 ᄒ야 詳細 告知ᄒ라 ᄒ얏더라

▶ 번역　경남 관찰사 민형식 씨가 일본 선발 군대 사령관 궁기길휘민의 공문을 베껴서 내부에 보고하였는데, 대일본제국 황제 폐하는 동양의 평화를 위하여

지금 육해군을 일으켜 러시아를 정토하시나, 나는 그곳 근방 사령관에 봉해져 이곳에 하륙하오매 군령을 따르지 않으면 나는 직책상 군법을 가지고 처분할 터이니 군수는 관할 내 진주에서 하동에 이르는, 그리고 노량에서 하동에 이르는 도로를 최대히 수리하되, 길이와 폭이 4척 이상에 이르러 군사상의 물건을 운수하는 데 편리케 하여 상세히 고지하라 하였더라.

▸ **용어** 내부, 민형식

015. 「양국경행(兩國慶幸)」, 『황성신문』, 1904.4.16. 3면

▸ **원문** 日 公使 林權助 氏가 外部에 對ᄒ야 日本軍이 義州에 進據홈이 鴨綠江 東邊 韓國 境內에ᄂ 一個 俄兵도 無ᄒ니 兩國 慶幸이라 通告ᄒ엿거늘 外相 署理 金嘉鎭 氏가 答覆ᄒ야 曰 日本軍이 今後 滿洲로 長驅 前進ᄒ야 迅速히 戰務를 利遂ᄒ고 東洋의 威武를 輝ᄒ며 永遠ᄒ 平和를 實現ᄒ기를 本 政府도 希望ᄒ다 ᄒ엿다더라

▸ **번역** 일본 공사 임권조 씨가 외부에 대하여 일본군이 의주에 진주하매 압록강 동쪽 한국 경내에는 러시아 병사가 한 명도 없으니 양국이 다행스럽게 여길 일이라 통고하였거늘 외상 서리 김가진 씨가 답복하여 말하길, 일본군이 금후 만주로 거침없이 전진하여 신속히 전쟁 임무를 완수하고 동양의 위무를 빛내며 영원한 평화를 실현하기를 본 정부도 희망한다 하였다더라.

▸ **용어** 김가진, 외부, 임권조

016. 「내부훈령(內部訓令)」, 『황성신문』, 1904.9.6. 2면

▸ **원문** 日本 軍用 役夫 募集 事로 內部에셔 訓令한 全文이 如左ᄒ니 頃次役夫從 自願募集事로 本 大臣이 因本國駐箚大日本軍司令官主意ᄒ야 有所訓飭於各道 者난 現今大日本帝國이 驅百万之生靈하고 傾幾億之國財하야 陸海万里에 不憚 勞苦ᄒ고 北征暴徒ᄒ야 保全東洋之平和ᄒ고 擁護我大韓獨立之基礎ᄒ니 我大 韓이 國力未紓ᄒ고 兵制未備ᄒ야 雖未能執戈同仇에 以明共守之義ᄒ나 其運輸

軍物之勞와 便利需應之▣은 凡我一國之人民의 義所不敢辭也니 況厚其雇賃而
招募者乎아 各地方官吏가 善爲開諭ᄒ야 示以誠信則人夫自願之心이 必多奮發
而不能自己者어늘 夫何地方官吏가 多不曉事ᄒ야 不察從自願之訓意ᄒ고 强行
募集에 騷擾人心하야 悍吏猛校가 橫行閭里ᄒ야 討索錢財以存拔之ᄒ며 假借外
威以恐嚇之ᄒ야 遂使闔境之民으로 不惟沮喪其自願之心이라 其視日本之人을
便同仇敵ᄒ야 家詡戶怨▣ 訛言胥興ᄒ야 或曰 誘引戰塲에 試踏地雷라 하며 或曰
將爲斷髮▣ 編人于日本軍伍라 하야 視赴役을 如就死地ᄒ야 或携老扶幼而逃竄
ᄒ며 或聚群成黨而起鬧하야 不惟生▣於我國이라 其於日本軍略上에도 狼狽極
大하니 此實東洋安危之大關也▣ 究厥事由컨딘 莫非官吏之强募爲之禍也니 自
今以往으로 若復如前强募ᄒ야 致誤兩國平和ᄒ면 該 官吏나 斷當査究重繩이어
니와 夫民者난 可以理諭오 不可以威脅이라 智愚가 各殊ᄒ고 勇㤼이 不同ᄒ니
强之則勢格而難行이오 順之則心諭而必從이라 今其出役之地난 距日俄戰塲이
爲千有餘里오 且其雇賃則倍蓰於平日而衣食之供과 疾病之救가 各盡方便ᄒ고
郵便之送金과 官船之便行이 無不如意ᄒ니 万無顧慮之端이오 韓日之相資가 便
是同舟之風波라 日本之視我韓民을 初無間隔ᄒ니 豈有獨驅韓民ᄒ야 入於死地
之理乎아 徒緣官吏之不能理諭而順處之ᄒ야 使斯民으로 起疑於不疑之地ᄒ야
沮遏其願募之心也▣ 必須至誠曉諭ᄒ야 解其疑惑ᄒ고 喚起眞自願之意則智者
必悟ᄒ고 勇者必奮ᄒ야 應募者多矣리니 當初訓令之各道分排人數난 只不適示
其槪略則今不必泥拘額數ᄒ야 强行排定이고 隨其所願ᄒ야 務致多數募集이되
應募人夫난 交付於日本大倉組派員ᄒ야 恪勤奉行에 副此訓意로 飛勅各郡

▸번역 일본 군용 역부 모집의 일로 내부에서 훈령한 전문이 아래와 같으니,
최근 역부를 자원 모집하는 일로 본 대신이 본국에 주재하는 대일본군 사령관
의 의견에 따라 각 도에 훈칙한 바가 있으니, 현재 대일본제국은 백만 명의
생명을 동원하고 수억의 국가 재정을 소비하여 육해 만리의 수고스러움을 꺼
리지 않고 폭도를 북벌해서 동양의 평화를 보전하며 우리 대한 독립의 기초를
지키고 있으니, 우리 대한은 국력이 아직 넉넉하지 못하고 병제가 갖추어지지
않아 비록 창을 들고 공통의 원수를 치지는 못할지라도, 함께 지켜야 할 의를
밝히는 데에 뜻을 함께 하노라. 군수품을 수송하는 수고와 편리에 응하는 ▣은

무릇 우리나라 모든 인민이 의리상 감히 사양하지 못할 바인데, 하물며 품삯을 후하게 주어 모집하는 일이야 더 말해 무엇하겠는가. 각 지방 관리들이 잘 타일러서 성의와 신뢰를 보여준다면 인부들이 자원하려는 마음이 반드시 많이 일어나 스스로 나서지 않을 수 없게 될 것이어늘, 어찌하여 많은 지방 관리가 일을 제대로 알지 못하고 자원 모집이라는 지시의 취지를 제대로 이해하지 못한 채 강제로 모집하여 민심을 어지럽히고, 흉포한 관리의 사나움이 마을에 횡행해서 금전을 수색해 갈취하며 외세를 빌려 위협해서 끝내 전국의 백성들이 자원하려던 마음을 잃게만 하는가. 그리하여 일본인을 마치 원수처럼 여겨, 집집마다 원망하고 와전된 말이 떠돌기를, 혹은 전쟁터로 유인하여 지뢰를 밟게 할 것이라고 하거나 혹은 단발을 시켜 일본 군대에 편입할 것이라고 해서 역부에 나서는 것을 사지에 내몰리듯 알고, 혹은 노인과 아이들을 데리고 도망가거나 혹은 무리를 이루어 봉기를 하니, 이는 우리나라에만 ▣ 일어나게 할 뿐 아니라, 일본의 군략상에도 낭패가 아주 크니 이는 실로 동양의 안위에 관련된 중대한 사건이라. 그 일의 원인을 궁구해 보건대 모두 관리가 억지로 모집한 데서 비롯한 재앙이니, 앞으로 다시 이전과 같이 강제로 모집해서 양국의 평화를 그릇되게 하면 해당 관리는 마땅히 조사해 중죄로 다스려야 할 것이거니와, 무릇 백성이란 이치로 타이를 수는 있으나 위협하지 못할지라. 지혜와 어리석음이 각기 다르고, 용기와 비겁함이 같지 않으니, 강제로 시키면 세력이 막혀 행해지기 어렵고, 순리대로 하면 스스로 깨닫고 반드시 따를 것이라. 지금 그 출역지는 러일 전장으로부터 천여 리나 떨어져 있고, 또 그 품삯은 평소의 몇 배에 달하며 옷가지와 음식의 제공이나 질병의 구호에도 온갖 방편을 다하고 있고, 우편의 송금과 관선의 운송이 모두 뜻대로 이루어지니 걱정할 거리가 전혀 없으며, 한국과 일본이 서로 의지함은 곧 같은 배를 타고 풍파를 겪는 것과 같은지라. 일본은 우리 한국 백성을 처음부터 격이 없이 대하였는데 어찌 유독 한국인만을 몰아서 사지로 들어가게 하겠는가. 다만 관리들이 이치를 들어 타이르지 못하고 순리대로 처리하지 못해서 백성들로 하여금 의심할 필요가 없는 것을 의심하게 하여 그 자원하고자 하는 마음을 막을 뿐이니, 반드시 지극한 정성으로 알기 쉽게 타일러서 그 의혹을 해소시켜 진정으로 자원하고자 하는 뜻을 불러일으켜야 하며, 그러한즉 지혜로운 이들은 반드시 깨닫고 용감한 이들은 반드시 분발하여 응모하는 자가 많아지리라. 당초 훈령에서 각 도에 배정한 인원 수는 그 대략을 보인 것에 불과하므로, 이제는 그 숫자에 얽매여서 억지로 배정할 필요가 없고, 자원 의사에 따라 많은 수가 모집되도록 힘써야 할지라. 자원한 인부는 일본 대창조에서 파견한 직원에게 인도하여, 성실하고 근면하게 이 훈령의 뜻을 받들게 할지니, 이로써 각 군에 급히 전하여 알림이라.

▶ **용어**　내부

017. 「함질각관(函質各館)」, 『제국신문』, 1905.3.18. 2면

▶ **전사**　일전에 전 시독[侍讀] 강원형, 유학[幼學] 여중룡 씨 등 11인이 각 공관에 편지한 개의를 거한즉 일본이 동양 평화를 유지하고 한국 독립을 부식[扶植]한다 성언하더니 전후에 계획이 모두 상지[相持]한지라. 지금 일본의 행하는 일을 보건대 우리나라 권리를 빼앗고 토지를 점령하고 철도를 놓고 군권을 조종하고 재정을 천편[擅便]하고 경찰과 외교를 주장하고 인민을 잡아간 후에야 우리나라가 독립이 되겠으며 임권조, 장곡천, 고산일명이 병권을 자세[藉勢]하고 우리나라 신민을 숨도 못 쉬게 하고 말도 못하게 하니 겉으로는 아라사를 막는다 하나 실상은 한국을 삼키더니 가위[可謂] 아국도 못 막고 한국이 먼저 망함이라. 그리하면 한국이 앉아서 화를 받고 일본이 득을 받겠는가. 비등이 2천만 동포의 대표로 생사를 불고하여 각 관에 편지하여 만국공담으로 폐방 독립을 보전코자 하니 각 공사는 회답하라 하였더라.

▶ **용어**　강원형, 고산일명, 여중룡, 임권조, 장곡천(=장곡천호도)

018. 「한일관계연설(韓日關係演說)」, 『황성신문』, 1905.5.8. 3면

▶ **원문**　韓國 關係 問題에 對ᄒ야 宋秉竣 氏가 說明 日 余 十年을 遊覽 日本이라가 今言 韓日關係ᄒ니 人或 疑之以日黨이로딕 東洋 大勢를 不可不 言之也라

我韓獨立之原凶을 諸君도 想應知之어니와 政府官人은 曚然(sic)不知ᄒ야 本會
之忠告와 同盟國之勸告가 無日不有ᄒ되 一不聽施ᄒ니 噫라 官民이 合心ᄒ야
此關係之重大을 知之則 國存이오 不知則 國亡은 不待智者而確決也라 昔我孝宗
大王이 淸國의 屈辱을 受ᄒ신 事와 其時 大臣與夫人도 并爲捉去ᄒ야 强奸의
辱과 諸般 羞恥를 爲其臣子者가 豈忍言之哉아마ᄂ 賴林將軍之力ᄒ야 生還本國
後의 復讐ᄒᆯ 思想은 不有ᄒ고 只貪榮辱ᄒ야 竟害林將軍ᄒ니 豈非國賊乎아 所
以로 孝宗이 與宋尤菴으로 有北伐之計而未遂ᄒ시고 厥後三百年에 無一人做謀
者而甘爲臣服ᄒ니 可謂無臣無民也로다 十年前에 日本이 先覺ᄒ야 東洋을 維持
한 義로 日淸戰爭을 起ᄒ니 我韓自主獨立이 第一政略也라 自是로 脫淸羈絆이여
늘 不思其恩罪면 是豈成說乎며 日本天皇陛下끠셔 我韓獨立之詔勅을 公佈世界
인딕 有何孤疑ᄒ야 空費巨額의 期欲背恩忘德ᄒ니 是ᄂ 露國之反間也라 其時
獨立協會之刱設이 切爲我國獨立也여늘 (미완)

▶**번역** 한국 관계 문제에 대하여 송병준 씨가 설명하기를, 내가 10년을 일본에
서 유람하다가 지금 한일 관계를 말하니 사람들이 혹 일본당이라 의심하되
동양 대세를 말하지 않을 수 없노라. 우리 한국 독립의 원인을 제군도 아마도
알고 있을 것이나 정부 관인은 어리석게도 알지 못해 본회의 충고와 동맹국의
권고가 있지 않은 날이 없었음에도 한 번도 듣고 실시하지 않으니 아아 슬프도
다, 관민이 합심하여 이 관계의 중대함을 안즉 나라가 존속할 것이요, 모른즉
나라가 방할 것임은 지혜로운 자를 기다리지 않아도 확실히 판단할 수 있는
일이라. 옛적에 우리 효종대왕이 청국의 굴욕을 받으신 일과 그 당시 대신과
부인도 함께 잡혀가 강간의 치욕과 온갖 수치를 당했던 일을, 그 신하와 자식된
자로서 차마 어찌 말로 다할 수 있겠는가마는, 임 장군의 힘에 의지해 본국으로
생환한 후에 복수할 사상은 없고 단지 영욕을 탐하여 결국 임 장군을 해쳤으니
어찌 나라를 배신한 역적이 아니라 하리오. 그러므로 효종께서 송우암과 함께
북벌할 계획이 있었으나 끝내 이루지 못하시고, 그로부터 3백 년 동안 도모하
는 자가 한 사람도 없고 도리어 기꺼이 신하로 복속되기를 자처하니, 신하도
없고 백성도 없다고 할 만한 것이로다. 10년 전에 일본이 먼저 각성하여 동양을
유지한다는 뜻으로 일청전쟁을 일으켰으니 우리 대한의 자주 독립이야말로

제일의 정략이라. 이때부터 청국의 고삐를 벗게 된 것이거늘 그 은혜와 죄과를 생각하지 않는다면 어찌 말이 되겠는가. 일본 천황 폐하께서 우리 대한 독립의 조칙을 세계에 공포하였는데 어찌 의심을 가지고서 거액을 낭비하여 배은망덕 하려 한단 말인가. 이는 러시아의 이간책일 따름이라. 그때 독립협회의 창설이 간절히 우리나라의 독립을 위함이었거늘. (미완)

▸ **용어** 독립협회, 송병준, 일청전쟁

019. 「한일관계연설 전호 속(韓日關係演說 前号續)」, 『황성신문』, 1905.5.9. 3면

▸ **원문** 日 公使 林權助 氏가 外部에 照會ᄒ되 日本 政府에셔 東亞의 大勢를 維持 ᄒ기 爲하야 本年 八月 十二日에 大弗列顛國과 新定協約을 調印ᄒ얏스니 貴我 兩國의 最關係되ᄂ 緊重 條件이오 東洋의 平和를 永賴홈이니 實로 兩 帝國의 幸福이라 新約 一通을 送交ᄒ니 閱覽ᄒ라 ᄒ얏더라

▸ **번역** 일본 공사 임권조 씨가 외부에 조회하되 일본 정부에서 동아의 대세를 유지하기 위하여 올해 8월 12일에 대불열전국[영국]과 새로운 협약을 조인하 였으니 귀국과 아국 두 나라에 가장 관계 깊고 중대한 조건이요 동양의 평화를 영구히 신뢰함이니 실로 두 제국의 행복이라. 새 협약 1통을 송교하니 열람하 라 하였더라.

▸ **용어** 외부, 임권조

020. 「일진선언서(一進宣言書)」, 『제국신문』, 1905.11.8. 3면

▸ **전사** 일진회 선언서를 다음에 번역하노니 시국에 유의하시는 이들은 침량 [斟量]하시기 바라노라. 무릇 일이란 것이 힘을 헤아려 가히 행할 것은 말하여 곧 행하고 힘에 가히 행치 못할 것은 잠잠히 나의 실상 힘을 기른 후에 행하나니 대저 일본은 먼저 나아가고 먼저 깨달은 나라이라. 동양 평화하기를 주의하고 십수 년 이래로 전력 주선[周旋]하여 갑오년[1894년] 일청 싸움과 이번 일로

개전이 다 의협한 마음에서 생긴지라. 그러나 일로 평화조약과 일영동맹 개정 두 가지가 다 베풀어 밝힌지라. 대일본제국이 대한제국에 대하여 양국 관계가 장차 크게 변화되겠다는 말로 근일 여항간 의론이 분운하여 전국 상하가 의구지심이 있어서 흐르는 말이 백 가지로 나와서 거짓말로써 거짓을 전하여 인심이 비등[沸騰]하여 그는 용혹무괴[容或無怪]라. 그러나 슬프도다, 봄과 여름에는 풍일이 화창하거니와 가울과 겨을이 되매 비와 눈이 많이 오나니 어찌 그렇지 않으리오. 성이 나서 바위돌을 차면 상하는 것은 발부리뿐이니 가위 시속 격담이라. 흐르는 말이 한번 굴러나오매(corr.) 현제[懸蹄]와 혹이 백 가지로 생기고 은밀한 계교가 가만히 행하매 오장이 먼저 드러나나니 그런고로 줄어지는 것은 나라 권리요 손상하는 것은 교제하는 정의라. 그러므로 감정이 변하여 악한 뜻이 되어 자못 망하는 데 이르나니 이를 장차 어찌할고. 슬프다, 우리 이천만 동포여 이것이 무슨 죄며 이것이 무슨 액회냐. 심하도다, 깨닫지 못함이여 길고 긴 풀은 휘날려 대한 일진회는 크게 소리하고 빨리 불러서 급급한 시국 방침을 온 천하에 펴 말하노니. 위로는 성려를 편안케 하시고 아래로 민심을 안돈케 하여 나라 집을 망하지 않은 땅에 구원하여 구구한 혈심과 간간한 정성으로 스스로 능히 잠잠히 그치지(corr.) 못하나니다. 금일 한일 양국의 관계로 다만 옛적 체례로만 회복코자 하면 이는 거의 다 죽은 자를 불러 다시 살아나라고 책망함이니 가히 되겠는가, 못 되겠는가. 만일 외국 간섭을 단연이 거절하고 독립의 실상을 완전코자 하면 분내어 일어나서 그 이유를 세계 만국에 선언하다가 만일 성사치 못하거든 옳은 의리로 더불어 한 가죽 죽은 후에 그만 두는 것은 가커니와(corr.)

▸ **용어** 일로 평화조약(=일아조약), 일영동맹, 일진회, 일청 싸움(=일청전쟁)

021. 「일진선언서 속(一進宣言書 續)」, 『제국신문』, 1905.11.9. 3면

▸ **전사** 만일 그렇지 못하면 순순히 친구 나라의 지도하는 대로 문명에 나아가고 독립을 유지하는 것이 가하거늘 나아가서는 분 내어 창의하는 기운이 없고 물러가서는 친구 나라의 성심을 믿지 않고 한갓 의구지심만 내어 군소배와

간세배의 공교한 말에 고혹하고 간사한 계책으로 농간하다가 반드시 교제하는 정의를 상하고 스스로 나라의 화근만 취하나니 어찌 탄식함을 이기리오. 슬프다, 우리 일진회는 주의와 강령이 위로 황실의 존엄함을 붙잡고 아래로 인민의 편안함을 꾀하여 국가에 독립을 굳건히 하고자 함이라. 이른바 황실을 존영한다는 것은 헛되이 존영함이 아니라 곧 신민이 높이 믿는 것이요, 그 안영케 한다는 자는 고식지계가 아니라 곧 영구히 평화하려는 것이요, 그 독립이란 것은 형식이 아니요 곧 실상이니 대저 정치의 큰 권세를 황상폐하께 붙이는 것은 이무가론이거니와 내치 외교와 백반[百般] 정령[政令]이 스스로 경계와 구별이 있어서 신하로 하여금 각각 갈라 맡은 직책이 있는 것이 소위 정부이거늘 정부가 과연 능히 그 직분을 다하고 그 책임을 다하여 위로 폐하의 신임하심을 대양[對揚]하시며 아래로 국민의 소망을 응함이거늘 슬프다, 전에 없을 일이로다. 대신 이하 문무백관이 다만 그 벼슬 자리에만 채울 뿐더러 참람하게 영화와 녹봉만 도적질하고 심한 자는 백성을 학대하여 사사 경영하기로 책임을 삼는 자가 비단 허명무실이라. 차라리 정부 없나니만 같지 못하도다. (미완)

▸ **용어** 일진회

022. 「일납일영(一納一營)」, 『제국신문』, 1905.11.11. 2면

▸ **전사** 일진회에서 선언서를 각부 관인과 기타 각 회사에 다 보내었는데 종로 기독청년회에는 그 선언서를 도로 보내며 편지하기를 본회 목적은 교육이 주장인즉 그전 정치 사건에 대한 일은 상관없다 하였고. 국민교육회에서는 회답하기를, 본회 주지는 정치 간사를 듣기를 원치도 않거니와 이 선언서는 국민에 큰 문제인 고로 잠잠히 있을 수 없어 한 마디 앙도[仰禱]하오니 조량[照亮]하시오. 연전 일청전쟁이 우리 동양을 위하여 의리를 일으키고 그 다음 일아전쟁이 또한 우리 독립을 붙들기 위함인즉 우리가 마땅히 그 신의를 감사히 여기고 교제를 친밀히 하는 것은 일본서도 또한 우리에게 깊이 바라는 바이거늘, 지금 귀회에서 이런 생각이 없이 이에 보호 2자로 거연이 선언을 하니 어찌 생각지 못함이 심하며, 하물며 민회에서 나라을 대표하여 외교하는 권한이 없을 듯하

고. 또 일본서 큰 의리를 천하에 펴나니 반드시 귀회의 말하는 것을 자뢰[藉賴]하여 국제상 신의를 잃어버리지 않을 터이니 다시 생각하라 하였다더라.

▸**용어** 국민교육회, 기독청년회, 일아전쟁, 일진회, 일청전쟁

023. 「함힐진회(函詰進會)」, 『제국신문』, 1905.11.14. 1면

▸**전사** (…) 일본서 동양 평화를 유지하기 위하고 우리나라 독립 부식[扶植]하기 위하여 큰 의리를 창론하였는데 지금 일아 평화조약과 일영동맹 개정이 과연 동양 평화와 우리나라 독립을 위하여 주의함이라 하겠는가. 저 일아조약 제2조와 일영동맹 제3조에 우리나라의 보호지도 감리 등 조처를 받는다는 말을 귀회에서는 ⊠⊠⊠거니와 ⊠(…)⊠ 귀회에서도 만일 나아가 분발할 기운이 없거든 자퇴하는 것이 가하거늘 어찌 ⊠(…)⊠되며 나라 팔아먹는 종이 되느냐. 오호통재라. 귀회에서 소위 2천만 동포의 대표란 말도 귀회에서 혼자 말하는 것이지 다른 동포는 신종[信從]치 않고 우리나라 독립의 이름과 독립의 실상을 완전케 하고자 하다가 되지 않으면 바른 의리로 함께 죽는다는 말도 가히 믿지 못할지니, 귀회는 스스로 귀회요, 2천만 동포는 스스로 2천만 동포이거늘 어찌 가히 ⊠(…)⊠ 귀회⊠⊠ 그 행위를 같이 하리오. 만일 귀회 선언서의 논란과 같이 할진대 우리나라는 주권도 없고 정부도 없고 신민도 없을지니 진실로 주권도 없으며 정부도 없으며 신민도 없으면 그 기히 가라대 나라가 있다 하겠는가. 하여금 스스로 ⊠⊠가 되는 자는 정부로 하여금 스스로 망하는 정부라고 이름하여 영영히 나라를 망하게 하는 자는 귀회니 우리 동포의 단당한 결심은 ⊠(…)⊠ 귀회라 하거늘 어찌하여 귀회의 호랑이 앞의 창귀와 간사한 계교와 여우 같은 아첨으로써 우리 선량한 백성을 몰아다가 남의 보호지도 감리하는 밑에 들어가고자 하느뇨. 귀회 행위가 안으로는 정부 간세배를 체결하여 거짓 개선 정치를 충곡[衷曲]한다 칭탁[稱託]하고 은근히 뇌물을 받으며 밖으로 남의 세력을 의뢰하여 친구 나라의 동맹 표정을 밝히 말한다 하고 은근히 나라 권리를 팔아먹는 것이 재주라. 무슨 능한 일이 있으리오. 오직 원컨대 귀회는 확연히 올빼미 같은 심장을 씻어버리고 반드시 개와 말의 정성을 본받

아 확실히 처음에 주창하던 4대 강령의 주지를 세우고 하여금 국제상 흔단[釁端]이 생기지 않도록 하면 우리나라 독립은 우리에게 있는 일이라. 반드시 외국인에게 억지로 구할 것이 아니나 그 조약이 소소[昭昭]히 한일의정서에 넣어 있으니 길게 말할 것 없이 이만 간추리노라 하였더라 .

▶용어 일아 평화조약(=일아조약), 일영동맹, 한일의정서

024. 「대한자강회연설(大韓自强會演說)」, 『황성신문』, 1906.5.1. 3면

▶원문   大垣丈夫 氏

滿塲 紳士 諸君 及 憂國 諸君은 傾聽홀지어다 (…) 從此로 本論에 入ᄒ야 國家政治를 外交와 內政의 二者로 區分홀지라 大抵韓國이 不幸히 日淸俄 三國 間에 介在ᄒ야 自來 隣强의 勢力 消長이 有홀 時마다 每樣國運에 影響을 及한 故로 外交에만 奔忙苦悶ᄒ야 社稷의 安危가 外交의 如何에 在한 狀況인則 內政을 忽諸히 ᄒ고 舊習디로 放任ᄒ야 殆히 外交를 專務ᄒᄂ 狀況이 有홈은 勢所固然이라 然而 今에 外交ᄂ 日本의 擔任한 비되야 韓國이 苦心經營홀 것이 無한則 今後ᄂ 專히 內政의 改良 進步에만 全力을 注ᄒ야 不可不 富强의 實을 成就홈을 務홀지라 大抵 此 外交權을 日本에 委任한 事에 對ᄒ야 仰天太息ᄒ며 或은 伏地痛哭ᄒ야 仄國의 條約으로 是非홀 ᄲᆞᆫ아니라 甚至於 仰藥自致ᄒ고 國民을 刺激ᄒ야 國權 恢復에 資코져 ᄒᄂ 者가 有ᄒ니 余도 亦 深히 其意를 諒ᄒᄂ 故로 妻子를 棄ᄒ고 急遽히 渡韓홈은 全히 此 形勢를 知悉한 故라 然ᄒ나 東洋의 大勢를 察ᄒ고 韓國 自來의 行動을 慮ᄒ야 日本의 自衛上에 韓國의 外交權을 日本에 委任홈이 必要ᄒ다 ᄒ야 兩國 皇帝 政府 間에 協約이 成立한 後ᄂ 某論者와 如히 此를 破棄ᄒ야 國權을 恢復코져 홈이 其 志가 即 愛國의 衷情으로 出홈이로ᄃ 又 或 韓國을 滅亾케 ᄒᄂ 所以인則 不可不 反省홈을 請求홀지니 昔時에 孝子가 有ᄒ야 其父의 顔面에 毒虫이 來홈을 見ᄒ고 在傍한 撞木으로ᄲᅥ 該 毒虫을 打ᄒ얏더니 蟲은 即死ᄒ얏스나 其父도 亦 頭額이 被傷ᄒ야 鮮血이 淋漓ᄒ야 畢竟死去ᄒ얏ᄂ 說이 有ᄒ니 孝子의 心志ᄂ 元來可惡홀 者ㅣ 無ᄒ되 其 方法을 不擇한 故로 意外 不孝의 結果를 見홈이 아니뇨 大抵 新協約에ᄂ

韓國 富强의 實을 認홀 時에 至ᄒ기ᄭ지 協定한 約欵이라 홈은 明記홀 ᅋ아니라 伊藤 統監이 一千萬元 借欵에 對ᄒ야 演說한 中에도 韓國의 富强에 資ᄒᄂ 所以를 明言ᄒ얏슨則 韓國에셔 文明을 吸收ᄒ야 富强의 實만 成就ᄒ면 新協約을 解除홈을 得홀 ᅋ아니라 完全한 獨立國으로 世界 列國에 倂伍홈을 得홈이 明瞭한 事實인則 此 事理에 依ᄒ야 國權의 恢復과 獨立의 基礎를 成홀지니 此 本會ᄂ 最先務로 方針을 決定한 所以라 (未完)

▸ 번역   대원장부 씨

장내의 많은 신사 제군 및 나라를 걱정하는 제군은 경청할지어다. (…) 이제부터 본론에 들어가 국가 정치를 외교와 내정의 두 분야로 구분할지라. 대저 한국이 불행히 일본, 청국, 러시아 삼국 사이에 끼어 있어 본래 주변 강대국의 세력에 흥망이 있을 때마다 매양 국운에 영향을 미친 고로 외교에만 분망히 고민하여 사직의 안위가 외교의 여하에 있는 상황인즉, 내정을 홀저히 하고 구습대로 방임하여 거의 외교만을 전담하는 상황이 된 것은 형편상 당연함이라. 그런즉 이제 외교는 일본이 담임한 바가 되어 한국이 고심하여 경영할 것이 없는즉, 앞으로는 오직 내정의 개량 진보에만 전력을 쏟아 반드시 부강한 실질을 이루도록 힘써야 할지라. 대저 이 외교권을 일본에 위임한 일에 대하여 하늘을 우러러 탄식하거나 땅에 엎드려 통곡하며, 단지 망국의 조약이라고 시비할 뿐 아니라, 심지어 독약을 먹고 스스로 목숨을 끊고 국민을 자극하여 국권 회복에 도움이 되고자 하는 자가 있으니, 나 또한 심히 그 뜻을 깊이 이해하는 고로 처자를 버리고 급거히 도한함은 전적으로 이 형세를 아는 까닭이라. 그러나 동양의 대세를 살피고 한국 자래의 행동을 고려하여 일본의 자위상에 한국의 외교권을 일본에 위임함이 필요하다 하여 양국의 황제와 정부 간에 협약이 성립한 후에, 모 논자와 같이 이를 파기하여 국권을 회복코자 함은 그 뜻이 곧 애국의 충정에서 나온 것이라 하더라도, 또한 혹시 그것이 한국을 멸망케 하는 원인이라면 불가불 반성함을 요청할지니 옛날에 효자가 있어 그 부친의 얼굴에 독충이 날아드는 것을 보고 옆에 있던 나무 몽둥이로 그 독충을 때렸더니 벌레는 바로 죽었으나 그 부친도 또한 이마가 크게 다쳐 피가 철철 나더니 결국 죽고 말았다는 이야기가 있으니, 효자의 마음과 뜻은

본래 나쁘다 할 것이 없되 그 방법을 가리지 않은 고로 뜻밖에도 불효의 결과를 보게 된 것이 아니겠는가. 대저 신협약에는 한국 부강의 실질을 이루는 때에 이르기까지 협정한 약관이라 함은 명기할 뿐 아니라, 이등 통감이 1천만 원 차관에 대하여 연설하면서도 한국의 부강에 도움이 되려 한다는 소이를 분명히 말하였는즉. 한국이 문명을 흡수하여 부강의 실질만 성취하면 신협약을 해제할 수 있을 뿐 아니라 완전한 독립국으로서 세계 열국과 나란히 할 수 있다는 것은 명료한 사실인즉, 이러한 사리에 의하여 국권의 회복과 독립의 기초를 이룰지니. 바로 이것이 본회가 가장 먼저 해야 할 일로 방침을 결정한 까닭이라. (미완)

▸ **용어** 대원장부, 대한자강회

025. (時事寸言)「동서양을 관광하니 각기」, 『제국신문』, 1906.8.6. 3면

▸ **전사** ▲ 동서양을 관광하니 각기 국을 정계하여 군신 상하 하는 일이 생존 경쟁뿐이로다

▲ 국가 만년 무궁하여 성자신손 계통하되 영웅 열사 물론하고 인생 백년 지나가면 누누중총[纍纍衆冢] 북망산에 남는 것이 백골이니 생전 사가 허사언만

▲ 생존 경쟁 권리 싸움이 나라마다 한량없어 전일에는 평화하되 근일에만 흔단[釁端] 나면 큰 전쟁이 일어나서 총을 겨누고 서로 보니 일아전쟁 큰 싸움일세

▲ 서양인이 당돌하여 동양인을 업수이 보고 아라사가 개전할 터이니 일패도지[一敗塗地]하였으니 대일본이 장하도다. 일아 개장 금번 싸움이 우리 동양 생광일세

▲ 동양 천지 큰 권리는 한청일 삼국에서 쾌활하게 얻었구나

동양인의 자격으로 큰 권리는 얻었건만 한국, 일본 구별하여 내 나라 일 생각하면 머리끝이 찌긋하고 ▨▨▨▨ 기막힌다

▲ 생존 경쟁 이 세계에 우리 한국 뭘 하다가 이 지경이 되었는가

▲ 슬프다 정부에 7 대신 작죄로 통감 하나가(corr.) 나오면서 2천만 명 자유

권리 일시에 없어졌구나. 에구 분해 어찌하리

026. 「경축여성(慶祝餘聲)」, 『제국신문』, 1906.11.3. 3면

▸전사 ▲ 금일은 우리 대한국 황상 폐하 개천기원절이요, 일본 황상 폐하 탄생하신 천장절이니 양국의 큰 경사가 함께 이날 되었도다

▲ 한일 양국 각 인가에 태극, 욱일기를 달아 태극 포함 천지 중에 욱일장이 번득이니 만세 무궁하옵소서

▲ 천년 만년 이 경절이 연연 경축 더 새롭다 동양 대세 불온하여 일가 개전 요란하다가 평화 극복 다시 되어 이 경절을 당했으니 우리 동양 다행일세

▲ 일아 개전 강화 후에 양국 황제 위문하사 동양 평화 영원하게 친서 사의 간절하니 한국 신민, 일본 신민 성의대로 본을 받아 서로 대양[對揚]하여 보세

▲ 조칙 친서 이러신데 성의 대양 아니 하고 자의 행동 시험하여 양국 간에 갈등 나면 동양 세계 죄인이니 죄에 한번 범해 놓으면 공법 조율 면하겠소

▲ 동양 천지 부분하면 각기 국을 위할 터요 각기 권을 잡을 터니 남의 국권 방해하면 개중 시비 절로 나오

▲ 동양 삼국 손발 괴듯 피차 간에 병립하면 누가 감히 엿보겠소

▲ 개천 경절 만만세 독립 제국 만만세 천장 경절 만만세 우리 동양 만만세 서양 각국 만만세 농서양이 만반세하니 천하태평춘이라 예친지 무궁한 우리 태극기호 억만세(corr.)

027. 「촌음시경(寸陰是競)」, 『제국신문』, 1906.11.9. 3면

▸전사 ▲ 벽상에 걸린 시계 뚝딱뚝딱 도는 소리 들어보니 1초 1분 1각 1일이 1년 백년 천년 만년 덧없이 재촉하여 쉬지 않고 돌아가니 돌아간 때 다시 오며 돌아간 날 다시 오나

▲ 1분 2분 돌아가서 15분이 1각이오 4각이 1시 되고 12시가 1일이니 360일이 1년이요 3만 6천 일이 백년이니 인생 백년이 한 분 한 시에서 시작하여 무정세

월이 약류과[若流過]하여 한 세상이 다 지나니 인생이 통곡할 곳이로다

▲ 이같이 바쁜 세월 우리나라 사람들은 바쁘지 아니하여 상중하 사회상 사람들이 항상 말하기를 미진[未盡] 조건을 대하면 항다반[恒茶飯] 명일 이래 무진[無盡]이라 하더니 일반 국민의 일반 사업이 다 피폐하여 하등국 하등인의 지목을 면치 못하니 어찌 슬프지 아니하리오

▲ 우리 태조 고황제 질풍목우[疾風沐雨]로 창업하신 국가와 선조의 보전하던 강토를 우리 시대에 당하여 우리 손으로 소삭[消索]하였으니 어찌 원통치 아니하리오

▲ 세계 각국이 이익으로 경쟁하는 시대를 당하여 일본 같은 나라는 동양 한편에 있어 남이 알지도 못하던 나라가 경장[更張]한 지 30여 년에 시각을 다투어 가며 시무[視務]하여 동양에 맹주국이 되니 그 사업자는 타인이 아니라 이등박문 씨 등이로다

▲ 청컨대 제군자는 이등 씨 등을 보라. 이목구비가 우리보다 다른 것은 일호도 없건마는 부지런한 마음으로 배운 학문 정신에서 개명상 주인이 되어 열강국에 병립하여 저같이 상등국이 되었으니 어찌 부럽지 아니하리오

▲ 우리 전국 인민은 깊이 다시 생각하여 국세가 이 같은 것을 조금도 낙심하지 말고 각기 직책을 일출사환생[日出事還生: 날이 새면 할 일도 따라서 생긴다] 하는 대로 시각을 다투어 부지런히만 하면 이등박문 씨 같은 사람이 배출할 터이니 시계에 가는 뚝딱 소리를 범연[汎然]히 듣지 말고 시각을 따라 일하시오

▲ 외국 사람은 그 시간을 보고 사무하기 위하여 괘종이나 회중시계를 가지고 시간을 준적[準的]하거니와 우리 한국 사람은 시간 준행치 아니하며 패물로 가지는 모양이니 가석하도다 금일 시침을 다시 보라 어디 금일이 또 다시 돌아오나 다시 못 볼 시간을 공연히 허비할까

028. 「이등연설(伊藤演說)」, 『대한매일신보(국한문)』, 1907.2.12. 2면

▸원문 東京에셔 開催한 東洋協會大會에셔 伊藤 候의 演說을 神戸헐일드新聞에 記載ㅎ얏ᄂᆞᆫ듸 其槩意가 如左ㅎ더라 余가 한國에 在ㅎ야 最히 難事로 思惟ㅎᄂᆞᆫ

點을 述ᄒ야 諸君의 參考를 供허노니 第一에 한國 內政 改善에 關허여ᄂ 伊藤 與 其 僚員이 再昨年 十一月 한日協約에 就허여 盡務ᄒ 責任의 定質로 以하야 大端히 困惱하니 此 協約에 對ᄒ야 日本 所有 權限은 不過勸告而已니 然則 日本은 勸告者이오 大한은 主人이라 何許 改良 件이던지 實施 以前에 日本 顧問官들이 한國 政府 當局者로 ᄒ여곰 其 緊要 件의 料度과 提出 흠을 知悉케 흠이 第一 必要한딕 此ᄂ 容易치 못한 事라 한國은 獨立國이니 외交權만 日本셔 主管ᄒ 쑌 而已오 其他ᄂ 素是 한國 政府에 存在ᄒ고 國土ᄂ 臺灣에 比ᄒ면 七八倍오 人口ᄂ 一千二三百萬에 不下ᄒ고 文化 程度도 與日本으로 同時代에 開發ᄒ얏고 團結力도 亦 應此而强한 事實이니 此ᄂ 臺灣에 比ᄒ면 至難한 所以라 且尙有他 事焉ᄒ야 又有重大者ᄒ니 韓國 內 新聞에 所有한 非常 權力也라 伊藤의 百言보다 新聞의 一筆이 한人을 感動케 ᄒᄂ 力이 太强한딕 加之에 現今 한國에셔 發刊ᄒᄂ 一 외國人의 每日報ᄂ 確証이 有한 日本의 諸般 惡政을 反對ᄒ야 한人을 煽動흠이 連續 不絶ᄒᄆ 此에 關한 機會에 就ᄒ야ᄂ 統監이 難可受責이로다 日本人 中의 한人을 迫害하ᄂ 者 不無흠이 외人 等은 彼等을 矜憐ᄒ야 此等 事件을 記出하ᄆ 其聲이 聞于世界한지라 故로 余ᄂ 利彼利我之方針을 執ᄒ야 專門的 智識으로 不可不 硏究ᄒ지라 ᄒ얏고 又 終末에 緊切한 說話가 有한딕 再三 顯著히 說明ᄒ여 曰 日本의 方策은 大한의 領土와 獨立을 維持흠의 在ᄒ고 呑幷ᄒ 意想은 全無ᄒ고 日本의 對한 眞策은 한人 日人이 互相 享利ᄒ기 爲ᄒ야 한國의 富源을 開發케 흠에 在허다 허얏더라

▶ **번역** 동경에서 개최한 동양협회대회에서 이등 후작의 연설을 『고베 헤럴드 신문』에 기재하였는데, 그 개의가 아래와 같더라. 내가 한국에 있으며 가장 어려운 일로 생각해온 점을 말하여 제군에게 참고를 제공하노니, 첫째로 한국의 내정 개선에 관하여는 이등 통감과 그 참모들이 재작년 11월 한일협약에 의하여 그 책임을 다하려는 입장에서 대단히 고뇌하고 있으니, 이 협약에 대하여 일본이 가지는 권한은 권고에 불과하며. 그런즉 일본은 권고하는 자요 대한은 주인이라. 어떤 개량안이든지 실시 이전에 일본 고문관들이 한국 정부의 당국자에게 그 긴요한 사안의 계획과 제출 사항을 충분히 알게 하는 것이 제일 필요한데, 이는 쉽지 않은 일이라. 한국은 독립국이니 외교권만 일본에서 주관할 뿐이요

그 외의 것은 원래부터 한국 정부에 존재하고 국토는 대만에 비하면 7, 8배요, 인구는 1천 2, 3백만 명에 못지않으며, 문화 정도도 일본과 동시대에 발전하였고 단결력도 역시 이에 따라 강한 것이 사실이니, 이는 대만에 비하여 지난한 이유라. 더욱이 여기에 아직 다른 중대한 문제가 있으니, 한국 내 신문이 가지고 있는 비상한 권력이라. 이등의 백 마디 말보다 신문의 단 한 줄이 한 사람을 감동케 하는 힘이 훨씬 강한데 이에 더해 지금 한국에서 발간하는 한 외국인의 『매일보』[대한매일신보]는 확증이 있는 일본의 제반 악정에 반대하여 한국인을 선동케 함이 끊이지 않고 계속되매 이와 관련된 기회에 대해서는 통감이 책임을 지기 어렵도다. 일본인 가운데 한국인을 박해하는 자가 없지 않음에 외국인들은 그들을 가엽게 여겨 이러한 사건을 보도하매 그 소리가 세계에 들리는지라. 그러므로 나는 서로에게 이익이 되는 방침을 견지하고 전문적 지식으로 연구할 수밖에 없을지라 하였고. 또한 연설의 말미에 긴절한 말이 있었는데 재삼 현저히 설명하여 이르기를, 일본의 방책은 대한의 영토와 독립을 지속함에 있으며 병탄할 생각은 전혀 없고 일본의 대한 정책은 한국인과 일본인이 서로 이익을 누리기 위해 한국의 부원을 개발케 함에 있다 하였더라.

▶ **용어** 동양협회, 재작년 11월 한일협약(=을사늑약)

029. **「통감 초연의 개문(統監招宴의 槪聞)」**, 『제국신문』, 1907.4.30. 2면

▶ **전사** 삼작일 이등 통감이 진고개 녹천정[鹿川亭]에 특별 연회를 개하고 대관 민영소, 남정철, 신기선 씨 등 18인을 청요[請邀] 연대하였는데 이등 통감이 기시[其時]에 연설한 개요를 들은즉 대저 한국 신민이 나를 대하여 의심하는 마음을 품은 상태가 있으나 나는 한국을 위하여 개명 진보를 지도할 책임으로 이곳에 주재함이니 조금도 의심할 바 없거니와 대저 동양 제국 역서를 공맹지도로 종교를 삼는 바이거니와 그 선배된 자가 그 도의 진리를 지키지 못하고 다만 헛된 문채와 번거한 예절만 숭상하여 종교가 점점 붕퇴[崩頹]한 지경에 이른 고로 나도 항상 탄식하던 비이러니, 이제 여러분이 종교를 부흥할 목적으로 학회를 조직하고 사기를 고발한다 하니 대단히 감사할 뜻으로 동지를 표하

고자 함이요, 또 한국 정형을 살피건대 마치 일본 유신 초와 같아서 외국 수입
품은 많아가고 수출품은 적은 고로 국용이 기갈하여 곤란한 지경에 이름인즉
농공상업의 실업을 권장하여 아무쪼록 내 나라 수출품이 외국에서 수입하는
물품보다 많게 되면 국용이 곤란하기 ■컨대와 점점 부강할 지경에 나아갈
일을 기약할지니 실업을 권장함이 제일 급무로 아는 바요, 또한 지금에 일반
국민이 국채보상한다 칭하고 의연금을 모집함은 국민의 무심으로 ■출하는
바라. 그 뜻은 극히 가상하나 조금 오해하는 바는 현금(corr.) 한국 정형으로
보건대 백 가지 정무가 하나도 완전치 못하여 차차 문명 정도를 실천코자 하면
첫째 재물이 있어야 할 터인데 한국에 무슨 재정이 넉넉하다 하겠는가. 일을
행치 아니 하려면 이만이거니와(corr.) 만일 실행하여 나아가는 날에는 또 얼
마큼 차관해야 할 형편이라. 이제 설혹 군민 혈성으로 의무금을 모집하여 이왕
에 차관한 국채를 보상한다 할지라도, 불구[不久]에 또 차관하는 돈은 무엇으
로 보상하겠다 하리오. 선후지책을 말하건대, 그 모집하는 의무금으로 실업적
회사를 조직하여 인민의 실업을 장려하여 재물 나는 근원을 활발케 하면 민구
사의 행복이 될까 하노라 하였다 하고, 그 연회에 진참[進參]한 제씨 중 민영소
씨가 통감을 대하여 숙청[肅聽] 궁금하는데 본국 경찰이라도 족할 터인데 하필
일본 순사를 궁중에 배치함은 미타[未妥]한 일이라 질문하였더니 이등 통감이
미소하고 대답하기를 지금 일 순사를 배치하였으되 오히려 간세배의 옹폐[壅
蔽] 천추[遷推]할 염려가 있거든 하불며 한국 순검에게만 위임하면 실행이
된다 할 수 없을 뿐 아니라, 일본 순사를 한국 정부에서 고용하여 한국 정부의
월급을 먹는 것인즉 또한 한국 순사라 하여도 무방할 터이니 피아 국을 분변할
곳이 아니라 하였다더라.

▶ **용어** 국채보상, 남정철, 녹천정, 민영소, 신기선

030. 「모살자의 전말(謀殺者의 顚末)」, 『제국신문』, 1907.4.29. 3면

▶ **전사** 권군대 모살 사건에 대하여 피착된 나인영 등 사건은 전일에도 말하였
고, 또 작일에도 대강을 게재하였거니와 경찰 관리의 신고하여 탐색한 결과로

그일에 관련된 자들을 차례로 포박하여 여러 번 신문하여 공초[供招] 받은 정절[情節]을 자세히 말하건대, 나인영, 오기호 양인은 전라남도 사람으로 평생에 나라 일을 근심하는 지사로 자기하는 사람인데 우리나라 독립을 공고케 하려면 불가불 한, 일, 청 삼국이 솥발 같은 형세를 만들어 서로 의지하여야 다른 나라의 침략을 방비할 정략을 가졌더니, 연전에 한성 정계가 아라사 세력 아래 기반되었을 때를 당하여 강개 우국하는 마음을 억제치 못하다가 일로 개전되는 때에 일본 황제의 선전 조칙 내에 한국 독립을 보전한다는 뜻을 실시 하면 우리나라가 발달되겠기로 그때에 일본이 득승[得勝]하기를 조석[朝夕]을 축수[祝手]하더니 천행으로 일본이 승전하여 휴전이 된지라.

나인영, 오기호 양인이 일본의 승전한 기회를 타서 선전 조칙(corr.) 실시할 방책을 강구하는데 일본에 전왕[專往]하여 그 조칙(corr.) 실시하기를 운동하는 것이 타당한 줄로 생각하고 두 사람이 재작년 6월에 작반[作伴]하여 일본에 건너가서 동양 평화를 유지하기는 세 나라가 협동하는 데 있는즉 일본은 응당 한국에 대하여 친목하는 후의로 우리나라 독립을 붙잡아 주라는 글을 지어 일본 각 대신에게 보낸 후 또한 몸소 찾아다니며 그 의견을 진술하고 동경에 머물러 일본의 대한 정책을 살피더니, 그해 12월에 이등 통감이 특사로 건너온 후 한일조약이 성립되었다는 말이 일본 각 신문에 게재된 것을 보고 놀람을 이기지 못하여, 그때 외부대신 박제순 씨에게 급히 전보하되 칼이 목에 당하더라도 신조약에 인장을 치지 말라고 충고하였더니 필경 그 조약이 성립된지라, 한을 품고 귀국하였고. (미완)

▸ **용어** 나인영, 박제순, 오기호

031. 「모살자의 전말 속(謀殺者의 顚末 續)」, 『제국신문』, 1907.4.30. 3면

▸ **전사** 급기[及其] 통감부가 설치된 후에 일본의 행동이 한국을 붙잡는 영향은 터럭만치도 없고 삼천리 강토가 일본의 삼킴을 면치 못할 것을 근심하여 일본의 유지지사를 사귀어 일본의 대한 정책을 일신 변경케 하는 것이 양책인가 하여 작년 9월분에 재차 일본에 전왕하여 유지한 선비로 명가가 있는 강본유지조,

송촌웅지진, 내전양평 등 여러 사람을 찾아보고 평생 소회를 극진히 설명한즉 그 사람들의 속답이 일이 이미 이 지경이 되었는즉 세무내하[勢無奈何: 형세상 어찌할 도리가 없다]라 하며 만단[萬端] 위로하는 고로 부득이 하여 앙앙[怏怏]한 뜻을 품고 귀국하였더라. 그 두 사람의 생각에 우리나라가 오늘날 이 지경에 빠진 것은 일인의 위엄과 압제에 생겼으나 당초에 신조약 성립될 때 일본서 제출한 조약을 각 대신이 찬성한 연고인 고로 먼저 다섯 대신을 베고 다른 대신들도 일병 베어 없애야 정부를 뒤집고 새로이 정부를 조직하여 한일협약을 개정하여 독립의 실상을 연구할 계획으로 협약한 대신을 암살하라는 은근한 계교를 품었더라. 원래 경상북도 김산 사람 박대하는 본디 최익현 씨의 행적을 숭상하고 사모하는 자라. 최 씨가 의병을 일으킬 때에 동심 합력하여 다수한 재산을 헛 없이하였고 의병의 영수가 되어 의병 추앙하는 지위에 있다가 일이 여의치 못하여 서울 와서 숨어서 민충정 영환 씨에게 의뢰하려는 중에 (미완)

▶ 용어 강본유지조, 내전양평, 민충정(=민영환), 최익현, 통감부, 한일협약(=을사늑약)

032. 「양씨담화(兩氏談話)」, 『황성신문』, 1907.8.13. 2면

▶ 원문 (日本 大阪每日新報 譯謄) 近近 歸國호 俞吉濬 氏가 伯爵 板垣退助 氏를 訪問호고 韓國의 政策을 問호니 伯爵이 語호야 曰 向日에 印度人이 余를 來訪호야 英國의 壓迫을 免홀 事를 言호기에 余는 印度人이 俄國이나 其他 國에 通호야 英國에 羈絆을 脫코자 홈은 其策이 아니니 國民을 文明에 導호야 富强의 道를 學홈이 印度人의 急務라 大抵 國民 智識의 進步와 國土 富力의 增加가 獨立의 大原因이라 호얏느니 余는 貴下에게도 此言으로 勿홈이 適當호도다 日本이 俄國과 干戈를 交홈도 東洋 永遠의 平和를 鞏固코자 홈이오 其後에 貴國과 協約을 締結호야 保護호기에 至홈도 東洋의 平和와 文明을 爲홈이니 貴國도 隣邦의 精神을 諒호야 輕擧妄動치 아니호기를 切望호며 歐米人이 日本의 文明을 評호야 曰 下衣가 無한 후로고—트를 着홈과 如히 表面은 文明을 裝호얏스나 裏面은 野蠻의 風習을 未脫 홈이라고 嘲笑한즉 余輩는 其 下衣를 作코져 호야 社會 改良을 盡力호는 中이니 貴下도 歸國호신 後에 社會 下層에 留念호야 改良 進步를 勉務

ㅎ기를 望ㅎ노라 ㅎ얏다더라

▸**번역** (일본『대판매일신보』를 옮겨 씀) 곧 귀국할 유길준 씨가 백작 판원퇴조 씨를 방문하고 한국의 정책을 물으니 백작이 말하기를 지난번에 인도인이 나를 내방하여 영국의 압박을 면할 일을 말하기에 나는 인도인이 러시아나 다른 나라를 통하여 영국의 굴레를 탈출코자 함은 그 방책이 아니니 국민을 문명으로 인도하여 부강의 길을 배움이 인도인의 급선무라, 대저 국민 지식의 진보와 국토 부력의 증가가 독립의 큰 원인이라 하였으니, 나는 귀하에게도 이 말로 제시함이 적당하도다. 일본이 러시아와 창과 방패를 맞댐도 동양 영원의 평화를 공고코자 함이요 그후에 귀국과 협약을 체결하여 보호하기에 이름도 동양의 평화와 문명을 위함이니 귀국도 폐방의 정신을 헤아려 경거망동치 아니하기를 간절히 바라며, 구미인이 일본의 문명을 평하여 말하기를 아래옷이 없는 프록코트를 입음과 같이 표면은 문명을 입었으나 이면은 야만의 풍습을 아직 벗어나지 못함이라고 조소한즉 우리는 그 아래옷을 만들고자 하여 사회 개량을 진력하는 중이니, 귀하도 귀국하신 후에 사회 하층에 유념하여 개량 진보하는 일을 부지런히 하기를 바라노라 하였다더라.

▸**용어** 대판매일신보, 유길준, 판원퇴조

033. 「포와희문(布哇喜聞)」, 『대한매일신보』(국한문), 1908.7.10. 1면

▸**원문** 美國에 留學ㅎ다가 歸國한 李起龍 氏의 談話를 據한즉 布哇島에 居留ㅎ는 韓人들이 風潮所激에 祖國을 對하야 忠愛홀 意務로 학문과 事業을 晝夜 勉勵ㅎ고 또 敎를 篤信하야 熱心 團合으로 建設한 敎堂이 四拾餘 處에 至ㅎ얏스니 此는 閔燦鎬 李支盛 씨 等이 該地 居留 諸氏와 協力홈이오 敎會 內 학교에 寄宿舍를 設立ㅎ야 壹家屋을 購買홀시 各處 義捐이 夥然ㅎ며 該 家主 美人시지 此擧를 欽歎하야 屋價로 五千圓를 捐助ㅎ니 此後로 資本이 無한 학생도 寄托이 便利ㅎ야 棲遑홀 慮가 無한지라 該地 東양人 居留 數를 相較ㅎ면 韓人이 淸人과 日人의 拾分에 壹이 不過ㅎ나 日人의 敎堂은 拾餘 處이오 淸人의 敎堂은 僅히 幾處에 不過하되 韓人의 敎堂은 右와 如ㅎ니 韓人의 熱心 團結홈은 可知오 該地

에셔 東양人 中 韓人을 優待흠은 亦可知라 宣敎師 위드민 氏가 德義와 慈善의 心을 滿抱하야 韓人 愛護力을 大展ᄒᆞᆫ대 壹千九百五年으로부터 會事校務를 竭力 周旋한 지 于今 四五 年에 該校 認可신지 美國 政府에 得ᄒᆞ야 確立한 基礎와 整理한 順序가 公立과 無異ᄒᆞ야 狀況이 漸盛ᄒᆞ다 ᄒᆞ니 閔 李 兩氏 等의 有志흠은 國民 資格으로 自國 同胞와 携手 進步흠에 猶可歎服ᄒᆞᆯ 쑨이로대 위드민 氏ᄂᆞᆫ 殊邦 人民으로 如此흠은 果是 感荷ᄒᆞᆯ 비라 하더라

▸**번역** 미국에 유학하다가 귀국한 이기룡 씨의 담화에 따르면, 하와이에 거류하는 한인들이 풍조에 격동되어 조국에 대하여 충애할 의무로 학문과 사업을 밤낮으로 면려하고 또 종교를 독실하게 믿어 열심히 단합하여 세운 교회당이 40여 곳에 이르렀으니 이는 민찬호, 이지성 씨 등이 그 지역에 거류하는 제씨와 협력함이요 교회 내 학교에 기숙사를 설립하여 한 가옥을 구매할새 각처 의연이 굉장히 많았으며 그 집의 주인인 미국인까지 이러한 미거를 흠탄하여 집값으로 5천 원을 연조하니 차후로 자본이 없는 학생도 기탁이 편리하여 방황할 우려가 없는지라. 해당 지역의 동양인 거류 수효를 서로 비교하면 한인이 청인과 일본인의 10분의 1에 불과하나 일본인의 교회당은 10여 처요 청인의 교회당은 겨우 몇 군데에 불과하되 한인의 교회당은 위에서 말한 바와 같으니 한인이 열심히 단결함은 알 만하며, 그 지역에서 동양인 중 한인을 우대함 또한 알 만한지라. 선교사 위드맨 씨가 덕의와 자선의 마음을 가득 품어 한인을 애호할 힘을 크게 펼쳤는데 1905년부터 교회 일과 학교 사무를 힘껏 주선한 지 지금 4, 5년에 그 학교 인가까지 미국 정부로부터 얻어 확립한 기초와 정리한 순서가 공립과 다르지 않아 상황이 점차 흥성하다 하니 민, 이 두 사람의 뜻 있는 행동은 국민의 자격으로 자국 동포와 손잡고 진보하려는 것이니 탄복할 뿐이로되 위드맨 씨는 다른 나라 인민으로 이와 같이 한 것은 과연 감격하고 고마워할 일이라고 하더라.

▸**용어** 민찬호, 이기룡

034. 「자행거 경주의 일등상」, 『제국신문』, 1908.7.14. 2면

▸**전사** 동서양 각국인이 합동하여 재작일 훈련원에서 자행거 경주회를 설행하였는데 해 경주회에 참여한 자의 다수는 한일 양국인이요 다음에 청국인이요 서양인이 수삼 명인데 해[該] 경주의 일등상(자행거)은 서양인도 같고 동양인도 같은 외국인이 타갔다더라.

035. 「송씨불평설(宋氏不平說)」, 『황성신문』, 1909.2.18. 2면

▸**원문** 十三日 夜에 馬關 鎭海樓 新聞 記者 招待會에서 內大 宋秉畯 氏가 滿腔 不平을 說明ᄒ야 曰 韓國 京城에 在한 日本 新聞紙 及 通信은 誤謬가 頗多ᄒᆯ쁜 不是라 捏造 記事가 亦 多ᄒ며 日本人은 恒常 裴說을 攻擊ᄒᄂ 裴說 以上의 日本人이 有ᄒᆷ을 注意ᄒ라 且 日本人 官吏가 韓國 政府에 割據ᄒ야 互相 權勢를 爭ᄒ야 其 陋劣한 狀態에 至ᄒ야ᄂ 實로 忍言치 못ᄒᆯ지라 余ᄂ 萬障을 排ᄒ고 日本人으로 朝鮮 官吏됨에 同意ᄒᆷ은 賢良한 日本人과 韓國의 改善 方針을 共濟ᄒ고 東洋의 平和 計畫을 共謀코ᅐ 한 바오 決코 今日과 如히 權勢 爭奪의 府를 作코ᅐ ᄒᆷ은 아니라 今日의 陋態를 持續ᄒᄂ 結果가 果然 如何한가 朝鮮의 利害ᄂ 姑舍ᄒ고 日本의 利害ᄂ 何如ᄒ며 東洋의 平和 維持ᄒᆷ에 其 影響이 亦 如何한가 余ᄂ 임의 朝鮮에 永居치 안코 日本에 長居ᄒ야 日本土가 될ᄂ지도 不知한다 ᄒ얏다더라

▸**번역** 13일 밤에 마관 진해루 신문 기자 초청회에서 내부대신 송병준 씨가 불만에 가득차 말하기를, 한국 경성에 있는 일본 신문지 및 통신은 오류가 매우 많을 뿐 아니라 날조 기사가 또한 많으며, 일본인은 항상 배설을 공격하나 배설 이상의 일본인이 있음을 주의하라. 또 일본인 관리가 한국 정부 내에 분파하여 자리를 차지하며 서로 권세를 다투는 그 누추하고 비열한 상황에 이르러서는 실로 말을 참을 수 없는지라. 내가 수많은 장애를 무릅쓰고 일본인이 조선의 관리가 되는 것에 동의한 것은 현량한 일본인과 한국의 개선 방침을 함께 구하고 동양의 평화 계획을 공모코자 한 바요 결코 오늘과 같이 권세 쟁탈의 정부를 만들고자 함은 아니라. 오늘날의 누추한 상태가 지속된다면

그 결과가 과연 어떠하겠는가. 조선의 이해관계는 고사하고 일본의 이해는 어떠하며 동양의 평화 유지함에 그 영향은 또한 어떠하겠는가. 나는 이미 조선에 영주하지 않고 일본에 오래 살아 일본 땅이 되는지도 모르겠다 하였다더라.

▸**용어**　배설, 송병준

036. 「포와특보(布哇特報)」, 『대한매일신보』(국한문), 1909.4.13. 1면

▸**원문**　(新韓民報 照謄) 北美 居留 韓人 同胞의 發行ᄒᆞᄂᆞᆫ 新韓民報에 布哇特報라 ᄒᆞ고 新韓國報를 照謄한 全文이 如左ᄒᆞ더라

第壹次 共同會 記事

二月 十九日에 本港 英字報 잇버타잇스新聞에 揭載한 東京 發電을 據한則 其 事實이 極히 痛憤ᄒᆞ야 心胆이 裂ᄒᆞᄂᆞᆫ 듯ᄒᆞᆷ 耳로 忍聞치 못ᄒᆞ깃ᄂᆞᆫᄃᆡ 其 全文이 左와 如ᄒᆞ니 韓國이 쟝ᄎᆞ 日本에 合倂이 되리로다 貳月 十九日 東京電을 據한則 韓國 內部大臣 宋秉畯이 揚言ᄒᆞ되 現今 韓國에 二政府를 置ᄒᆞᆷ이 無益한 事이오 財政만 消費ᄒᆞ니 韓國의 希望과 平和가 壹個 政府를 置ᄒᆞᆷ에 在ᄒᆞ다 ᄒᆞ얏고 伊藤은 此事를 實行ᄒᆞᆯ 計劃으로 同月 廿二日에 東京으로 還한다 ᄒᆞ얏스니 韓國에 壹大政策의 變更될 것이 此에 達ᄒᆞ얏도다 日本이 韓國을 典執ᄒᆞ지는 아니 ᄒᆞ얏스되 韓國이 日本에 負債가 累累한 故로 此 機會를 因ᄒᆞ야 韓國을 日本에 附屬ᄒᆞ려 ᄒᆞᆷ이오 又 合衆國 加拿大의 排日運動이 劇烈한 故로 敢히 太平洋 沿岸에 投足지 못하고 其 人民을 駈ᄒᆞ야 韓國에 殖民ᄒᆞᆯ 計劃이로다

以上은 英字報 照謄

本港에 在留ᄒᆞᄂᆞᆫ 韓人 數百 人이 此에 對ᄒᆞ야 大激昻을 起ᄒᆞ야 當日 下午 八時에 韓人 會堂에 會集ᄒᆞ야 壹次 共同會를 開ᄒᆞ니 諸 同胞의 祖國을 愛ᄒᆞᄂᆞᆫ 熱誠이 壹體 悲憤하야 慨然히 其身를 忘하고 公敵으로 共生치 아니ᄒᆞᆯ 思想으로 其 決議한 事件이 如左ᄒᆞ니 壹 東京에 在留ᄒᆞᄂᆞᆫ 宋秉畯에게 電報를 發ᄒᆞ야 其 逆心을 懲戒ᄒᆞᆯ 事라 貳 韓國 京城에 재직한 李完用에게 電報를 하여(corr.) 李完用으로 하여금 宋秉畯의 陰謀를 防禦케 ᄒᆞᆯ 事라 以上 二個 事件에 對ᄒᆞ야 一致 可決ᄒᆞ고 電報費에 對ᄒᆞ야 義捐金으로 當席 收入한 金額이 六拾餘 圓이라 閔燦鎬

李來洙 諸씨가 京城과 東京에 電報를 發ᄒ얏ᄂᆞ딕 其 電文이 如左ᄒ니
◎大韓 內部大臣 宋秉준
留 日本 外務省
엇지ᄒ야 大韓帝國을 日本에 附屬ᄒ랴ᄂᆞ냐 萬壹 悔改치 아니ᄒ면 爾의 生命이
危殆ᄒ리라
布哇 韓人共同會
○大韓 総理大臣 李完用 大韓京城
宋秉준이 韓國을 日本에 附屬ᄒ기로 周旋ᄒ니 宋秉준의 逆謀를 防禦ᄒ며 韓國
人民을 구援ᄒ라
布哇 韓人共同會 第二次 共同會 議決
同月 貳拾 貳日 下午 八時에 本港 在留 韓人 壹同이 國民會舘에 會同ᄒ야 二次
共同會를 開ᄒ얏ᄂᆞ대 (中畧) 昨夜 兩處에 電報한 事件을 更論ᄒᆯᄉᆡ 彼 凶險한
者에게 對ᄒ야 懲戒나 勸喩가 無益한 줄을 知ᄒ고도 行ᄒᆯ 事어니와 更히 日皇에
게 電報ᄒ야 其 意向을 問ᄒ기로 議定ᄒ야 同月 二十四日 上午에 日皇에게 電文
을 發ᄒ얏ᄂᆞ대 其 電文이 如左하니
東京 日本 皇帝 陛下
陛下끠셔 已往 淸國과 露國과 宣戰을 布告ᄒᆯ 時에 萬國야 公布ᄒ기를 此 戰爭은
大韓帝國의 獨立과 東洋의 平和를 爲흠이라 ᄒ지 아니ᄒ얏ᄂᆞ잇가 今에 愚痴한
宋秉준의 言을 聽ᄒ고 韓國을 合併한다 ᄒ니 宋은 韓國을 代表한 者도 아니오
權利를 委托한 者가 아니라 愚痴한 宋秉畯의 合併 陰謀를 拒絕ᄒ시고 韓國의
獨立을 確立케 ᄒ야 東洋의 平和를 維持케 ᄒ소셔 吾儕ᄂᆞᆫ 但只 國이 有흠만
知ᄒ고 身이 有흠은 不知ᄒᆞᆫ 國民 意■■ᄒᆞᆫ 正義■■■顧ᄒᆯ지어다
布哇 韓人共同會

▶ **번역** (『신한민보』를 옮겨 씀) 북미 거류 한인 동포가 발행하는 『신한민보』에
하와이 특보라 하고 『신한국보』를 전재한 전문이 아래와 같더라.

제1차 공동회 기사

2월 19일에 본항 영자보 『애드버타이즈 신문』에 게재한 동경발 전보에 따르면,
그 사실이 극히 통분하여 심장과 쓸개가 찢어지는 듯하매 차마 귀로 들을 수도

없겠는데 그 전문이 다음과 같으니, 한국이 장차 일본에 합병이 되리로다. 2월 19일 동경 전보에 따르면, 한국 내부대신 송병준이 말하기를 현재 한국에 두 정부를 두는 것이 무익하고 재력만 허비하니 한국의 희망과 평화가 한 개 정부를 세우는 데 있다 하였고, 이등은 이 일을 실시할 계획으로 같은 달 22일에 동경으로 돌아온다 하였으니 한국에 일대 정책의 변경될 것이 이에 달하였도다. 일본이 한국을 전집하지는 아니하였으되 한국이 일본에 부채가 누적된 고로 이 기회를 인하여 한국을 일본에 부속하려 함이요, 또 합중국 캐나다의 배일운동이 극렬한 고로 감히 태평양 연안에 발을 붙이지 못하고 남은 인민을 몰아 한국에 식민할 계획이로다.

이상은 영자보를 옮겨 씀.

본항에 재류하는 한인 수백 명이 이 사실에 대하여 크게 격앙하여 당일 하오 8시에 한인회당에 회집하여 1차 공동회를 여니 여러 동포의 조국을 사랑하는 열성이 일체 비분하야 개연히 그 신체를 잊고 공적과 더불어 함께 살지 아니할 사상으로 그 결의한 사건이 아래와 같으니 1. 동경에 재류하는 송병준에게 전보를 보내어 그 역심을 징계할 일이라 2. 한국 경성에 재직한 이완용에게 전보를 보내 이완용으로 하여 송병준의 음모를 막을 일이라.

이상 두 가지 사건에 대하여 중론이 일치 가결한 고로 전보 비용에 대하여 의연금으로 그 자리에서 모금하였는데, 그 금액이 60여 환이라. 민찬호, 이래수 제씨가 한국 서울과 일본 동경에 전보를 보냈는데 그 전분이 아래와 같으니

◎ 대한 내부대신 송병준 귀하

일본 외무성 재류

어찌하여 대한제국을 일본에 부속하려느냐. 만일 회개치 아니하면 너의 생명이 위태하리라.

하와이 한인공동회

○ 대한 총리대신 이완용 대한 경성

송병준이 한국을 일본에 부속하기로 주선하니, 송병준의 역모를 막아 한국 인민을 구원하라.

하와이 한인공동회 제2차 공동회 의결

같은 달 22일 하오 8시에 본항 재류 한인 일동이 국민회관에 회동하여 제2차 공동회를 열고 (중략) 어젯밤 두 곳에 전보한 일을 다시 들어 의논할새 저 음흉한 자에게 대하여 징계나 권유함이 실효가 없을 줄 알고도 행한 일이거니와 다시 일황에게 전보하여 그 의향을 물어보기로 의정하여 같은 달 24일 오전에 일황에게 전보를 보냈는데 그 전문이 아래와 같으니

동경 일본 황제 폐하

폐하께서 일찍이 청국과 러시아로 더불어 선전을 포고할 때에 만국에 공포하기를, 이 싸움은 대한제국의 독립과 동양의 평화를 위함이라 하지 아니하였나이까. 이제 어리석은 송병준의 말을 듣고 한국을 합병한다 하니, 송은 한국을 대표한 자도 아니요 권리를 위탁한 자가 아니라, 어리석은 송가의 합병 음모를 거절하시고 한국의 독립을 확립케 하여 동양의 평화를 유지케 하소서. 우리는 오로지 나라가 있는 줄만 알고 나의 몸이 있음은 알지 못하는 국민 뜻■■하는 정의 ■■■ 돌아보실지어다.

하와이 한인공동회

▸**용어** 한인공동회, 민찬호, 송병준, 신한민보, 외무성, 이래수, 이완용

037. 「이상한 사람」, 『대한매일신보』(국문), 1909.9.25. 3면

▸**전사** 음 7월초경에 대구부에 어떠한 서양 사람 2명이 들어왔는데 어느 나라 사람인지 자세히 알 수 없고 괴상한 건달의 행위로 일인의 각양 요릿집에 들어가 먹고 싶은 대로 되어 먹고 돈 한푼 주기는 고사하고 말 한마디나 눈짓 한번만 잘못하면 손에 쥐었던 지팡이로 마구 뚜드리기를 마치 미운 개 때리듯 하나 일인이 아무 말도 못 하고 도망질하며. 또 일인의 전방으로 들어가면 사람마다 지극히 적어도 돈 1환씩이나 내어 두 손으로 받들어 드리며 술이나 사서 잡수시오 하고 주면 돈을 받아가지고 술은 일본 요릿집으로 다니며 내 술 같이 그저 먹고 받아 모은 돈은 종로 거리 한인 걸방이에게 만나는 대로 다 주며. 혹 경무청에 청원하여 일순사가 경찰하러 나왔다가도 한마디 말도 못하고 도로 쫓겨 돌아가며. 또 스스로 경무청에 들어가 돈을 내라, 술을 내라, 밥을 내라

하면 청하는 대로 시행이요 대구서 떠나는 날에도 정거장에 가 차표니 차비니
아무것도 없이 바로 상등차로 들어가도 아무 말 없이 시행하니 이런 별일과
이런 별사람은 즉금 우리 한국에서 처음 보는 일이라더라.

‣ **용어** 경무청

038. 「시사일국(時事一掬)」, 『황성신문』, 1910.6.30. 3면

‣ **원문** (…) △ 淸國 革命黨은 滿洲 政府를 顚覆홀 計劃이라더니 日本에셔도 革命
黨이 又爲 出生ᄒ얏다지 西勢가 東漸ᄒ니ᄭ 東洋 天地도 佛蘭西 風氣를 益益
薰染하는 게야 (…)

‣ **번역** (…) △ 청국 혁명당은 만주 정부를 전복할 계획이라더니 일본에서도
혁명당이 다시 출생하였다지 서세가 동점하니까 동양 천지도 프랑스 풍기에
더더욱 물들었는 게야. (…)

한일의정서 전후의 잡보란

다지마 데쓰오

해제

계몽기 신문의 잡보를 열람하다 보면 외국인이 발행한 신문을 인용해서 보도하는 기사를 접하게 된다. 그중에서도 재조(在朝) 일본인이 발행한 『조선신보(朝鮮新報, 1892 창간)』[1881년 12월 10일 부산에서 간행되었던 최초의 근대식 신문 『조선신보』와는 별개의 신문임], 『한성신보(漢城新報, 1895 창간)』 등은 자주 등장하는 신문들이었다. 일본에서 발행된 『시사신보(時事新報)(1882.3.1. 창간)』, 『만조보(萬朝報)(1892.11.1. 창간)』, 『대판매일신문(大阪毎日新聞)(1888.11.20. 改題)』, 『대판조일신문(大阪朝日新聞)(1889.1.3. 改題)』 등도 많이 인용되었다. 계몽기 신문들은 한일 간 중요한 협정이나 정치적 사건들을 다루면서 이 신문들의 기사를 인용해 일본의 시각을 보여주거나 한인들이 쉽게 접할 수 없는 정보를 제공하기도 했다. 드물게 일본의 정책을 비판한 기사가 인용되기도 했는데, 영국인 로버트 영(Robert Young, 1858~1922)이 1891년 10월 2일에 고베(神戸)에서 창간한 영자신문 『고베 크로니클』이 이 경우에 해당한다. 로버트 영은 1894년에 이루어진 영일통상항해조약을 계기로 일본 정부에 대해 비판적인 입장으로 돌아섰다고 알려져 있으며, 이후 그는 재일(在日) 외국인들의 권익을 보호하는 데 앞장섰다. 『고베 크로니클』은 1899년에 『재팬 크로니클』로 신문명을 바꿨는데, 그 이유는 "지방지 본래의 지반을 넘어 일본 외자지(外字紙) 중에서 최대의 발행부수를 가지게 되었기 때문"이었다. 이 신문은 일본 외에 한국, 중국 등지에도 배포되었다.

〈한일의정서〉 체결(1904.2.23.)을 전후하여 한국의 보호국화와 관련된 이슈를 다루면서, 『황성신문』이 재조일본인이 발행한 『한성신보』와 『조선신보』, 그리고 『고베 크로니클』을 활용한 방식을 살펴보면 다음과 같다. 러일전쟁이 발발하면 과연 한국이 어떤 입장을 취할 것인지를 다룬 기사가 매체에 처음 등장한 것은 1904년 1월께다. 1월 25일 『황성신문』에 실린 「중립성명설(中立聲明說)」은 그 전날인 24일 『한성신보』에 실린 기사를 옮긴 것으로, 다음 세 개 항목으로 구성되어 있다. 1. 전쟁이 일어날 경우, 한국 정부는 엄정히 중립을 유지할 것이라고 천명했다. 2. 이 성명은 미국과 일본을 향하여 발표되었으나 다른 열강에도 전달되었을 것으로 보인다. 3. 영국 외무대신은 한국의 중립 성명에 대해 깊은 감명을 받았다고 한다. 『황성신문』은 위의 내용을 옮기면서 마지막에 "일본과 러시아 양국이 전쟁을 벌일 경우에는 [한국이] 엄정 중립을 확고히 지키고 자강의 방책을 힘써 실행할는지"라는 말을 덧붙이는데, 이는 한국의 중립 성명에 대한 열국의 호응이 진짜인지(기사의 진위), 한국이 중립적인 입장을 고수할 수 있을지에 대한 회의적인 시각을 드러낸 것이다. 이어 2월 19일자 『황성신문』에 게재된 「일아전론(日俄戰論)」은 『조선신보』에 실린 기사를 옮긴 것이다. 『조선신보』의 기사는 먼저 인천 앞바다에서 일어난 러일해전의 국제공법 위반 여부에 대해 서술하면서 "한국은 국외(局外) 중립국 지위의 지역이 아닌" 점을 들어 일본 해군이 국제공법을 위반했다는 주장을 부정하고 있는데, 『황성신문』은 별

다른 논평이나 해설을 달지 않고 기사 내용을 그대로 옮겼다.

〈한일의정서〉는 『황성신문』 2월 22일자 잡보의 「정부의안(政府議案)」에 '한일동맹계약서'라는 이름으로 비로소 그 존재가 언급되기 시작했다. 24일에는 별론(別論)에 '한일협상조약(韓日協商條約)' 전문이 실렸다. 아무래도 당국의 검열에 의한 조치로 보이는데, 기사 제목을 비롯하여 제1조에서 제6조까지 많은 단어가 복자(伏字) 처리되어 정확한 내용을 확인할 수 없다. 다음 25일자에 실린 기사 「조인지절(調印支節)」은 이 조약을 둘러싼 한국 정부 내의 논란과 함께 조약 조인 사실을 전하면서 끝부분에 "과연 사실인지"라는 말을 덧붙여 기사 내용을 믿지 못하겠다는 기자의 생각을 드러냈다. 그리고 동월 29일자 기사 「추원질문(樞院質問)」에는 칙주의관(勅奏議官)들이 외부대신 서리 이지용(李址鎔)에게 조약에 대해 질문을 했다는 내용이, 같은 날 「조청게재(照請揭載)」에는 일본 공사가 외부에 "협약 전문을 일본 관보에 반포하였으니 귀국 관보에도 게재 및 공포하라"고 조회한 사실이 실렸다. 이들 기사와 함께 같은 날에 비로소 「한일협상조약(韓日協商條約)」 즉 〈한일의정서〉의 전체 내용이 게재되었다.

돌이켜보면 〈한일의정서〉 체결 즈음 『황성신문』에서 가장 자주 눈에 띈 기사는 러일전쟁을 앞두고 서울에 들어오는 외국군과 일본군의 동정에 관한 것들이었다. 대략 1904년 1월 8일부터 열흘 남짓한 기간 동안, 러시아, 미국, 이태리, 프랑스 등 각국 군대가 입성하고 있다는 기사가 쏟아졌다. 특히 1월 12일 기사 「각병속입(各兵續入)」은 다수의 외국군이 서울에 입성함에 따라 "인심이 소요하여 거래가 두절되고 상로(商路)가 침체하고 다만 식료 등의 무역만 분망하다"며 당시 성내의 상황을 전했다. 서울에 입성한 일병 관련 기사만 보더라도 2월 11일부터 26일까지 도합 9개가 실렸고, 19일자 기사 「일병처소(日兵處所)」에는 "일병 약 2만

명이 장차 명후 18일에 입성”이라는 구절도 보인다. 23일에 조약이 조인되자 이를 압박하는 수단으로 동원된 병사들이 “연속 발행하여 평양으로” 향하였다는 소식도 있다(「일병서행(日兵西行)」, 1904.2.26). 그러나 거의 비슷한 시기에 진행되었을 〈한일의정서〉와 관련한 기사는, 교섭이 워낙 물밑에서 진행되어서 그랬던 것인지, 위에서 확인한 것처럼 상대적으로 그 수가 적었다.

「한일의정서」가 체결된 지 2주가량이 지난 3월 14일 『황성신문』은 “신보사설(神報社說)”이라는 제목 아래 『고베 크로니클』의 사설을 요약해 실었다. 이 사설은 “의정서를 깊이 검토한즉 동맹이라는 명칭은 온당치 못한 줄로 판단”한다고 하면서, 제1조에 “한국 정부가 시정개선에 일본의 충고를 수용할 것이라 규정”했는데, “동맹을 체결하는 양국 간 협약에는 이러한 표현이 절대로 존재하지 않는다”는 점을 지적하면서 양국이 대등한 관계라고 말하기 어렵다고 평가했다. 이어서 기사는 “우리가 예전에도 말하여 논한 즉, 일본과 러시아 두 나라의 외교가 단절되어 한국에 관한 여러 협상이 파기되는 날에는 일본이 한국을 보호국으로 만들 터이라 하였더니 이 예언이 적중하였다”면서 그 결과로 “일본이 사실상 한국의 내치와 외교에 대하여 책임을 맡게 되었고 결국 보호국이 이로써 성립하였다”고 글을 맺는다. 이는 그동안 제대로 보도되지 않았던 〈한일의정서〉의 핵심을 찌른 평론이었다.

위 『고베 크로니클』의 사설이 전재(轉載)되고 한 석 달 정도 지났을 무렵 일본인이 ‘황무지 개척권’을 요구한다는 소식이 『황성신문』 6월 18일자 「조등한보(照謄漢報)」라는 기사에 처음 실렸다. 이 기사 또한 『한성신보』에 실린 기사를 다시 옮긴 것인데, 일본 공사 대리가 외부에 보낸 조회 즉 “한국의 산림, 하천과 버려진 황무지, 묵밭을 합쳐 일본인 장삼등길랑이 개량하여 농사짓겠다”는 내용이다. 이어 6월 20일자 「허시여부(許施與否)」

에는 외부가 궁내부에 일본인 장삼에게 개척 권한을 허용했는지 여부를
조회했다는 사실이, 다음날에는 정부 회의에서 일본인의 개간 사안이
제의되었다는 소식(「정부의안(政府議案)」, 『황성신문』, 1904.6.21.)이, 이어 23
일자 「요구조건(要求條件)」에는 일본 측의 요구 조건 전문이 그대로 실렸다.
이후 뜻있는 관리와 유생들이 소청을 설치하고 연이어 상소를 올리는
운동을 펼쳤는가 하면, 보안회(輔安會, 保安會)는 종로의 백목전 도가에
회의소를 설치하고 통문 발송과 집회 개최를 통해 한 달여에 걸친 반대
운동을 전개했다(「신사통문(紳士通文)」, 『황성신문』, 1904.6.22.; 「이씨상소(李
氏上疏)」, 『황성신문』, 1904.6.23.; 「소수연청(疏首延請)」, 『황성신문』, 1904.6.
26.; 「송씨연설(宋氏演說)」, 『황성신문』, 1904.7.15.; 「보안회상황(輔安會狀況)」,
『황성신문』, 1904.7.22.; 「회장설명(會長說明)」, 『황성신문』, 1904.7.23.). 결국
7월 말 칙명에 따라, 참정 심상훈(沈相薰, 1854~미상)과 외상 이하영(李夏榮,
1858~1929)이 일본 공사와 담판하여 황무지 개간권 문제는 백지화하는
것으로 일단락되었다(「진황안귀정(陳荒案歸正)」, 『황성신문』, 1904.8.1.).

　『황성신문』은 8월 8일자 기사 「황무지문제외론(荒蕪地問題外論)」을 통
해 사건의 의미를 검토했는데, 해당 기사는 『인천상보(仁川商報)』[이 시기
인천에 『인천상보』는 존재하지 않았다, 『인천경성격주상보(仁川京城隔週商報)』의
계열을 이은 『조선신보』를 『인천상보』로 기재한 것으로 추정됨]에 실린 『고베
크로니클』의 기사를 옮긴 것이었다. 기사에 따르면, 일본은 외국인에게
토지 사용을 전혀 허가하지 않는 데다가 만약에 정부가 외국인에게 홋
카이도의 황무지를 개간하도록 허가한다면 국민 전체가 분노하며 저항
해서 당국 대신을 사직시키려 들 텐데 지금 한국에서는 한인이 무능하
고 그 비용을 스스로 부담할 능력이 없다는 이유를 들어 이를 강행하려
한다는 것이다. 그러면서 일본이 "대략 30년 동안 유럽과 미국 여러 나
라들과 대등해지기 위하여 자치의 권리를 행사하고 전력을 다하여 외국

인에 대한 법적 권리와 징세권을 회복한 지 얼마 지나지 않았는데" 지금은 자신들이 외국에 대해 열심히 요구했던 것과 똑같은 권리를 한국인에게는 반대하고 거절한다며 일본의 모순된 행동을 신랄하게 비판했다.

계몽기의 신문 편집자들은 한국에서 발행되는 일본어 신문이나 일본에서 발행된 신문을 통해 한국인이 쉽게 접하기 어려운 정보들을 얻었고, 이를 옮겨 한국 사회에 공론화했다. 또한 사실 정보 이외에 일본 정부의 입장을 대변하는 논평이나 주장을 그대로 전재하기도 했는데, 〈한일의정서〉 체결이나 일본의 황무지 개척권 요구 같은 사안에 대한 보도에서 확인할 수 있듯이 일본 정부의 정책에 대한 무조건적인 긍정과 동의의 태도는 아니었다. 신문 편집자들은 『고베 크로니클』의 사설처럼 일본 내에서 일본 정부의 모순을 예리하게 비판한 기사들을 옮기며 반대의 뜻을 내비치기도 했다.

참고문헌

신용하, 「구한말 보안회의 창립과 민족 운동」, 『한국사연구회보』 90, 한국사회사학회, 1994.
윤병석, 「일본인의 황무지 개척권 요구에 대하여」, 『역사학보』 22, 역사학회, 1964.
鈴木雄雅, 「神戸英字紙界と日露戦争」, 『コミュニケーション研究』 36, 上智大学, 2006.

기사

001. 「아병입성(俄兵入城)」, 『황성신문』, 1904.1.8. 2면

▶**원문** 再昨日 上午 三時 俄國 士官 二人이 水兵 二十七 名과 通詞 一 名과
從者 五 名을 領率ᄒ고 仁港에셔 下陸ᄒᄒ지라 監理署에셔 探知하고 卽時 電話■
外部에 報告하얏더니 同 五時量에 又■하야 曰 國俄 將兵이 滊車■ 搭乘코져
한則 滊車에셔 不納홈으로 陸路로 上去하얏다 하얏난■ 果然 陸路■從行하야 梧
柳■까지 至하얏다가 仍히 下午 六時量에 入京하얏난디 俄兵이 新門 外에 到達하
야 一齊히 鞍峴으로 直上하야 半晌을 候望하다가 該 公舘으로 旋卽 入來하얏다
더라

▶**번역** 그저께 오전 3시 러시아 사관 2명이 수병 27명, 통역 1명, 종자 5명을
이끌고 인천항에 하륙한지라. 감리서에서 탐지하고 즉시 전화로 외부에 보고
하였더니, 같은 날 오후 5시 경 다시 ■하여 말하길 러시아 장병들이 기차에
탑승하고자 한즉 기차에서 받아들이지 않으므로 육로로 올라갔다 하였는데
과연 육로로 이동하여 오류까지 도달하였다가 이어서 오후 6시경에 서울로
들어왔는데 러시아 병사가 신문 밖에 도착하여 일제히 안현으로 곧장 올라가
한나절 반을 대기하다가 해당 공사관으로 즉시 들어갔다더라.

▶**용어** 감리서, 외부

002. 「미병입성(美兵入城)」, 『황성신문』, 1904.1.8. 2면

▶**원문** 美國 保護兵 三十六名이 日昨 入城하얏다 홈은 已報하얏거니와 更聞ᄒ則
美國 運送船■에 후린号가 馬尼羅에셔 該地 駐箚 軍隊 中 百五十名을 搭載하고
本月 二日에 到仁하얏난디 本月 五日에 美國 士官 六人이 三十六名을 領率 入城
하얏고 再昨日에 又 六十四名이 入來하얏난디 美 公使 安連 氏가 入來홈을 外部
에 聲明하얏다더라

▶**번역** 미국 보호병 36명이 며칠 전 입성하였다 함은 이미 보도하였거니와

다시 들은즉 미국 운송선 후린호가 마닐라에서 그곳에 주둔 중인 군사 150명을 태우고 이달 2일 인천에 도착하였는데, 이달 5일에 미국 사관 6명이 36명을 영솔하여 입성하였고 그저께 다시 64명이 들어왔는데 미국 공사 알렌 씨가 이들이 들어옴을 외부에 성명하였다더라.

▸ **용어** 외부

003. 「영병하륙(英兵下陸)」, 『황성신문』, 1904.1.8. 2면

▸ **원문** 再昨日 仁港 監理署에서 外部에 電話하되 英國 水兵이 下陸하야 今日쯤 入城이라 하엿다더라

▸ **번역** 그저께 인천항 감리서에서 외부에 전화하되 영국 수병이 하륙하여 오늘쯤 입성이라 하였다더라.

▸ **용어** 감리서, 외부

004. 「영병입성(英兵入城)」, 『황성신문』, 1904.1.9. 2면

▸ **원문** 英國 水兵이 再昨日 仁港에 下陸함은 旣記하였거니와 該 兵勇이 公館 保護 차로 昨日 入城한다더라

▸ **번역** 영국 수병이 그저께 인천항에 하륙함을 이미 게재하였거니와 그 병력이 공사관 보호 차로 어제 입성한다더라.

005. 「의병입성(義兵入城)」, 『황성신문』, 1904.1.11. 2면

▸ **원문** 再昨日에 美國 保護兵 二十名이 入來하얏다고 義公使 毛樂高 氏가 外部에 聲明하얏더라

▸ **번역** 그저께 미국 보호병 20명이 들어왔다고 이탈리아 공사 모나코 씨가 외부에 성명하였더라.

▸ **용어** 외부

006. 「아병가입(俄兵加入)」, 『황성신문』, 1904.1.11. 2면

▶원문 再昨日에 俄兵(corr.) 四十名이 仁港에 下陸하야 徒步 上京하얏다더라

▶번역 그저께 러시아 병사 40명이 인천항에 하륙하여 도보로 상경하였다더라.

007. 「일병속입설(日兵續入說)」, 『황성신문』, 1904.1.11. 2면

▶원문 近日 巷說을 聞흔則 日本兵 一千五百名이 將次 續續 入來흔다난 說이 有흔데 京仁 鉄道 滊車가 時間 外에 幾番式 迅速히 來往흔다 흐고 且 第六次 終車에난 他人의 運載를 不得하니 畢竟은 日本의 兵丁과 軍物을 輸入흔다고 風說이 狼藉하나 吾輩난 思惟컨딘 一種 訛言에 不過흔 듯흔 것이 日本에서 軍物과 兵隊를 엇지 無故이 我 皇城 內에 輸入하리오 必是 訛傳 誤度인 듯하도다

▶번역 근래 항설을 들은즉 일본군 1,500명이 차례차례 계속 들어오고 있다는 말이 있는데, 경인철도의 기차가 정규 시간 외에도 수차례 신속하게 들어온다 하고 또 제6차 마지막 열차에는 다른 사람의 운송을 허용하지 않으니 분명히 이는 일본 병정과 군수품을 들여오는 것이라고 풍설이 낭자하나, 우리는 생각건대 일종의 헛소문에 지나지 않는 듯한 것이 일본이 어찌 까닭 없이 군수품과 병대를 우리 황성 안으로 들여오리오. 필시 헛소문이거나 오도한 듯하도다.

008. 「법병하륙설(法兵下陸說)」, 『황성신문』, 1904.1.12. 2면

▶원문 法國 軍艦 샤도노놀号난 昨日에 到仁하야 卽時 水兵을 下陸케 홀 說이 有흐더라

▶번역 프랑스 군함 샤도노놀호는 어제 인천에 도착하여 즉시 수병을 하륙케 하리라는 말이 있더라.

009. 「아병속입(俄兵續入)」, 『황성신문』, 1904.1.12. 2면

▶원문 俄兵이 昨日 二番 列車에 二十七名, 昨日 三番 列車에 百二十名이 京仁

鉄道로 入城하얏슬 터이라 하고 又 此에 要하기 爲하야 貨車 一座와 上中等車 一座와 下等車 二座를 借入 事로 仁川 停車場에 交渉하얏다더라

▸**번역** 러시아 병사가 어제 2번 열차로 27명, 어제 3번 열차로 120명이 경인 철도를 통해 서울로 들어왔을 터이라 하고 또 이를 위해 화물차 1량, 상중등차 1량, 하등차 2량을 임차하는 문제로 인천 정차장에서 교섭하였다더라.

010. 「각병속입(各兵續入)」, 『황성신문』, 1904.1.12. 2면

▸**원문** 近日에 美俄英義의 四個國의 各其 公舘 及 在留民의 生命 財産을 保護홀 目的으로 各自 兵弁을 招入홈은 世人의 共知ᄒᄂᆫ 바어니와 如此 急速히 措處홈은 思惟컨딕 北淸事變 時의 情態를 推想ᄒᆞ고 憂慮ᄒᆞ난 豫備에 出홈인듯 今後에ᄂᆫ 各國의 均勢를 保有ᄒᆞ기 爲ᄒᆞ야 德法 兩國도 兵弁을 招來홀 模樣이더니 果然 法兵이 又 下陸하엿다 하니 德兵의 追入홈은 不日內에 見홀 것이 瞭然ᄒᆞ지라 由此로 人心이 逐日 騷擾하야 與受가 杜絕하고 商路가 沮滯하고 다만 食物 等의 貿易만 奔忙하다더라

▸**번역** 근래 미국, 러시아, 영국, 이탈리아 네 나라가 각자의 공사관 및 재류민의 생명과 재산을 보호할 목적으로 각기 병력을 불러들였다는 것은 세상 사람들이 다 아는 바이거니와 이렇게 급속하게 조처함은 생각건대 북청사변 때의 정세를 미루어 짐작하고 우려하여 미리 준비에 나선 듯하며, 앞으로는 각국의 균형을 유지하기 위하여 독일과 프랑스 양국도 병력을 들여올 모양이더니 과연 프랑스 병력이 또 하륙하였다 하니 독일 병력의 뒤따른 진입도 머지않아 보게 될 것이 분명한지라. 이로 말미암아 민심이 날로 소요하여 여객의 왕래가 끊기고 상로가 막히고 다만 식료품의 무역만 분주하다더라.

▸**용어** 북청사변

011. 「일병입설(日兵入說)」, 『황성신문』, 1904.1.13. 2면

▸**원문** 京仁 鐵路로 從來ᄒᆞ 人의 傳說을 聞ᄒᆞᆫ則 再昨日 上午 三時에 多數 日兵

이 仁港으로 入城하얏다더라

▸**번역** 경인 철로로 들어온 사람의 전언을 들은즉 그저께 오전 3시에 다수의 일본군이 인천항으로 입성하였다더라.

012. 「아병입성수(俄兵入城數)」, 『황성신문』, 1904.1.16. 2면

▸**원문** 目下 入城흔 俄兵이 屢屢히 變動흠으로 其 精確흔 數를 知키 難하되 大略 七八十名 內外될 것이오 數日 來로 俄兵 百名이 入京흘 터이라 하며 或은 二十名이 入京흔다난 風說이 有하야 實際 入京흔 貌樣이 無흠은 俄國이 兵丁의 入城을 中止ᄒ기 爲흠이 아니오 新到兵의 宿所가 無흠을 因흠인 듯하다더라

▸**번역** 현재 입성한 러시아 병력이 수시로 변동하므로 그 정확한 수를 알기 어렵지만 대략 7, 80명 내외가 될 것이요 며칠 후에는 러시아 병사 백여 명이 서울로 들어올 터이라 하며 혹은 20명이 들어온다는 풍설이 있으나, 실제 서울로 들어온 모습이 보이지 않는 것은 러시아가 병사의 입성을 중지했기 때문이 아니요 새로 도착한 병사의 숙소가 없기 때문인 듯하다더라.

013. 「법병입성(法兵入城)」, 『황성신문』, 1904.1.18. 2면

▸**원문** 本月 十四日에 到仁한 法國 巡洋艦 파스갈号가 將◼ 二名과 水兵 三十九名을 搭在하더니 再昨日 午后에 入城하얏더라

▸**번역** 이달 14일에 인천항에 도착한 프랑스 순양함 파스칼호가 장◼ 2명과 수병 39명을 탑재하더니 그저께 오후에 입성하였더라.

014. 「미병입성(美兵入城)」, 『황성신문』, 1904.1.18. 2면

▸**원문** 三昨日 下午 八時量에 美兵 八十四名이 仁港으로 從하야 入城하엿난듸 電氣會社로 直入하엿더라

▸**번역** 사흘 전 오후 8시경에 미국 병사 84명이 인천항을 통해 입성하였는데

전기회사로 바로 들어갔더라.

015. 「영병입성(英兵入城)」, 『황성신문』, 1904.1.20. 2면

▸ **원문** 昨日 下午 二時에 英國 士官 一名이 兵弁 十五名과 彈丸 三馱를 領率하고 京仁 鐵道로 從하야 入城하얏더라

▸ **번역** 어제 오후 2시에, 영국 사관 1명이 병사 15명과 탄환 3타를 영솔하고 경인 철도를 따라 입성하였더라.

016. 「중립성명설(中立聲明說)」 『황성신문』, 1904.1.25. 3면

▸ **원문** 昨日 漢城新報를 據ᄒ則 韓廷 聲明 嚴正 中立이란 問題에 言ᄒ기를 時局이 切迫ᄒ야 日俄國에 或 干戈相交之形勢를 見홈이 至大之關係가 有ᄒ 韓淸 兩國은 此際에 速히 其 態度를 定ᄒ야 天下에 聲明홀 要가 有ᄒ지라 俄然 韓國은 公然히 左에 聲明을 發ᄒ얏더라 曰 萬若 開戰之事가 有ᄒ면 我國은 嚴正 中立 維持ᄒ리라 右 聲明은 美國과 日本을 向ᄒ야 發홈은 確聞ᄒ얏거니와 其他 列國에도 聲明ᄒ엿스리라 ᄒ얏고 又 英國 先答이란 問題에 曰ᄒ얏스되 右項 嚴正中立之聲明에 對ᄒ야 英國 外務大臣은 爲先 回答ᄒ되 貴國의 嚴正中立之聲明은 本 外務大臣이 深■銘感이라 ᄒ얏더라 ᄒ엿스니 此說이 果然인지 確知치 못ᄒ엿거니와 萬若 果然이면 我韓도 將次 淸國과 同一ᄒ 態度를 取ᄒ야 日俄 兩國이 開戰될 境遇에ᄂ 嚴正 中立을 確守ᄒ고 自强의 方策을 勵行홀ᄂ지

▸ **번역** 어제 발행한 『한성신보』에 따르면 한국 정부는 엄정 중립이라는 문제에 대하여 말하기를 시국이 매우 급박하여, 일본과 러시아가 혹 전쟁을 벌일 듯한 형세가 보이매 매우 중대한 관계가 있는 한국과 청국 양국은 이때에 속히 그 태도를 전하여 천하에 성명할 필요가 있는지라. 급작스레 한국은 공연히 아래와 같은 성명을 발표하여 이르기를, 만약 전쟁이 일어나는 일이 있다면 우리나라는 엄정한 중립을 유지하리라, 위 성명은 미국과 일본을 향하여 발표함은 확실히 들었거니와 다른 열국에도 성명하였으리라 하였고 또 영국이 먼저 답했는가

라는 문제에 답하였으되, 위와 같은 엄정한 중립 성명에 대하여 영국 외무대신은 먼저 회답하되, 귀국의 엄정 중립 성명은 본 외무대신이 깊이 감명을 받았다 하였더라 하였으니, 이 말이 사실인지 확실히 알지 못하였거니와 만약 그렇다면 우리 한국도 장차 청국과 동일한 태도를 취하여 일본과 러시아 양국이 전쟁을 벌일 경우에는 엄정 중립을 확고히 지키고 자강의 방책을 힘써 실행할는지.

▸**용어** 한성신보

017. 「일병입성(日兵入城)」, 『황성신문』, 1904.2.11. 2면

▸**원문** 再昨日 京釜 鐵道 第一㴗車▣붓터 下午 㴗車ᄭ지 日本 兵弁이 陸續 入京ᄒᆞᆫ 數爻가 合 千餘 名인ᄃᆡ 將次 一旅團(萬名)이 入來홀 터이라더라

▸**번역** 그저께 경부 철도 첫 기차로부터 오후 기차에 이르기까지 계속해서 서울로 들어온 일본 병사의 수가 모두 천여 명인데 장차 1개 여단(만 명)이 들어올 터이라더라.

018. 「원산일병(元山日兵)」, 『황성신문』,1904.2.11. 2면

▸**원문** 日本 軍艦이 到泊하얏난ᄃᆡ 日兵 六千名 假量이 下陸하얏다더라

▸**번역** 일본 군함이 도착하여 정박하였는데 일본군 6,000명 가량이 하륙하였다더라.

▸**용어** 원산

019. 「일아전론(日俄戰論)」, 『황성신문』, 1904.2.19. 3면

▸**원문** 朝鮮新報를 據ᄒᆞᆫ則 一說에 云 在留 外國人 間에 意見을 有ᄒᆞ되 八尾島의 日俄開戰은 國際公法의 所謂 二十四時 規則에 違背ᄒᆞᆫ 戰鬪 行爲라 ᄒᆞᆫ다 ᄒᆞ니 此 卄四時間 規則이라 ᄒᆞᆷ은 交戰國의 艦船이 局外 中立國의 港灣에 入ᄒᆞᆷ을 得ᄒᆞ되 局外 中立國의 領海 內에셔 戰鬪 行爲를 不得ᄒᆞ고 交戰國의 兩國 艦船이

同時에 局外 中立國의 港灣에 在한 時난 其 一國의 艦船이 出港 後에 少하야도
二十四時間을 經過치 아니하면 他 一國의 艦船이 出港홈을 不許하난 規定이오
此 規則은 千六百五十三年 中에 英國과 和蘭이 交戰 時에 西國이 同年 六月
十八日에 勅命으로써 施行하야 今日에 至한 者니 要하건딕 局外 中立國으로
論하면 自國의 靜寧을 保護하난 權利오 交戰國으로 論하면 中立國의 靜寧을
妨害치 아니하난 義務라 曩日 八尾島의 海戰 時에 俄國 軍艦이 出港홈을 日本
軍艦이 出港 後 數時間에 不過하나 韓國은 局外 中立地가 아닌 故로 該 規則을
適用치 못할 것인則 二十四時間 規則을 違背하엿는 傳說이 無稽함은 이믜 明
瞭하나 假令 違法의 行爲가 有하다 하면 其 罪난 二十四時間 以內에 出港한
俄艦과 二十四時 以內에 出港케 한 韓 政府에 在한지라 然則 日本 海軍의 行動은
毫髮도 國際公法에 違背한 事가 無하다 하엿더라

▶ **번역** 『조선신보』에 따르면, 일설에 이르기를 재류 외국인 사이에 의견이
있는데 팔미도에서의 일러 전쟁 개시는 국제공법상 이른바 24시간 규칙에
위반되는 전투 행위라 한다 하니, 이 24시간 규칙이라 함은 교전국의 군함이
국외 중립국의 항구에 입항할 수는 있으되 국외 중립국의 영해 내에서는 전투
행위를 해서는 안 되고, 교전 중인 양국의 함선이 동시에 국외 중립국의 항구에
있을 때에는 그 중 한 나라의 함선이 출항한 후 적어도 24시간이 지나지 않으면
다른 나라의 함선이 출항하는 것을 허락하지 않는 규정이요, 이 규칙은 1653년
영국과 네딜란드가 전쟁하던 때에 스페인이 같은 해 6월 18일에 칙명으로 시행하
여 오늘에 이른 것이니, 요컨대 중립국의 입장에서 논하자면 자국의 질서와
안녕을 보호하는 권리요 교전국으로 논하자면 중립국의 질서와 안녕을 방해하지
아니하는 의무라. 지난날 팔미도 해전 때에 러시아 군함은 일본 군함이 출항한
후 몇 시간 지나지 않아 출항하였지만 한국은 국외 중립국 지위의 지역이 아닌
고로, 해당 규칙을 적용하지 못한 것인즉, 24시간 규칙을 위반하였다는 전언이
터무니없음은 이미 분명하나 가령 위법의 행위가 있다고 하면 그 죄는 24시간
이내에 출항한 러시아 함선과 24시간 이내에 출항케 한 대한 정부에 있는지라.
그러한즉 해군의 행동은 추호도 국제공법에 위반한 일이 없다 하였더라.

▶ **용어** 조선신보

020. 「정부의안(政府議案)」, 『황성신문』, 1904.2.22. 2면

▸원문 今日 下午 一時 政府에서 義州 開市와 龍岩浦 開港 事를 會議에 提出하고 韓日 同盟 契約書도 會國 妥商ᄒ다더라

▸번역 오늘 오후 1시 정부에서 의주 개시장 개설과 용암포 개항 건을 회의에 제출하고 한일 동맹 계약서도 회의에서 협의한다더라.

021. (別論) 「▨▨▨▨▨」, 『황성신문』, 1904.2.24. 2면

▸원문 近日 ▨▨間에 ▨▨▨▨이 ▨▨된다고 傳說이 互出하더니 今■▨▨▨▨이란▨▨을 得하야 左에 揭記하노니 大▨(…)▨臨▨▨▨▨理▨及▨(…)▨全▨(…)▨을 ▨(…)▨을 ▨定홈 第一條▨(…)▨間▨(…)▨하고 ▨(…)▨난 大▨(…)▨善▨(…)▨告를 用ᄒᆯ 事 第二條 ▨(…)▨ 第三條 ▨(…)▨ 第四條 第▨▨의 ▨▨▨▨하며 ▨은 ▨▨▨▨하야 ▨(…)▨安▨▨領土▨(…)▨이 ▨홈 ▨(…)▨必要ᄒ ▨置▨(…)▨然▨▨大韓▨난 ▨▨▨▨政府의 ▨(…)▨을 爲하야 ▨▨▨▨를 與홈 事 ▨(…)▨成就▨(…)▨隨意▨用▨▨▨ᄒᆯ 事 第五條 大韓▨(…)▨府▨▨▨▨에 承認▨(…)▨後來▨協▨(…)▨第三國▨(…)▨ᄒᆯ 事 第六條 本協▨(…)▨난 ▨(…)▨者와 ▨(…)▨間에 ▨機▨定ᄒᆯ 事 記者ㅣ 日 當此▨▨時代하야 ▨▨間▨▨之成立은 此ㅣ必有之預科也나 其▨▨▨姑未▨▨하야 種種有訛言之互煽故로 於昨報에 已辨其妄이어니와 今見▨▨之▨▨則 果與近日風說로난 甚个同하니 雖未知▨▨與否나 不得不先此揭載하야 確示▨▨之本體하며 辨破訛言之疑眩故로 特爲記載如右어니와 又有▨▨之說하니 姑俟▨▨하야 ▨▨▨▨호리라

▸번역 근래 ▨▨ 간에 ▨▨▨▨이 ▨▨된다고 소문이 퍼져 나돌더니 이제 ■▨▨▨▨이란 ▨▨을 얻어 아래와 같이 게재하노니 대▨(…)▨임▨▨▨▨리▨ 및 ▨(…)▨ 전▨(…)▨을 ▨(…)▨을 ▨정함. 제1조 ▨(…)▨문 ▨(…)▨하고 ▨(…)▨는 대▨(…)▨선▨(…)▨고를 사용할 것. 제2조 ▨(…)▨ 제3조 ▨(…)▨ 제4조 제▨▨의 ▨▨▨▨하며 ▨은 ▨▨▨▨하여 ▨(…)▨안▨▨영토▨(…)▨이 ▨함 ▨(…)▨ 필요한 ▨치▨(…)▨연▨▨대한▨는 ▨▨▨▨정부의 ▨(…)▨을 위하여 ▨▨▨▨를 줄 것. ▨(…)▨성취▨(…)▨수의▨용▨▨▨할 것. 제5조 대한▨(…)

▨부▨▨▨▨에 승인▨(…)▨후래▨협▨(…)▨제3국▨(…)▨할 것. 제6조 본협▨(…)▨는 ▨(…)▨자와 ▨(…)▨ 간에 ▨기▨정할 것. 기자가 말하길, 지금과 같은 ▨▨ 시대에 ▨▨ 간의 ▨▨ 성립은 반드시 이에 앞선 준비가 있어야 있어야 하나 그 ▨▨▨이 미처 ▨▨하여 여러 가지 헛소문이 서로 선동되고 있는 고로 어제 보도에 이미 그 허망함을 논박하였거니와 지금 ▨▨의 ▨▨를 본즉 과연 최근의 풍설과 매우 흡사하니 비록 ▨▨인지 아닌지 확실히 알 수는 없으나 우선 이를 게재하지 않을 수 없었던 것은 ▨▨의 본체를 명확히 밝혀 잘못된 소문으로 인한 의혹과 혼란을 분별하고 깨트리고자 함이었느니 특별히 위와 같은 기사를 실은 것이거니와 또 다른 ▨▨라는 말도 있으니 우선 ▨▨ 기다려 본 뒤 ▨▨▨▨하리라.

022. 「조인지절(調印支節)」, 『황성신문』, 1904.2.25. 3면

▸ **원문** 近日 韓日協商條約에 調印 事件으로 政府 間에 紛議가 頗有ᄒ다난데 日昨 政府에서 議政 李根命 氏가 外相 李址鎔 氏다려 謂ᄒ야 曰 此 契約은 不可調印이라 한데 外相 曰 此 事件으로 日 公使의 督促이 日甚하오니 萬若 調印을 不許ᄒ오면 何辭以答之릿가 致府에셔 不許한다 ᄒ깃소 한則 議政 曰 不必 政府로 歸之홀지오 但云 議政이 調印을 不許한다 爲答하라 하얏다더니 更聞한則 再昨日에 日 公使가 外部에 來到ᄒ야 李 外相과 叅書官 具完喜 氏와 同座ᄒ야 條約 中 무삼 句語난 改正ᄒ고 互相 調印ᄒ엿다 ᄒ니 果然인지

▸ **번역** 근래 한일협상조약의 조인 사건으로 정부 간에 분쟁이 꽤 많다는데 며칠 전 정부에서 의정 이근명 씨가 외부대신 이지용 씨에게 말하길, 이 조약은 조인해서는 안 된다 하는데 외부대신은 말하길, 이 사건으로 일본 공사의 독촉이 날로 심해지고 있사오니 만약 조인을 허락하지 않으시면 무슨 말로 이에 답하오리까, 정부에서 허락하지 않는다 하겠소 한즉, 의정이 말하길 굳이 정부의 결정으로 돌릴 필요는 없을 것이요 다만 의정이 조인을 허락하지 않는다고만 답하라 하였다더니 다시 들은즉, 그저께 일본 공사가 외부에 찾아와 이 외부대신과 참서관 구완희 씨와 함께 앉아 조약 중 몇몇 문구를 개정하고 서로

조인하였다 하니 과연 사실인지.

▸**용어** 구완희, 외부, 이근명, 이지용, 한일협상조약(=한일의정서)

023. 「한일협상조약(韓日協商條約)」, 『황성신문』, 1904.2.29. 3면

▸**원문** 韓日協商條約은 向日 本 新聞 第一千五百八十六号에 業已揭戰而方印刷之際에 自外部로 有禁其揭載之令故로 不得已臨時塗抹하야 便作無數鴉点이러니 今旣調印發表故로 揭載如左하야 以破前日之惑而供諸君之閱覽也ㅎ노라 大韓帝國 皇帝 陛下의 外部大臣 臨時署理 李址鎔과 大日本帝國 皇帝 陛下의 特命全權公使 林權助난 相當흔 委任을 受하야 左開 條件을 協定 事 第一條 韓日 兩國 間에 恒久不易之親交을 保持하고 東洋 平和를 確立흠을 爲하야 大韓帝國은 大日本 政府를 確信하야 施政 改善에 關ㅎ야 忠告를 容흘 事 第二條 大日本 政府난 大韓國 皇室에 確實흔 親誼로 安全 康寧케 흘 事 第三條 大日本 政府난 大韓國 政府에 獨立 及 領土 保全을 確實이 保証흘 事 第四條 第三國에 侵害를 由하며 或은 內亂을 爲하야 大韓國 皇室의 安寧과 保全에 危險이 有흔 境遇에는 大日本 政府난 速히 臨機 必要흔 措實를 行흠이 可흠 然而 大韓 政府난 右 大日本 政府에 行動를 容易■흠을 爲하야 十分 便宜를 與흘 事 大日本 政府는 前項 目的을 成就흠을 爲하야 軍略上 必要흔 地占을 隨宜 收用흠를 得흘 事 第五條 大韓 政府와 와 大日本 政府는 互相間 承認을 不經하야 後來 協定 趣意에 違反흔 協定을 第三國에 証立흠을 得지 못흘 事 第六條 本 協約에 關聯흔 未悉細條난 大日本 代表者와 大韓國 外部大臣 間에 臨機 協定흘 事

▸**번역** 한일협상조약은 이전에 본 신문 제1586호에 이미 게재되었으나 막 인쇄하던 중 외부로부터 게재를 금하라는 명령이 있는 고로 부득이하게 그 부분을 임시로 덧칠해 지워 곧 무수한 까마귀 점처럼 되었는데 이제 조인되어 발표된 고로 아래와 같이 게재하여 지난날의 의혹을 해소하고 여러분의 열람에 제공하노라. 대한제국 황제 폐하의 외부대신 임시서리 이지용과 대일본제국 황제 폐하의 특명전임공사 임권조는 상당한 위임을 받아 다음 조건을 협정함. 제1조 한일 양국은 영구불변의 친교를 유지하고, 동양의 평화를 확립하기 위하

여 대한제국은 일본 정부를 신뢰하여 시정 개선에 관하여 일본의 충고를 받아들일 것. 제2조 대일본 정부는 대한국 황실에 대해 확실한 친의로써 그 안전과 평안을 보장할 것. 제3조 대일본 정부는 대한국 정부에 독립과 영토 보전을 확실히 보증할 것. 제4조 제3국의 침해로 말미암거나 혹은 내란으로 인하여 대한국 황실의 안녕과 보전에 위험이 있는 경우에는 대일본 정부는 속히 그에 따라 필요한 조치를 취할 수 있음. 그러나 대한 정부는 위와 같은 일본 정부의 행동이 원활히 이루어질 수 있도록 충분한 편의를 제공할 것. 대일본 정부는 앞 항의 목적을 달성하기 위하여 군사 전략상 필요한 지점을 마음대로 수용할 수 있음. 제5조 대한제국 정부와 대일본 정부는 상호 승인 없이 앞서 협정된 취지에 위반되는 협정을 제3국과 체결할 수 없음. 제6조 본 협약에 관련된 아직 상세히 규정되지 않은 사항은, 대일본 정부 대표자와 대한국 외부대신이 그때그때의 상황에 따라 협정할 것.

▸ **용어** 외부, 이지용, 임권조, 한일협상조약(=한일의정서)

024. 「추원질문(樞院質問)」, 『황성신문』, 1904.2.29. 2면

▸ **원문** 再昨日에 中樞院 副議長 李裕寅 氏 以下 勅奏議官이 齊會 動議하고 韓日 協商条約에 對하야 外大 署理 李址鎔 氏에게 質問ㅎ얏더라

▸ **번역** 그저께 중추원 부의장 이유인 씨 이하 칙주의관이 함께 모여 의안을 발의하고 한일협상조약에 대하여 외부대신 서리 이지용 씨에게 질문하였더라.

▸ **용어** 외부, 이유인, 이지용, 중추원, 한일협상조약(=한일의정서)

025. 「조청게재(照請揭載)」, 『황성신문』, 1904.2.29. 2면

▸ **원문** 日 公使 林權助 氏가 外部에 照會ㅎ기를 協約 全文을 日本 官報에 頒佈ㅎ얏스니 貴國 官報에도 揭載 公佈ㅎ라 ㅎ얏더라

▸ **번역** 일본 공사 임권조 씨가 외부에 조회하기를 협약 전문을 일본 관보에 반포하였으니 귀국 관보에도 게재 및 공포하라 하였더라.

▸**용어** 외부, 임권조

026. 「신보사설(神報社說)」, 『황성신문』, 1904.3.14. 3면

▸**원문** 日本 神戶 구로니쿨 新聞의 한 說을 槪據한則 吾人이 韓日 兩國 間에 締結된 議定書를 研鑽한則 同盟이라난 名稱은 穩當치 못하 줄노 認ᄒ난 것이 凡 同盟國이라난 名稱은 兩 締盟國의 對等 關係이 及 其 兩國 間 共通의 利害關係를 蘊蓄ᄒ거늘 韓日 兩國 問에난 對等 關係를 謂키 難한 것이 第一條에 云ᄒ되 韓國 政府가 施政 改善 事로 日本의 忠告를 容納할 事를 規定한지라 然하나 同盟을 締結ᄒ난 兩國 間 協約에 如斯한 措辭가 絕無ᄒ다 謂할지니 日本이 其 疆土로 ᄒ야곰 外邦의 侵略을 被함이 無케 할 目的으로 韓國을 保護 下에 置흠이라 吾人이 曾往에 論하야 曰, 日俄 兩國의 外交 關係가 斷絕하야 韓國에 關ᄒ 諸協商이 破約되난 日에난 日本이 韓國을 保護國으로 成홀 터이라 하엿더니 此 豫言이 的中하엿다 하고 又 曰 新議定書에 規定하기를 韓國 疆土가 內亂 外寇를 由하야 危險될 境遇에 日本이 臨機 處置하고 軍略上 必要ᄒ 地点을 使用흠을 得하고 且 第三國과 締結치 못홀 義務를 有흠으로 日本이 實際 韓國의 外交政略을 其 監督 下에 置ᄒ얏다 謂홀지라 故로 日本이 事實上에 韓國의 內治 外交에 對ᄒ야 責任을 擔ᄒ고 畢竟 保護國이 玆에 成立ᄒ엿다 謂하너라 ᄒ엿더라.

▸**번역** 일본 『고베 크로니클』 신문의 한 보도를 근거로 삼자면, 우리가 한일 양국 간에 체결된 의정서를 깊이 검토한즉 동맹이라는 명칭은 온당치 못한 줄로 판단하는 것이 무릇 동맹국이라는 명칭은 두 체결국 간의 대등한 관계와 양국 간의 공통된 이해관계를 포함하거늘 한일 양국 사이에는 대등한 관계를 말하기 어려운 것이, 제1조에 한국 정부가 시정 개선에 일본의 충고를 수용할 것이라 규정한지라. 그러나 동맹을 체결하는 양국 간의 협약에는 이러한 표현이 절대로 존재하지 않는다고 말할지니, 일본은 그 강토가 외국의 침략을 받지 않도록 할 목적으로 한국을 보호 아래 두었음이라. 우리가 예전에도 논하여 말한즉, 일본과 러시아 두 나라의 외교 관계가 단절되어 한국에 관한 여러 협상이 파기되는 날에는 일본이 한국을 보호국으로 만들 터이라 하였더니 이

예언이 적중하였다 하고, 또 말하길 새로운 의정서에 규정하기를 한국 강토가 내란이나 외국의 침입으로 인하여 위험해지는 경우에는 일본이 임기응변으로 조치하고 군사 전략상 필요한 지점을 사용할 수 있으며 또 제3국과 조약을 체결하지 못할 의무가 있으므로 일본이 실제 한국의 외교 및 정치적 책략을 그 감독 아래에 두었다 할지라. 그러므로 일본이 사실상 한국의 내치와 외교에 대하여 책임을 맡게 되었고 결국 보호국이 이로써 성립되었다 하노라 하였더라.

‣ **용어**   한일의정서

027. 「조등한보(照謄漢報)」, 『황성신문』, 1904.6.18. 2면

‣ **원문**   昨日 漢城新報를 據훈則 萩原 代理公使가 日昨 外部에 照會하얏난디 韓國에 山林 川澤과 陳荒훈 廢地와 畜田을 合同하야 日人이 改良 作農이라 하얏난디 更聞훈則 日人 長森藤吉郎 氏가 主管하야 官有 民有 外에 原野 陳荒地 山林을 開坼하난디 限則 五十個年이라더라

‣ **번역**   어제 발행한 『한성신보』에 따르면 추원 대리공사가 며칠 전 외부에 조회하였는데 한국의 산림, 하천과 버려진 황무지, 묵밭을 합쳐 일본인이 개량하여 농사짓겠다 하였는데 다시 들은즉 일본인 장삼등길랑 씨가 주관하여 관유, 민유 외에 거친 초지, 버려진 땅, 산림을 개간하는데 그 기한은 50년 한정이라더라.

‣ **용어**   외부, 장삼등길랑, 추원(=추원수일), 한성신보

028. 「허시여부(許施與否)」, 『황성신문』, 1904.6.20. 2면

‣ **원문**   外部에셔 日使의 照會를 因하야 陵院 官有 民有 以外 山林 川澤 陳荒 原野 開斥 事를 日人 長森의계 許施 與否로 宮內府에 照會ᄒ얏더라

‣ **번역**   외부에서 일본 공사의 조회를 받아 능원의 관유지, 민유지 외에 있는 산림, 하천, 황무지, 초지를 개간하는 일을 일본인 장삼에게 허가할 것인지의 여부를 궁내부에 조회하였더라.

▸**용어**　궁내부, 외부, 장삼(=장삼등길랑)

029. 「정부의안(政府議案)」, 『황성신문』, 1904.6.21. 2면

▸**원문**　昨日 下午 三時 政府에셔 日昨 開會 未決 案件을 提出하얏난디 長森藤吉郎의 所請 山林 川澤 原野 陳荒處 開墾 事案도 提議하얏더라

▸**번역**　어제 오후 3시 정부에서 며칠 전 열렸던 회의에서 결정되지 못한 안건을 제출하였는데 장삼등길랑이 요청한 산림, 하천, 초지, 황무지 등의 개간 관련 안건도 함께 제출하였더라.

▸**용어**　장삼등길랑

030. 「발문피포(發文被捕)」, 『황성신문』, 1904.6.20. 2면

▸**원문**　士人 金箕佑, 鄭東時 等이 韓日 交涉에 對하야 激昂한 通文을 發佈홈으로 昨日 警務廳에셔 日 公館 照請을 因하야 兩 氏 等을 發捕하얏다더라

▸**번역**　선비 김기우, 정동시 등이 한일 교섭에 대하여 격렬하게 비판한 통문을 발포하므로 어제 경무청에서 일본 공관 요청에 따라 두 사람을 체포하였다더라.

▸**용어**　경무청

031. 「신사통문(紳士通文)」, 『황성신문』, 1904.6.22. 2면

▸**원문**　前 議官 鄭耆朝 氏 等이 山林 川澤 原野 等地 事로 發通함은 昨報에 已記하얏거니와 其 全文이 如左하니 右通諭事伏以 國家之所以爲國者난 以其有土地也오 土地之所以爲土地者난 以其有米穀魚塩木材鑛産之可以資國計而益民生也라 故로 無一日資益이면 則是無一日土地也오 無一日土地면 則是無一日國家也니 然則土地者난 乃君與民同保而共守者也▣ 故로 雖以人主之權으로도 固不得擧以與人이어던 而況爲人臣者哉아 今聞自外部로 以山林原野陳荒之地를 限五十年借與日人事로 請議于政府라 하니 政府之提案은 姑未可知나 然이나

朝家之設外部난 果何爲耶아 凡外人之所求를 量其可否하며 擇其是非하야 如或
求非其求이든 則嚴辭峻拒하야 雖死不回ㅣ 固其職也어늘 今乃趨走承奉하야 猶
恐不及하야 至於遽爾請議하니 則其媚■外人하야 藉此爲功之意ㅣ 顯然可見하니
正名定罪하면 烏能免賣國之律乎아 且我國家維新之治ㅣ 起自今日하야 種植之
法과 採取之術를 漸次擴張이면 則豈復有陳荒之地ㅣ 可以與人者耶아 設有自下
之陳荒而與之라도 殊音異俗이 雜居并處하야 彼强我弱하니 則强日進而弱日退
하야 我之膏壤■亦將化爲陳荒하리니 陳荒之地난 必至盡國이오 而秦人之求난
恐無已時也■ 生等이 俱以 聖朝化育之民으로 不忍見 先王疆土의 日蹙一日하야
誓不與賣國者로 共立於覆載之間이라 故로 廣收同志之論하야 將爲叫 閽之擧■
기로 兹以先期仰佈ᄒ오니 伏願縉紳章甫僉君子난 陰五月初九日노 齊會于■疏
廳ᄒ야 以爲繕疏之地를 千萬幸甚■라 ᄒ얏더라

▸**번역**　전 의관 정기조 씨 등이 산림, 하천, 초지 등의 토지 관련 일로 통문을
발포함은 어제 신문에 이미 게재하였거니와 그 전문이 아래와 같은지라. 이번
통문의 내용을 삼가 아룁니다. 국가가 국가일 수 있는 까닭은 그에 속한 토지가
있기 때문이요 토지가 토지일 수 있는 까닭은 그 토지에 쌀과 곡직, 물고기와
소금, 목재와 광산 등의 자원이 있어 나라의 재정을 꾸릴 수 있고 백성의 삶에
이로움을 줄 수 있기 때문이라. 그러므로 하루동안 생산의 이익이 없다면 이는
곧 하루동안 땅이 없는 것이요 하루동안 땅이 없다면 곧 하루동안 국가가 없는
것이니, 그러한즉 토지란 임금과 백성이 함께 지키고 보존해야 할 것이니 비록
임금의 권한이라 하더라도 함부로 남에게 줄 수 없는 것이거늘 하물며 신하
된 자가 어찌 그리하겠는가. 지금 외부에서 산림과 벌판, 황무지 등의 땅을
50년 기한으로 일본인에게 빌려주는 일에 대하여 정부에 의논을 청했다 하니
정부의 안건 제출 여부는 아직 알 수 없으나, 조정이 외부를 둔 것은 과연
무엇을 위한 것인가. 무릇 외국인이 요구하는 바를 두고 그 가부를 헤아리며
그 옳고 그름을 가려서 만일 그 요구가 부당한 것이거던 단호하고 엄정한 말로
거절하여 비록 죽더라도 뜻을 굽히지 않는 것이 바로 그 직책일 터이거늘,
지금은 받들기에 분주하고 오히려 따라가지 못할까 두려워 하여 급히 상의하
는 데까지 이르렀으니, 그렇다면 외국인에게 아첨하며 이를 빌미로 공을 세우

려는 의도가 명백히 드러나니, 이름을 바로잡고 죄를 정한다고 해서 어찌 매국의 죄를 면할 수 있겠는가. 더구나 우리나라의 개혁 정치가 오늘날부터 시작되어 재배의 방법과 채취의 기술을 점차 확대해 간다면, 어찌 다시 황폐한 땅이 있어 남에게 줄 수 있겠는가. 설령 하등한 황무지를 골라 그들에게 준다 하더라도 말이 다르고 풍습이 다른 이들이 함께 섞여 살아가면 그들은 강하고 우리는 약하므로, 강한 자는 날로 나아가고 약한 자는 날로 물러나 우리의 기름진 땅마저도 결국 황폐한 땅으로 변하게 될지니 버려진 황무지를 내어주는 일은 필시 나라를 잃는 일로 이어질 것이요 일본인의 요구는 그칠 날이 없을까 두려운지라. 우리들은 모두 성군의 교화를 받아온 백성으로서 선왕들이 물려주신 강토가 날로 줄어드는 모습을 차마 눈 뜨고 볼 수 없으며 매국자들과 이 세상에서 함께 살아갈 수 없음을 맹세함이라. 그러므로 뜻을 같이하는 이들의 의견을 널리 모아 문을 두드려 간언하는 일을 하려 하오니, 삼가 바라건대 벼슬아치와 선비, 여러 군자께서는 음력 5월 9일 함께 ■ 소청에 모여, 상소문을 정리하는 일에 힘을 보태 주신다면 더없이 다행이겠노라 하였더라.

▸ **용어**　외부

032. 「이씨상소(李氏上疏)」, 『황성신문』, 1904.6.23. 2면

▸ **원문**　昨日에 從二品 李相卨 氏가 日人 長森藤吉郎이 我 政府에 山林 川澤 原野 荒蕪地 開墾홀 事로 借與하라고 請求홈을 聞知ᄒ고 反對 上疏하얏다더라

▸ **번역**　어제 종2품 이상설 씨가 일본인 장삼등길랑이 우리 정부에 산림, 하천, 초지, 황무지를 개간할 일로 빌려달라고 청구함을 듣고 반대 상소를 하였다더라.

▸ **용어**　이상설, 장삼등길랑

033. 「다사복합(多士伏閤)」, 『황성신문』, 1904.6.23. 2면

▸ **원문**　今番 山林 川澤 原野 荒蕪之地 事件에 對하야 鄭耉朝 崔東植 氏 等이 疏廳을 倉洞 等地에 設하고 通文을 發佈홈은 已記하얏거니와 該 廳에셔 從二品

鄭日永 氏로 疏首를 薦定하야 日間에 多士덜이 將次 伏閤 上疏혼다더라

▸ **번역**　이번 산림, 하천, 초지, 황무지 사건에 대하여 정기조, 최동식 씨 등이 창동 등지에 소청을 설치하고 통문을 발포함은 이미 게재하였거니와 해당 소청에서 종2품 정일영 씨를 상소 대표로 추천하여 조만간 많은 선비들이 차례로 엎드려 상소한다더라.

034. 「청시청서(請示請書)」, 『황성신문』, 1904.6.25. 2면

▸ **원문**　再昨日 中樞院에셔 勅奏任議官이 齊會 開議하고 外部에 照會하야 長森藤吉郎의 陳荒地 開墾 請求書를 謄本 示明케 하라 하얏다더라

▸ **번역**　그저께 중추원에서 칙주임의관이 모여 회의를 열고 외부에 조회하여 장삼등길랑의 황무지 개간 청구서의 등본을 제출하여 밝히게 하라 하였다더라.

▸ **용어**　외부, 장삼등길랑, 중추원

035. 「소수연청(疏首延請)」, 『황성신문』, 1904.6.26. 2면

▸ **원문**　縉紳 章甫 數百人이 疏廳을 設하고 陳荒地를 外人의게 勿許하고(corr.) 本國 官民이 合力 開墾홀 次로 治疏 中인딕 疏首는 前 大臣 李乾夏 氏를 延請혼즉 氏가 國民 大計를 念하야 慨然이 陳疏할 事를 同議하고 南北村 有志한 大官과 紳士들도 翕然 相應혼다더라

▸ **번역**　조정의 관료와 유생 수백 명이 소청을 설치하고 황무지를 외국인에게 허가하지 말고 본국의 관민이 힘을 합쳐 개간하자는 취지로 상소문을 작성하는 중인데, 상소 대표는 전 대신 이건하 씨를 초청한즉, 씨가 국민의 중대한 계책을 깊이 생각하여 기꺼이 상소하기로 동의하고 남촌과 북촌의 뜻 있는 대관과 신사들도 일제히 호응한다더라.

▸ **용어**　이건하

036. 「여일본경찰서장론변(與日本警察署長論辯)」, 『황성신문』, 1904.7.11. 2면

▸원문 呂永祚 等이 陰曆 5月 20日 早朝에 日人이 來言 曰 自其領事館으로 有問議事라 하고 請與偕往이기로 依其言伴行矣러니 及其信地則乃日本警察署也라 余詰語日人 曰 有何事端인지 可言則言하고 可問則問이지 今日中而何無皂白고 日人이 對曰 將設問이라 하고 請至一房而又有日人一個가 不解韓語하고 使同往者日人으로 居間通辯而問曰 汝與金斗星으로 相知乎아 曰 然하다 又曰 汝與吳周赫으로 相知乎아 曰 然하다 又曰 汝與李昇宰로 相知乎아 曰 然하다 又曰 汝與金吳李로 有相議事乎아 曰 吾與金親知故로 或有相議어니와 吳與李는 近者 識面而己라 有何議事리오 又曰 然則 汝與金으로 會議甚事오 曰 許多相議를 何可枚擧哉아 汝旣有問則必有所聞이니 從所問直問則自當明言하리라 日人이 曰 汝與金斗星으로 有韓日間條約反對之著文乎아 曰 然하다 又曰 兩國이 旣有條約則汝何反對乎아 曰 協商條約云者有三不可하니 其第一條之施政改善에 關하여 忠告를 容云則 我之內政을 汝以忠告 憑藉하고 每欲干涉則 我國이 豈有政府乎며 其第三條之大日本政府는 大韓國政府에 獨立 及 領土保全을 確實히 保證 云而 請我 以對韓經營諸件也와 山林川澤原野閒曠地之許墾則稱以保證하고 實欲攫拏요 其第四條之第三國妨害를 有則 互相 救援者ㅣ 於義當然而 有日 或은 內亂을 爲하여 日本 政府에 行動을 爲하여 十分 便宜를 與云則 我國 臣民을 豈可任汝而操縱乎아 所以輿論이 沸騰하고 士心이 抑鬱하니 其故則實由於協商條約中三條와 對韓經營之 諸件과 山林川澤原野閑曠地之請許와 鐵道試役之生弊也니라 貴國方擧征俄之大事以聲明以東洋平和하고 陰施以害韓譎計하니 此是軍略上大債處也라 韓日請必協同然後에 可防俄也어늘 何失計至此오 其顚末이 詳載於我之所著文也니라 日人이 又曰 然則何不投函於日公館乎아 曰 山林川澤原野閑曠之地를 勿許於日本之意로 自外部로 己有覆照於日公館云故로 姑中止也로라 日人이 曰 觀其文意하니 似非單投於日公館이라 謹告血書于天下萬國이라 하니 此何意오 曰 此係論議가 一故니라 日人이 曰 文與言이 有異는 何也오 曰 我之主意則投函於日公館하고 繼載於新聞社之經營也오 且前後經綸이 都是我的主張이라 曰某曰某는 都無相關하니 雖死나 失靡他也로라 日人이 曰 汝等이 何不鎭靜民心而

騷動至此오 日 我韓民必之騷動이 卽日本不善措置之故也오 我們則將欲鎭民心
故로 有此議也라 今苟協商條約書를 改正하고 對韓經營件을 勿施하고 鐵道章程
條를 更定하고 山林原野事를 勿論이면 我國民心이 欲動而難動이오 不然則求靜
而未靜이니 當今 計劃을 日本 政府가 十分 商量하여 上項 諸 目的을 從此停止가
可也오 否則便同啻兒而止啼야나라 日人이 都無可否어늘 余又日汝招我乎아 捉
我乎아 日人이 日 招也로라 日 招問則了問而送之可也어늘 何故遲也오 日人이
日 乍有所幹이라 하고 出他하더니 須臾에 來言曰與之偕往大韓警務廳云故로 日
人初來者一人及日巡査三人이 與之同來我警廳矣오 他無可陳者耳라

▶ **번역** 여영조 등이 음력 5월 20일[양력 7월 3일] 이른 아침 일본인이 와서
말하길, 영사관에서 물을 일이 있다 하고 함께 가자고 요청하기로 그 말에
따라 동행하였더니 도착한 곳인즉 일본 경찰서라. 내가 일본인에게 따져 말하
길, 무슨 일인지 말할 것이 있으면 말하고 물을 것이 있으면 물을 일이지 종일
토록 왜 아무런 해명이 없는고, 일본인이 대답하길 이제 질문하겠다 하고 한
방으로 가자고 청하더니 또 다른 일본인 하나가 있었는데 한국어를 알아듣지
못하였고 함께 간 일본인을 방 안에 두고 통역하게 하여 묻기를, 너는 김두성과
서로 아느냐, 답하길 그렇다 하니, 또 묻기를 너는 오주혁과 서로 아느냐,
답하길 그렇다 하니, 또 묻기를 너는 이승재와 서로 아느냐, 답하길 그렇다
하니, 또 묻기를 너는 김, 오, 이와 함께 어떤 일을 의논한 바가 있느냐, 답하길
나는 김과는 친분이 있는 고로 때때로 의논한 일이 있었거니와 오와 이는 최근
에 얼굴만 알게 된 사이라 무슨 의논이 있었으리오 하니, 또 묻기를 그렇다면
너는 김과 무엇을 의논했느냐, 답하길 의논한 일이 너무 많은데 어찌 일일이
열거할 수 있겠는가, 당신이 질문한다는 것은 즉 무언가 들은 바가 있기 때문일
터이니 들은 바에 따라 곧장 묻는다면 나는 그에 대해 분명히 답하리라 하니,
일본인이 묻기를 너와 김두성이 한일 간 조약에 반대하는 글을 쓴 일이 있느냐
하니, 답하기를 그렇다 하니, 또 묻기를, 양국이 이미 조약을 맺었거늘 너는
어째서 반대하느냐 한지라. 그러자 답하기를, 협상조약이라는 것에는 받아들
일 수 없는 것이 세 가지가 있으니, 제1조에서 시정을 개선함에 있어 충고를
수용한다고 한즉 이는 우리 내정을 너희가 충고를 빙자하여 매사 간섭하려는

뜻으로 삼는 것이거늘, 우리나라에 과연 정부가 있다고 할 수 있겠는가, 제3조에서 대일본 정부가 대한국 정부의 독립과 영토 보전을 확실히 보장한다고 하면서도 오히려 우리에게 한국에 대한 일본의 여러 경영 사안에 응하도록 요구하고 있으며, 산림과 하천, 초지와 황무지 등을 개간하도록 허락하는 것을 두고는 보증한다고 말하나 실제로는 빼앗고자 함이요 또 제4조에서 제3국의 방해가 있을 경우에는 서로 돕는다는 내용은 의리상 마땅한 듯하나, 혹시 내란을 이유로 일본 정부가 행동할 경우 그 행동에 충분한 편의를 제공한다고 되어 있으니, 우리나라 신민을 어찌 너희에게 맡겨 조종하게 할 수 있겠는가, 여론이 들끓고 선비들의 마음이 울분에 젖어 있는 까닭은 바로 협상조약 가운데 제3조와 대한을 대상으로 한 경영에 관한 여러 조항들, 그리고 산림, 하천, 초지, 황무지의 개간 허가 요청, 철도 시험 운행으로 말미암은 폐단 때문이라. 귀국은 겉으로는 러시아를 정벌한다는 큰일을 내세워 동양의 평화를 성명하면서도 은밀하게는 한국을 해치려는 간사한 계책을 시행하고 있으니, 이는 군사 전략상 매우 큰 실책이라 할 만한 점이라. 한일 양국이 반드시 협력해야만 러시아를 막을 수 있다고 여러 차례 요청하고는 어찌하여 계책을 그르쳐 이 지경에 이르게 되었는가. 그 전말은 내가 지은 글에 상세히 기록해 두었느니라. 일본인이 또 묻기를, 그렇다면 왜 일본 공사관에 서한을 보내지 않았는가 하니 답하길, 산림, 하천, 초지, 빈 황무지 등을 일본에 허가하지 말라는 뜻으로 외부에서 이미 일본 공사관에 회답한 바가 있다고 하는 고로 일단 중지한 것이러라. 일본인이 묻기를, 그 글의 뜻을 보건대 단지 일본 공사관에만 보낸 것이 아니라 천하만국에 피를 토하듯이 고하는 듯한데, 이는 무슨 뜻이냐 하니, 답하기를 이는 그 논의가 본래 하나이기 때문이오. 일본인이 묻기를 글과 말이 다른 것은 어찌 된 일인가 하니, 답하길 나의 본래 의도는 일본 공사관에 글을 보내고 신문사에 게재되도록 한 것이며 또한 그 전후의 기획과 의도는 모두 나의 주장인지라. 누가 이렇게 말했다, 저렇게 말했다는 식의 말은 모두 관련이 없으니 설령 죽더라도 그 책임을 남에게 돌리거나 뜻을 굽히지는 않으리라. 일본인이 묻기를, 너희는 어찌하여 민심을 진정시키지 않고 이처럼 소란을 일으켰느냐 하니 답하길, 우리 한국 백성들이 소란을 일으킬 수밖에 없었던

것은 바로 일본이 제대로 처신하지 못했기 때문이오. 우리는 오히려 민심을
진정시키고자 하여 이 논의를 벌였는지라. 지금 만약 협상조약서를 개정하고
한국에 대한 경영 관련 사항을 시행하지 않기로 하고 철도 관련 조항들을 개정
하고 산림, 초지 관련 사안을 논의하지 않는다면 우리나라 민심이 요동하고자
해도 일어나기 어려울 것이요 그렇지 않으면 조용하기를 바라더라도 진정되지
않을 것이니, 당장의 계획을 일본 정부가 충분히 숙고하여 위에서 언급한 여러
목적을 지금부터 중지하는 것이 마땅하리오. 그렇지 않으면, 이는 아이를 회초
리로 때려 울음을 멈추게 하는 것과 같은 처사일 뿐이니라. 일본인이 도무지
가부를 표하지 않기에 내가 다시 말한즉, 너는 나를 초청한 것이냐, 체포한
것이냐. 일본인이 답하길 초청한 것이러라. 내가 말하길, 초청하여 묻는 것이
라면 물은 뒤에 돌려보내는 것이 마땅하거늘 어찌하여 늦추는가. 일본인이
말하기를 잠깐 처리할 일이 있다 하며 밖으로 나가더니, 잠시 후 돌아와 말하길
그와 함께 대한 경무청으로 가자고 하여, 처음 왔던 일본인 한 사람과 일본
순사 세 사람이 나와 함께 우리 경무청으로 온 것이요, 그 외에 더 말할 것은
없노라.

▸ **용어** 경무청, 여영조, 오주혁, 외부, 이승재

037. 「송씨연설(宋氏演說)」, 『황성신문』, 1904.7.15. 3면

▸ **원문** 山林 川澤 原野 陳荒地 開拓 事에 對하야 前 議官 宋秀晩 氏 等이 再昨日
鍾路 白木廛에 會集하야 外人에게 不可借與함을 說明하고 又 該 事案에 居間
某某人을 聲討하자 峻論하얏난듸 警衛院 警務廳 摠巡 巡檢과 憲兵隊 兵丁이
來到하야 一切 傍聽하고 該 會 演說人 外에 傍觀하던 人民을 曉諭 解送하얏다더
니 昨日에도 쏘 演說ᄒ난 바 聚會人이 合 百餘 名인듸 議長은 中樞院 副議長
李道宰 氏로 薦望ᄒ얏다 ᄒ며 下午 三点量에 警務廳에셔 摠巡 別巡檢 等이 來到
ᄒ야 曉諭ᄒ야 曰 儒生 等이 萬若 무슴 所懷가 有ᄒ야 上疏나 獻議나 할 터이면
各其 本家가 有ᄒ거늘 白木廛 都家난 商民의 處所이라 如此히 集會함은 穩當치
못ᄒ나 一切 解散케 ᄒ라 함으로 仍即罷 散ᄒ얏다더라

▸**번역** 산림, 하천, 초지, 황무지 개간하는 일에 대하여 전 의관 송수만 씨 등이 그저께 종로 백목전에 모여 외국인에게 빌려주어서는 안 된다고 설명하고 또 해당 사안을 거간하는 모모인을 성토하자 격렬히 논의하였는데, 경위원 경무청 총순 순검과 헌병대 병정이 와서 전 과정을 옆에서 듣고 해당 집회의 연설자 외에 지켜보던 인민을 훈계하여 해산시켰다더니, 어제도 또 연설하는 바 모인 사람이 모두 백여 명인데 의장은 중추원 부의장 이도재 씨로 천거되었다 하며 오후 3시쯤 경무청에서 총순과 별순검 등이 도착하여 훈계하기를, 유생들이 만약 무슨 소회가 있어 상소나 헌의를 할 터이면 각자 집이 있거늘 백목전 도가는 상민들이 거처하는 곳이라. 이렇게 집회함은 온당치 못하니 모두 해산케 하라 하므로 이 말에 따라 즉시 해산하였다더라.

▸**용어** 경무청, 송수만, 이도재, 중추원, 헌병대

038. 「일착한신(日捉韓紳)」, 『황성신문』, 1904.7.18. 2면

▸**원문** 再昨日 下午 三時 十分에 鍾路 白木廛 都家 輔安會에서 會長은 申箕善 氏로 薦望請帖하고 副會長은 前 丞旨 鄭寅燮 氏로 薦望請帖하는되 紳士들이 因雨 未會하고 十餘名이 會集하야 會長 請來홀 事를 相議홀 際에 日本 警部 渡邊 氏가 巡査 一名을 帶同 來到하야 觀光하더니 代辦 會長 宋秀萬 氏다러 日 我公使가 有質問 請來하니 同行하쟈 하거늘 宋 氏 日 我與貴公使로 初無知面 혼則 不必往見이라 하니 渡邊이 一聲 大喝에 宋 氏를 捉去코져 하거늘 會員 宋寅燮 氏가 亦言 不可하되 不問曲直하고 宋秀萬 宋寅燮 兩 氏를 驅去하거늘 巡檢 崔某 日 我國紳士를 自意捉去가 大違格例오 且無政府命令하니 不可捉去라 하고 挽執흔則 日 巡査가 揮杖 毆打하야 崔 巡檢의 帽子와 服裝이 裂破흔지라 鍾街上 左右 觀光人 等이 見此 風波하고 一塲激昂하야 欲奪捉去人흔則 日 商民이 衆人 을 向하야 六穴砲를 虛放ᄒ고 疾風갓치 驅去하는 故로 勢不得已하야 該 會中에 셔 一邊 報告 于政府會議席하고 一邊 報告于外部하니 外相 李夏榮 氏가 聞 其事 狀하고 交涉 局長 金益昇 氏를 派送 會中하야 其 事實을 探問 後에 外部大臣과 協辦이 前往 日舘하야 日 公使와 交涉ᄒ얏다난되 宋秀萬 宋寅燮 兩 氏는 日本

巡査廳에 昨日ㅅ지 拘囚하였고 該 會는(corr.) 警務廳에서 禁止하얏다더라

▸**번역** 그저께 오후 3시 10분에 종로 백목전 도가 보안회에서 회장은 신기선 씨로 천거되어 청첩장을 발송하고 부회장은 전 승지 정인변 씨로 천거되어 청첩장을 발송하였는데 신사들이 비 때문에 모이지 못하고 열몇 명 정도만 모여서 회장 초청하는 일을 의논하던 때에 일본 경부 도변 씨가 순사 1명을 데리고 와서 살펴보더니 대리 회장 송수만 씨에게 말하기를, 우리 공사가 질문할 것이 있으니 함께 가자 하거늘 송 씨가 말하길, 나는 당신네 공사와 일면식도 없는즉 가서 만날 필요가 없다 하니, 도변이 크게 고함을 치며 송 씨를 붙잡아 끌고 가려 하거늘 회원 송인섭 씨가 그럴 수 없다 하되, 불문곡직하고 송수만, 송인섭 두 사람을 끌고 가거늘, 순검 최 모가 말하길 우리나라 신사를 제멋대로 잡아가는 것은 법도에 크게 어긋나는 일이요 또 정부의 명령도 없으니 잡아가서는 안 된다 하고 붙잡아 말린즉, 일본 순사가 곤봉을 휘둘러 때려서 최 순검의 모자와 옷이 찢어진지라. 종로 거리 양쪽에서 구경하던 사람들이 이 풍파를 보고 크게 격분하여 붙잡혀 가는 사람을 빼앗으려 한즉, 일본 상인이 모여 있던 사람들을 향하여 육혈포를 허공에 쏘고는 질풍같이 도망간 고로, 이에 여의치 않아 해당 회의에서는 한편으로는 정부 회의 석상에 보고하고 한편으로는 외부에 보고하니, 외부대신 이하영 씨가 그 사건의 상황을 듣고 교섭국장 김익승 씨를 회의 장소로 파송하여 사실을 조사한 뒤, 외부대신과 협판이 일본 공사관으로 가서 일본 공사와 교섭하였는데 송수만과 송인섭 두 사람은 어제부터 일본 순사청에 구금하였고 그 회는 경무청에서 금지하였다더라.

▸**용어** 경무청, 경부, 송수만, 신기선, 외부, 이하영

039. 「보안회상황(輔安會狀況)」, 『황성신문』, 1904.7.22. 2면

▸**원문** 昨日 輔安會에 會員 三四千名이 會集ᄒ야 一塲 演說한 後에 滿塲 諸人이 一倍激憤ᄒ야 或 痛哭流涕者도 有ᄒ다난ᄃᆡ 會長 副會長은 皆不來ᄒ고 但 代辦 會長이 政府에 長書 質問ᄒ고 各國 公舘에도 長書ᄒ얏다 ᄒ고 日本 兵丁 百餘 名은 擔銃ᄒ고 會中에 入來ᄒ고 周行 觀光ᄒ얏다더라

▶**번역** 어제 보안회에 회원 3, 4천 명이 모여 한 차례 연설을 한 뒤에 회장을 가득 메운 사람들이 크게 격분하여 통곡하며 눈물을 흘리는 사람들도 있다는데, 회장과 부회장은 모두 참석하지 않고 다만 대리 회장이 정부에 장문의 질문서를 보내고 각국 공사관에도 장문의 글을 보냈다 하고 일본 병정 백여 명은 회장 안으로 들어와 둘러보며 감시하였다더라.

040. 「회장설명(會長說明)」, 『황성신문』, 1904.7.23. 2면

▶**원문** 昨日에 輔安會長 李裕寅 氏가 會中에 出席하야 公佈하여 曰 本 會長이 再昨日 日 公舘에 前往하야 日 公使를 訪見하고 質問하기를 山林 川澤의 陳荒地 開拓 要求를 貴 政府에셔도 所知하난 事인지 現今 日俄開戰이 終局치 못하야셔 貴 政府에셔 此等 些少 利益으로 提求할 理가 恐無할 듯하노라 한則 日 公使 言內에 此亦 貴國 利益을 爲함이라 貴國 人民이 陳荒地를 廢棄ᄒ고 不知 開拓하 난 故로 此를 要求흠이라 今 貴國 人民이 逐日 會集하야 人心이 騷亂하니 卽爲 曉諭 解散케 하면 此 陳荒地 要求案로 撤回하깃노라 하니 此會를 直時 解散하얏 다가 日後에 萬若 該案을 撤回치 아니하거던 更會흠이 未晩이라 說明흔則 聚集 한 衆人이 一齊 反對하여 日 會長이 日 公使의 言을 甘聽하고 此會를 解散코져 하난 主意니 吾輩난 此 會長에게 服從치 못하깃노라 하고 反對之聲이 大起하난지 라 元世性 氏가 演塲에 更登하야 演說하여 日 會長의 說明이 容或 固然하나 日 公使가 陳荒地 要求案을 撤回하기 前에난 此會를 解散할 理가 萬無하니 諸 同胞 는 暫間 息紛하라 하얏난디 衆人이 互相 演說 紛紛하더라

▶**번역** 어제 보안회장 이유인 씨가 회의에 참석하여 공포하기를, 본 회장이 그저께 일본 공관에 가서 일본 공사를 만나 질문하기를 산림, 하천, 황무지 개척 요구를 귀국 정부에서도 알고 있는 일인지, 지금 일러전쟁이 아직 끝나지 않은 상황에서 귀국 정부가 이러한 자잘한 이익을 요구할 리가 아마도 없을 듯하노라 한즉, 일본 공사의 말에 따르면 이 또한 귀국의 이익을 위함이라, 귀국 인민이 황무지를 버려두고 개간할 줄 모르는 고로 이를 요구함이라, 지금 귀국 백성들이 날마다 모여 인심이 들끓고 있으니 곧바로 해산케 하면 이 황무

지 요구안을 철회하겠노라 하니 이 회를 즉시 해산하였다가 장차 만약 해당 안건이 철회되지 아니하거든 다시 모여도 늦지 않으리라 설명한즉, 모여 있던 사람들이 일제히 반대하며 말하길, 회장이 일본 공사의 말을 순순히 듣고 이 모임을 해산하고자 하는 뜻이니 우리는 이 회장의 명령에 따르지 못하겠노라 하고 반대의 목소리가 크게 일어나는지라. 원세성 씨가 다시 연단에 올라 연설 하며 말하길, 회장의 설명이 일리가 있는 듯하나 일본 공사가 황무지 요구안을 철회하기 전에는 이 회를 해산할 리가 만무하니 여러 동포는 잠시 분노를 가라 앉히라 하였는데 모인 사람들은 서로 말을 주고받으며 소란하더라.

▸ **용어**　원세성, 이유인

041. 「일병포박회원(日兵捕縛會員)」, 『황성신문』, 1904.7.23. 2면

▸ **원문**　少間에 日 巡査가 會中에 來言ᄒ기를 林 公使가 무슴 談辦ᄒᆯ 事가 有ᄒ니 會員 幾人이 偕往ᄒᆾ 홈으로 會員 中에셔 朴致薰 黃用性 等 五人을 使之 偕往 談辦케 ᄒ얏더니 仍爲 被執 不返ᄒ고 李 會長은 方纔歸去하난듸 忽然 日 憲兵 十餘 名이 各持 六穴砲하고 突入 會中하야 衆中을 向하야 放砲하난 樣으로 施威 ᄒ면셔 會員 中 元世性 沈相震 鄭寅琥 申學均 等 四人을 一併 捕縛하야 疾風 驅去하난듸 會中 文書난 一併 搜探하야 併皆 押收하고 該 會所난 閉鎖하얏더라 元世性 氏 等 四人을 捕縛 時에 其中 一個 靑春 少年이 日兵을 向ᄒ야 大聲 詰辦 日 我도 會員이어늘 何不縛去ᄒ난요 ᄒ면셔 意氣 激昂ᄒ였다더라

▸ **번역**　잠시 뒤 일본 순사가 회의장에 와서 말하길, 임 공사가 무슨 담판할 일이 있으니 회원 몇 사람이 함께 가자 하므로 회원 가운데 박치훈, 황용성 등 5명을 보내어 함께 가서 담판하게 하였더니, 결국 붙잡혀 돌아오지 못하고 이 회장은 이제야 막 돌아갔다고 하는데 갑자기 일본 헌병 10여 명가량이 각기 육혈포를 들고 회의장 안으로 들이닥쳐 참석자들을 향하여 총을 쏠 듯이 위세 를 부리면서, 회원 가운데 원세성, 심상진, 정인호, 신학균 등 4명을 함께 붙잡아 질풍같이 끌고 가는데, 회의장 안의 문서들은 모두 수색하여 전부 압수 하고 그 회의 장소는 폐쇄하였더라. 원세성 씨 등 4명을 체포할 때 그중 한

청년이 일본 병사를 향하여 큰 소리로 항의하며 말하길, 나도 회원이거늘 어찌
하여 잡아가지 아니하느뇨 하면서 의기가 격앙하였다더라.

▸ **용어** 원세성

042. 「갱회종가(更會鍾街)」, 『황성신문』, 1904.7.25. 2면

▸ **원문** 漢語學校난 日兵이 一切 閉鎖홈으로 該 會에 聚集하얏던 人員은 併皆
鍾街上으로 聚集雲屯ᄒ야 又 一塲 演說홀 際에 日 憲兵 數 二名이 騎馬 驅來ᄒ
야 六穴砲와 長刀를 手提ᄒ고 左右로 揮却ᄒ면서 會中에 巡行ᄒ더니 忽然 一個
人이 胸襟을 袒露ᄒ고 日 憲兵에게 突前ᄒ야 日 爾們이 六穴砲와 長刀를 拔持ᄒ
얏스니 我를 丸斃던지 刺斃던지 ᄒ라ᄒ則 憲兵이 砲刀를 收藏ᄒ고 但 會中으로
馳驟만 ᄒ난듸 雲屯한 人員이 白山을 成ᄒ얏다더라 下午 八時量에 宮內에셔 勅
令을 奉承ᄒ고 會中에 宣諭ᄒ기를 日館에 公函ᄒ야 被押ᄒ 人員은 一併 放歸케
할 터이니 會員은 解散ᄒ라 ᄒ난지라 會員이 一齊 俯伏 日 政府 命令은 未得
準信이되 勅命之下에 敢不奉遵이리오 ᄒ고 人員이 一齊히 十步를 退却ᄒ야 皇命
을 恭謝하얏더라

▸ **번역** 한어학교는 일본 병사들이 완전히 폐쇄하므로 해당 회의에 모였던 인
원들은 모두 종로 거리로 몰려들어 운집하였으며, 다시 한 차례 연설하려 할
때에 일본 헌병 2명이 말을 타고 달려와 육혈포와 장도를 손에 들고 좌우로
휘저으면서 모인 사람들 사이를 돌며 순행하더니 갑자기 어떤 사람이 가슴을
드러낸 채 일본 헌병에게 돌진하며 말하길, 너희들이 육혈포와 장도를 뽑아
들었으니 나를 총으로 쏘아 죽이든지 칼로 찔러 죽이든지 하라 한즉 헌병이
총과 검을 거두고서 다만 사람들이 모인 가운데로 말을 내달리기만 하는데
구름처럼 모여든 사람들이 흰 산을 이룬 듯하였더라. 오후 8시쯤에 궁내부에서
칙령을 받들어 회의 중인 사람들에게 선포하기를, 일본 공사관에 공함하여
붙잡힌 인원을 모두 석방케 할 터이니, 회원은 해산하라 하는지라. 회원이
일제히 땅에 엎드려 절하며 말하길, 정부의 명령은 아직 신뢰하기 어렵지만,
칙령이 내렸으니 어찌 감히 따르지 않으리오 하고 인원이 일제히 열 걸음 물러

나 황명을 삼가 받들어 감사를 표하였더라.

▸**용어** 궁내부

043. 「압인산회(押人散會)」, 『황성신문』, 1904.7.25. 2면

▸**원문** 三昨日 典洞 輔安會長 元世性 氏等을 日 憲兵이 捉去하고 會人은 解送케 하얏난딕 人民 等이 不勝憤激하야 鍾路에 齊會하야 一層激昂하기로 騎隊 副領 李泰來 氏와 警務官이 勅令을 奉承하고 同日 下午 八時量에 曉諭 人民하야 使之 解散케 하되 今巳日晩하얏슨則 解散하얏다가 明日 更會라로 猶爲未晩이라 하나 會民이 尤極激動하야 或 演說 或 痛哭하더니 同 十一時量에 日兵 一分隊가 來到 하야 一倂 解散케 하되 終不聽從하난 故로 其中 申永均 氏를 以銃打傷하야 至於 死境 故로 擔送漢城病院ㅎ야 治療케 하고 餘人은 一切驅逐하고 其中 數人은 押去憲兵■하고 再昨朝 大東書市에서 又 朱興均 氏을 押去하얏다더라

▸**번역** 사흘 전 전동에서 보안회 회장 원세성 씨 등을 일본 헌병이 체포하고 회의 참석자들은 해산케 하였는데, 인민 등이 격분을 이기지 못하여 종로에 모여 더욱 격앙하기로, 기병대 부령 이태래 씨와 경무관이 칙령을 받들어 같은 날 오후 8시경에 인민에게 해산하라고 타이르되 이제 이미 날이 저물었으니 오늘은 해산하였다가 내일이라도 다시 모이면 늦지 않으리라 하나, 회의에 모인 인민들이 더욱 격분하여 어떤 이는 연설하고 어떤 이는 통곡하더니, 같은 날 11시경에 일본 병사 1분대가 도착하여 모두 해산케 하되 끝내 명령을 따르지 않는 고로, 그 가운데 신영균 씨는 총에 맞아 중상을 입고 거의 사경에 이르렀으므로 한성병원으로 후송하여 치료하게 하고, 나머지 사람들은 모두 강제로 해산시키고 그중 몇 사람은 헌병대가 잡아갔으며, 그저께 아침에는 대동서시에서 또 주흥균 씨를 잡아갔다더라.

▸**용어** 원세성, 헌병대

044. 「백씨격분(白氏激忿)」, 『황성신문』, 1904.7.25. 2면

▸ 원문 三昨日 下午 九時量에 鍾路에서 聚集ᄒ 人員 中에 司果 李範錫 氏가 一塲 演說하다가 日兵에게 被捉而去ᄒᄂ지라 在傍ᄒ얏던 前 主事 白樂衡 氏가 不勝激忿하야 日兵을 扶執하고 李 氏의 捉去 理由를 詰問ᄒ則 日兵이 猛拳을 擧ᄒ야 白 氏를 批頰ᄒᄂ지라 白 氏가 愈愈激忿하야 日兵의 腦後를 擧하야 地上에 攔倒ᄒ則 諸 口兵이 一齊 來到하야 白 氏를 廣通橋 上ᄭ지 押去하다가 銃柄과 拳踢을 齊擧하야 猛打一塲에 白 氏ᄂ 昏倒不省하다가 數頃 後에 精神을 收拾ᄒ則 冠宕이 遺失되고 全身을 運動하기 極難ᄒ데 艱辛히 其 旅館으로 歸去하얏다더라

▸ 번역 사흘 전 오후 9시경 종로에 모였던 사람들 가운데 사과 이범석 씨가 한 차례 연설하다가 일본 병사에게 끌려가는지라. 곁에 있었던 전 주사 백낙형 씨가 격분을 참지 못하여 일본 병사를 붙잡아 이 씨를 끌고 간 이유를 따져 물은즉, 일본 병사가 주먹을 들어 백 씨의 뺨을 때리는지라. 백 씨는 더욱 분개하여 일본 병사의 뒤통수를 쳐서 땅에 넘어뜨린즉, 여러 헌병이 일제히 몰려와 백 씨를 광통교 위까지 끌고 가다가 총자루와 주먹질, 발길질을 동시에 가하여 한바탕 거세게 때리자, 백 씨는 의식을 잃고 쓰러졌다가 얼마 후 정신을 수습한즉 갓이 사라져 있었고 온몸을 움직이기가 매우 어려운데, 간신히 자신 이 묵는 여관으로 돌아갔다더라.

045. 「진황안귀정(陳荒案歸正)」, 『황성신문』, 1904.8.1. 2면

▸ 원문 再昨日 下午 三時에 叅政 沈相薰 氏와 外部大臣 李夏榮 氏가 山林 原野 事로 勅令을 奉承하고 再次 日 公舘에 前往하야 和衷辦理하얏다더라

▸ 번역 그저께 오후 3시에 참정 심상훈 씨와 외부대신 이하영 씨가 산림과 초지 일로 칙령을 받들어 재차 일본 공관에 찾아가서 화합하여 처리하였다더라.

▸ 용어 심상훈, 이하영

046. 「황무안귀결(荒蕪案歸決)」, 『황성신문』, 1904.8.3. 2면

▶**원문** 三昨日에 山林 原野 荒蕪地 案件으로 叅政 沈相薰 氏와 外相 李夏榮 氏가 日 公使 林權助 氏와 會同하야 該 案件을 和衷辦理하얏다는 說은 昨報에 已記하얏거니와 其 事實을 更聞혼則 日 公使가 沈 李 兩 大官을 對하야 該 案은 更不提議하기로 決定혼지라 再昨日에 憲兵 司令官 李址鎔 氏가 勅命을 奉承하고 日館에 前往하야 好誼를 感謝하얏다더라

▶**번역** 사흘 전, 산림, 초지, 황무지 안건으로 참정 심상훈 씨와 외부대신 이하영 씨가 일본 공사 임권조 씨와 함께 회동하여 해당 안건을 화합하여 처리하였다는 소식은 어제 이미 게재하였거니와 그 사실을 다시 들은즉, 일본 공사가 심상훈, 이하영 두 대관에 대하여 해당 안건은 더 이상 제기하지 않기로 결정한지라. 이에 그저께 헌병 사령관 이지용 씨가 칙명을 받들고 일본 공사관에 찾아가서 우호의 뜻에 감사를 표하였다더라.

▶**용어** 심상훈, 이지용, 이하영, 임권조

047. 「황무지문제외론(荒蕪地問題外論)」, 『황성신문』, 1904.8.8. 3면

▶**원문** 仁川商報를 據혼則 日本 神戶에셔 外字로 發刊ㅎ는 구로니굴 新聞이 韓國 荒蕪地 問題를 論ㅎ야 曰 日本에서 外人에게는 土地를 許可치 아니ㅎ고 政府에셔 北海道의 荒蕪地도 外人에게 開墾을 許可ㅎ랴 ㅎ면 擧國이 憤怒 反抗ㅎ야 當局大臣을 辭職케 홀 터이여늘 今에 韓國에셔 此를 强行ㅎ랴 ㅎ니 其 原因은 韓人이 無力ㅎ야 韓國 保護費를 其 保護者가 不能自辦ㅎ는 故라 ㅎ고 又曰 日本이 略 三十年 間을 歐美 列國과 對等되기 爲ㅎ야 自治의 權利를 行ㅎ고 銳意盡力ㅎ야 外人에 對혼 法權과 稅權을 回復ㅎ고 未幾에 猝然 今日의 事가 有혼지라 吾人이 日本에서 外國에 對ㅎ야 條約 改正을 要求홈이 正當혼 事로 贊助ㅎ얏더니 今에 日本 有力家가 自己 等이 外國에 對ㅎ야 熱心 要求ㅎ던 것과 同一혼 權利를 韓國人에게는 其 反對홈을 도로혀 拒絶ㅎ랴 혼則 吾人이 遺憾히 녁인다 ㅎ얏더라

▶**번역** 『인천상보』에 따르면 일본 신호에서 외국 글자로 발간하는 『크로니클

신문』이 한국 황무지 문제를 논하며 말하길, 일본에서 외국인에게는 토지를 허가하지 아니하고 정부에서 북해도의 황무지도 외국인에게 개간을 허가하려 하면 온 나라가 분노하여 반발하여 당국 대신을 사직케 할 터이거늘, 지금 한국에서 이를 강행하려 하니 그 원인은 한국인이 무력하여 한국 보호 비용을 그 보호자가 스스로 부담할 수 없기 때문이라 하고 또 말하길, 일본은 대략 30년 동안 유럽과 미국 여러 나라들과 대등해지기 위하여 자치의 권리를 행사하고 전력을 다하여 외국인에 대한 법적 권리와 세금 권한을 회복한 지 얼마 되지 않았는데, 갑작스레 오늘날의 사태가 일어난지라. 우리는 일본이 외국에 대하여 조약 개정을 요구한 것을 정당한 일로 여기고 찬동하였더니, 지금 일본의 유력자들은 자기들이 외국에 대해 열심히 요구했던 것과 똑같은 권리를 한국인에게는 오히려 반대하고 거절하려 하는즉, 우리는 유감스럽게 여긴다 하였더라.

간도에 진출한 일본, 외면당한 간도 한인의 권리

정선희

해제

　청일전쟁에서 승리한 후 일본은 간도, 즉 북청(北淸) 지역에 진출하기 위해 분주하게 움직였는데, 당시 신문에 몇 개의 관련 기사가 보인다. 1898년 7월 9일자 『독립신문』에 따르면, 일본 사람 하나가 청국을 유람하고 대한에 와서 청국의 "진보되는 형편이 대한보다 더 나은 모양"이라고 말했다고 한다. "이등박문 씨"가 서울을 거쳐 "장차 청국으로 향한다"는 기사가 있는가 하면, 일본 맥주회사 사장이 "청국 북방과 시베리아 철도를 시찰"하고 나서 한국을 시찰하기 위해 경성에 들어왔다는 기사도 있다(『제국신문』, 1898.8.31.; 『독립신문』, 1899.9.30.). 1900년 이후에는 일본인들이 한국과 청국을 함께 방문한다는 소식이 더 자주 실렸는데, 정부 관리가 많았다. 체신성 외신과장의 우편사무 시찰(『황성신문』, 1900.1.12.), 외무성 참사관의 일본인 거류지와 영사관의 행정 사무 시찰(『황성신문』, 1900.4.5.) 등이 그것이다. 농상무성의 삼림국 기사가 압록강 연안 삼림과 북청의 산야를 조사한다는 기사도 확인된다(『황성신문』, 1902.6.4.).

러일전쟁을 앞뒤로 한 시기에는 군사령관, 체신차관 등 군부와 정부 관료의 시찰이 계속된 한편(『대한매일신보』(국문), 1904.10.20.;『황성신문』, 1905.4.4.;『황성신문』, 1905.5.27.), 시찰의 주체가 정당 인사나 언론인으로도 확대되었다. 제국당 인사의 만한(滿韓) 시찰(『황성신문』, 1904.9.19.), 부산 조선일보 기자의 만주 시찰(『제국신문』, 1905.5.22.) 등이 그것이다. 이즈음에는 간도를 포함한 한·청의 접경지대를 가리킬 때 '청국 북방'이나 '북청'이라는 용어 대신에 '만주'라는 용어가 더 자주 사용되었다. 만주와 한국을 한데 묶는 '만한'이라는 표현도 일반화되었다(「만한철도경영」, 『황성신문』, 1905.5.27.;「만한경영」, 『제국신문』, 1905.6.12.).

러일전쟁 이후 신문에는 일본이 만주 지역에 더 광범위하게 적극적으로 진출하는 모습이 나타난다. 대장성 차관, 총리대신, 상업회의소 임원, 지방의회 의원, 학자 등의 만주 시찰 소식을 전한 「시찰파원(視察派員)」(『제국신문』, 1906.4.27.), 「일상입성(日相入城)」(『제국신문』, 1906.5.10.), 「대장차관입성(大藏次官入城)」(『황성신문』, 1906.5.10.), 「회두도한(會頭渡韓)」(『황성신문』, 1906.5.11.), 「박사시찰(博士視察)」(『황성신문』, 1906.5.12.) 등의 기사가 쏟아졌다. 이와 같은 시찰의 결과는 통감부의 『조선간도경영안』(1906)에 수합, 반영되었다. 『한국동북경계고략(韓國東北境界考略)』(1908), 『간도문제조사설(間島問題調査說)』(1908) 등을 통해서도 일본이 만주 지역에 대한 정보를 체계적으로 수집하고 있었음을 알 수 있다.

이러한 조사와 정리를 바탕으로 일본은 간도를 둘러싼 한국과 청국의 영유권 분쟁에 노골적으로 간섭하고 나섰다. 러일전쟁에서 승리한 일본은 1905년 11월 18일 한국을 보호한다는 명분을 내세우며 〈한일협상조약〉(제2차 한일협약, 이하 을사보호조약)을 강제하고 한국의 외교권을 강탈했다. 이에 따라 간도 문제에 대한 일본의 직접적 개입이 시작되었는데, "통감부에서 한청 양국 간에 있는 북간도 문제로 특별히 청국과 교섭하여 양국의 경계를 명확히 확정하리라더라"는 기사가 실리기도 했다(『대한매일신보』, 1906.3.17.). 이는 일본이 간도 지역을 대륙 침략의 전초기지로 인식하고 전략적으로 간도의 영토화 정책을 추진하고자 하는 움직임이었다.

간도의 영유권 문제가 수면 위로 떠오르면서 이 지역에 거주하는 한인들의 상황이 기사를 통해 알려지기 시작했다. 1906년 6월 7일『제국신문』에는 서간도 향약의 부대표가 대한제국 법부에 한인 간의 살해 사건을 보고하며 간도에 옮겨와 사는 한인이 수만 명인데 "통일하여 거느리는 관원이 없어" 중대한 사건을 제대로 처리할 수 없으니 법률책 한 질을 보내달라고 요청했다는 기사가 실렸다(「청반율서(請頒律書)」, 『제국신문』, 1906.6.7.). 당시 신문들은 간도의 한인들이 한국 정부에 보호를 요구하는 청원을 넣었다는 소식을 지속적으로 보도하면서 관리 파견을 시급히 해결해야 할 사안으로 비중 있게 다뤘다(「도민누청(島民屢請)」, 『대한매일신보』, 1906.9.13.;「이 백성을 보호함」, 『경향신문』, 1907.4.26.;「서도정형(西島情形)」, 『제국신문』, 1907.12.7.).

1907~1908년 신문에는 간도에 행정청을 설치하기 위한 일본 정부의 준비 인력 파송, 내부의 서기관 파송, 경시청의 경관 파송, 일본 헌병대의 헌병 파송, 헌병대를 시찰하기 위한 헌병사령관과 부관, 통감부 경무부의 소장, 보안과장, 무관 등의 출장 소식이 연이어 보도되었다(『황성신문』, 1907.8.7.;『황성신문』, 1907.9.22.;『대한매일신보』, 1907.10.27.;『제국신문』, 1908.7.19.;『황성신문』, 1908.8.8.;『대한매일신보』, 1908.8.21.;『제국신문』, 1908.9.4.;『제국신문』, 1908.9.19.;『대한매일신보』, 1908.9.25.).

그런데 일본 정부와 통감부의 조처는 간도 한인의 문제를 근본적으로 해결해주지 못했다. 일본의 행정청 설치 시도는 오히려 청국 관민들에게 두려움을 주는 역효과를 낳았다(『대한매일신보』, 1907.10.12.). 간도에 주둔

해 있던 일본 헌병들은 명분이 없다는 핑계를 대며 청병과 한인들의 갈등에 개입하지 않았다. 청국 관헌과 일병 양측에게 탄압당하는 한인들의 상황은 전혀 나아지지 않았다. 『대한매일신보』는 "무엇 때문에 파병하는가(因何派兵)"라는 제하에 일병의 간도 파송에 대해 강한 불만과 의구심을 드러냈다(1908.10.17.). 그런가 하면 『경향신문』의 "북간도통신원"은 간도의 한국인을 대상으로 폭리를 취하는 일본인의 행태와 의병 진압을 빌미로 조선인들의 재산과 노동을 착취하는 일본군의 포학을 보도했다. 그는 '북간도에 사는 사람의 말을 들으면 마음이 상하고 이마를 찡그리지 아니하는 이가 없다'면서 간도 한인의 신산한 상태에 안타까움을 표했는데(「약하여 못 살겠네」, 『경향신문』, 1909.4.2.), 이 기사는 다음 날 "일병폭행(日兵暴行)"이라는 제목으로 『대한매일신보』에 다시 실리기도 했다(『대한매일신보』, 1909.4.3.).

1908년에 일본은 청국의 간도 영유권과 경계선을 인정하는 대신, 간도 내 한인 거주권과 한국영사관 주둔을 확보하고 일인이 천보산 광산을 경영할 수 있도록 청국 정부로부터 채광권 허락을 받는 협정을 추진했다(「간도귀청(間島歸淸)」, 『대한매일신보』, 1908.10.29.;「간도문제(間島問題)」, 『황성신문』, 1908.10.31.). 이는 일본이 간도 지역을 지렛대로 자신의 이익을 극대화하려는 속내였다. 1년 후인 1909년 9월 4일 일본은 〈동삼성육안(東三省六案)〉에서 간도 영유권을 청국에 양여하고 그 반대급부로 청국으로부터 만주 철도 부설권과 채광권 등 이권을 취득하는 〈도문강한중계무조관(圖們江韓中界務條款)〉, 이른바 〈청일간도협약〉을 체결했다. 〈청일간도협약〉은 일본이 전면적인 정치적 분쟁을 피하면서 간도를 청국에 양보하는 대신 경제적 이권을 차지하는 데 핵심이 있었다. 신문에는 "북간도에 거주하는 현재 한인은 청국 귀화인으로 간주하여 청국이 이를 감리하는데 앞으로는 간도에 오고가는 한국인과 일본인은 일본이

보호하기로 결정하고 장차 영사관을 설치한다”는 소식이 전해졌다(「간
도일영관(間島日領館)」, 『대한매일신보』, 1909.8.31.). 협약의 체결로 한국영
사관은 일본영사관으로 개편되었다. 통계의 출처를 밝히지는 않았지만,
『황성신문』의 보도에 따르면 1909년도에 북간도의 총인구는 11만 명 정
도로, 한인이 82,999명, 청인이 27,371명이었다(「간도한청인구(間島韓淸
人口)」, 『황성신문』, 1909.8.20.). 이 협약으로 일본은 19세기 후반부터 간
도에 옮겨가 살고 있던 한인 8만여 명의 법적 지위와 운명을 청국에 통
째로 넘겨준 셈이었다.

　19세기 말 일본은 청국 만주, 그리고 더 구체적으로는 간도 지역을
‘발견’하면서 이 지역에 대한 조사를 본격화하기 시작했다. 일본은 정부
차원의 시찰뿐만 아니라 민간의 유람, 여행, 관광 등을 통해 간도의 실
지 상황, 우편전신과 삼림, 광산 자원, 철도, 지형, 도로 사정, 실업, 행
정 조치 현황 등에 대한 광범위한 정보를 확보했다. 이후 일본은 간도의
한인들을 보호하고 영유권 분쟁을 해결한다는 명분을 내세우며 통감부
를 앞세워 청국과 직접적인 교섭에 나섰지만, 실상은 한인들의 상황을
전혀 고려하지 않은 채 자신들의 이권만을 챙겼다. 간도의 한인들은 청
인, 청국 관리, 청병, 일인, 일본 관리, 일병 그리고 비적들 사이에서
빈사지경에 놓이게 되었다.

참고문헌

최장근, 『일본의 독도·간도침략 구상: 「도근현고시(島根県告示)40호」, 「조선간도경영안」
의 본질 규명』, 백산자료원, 2010.
한일관계사학회 편, 『동아시아의 영토와 민족문제』, 경인문화사, 2008.

기사

001. 「일인 유람한 것」, 『독립신문』, 1898.7.9. 4면

▸**전사** 일본 사람 하나가 청국을 유람하고 대한에 와서 말하기를 원세개가 청국 군대의 사무를 지금 간섭하는데 원 씨의 말이 사관은 일본 사관을 고용하고 학도를 또한 뽑아 일본에 보내어 공부시키겠다 하는데 그 나라의 진보되는 형편이 대한보다 더 나은 모양이라 하더라.

▸**용어** 원세개

002. 「재작일에 이등박문 씨가」, 『제국신문』, 1898.8.31. 3면

▸**전사** 재작일에 이등박문 씨가 외부 연회에 참례한 후에 그 길로 경운궁에 들어가 폐현하고 9시에 공관 연회에 참례하고 어제 새벽 4시에 서울을 떠나 인천항으로 내려 갔는데 장차 청국으로 향한다니 수륙 먼길에 무양[無恙]히 유람하고 돌아가기를 믿노라.

▸**용어** 외부

003. 「주류 시찰」, 『독립신문』, 1899.9.30. 3면

▸**전사** 일본 동경 맥주회사 사장 마월태평 씨는 청국 북방과 및 시베리아 철도를 시찰하기 위하여 갔다가 대한 경성 철도와 대한 나라의 경황을 시찰하기로 본월 24일에 경성에 들어왔다더라.

004. 「일본 우관의 도한(日本 郵官의 渡韓)」, 『황성신문』, 1900.1.12. 2면

▸**원문** 朝鮮新報를 據ᄒ즉 日本 遞信省 外信課長 棟居喜久馬 氏ᄂᆞᆫ 本月 下旬에 韓淸 兩國의 郵便 事務를 視察ᄒᆯ 次로 出發ᄒᆫ다ᄂᆞᆫ딕 此ᄂᆞᆫ 韓日 郵便 聯絡의

協定이 成ᄒ야 이믜 實施ᄒ고 且 小包 郵便도 早晩에 開始ᄒ깃슨즉 右 事務로 由홈이라더라

▶**번역** 조선신보에 따르면 일본 체신성 외신과장 동구희구마 씨는 이달 하순에 한청 양국의 우편 사무를 시찰할 차로 출발한다는데 이는 한일 우편 연락의 협정이 이루어져 이미 실시하고 또 소포 우편도 조만간에 시작하겠는즉 위의 사무 때문이라더라.

▶**용어** 조선신보, 체신성

005. 「일관도한(日官渡韓)」, 『황성신문』, 1900.4.5. 2면

▶**원문** 日本 外務省 叅事官 寺尾亨 氏ᄂ 韓淸 兩國의 日本 居留地 制度 及 領事舘의 行政 事務 視察의 命을 帶ᄒ고 去 三月 三十一日 仁川港에 來ᄒ얏다가 本月 二日에 入京ᄒ얏다더라

▶**번역** 일본 외무성 참사관 사미향 씨는 한청 양국의 일본 거류지 제도 및 영사관의 행정 사무 시찰의 명을 받고 지난 3월 31일에 인천항에 왔다가 이달 2일에 입경하였다더라.

▶**용어** 외무성

006. 「산림조사(山林調査)」, 『황성신문』, 1902.6.4. 2면

▶**원문** 淸韓 兩國에 山林 調査ᄒ기 爲ᄒ야 日本 農商務省에셔 派遣ᄒ 山林局 技師 田中喜代治, 宮鳥多喜郎 兩 氏가 去月 初旬 釜山에 到着ᄒ야 其 附近 山林 地質을 調査ᄒ고 且 京城에 至ᄒᄂ 沿道의 山林을 調査ᄒ면셔 京城으로 向ᄒ얏ᄂ딕 京城으로셔 更히 義州로 發向ᄒ야 鴨綠江 沿岸의 山林을 視察ᄒ고 北淸의 山野를 跋涉ᄒ야 精細히 調査홀 터이라더라

▶**번역** 청한 양국의 산림을 조사하기 위하여 일본 농상무성에서 파견한 산림국 기사 전중희대치, 궁조다희랑 양 씨가 지난달 초순 부산에 도착하여 그 부근 산림 지질을 조사하고 또 경성에 이르는 길의 양쪽 산림을 조사하면서

경성으로 향하였는데 경성에서 다시 의주로 발향하여 압록강 연안의 산림을 시찰하고 북청의 산야를 두루 돌아다니며 정세히 조사할 터이라더라.

▸ **용어** 농상무성

007. 「일본의 청한 경영(日本의 清韓 經營)」, 『황성신문』, 1904.5.28. 2면

▸ **원문** 日本 東京에서 本月 十八日붓터 臨時 全國 商業會議所 聯合會를 開ᄒ야 난듸 橫賓 京都 東京 各 商業會議所 提出案 中 清韓 經營에 關한 件이 如左ᄒ니 民間 實業者 中에 適當한 人物을 擇定ᄒ■ 韓滿 經濟上 視察을 行케 ᄒ난 事、滿 韓에 駐在ᄒ난 日本 領事舘에 對ᄒ야 商業上에 關한 直接 通信의 途를 開ᄒ난 事、韓清 兩國 樞要地에 事務官을 速히 設置ᄒ기를 希望ᄒ난 事、東洋銀行을 創設ᄒ난 事、韓國 貨幣를 改良ᄒ난 事、韓國에셔 日本의 十地 所有를 安全케 ᄒ난 事、韓國에서 警察 制度를 改良ᄒ난 事、漁業權을 鞏固케 ᄒ난 事、韓滿에 셔 鉄道 其他 通信 事業을 아모조록 日本人으로 ᄒ야곰 營爲케 ᄒ난 事、韓滿에 셔 沿海 及 河川의 航運 事業을 아모조록 日本人으로 ᄒ야곰 營爲케ᄒ난 事、韓 滿에서 鑛山 及 其他 製造 工業의 自由를 獲得ᄒᄂ 事오 又 廣島에서 協議案으로 提出ᄒ 案件 中에 韓國에 關ᄒ 件이 如左ᄒ니 土地 所有權에 關ᄒ 件、韓國 漁業權 擴張 件、韓清 渡航者에게 便宜케 ᄒᄂ 件、殖民 政策 確立에 關ᄒᄂ 件이더라

▸ **번역** 일본 동경에서 이달 18일부터 임시 전국 상업회의소 연합회를 열었는데 횡빈, 경도, 동경 각 상업회의소가 제출한 안건 중 청한 경영에 관한 안건이 아래와 같으니 민간 실업자 중에 적당한 인물을 택정하■ 한만 경제상 시찰을 하게 하는 일, 만한에 주재한 일본 영사관에 대하여 상업상에 관한 직접적인 통신 경로를 개설하는 일, 한청 양국 요충지에 사무관을 속히 설치하기를 희망하는 일, 동양은행을 창설하는 일, 한국 화폐를 개량하는 일, 한국에서 일본의 토지 소유를 안전하게 하는 일, 한국에서 경찰 제도를 개량하는 일, 어업권을 공고하게 하는 일, 한만에서 철도 기타 통신 사업을 아무쪼록 일본인이 영위케 하는 일, 한만에서 연해 및 하천의 항운 사업을 아무쪼록 일본인이 영위케

하는 일, 한만에서 광산 및 기타 제조 공업의 자유를 획득하는 일이요 또 광도에서 협의안으로 제출한 안건 중에 한국에 관한 안건이 아래와 같으니 토지소유권에 관한 건, 한국 어업권 확장 건, 한청 도항자에게 편의을 주는 건, 식민정책 확립에 관한 건이라더라.

▸ **용어** 동양은행, 만한

008. 「시찰속파(視察續派)」, 『황성신문』, 1904.9.19. 3면

▸ **원문** 日本 帝國黨에셔 滿韓 視察 次로 佐佐友房 氏ᄂᆞᆫ 南淸 及 滿洲에 派送하고 足立謙造 氏ᄂᆞᆫ 韓國 及 滿洲에 派遣ᄒᆞ다더라

▸ **번역** 일본 제국당에서 만한 시찰을 위하여 좌좌우방 씨는 남청 및 만주에 파송하고 죽립겸조 씨는 한국 및 만주에 파견한다더라.

▸ **용어** 좌좌우방, 만한

009. 「일장북행」, 『대한매일신보』(국문), 1904.10.20. 6면

▸ **전사** 일본 사령관 장곡천 대장이 일간 발정하여 원산 방면을 경과하여 청국 요양까지 시찰하고 회환[回還]하여 한국에 주차할 터인데 만주전쟁 전후를 물론하고 한국 각 요해처에 수비병 3만 명을 영구히 주둔하기로 작정이라더라.

▸ **용어** 원산, 장곡천(=장곡천호도)

010. 「체신차관의 한청 시찰(遞信次官의 韓淸視察)」, 『황성신문』, 1905.4.4. 2면

▸ **원문** 今番 日俄戰爭은 野戰 郵便과 電信과 鉄道와 船舶 等 事業과 關係가 多홈으로 日本 遞信大臣 大浦兼武 氏가 曩者에 戰地를 視察ᄒᆞ고 諸 船 設備를 更히 改善ᄒᆞ게 되얏ᄂᆞᆫ딕 韓淸 運輸 交通의 事業에ᄂᆞᆫ 滿洲 鉄道 敷設 及 韓國 通信 事業 等事를 視察 調査홀 必要가 有홈으로 遞信次官 田健次郎 氏가 視察次

發行ᄒ얏더라

▸**번역** 이번 일아전쟁은 야전 우편과 전신과 철도와 선박 등의 사업과 관계가 많으므로 일본 체신대신 대포겸무 씨가 지난번에 전장을 시찰하고 여러 선박 설비를 다시 개선하게 되었는데 한청 운수 교통의 사업에는 만주 철도 부설 및 한국 통신 사업 등사를 시찰 조사할 필요가 있으므로 체신차관 전건차랑 씨가 시찰 차로 출발하였더라.

▸**용어** 대포겸무, 일아전쟁, 전건차랑

011. 「시찰과 보관(視察과 報館)」, 『제국신문』, 1905.5.22. 1면

▸**전사** 부산『조선일보』신문기자 지면죽로 씨는 장차 만주 정형을 시찰하기 위하여 본년 1월에 일본 북해도서 떠나서 각 신문사마다 가서 사장과 기자의 성명을 기록하고 또 유지한 관인도 찾아보고 보조금 약간씩 얻어 보행[步行]으로 나온 길의 이수가 만여 리요 짚신이 1천수십 켤레요 신문사는 50여 처도 거쳐 작일 떠나 만주로 향하였더라.

▸**용어** 조선일보(=조선신보)

012. 「만한철도경영(滿韓鉄道經營)」, 『황성신문』, 1905.5.27. 2면

▸**원문** 某 新聞을 據ᄒ則 韓國 京釜 京義와 嶺南 各 鉄道 及 戰捷의 結果로 將來 當然이 占有ᄒᆯ 東淸 鉄道와 幷 其他 滿韓에 新設ᄒᆯ 各 鉄道에 對ᄒ야 論議ᄒ기를 曩者 大浦 遞相이 滿韓에 遊歷ᄒ고 其次에 田 遞信次官이 亦 巡視ᄒ얏ᄂ딘 同 鉄道 將來에 關ᄒ야 一般 政党에서도 盛히 鉄道 統一說을 唱道ᄒ며 政府의 意向도 亦 此邊에 在ᄒ지 未知ᄒ되 畢竟 將來에 其 統一의 經營을 必成ᄒ리라더라

▸**번역** 모 신문에 따르면 한국 경부, 경의와 영남 각 철도 및 전승의 결과로 장래 당연히 점유할 동청 철도와 기타 만한에 신설할 각 철도에 대하여 논의하기를 지난번 대포 체신이 만주를 유람하고 그다음 전 체신차관도 순시하였는

데 해당 철도의 장래와 관련하여 일반 정당에서도 왕성하게 철도 통일설을 주장하며, 정부의 의향도 이쪽에 있는지는 알 수 없으나 필경 장래에 그 통일의 경영을 반드시 성사하리라더라.

▸ 용어 만한

013. 「만한경영(滿韓經營)」, 『제국신문』, 1905.6.12. 1면

▸ 전사 일본 어느 잡지에 소위 만한 경영이란 것을 거한즉 일아전쟁의 결과로 만주와 한국 너른 들에 하늘이 주신 무자위 근원을 개척할 것이 주장이라, 전쟁 끝난 후에 망하여서는 한국과 만주 두 지방의 경영이 자연 별달리 조처할 것이로되 이런 사업이란 것은 가장 새로운 지식이 있는 자를 기다려 ▣할 것은 많이 의논할 바 없거니와 만주와 한국은 똑같이 나라가 망하고 산천만 남은 감회가 없지 못하니, 비록 그 땅을 사나운 아라사에게 베여주지 않더라도 한 가지 새로운 공기가 유통치 아니하면 어느 때에 그 옛날 면목을 고칠 날이 있는가, 그런고로 만주와 한국 두 지방의 경영이라 하는 것은 우리 일본 내지에 매년 50만 명씩 늘어나는 인구의 한 부분을 베어내어 저 만한 양처에 옮겨 심을 것이요 또 교육이 있는 인민으로 하여금 몇 곳에 새 사업을 경영하는 방침을 요구할지니 지금에 방장[方將] 시작할 것과 장래 사를 생각건대 광산업의 권리는 만한 양국을 물론하고 정부 소관이든지 또 개인의 소관이든지 불가불 차지 아니하지 못할지라. 만주 방면은 목하에 전쟁 중에 있는즉 그것은 고사 물론하고 한국에 대하여 오늘까지 광산 사업을 계획하는 자를 물으면 그 대개[大槪]가 여좌하니

1. 천야총일랑 삼택영일랑 씨는 직산 금광 특허요
2. 마목건삼랑은 용담 금광 특허요
3. 대창희팔랑은 철원 철광 특허요
4. 전중평팔랑은 송화 금광 특허요
5. 삼정 물산회사와 미국인 골불안 보스도쓰구와 영인 뻐수간이 합동 착수한 (corr.) 금광은 출원하는 중이니 이상은 일본 사람의 경영이요,

덕국인 세창양행 와루젤은 김성금광 특허며

영국인 모루간은 은산 금광 특허며

아국인[俄國人] 니스진스가의 경원, 종성 두 고을 금, 은, 철과 석탄 채굴권 특허며

미국인 고네안 데에로뿌언도 회사의 운산 금광 특허니 이상은 외국인 소관이라. 무릇 전쟁이 결국 되는 때는 만주(corr.) 방면에 향하여도 광업 권리 얻을 방침은 다시 의논할 것 없거니와 이렇게 타국에 대하여 청구하는 바는 마땅히 우리가 구하는 일에 대하여서도 아니 주지 못할지니 우리는 만주와 한국에 대한 경영상의 관계로서 외국인에게 광산업을 주자는 의논을 주장하노라 하였더라.

▸ **용어** 대창희팔랑, 세창양행, 일아전쟁, 직산금광, 천야총일랑, 만한

014. 「식민경영(殖民經營)」, 『제국신문』, 1905.10.14. 2면

▸ **전사** 현금 일본 정부에 유력한 자들이 식민성을 신설하여 식민 대신을 두고 대만과 조선과 만주와 화태 등지에 식민할 일과 또 필요 사무에 경영을 설명하는 자가 있다고 대판 신문에 말하였더라.

015. 「일청조약개의(日淸條約槪意)」, 『제국신문』, 1905.12.27. 3면

▸ **전사** 일청 담판 조약이 성립되어 본월 20일에 조인하였는데 그 대개가 여좌하니 요동반도와 조차권과 함자성 이남의 동청 철도와 그 부근의 광산 소유권과 기타 아라사가 차지하였던 권리는 다 일본이 차지하고 만주 대만 도회처 여순 등지 14처는(corr.) 개방하게 하고 우편 전신은 일본이 관할하게 하고 의주와 봉천 간 철도는 일본서 부설하게 하고 신민둔[新民屯]서 봉천 간 철도는 청국서 사게 하고 장춘령에서 길림 간은 청국서 부설하게 하고 압록강에는 각국이 자유로 교통하기로 하고 철도 수비병은 아국이 철병하면 일본도 철병하겠고 연안 어업권 획득과 식염과 잡곡 수출 금지치 않는 것은 일본이 주장하게 하였다더라.

016. 「간도문제(間島問題)」, 『대한매일신보』(국한문), 1906.3.17. 2면

‣ 원문 傳設을 聞ᄒᆞᆫ則 統監府에셔 韓청 兩國 間에 在ᄒᆞᆫ 北間島 問題로 特次 兩國과 交涉ᄒᆞ야 兩國 境界를 明確히 劃定ᄒᆞ리라더라

‣ 번역 전하는 말을 들은즉 통감부에서 한청 양국 간에 있는 북간도 문제로 특별히 청국과 교섭하여 양국의 경계를 명확히 확정하리라더라.

‣ 용어 통감부, 북간도

017. 「시찰파원(視察派員)」, 『제국신문』, 1906.4.27. 1면

‣ 전사 일본 강산현에서는 그곳 현회의원을 한국과 만주에 시찰하기로 위원 7명을 선정하여 불일내에 건너보내기로 한다더라.

018. 「일상입성(日相入城)」, 『제국신문』, 1906.5.10. 1면

‣ 전사 일본 총리대신 서원사공망 씨가 만주와 한국을 시찰하기 위하여 협판 산좌 씨 이하 10여 인을 대동하고 먼저 만주를 시찰한 후 경의 철도로 삼작일에 입성하였는데 작일 하오에 폐현하고 금일에 발정[發程]할 예정이라고 항설이 파다하더라.

‣ 용어 서원사공망

019. 「대장차관입성(大藏次官入城)」, 『황성신문』, 1906.5.10. 2면

‣ 원문 三昨 七日에 日本 大藏省 若規 次官의 一行이 滿洲로 從ᄒᆞ야 地形을 視察ᄒᆞ고 漢城에 入來ᄒᆞ야 泥峴 旅舘에셔 暫時 留連 中인ᄃᆡ 再昨日에ᄂᆞᆫ 度支大臣 閔泳綺 氏가 訪問ᄒᆞ얏고 昨日에ᄂᆞᆫ 內部大臣 李址鎔 氏가 訪見ᄒᆞ얏다ᄂᆞᆫᄃᆡ 再昨日에 同氏가 度支部 大臣을 訪問ᄒᆞ얏다더라

‣ 번역 사흘 전인 7일에 일본 대장성 약규 차관 일행이 만주로 가서 지형을 시찰하고 한성에 들어와 니현 여관에서 잠시 묵는 중인데 그저께는 탁지대신

민영기 씨가 방문하였고 어제는 내부대신 이지용 씨가 예방했다는데 그저께 동씨가 탁지부 대신을 방문하였다더라.

▸**용어** 대장성, 민영기, 약규(=약규례차량), 이지용

020. 「회두도한(會頭渡韓)」, 『황성신문』, 1906.5.11. 2면

▸**원문** 日本 東京市 商業會議所 副會頭 大橋新太郎 氏 一行이 韓淸 兩國의 實業을 視察 次로 本月 初에 自東京으로 出發 渡韓ᄒ야 方今 大東旅舘에 滯留ᄒᄂᄃᆡ 昨日 京城 商業會議所를 訪問ᄒ고 韓國 一般 經濟의 現狀 及 商業會議所 事情을 一一 探問ᄒ 後에 退歸ᄒ얏ᄂᄃᆡ 本日에 即 滿洲로 向ᄒ야 北京 上海 等地를 游歷 歸國ᄒ 터이라더라

▸**번역** 일본 동경시 상업회의소 부회두 대교신태랑 씨 일행이 한청 양국의 실업을 시찰하기 위해 이달 초에 동경에서 출발한 뒤 도한하여 지금 대동여관에 체류하는데 어제 경성 상업회의소를 방문하고 한국 일반 경제의 현상과 상업회의소 사정을 일일이 탐문한 후에 돌아갔는데 오늘 곧바로 만주로 향하여 북경, 상해 등지를 유람한 뒤 귀국할 터이라더라.

▸**용어** 대교신태랑, 경성 상업회의소(=상업회의소)

021. 「박사시찰(博士視察)」, 『황성신문』, 1906.5.12. 3면

▸**원문** 日本人 本多 博士의 一行이 目下 京釜線의 樹木을 視察 中인ᄃᆡ 該 一行의 目的은 滿韓의 植物 調査에 從事ᄒ 터인ᄃᆡ 本多 博士ᄂ 京義線을 經ᄒ야 滿洲에 入ᄒ야 奉天 附近 及 旅順 大連을 視察ᄒ고 膠州灣에 出ᄒ야 該地 德國의 造林 經營을 視察ᄒ고 更히 我國으로 返還ᄒ야 我國 沿岸의 樹林을 視察ᄒ고 元山 及 城津 方面으로 巡回ᄒ 後 七月 四五日頃에 歸國ᄒ다더라

▸**번역** 일본인 본다 박사 일행이 지금 경부선 주변의 수목을 시찰 중인데 그 일행의 목적은 만한의 식물 조사를 수행하는 데 있을 터인데 본다 박사는 경의선을 따라 만주로 들어가 봉천 부근과 여순, 대련을 시찰하고 교주만에 들러

그 지역에서의 독일의 조림 경영을 시찰하고 다시 우리나라로 돌아와 우리나라 연안의 수림을 시찰하고 원산과 성진 방면으로 순회한 후 7월 4, 5일 경에 귀국한다더라.

‣ **용어** 교주만, 만한, 원산

022. 「한만불온(韓滿不穩)」, 『대한매일신보』(국한문), 1906.6.5. 2면

‣ **원문** 韓日 新約 以後에 全國 人心이 不穩ᄒ야 南道 各 郡에 義兵이 蜂起ᄒ야 挑戰決雄ᄒᄌ ᄒ고 日本이 當初 目的을 違約흠을 逐條 宣戰書 十八條를 日本 政府에 聲明ᄒ고 各 道에 通文흔 故로 十三道 各 郡 義兵이 一齊 蜂起ᄒᄂ 즁이라ᄂᄃ 淸國 來信을 據흔즉 俄日戰爭 平和 後에 滿洲 以南을 淸國으로 還付흔다 ᄒ고 日本 政府가 該 約條를 違背ᄒ야 旅順 以北을 並呑 意味가 現露흠으로 滿洲 人民도 不穩ᄒ야 日本을 排斥ᄒ야 餉馬賊이 並起ᄒᄂ지라 日本 政府에셔 此를 憂慮ᄒ야 其 如何 形跡을 視察ᄒ랴고 元老大臣들이 發向흔다더라

‣ **번역** 한일 간 새로운 협약을 맺은 이후에 전국 인심이 불온하여 남도 각 군에서 의병이 봉기하여 결전을 벌이자 하고 일본이 당초의 목적을 위반하였음을 조목별로 밝힌 선전서 18조를 일본 정부에 대하여 성명하고 각 도에 통문한 고로 13도 각 군의 의병이 일제히 봉기하는 중이라는데, 청국에서 온 통신에 따르면 러일전쟁의 평화 이후 만주 이남을 청국에 반환한다 하였으나 일본 정부가 그 약조를 위배하고 여순 이북까지 병탄하려는 뜻을 드러내므로 만주 인민도 불온하여 일본을 배척하며 향마적이 잇달아 일어나는지라. 일본 정부에서 이를 우려하여 그 형적이 어떠한지를 시찰하고자 원로대신들을 파견한다더라.

023. 「청반율서(請頒律書)」, 『제국신문』, 1906.6.7. 2면

‣ **전사** 서간도 부약장[副約長] 이완구 씨가 법부로 보고하기를 본 도 속신동[俗新洞] 거[居] 일진회원 김창서가 그 자부[子婦] 박 씨를 발로 차서 죽였다 하기

에 즉시 당지에 전왕[前往]하야 그 시체를 검험[檢驗]하고 김 씨에게 엄문한 즉 그 피상한 것과 해[該] 범의 공초[供招]가 부합한지라 이곳에 부모처자를 이끌고 들어와 거생[居生]하는 우리 대한 인구가 수십 년 간에 기만[幾萬] 생명이 있으나 통일하여 거느리는 관원이 없어 여간 사소한 일은 약략[略略]히 조처하거니와 조금 중대한 사건을 당하면 어떻게 처판할 수 없으니 법률책 한 질을 보내주시어 이번 범죄한 김창서를 상당한 율문에 조율 감처[勘處]케 하고 장래 인민의 생명 재산을 보호케 하라 하였다더라.

▸ **용어** 법부, 서간도

024. 「서간도의 지계 확정(西間島의 地契確定)」, 『황성신문』, 1906.8.14. 2면

▸ **원문** 日本 法學士 內藤大里 氏 等 三人이 日本 外務省 訓令을 携帶ᄒ고 向日 漢城에 到着ᄒ야 銅峴 俱樂部에서 留宿ᄒ며 政府 土地法 調査所에 來하야 韓淸 兩界에 在ᄒ 西間島 地段에 關ᄒ 數百年을 我 政府에서 淸國과 交涉하던 一切 文簿를 調査하야 廿餘日에 畢了하얏ᄂᆞ듸 該氏 等의 一行이 日間 漢城에셔 發行하야 滿洲를 視察하고 奉天 知縣을 訪問ᄒ 後에 吉林 將軍과 交涉하야 西間島에 地契를 確定하고 淸國 北京으로 前往하야 外務大臣과 談辦 歸決ᄒᆯ 預定이라더라

▸ **번역** 일본 법학사 내등대리 씨 등 3인이 일본 외무성 훈령을 받고 얼마 전 한성에 도착하여 동현구락부에 유숙하며 정부 토지법 조사소에 와서 한청 양국의 경계에 있는 서간도 지역과 관련하여 수백년 간 우리 정부가 청국과 교섭하던 일체의 문서를 조사하여 20여 일 만에 마쳤는데, 그 일행은 조만간 한성에서 출발하여 만주를 시찰하고 봉천 지현을 방문한 후에 길림의 장군과 교섭하여 서간도에 대한 지계를 확정하고 청국 북경으로 가서 외무대신과 담판하여 귀결할 예정이라더라.

▸ **용어** 동현구락부, 서간도, 외무성

025. 「북간도조사(北墾島調査)」, 『제국신문』, 1906.8.14. 2면

▸전사 북간도 사건으로 정부에서 청관 목극등 씨 때부터 상지하여 누차 교섭하되 결과치 못하더니 지금 일인 내등 씨 3인이 일본 외무성 훈령을 가지고 부동산 조사소에 내도[來到]하여 북간도 사건으로 전후 교섭하던 문적을 가지고 조사하였는데 금명간 북간도를 시찰차로 일인 등이 발정한다더라.

▸용어 목극등, 북간도, 외무성

026. 「간도시찰(間島視察)」, 『대한매일신보』(국한문), 1906.8.14. 2면

▸원문 政府의셔 日人이 不動産을 査調已久하거니와 日人 내藤 氏 等 三人이 日本 外務省 訓令을 携帶하야 北墾島 問題로 청官 穆克登 氏와 韓 政府의셔 交涉하든 前後 文簿를 一切 調査하얏ᄂᆞ딕 該島 實地를 視察次로 내藤 氏 等이 今明間 該 島로 發向ᄒᆞ다더라

▸번역 정부에서 일인이 부동산을 조사한 지 이미 오래됐거니와 일인 내등 씨 등 3인이 일본 외무성의 훈령을 받아 북간도 문제로 청관 목극등 씨와 한국 정부가 교섭하던 전후의 문서를 모두 조사하였는데 북간도 현지를 시찰하기 위해 내등 씨 일행이 오늘이나 내일 중으로 해당 도로 출발한다더라.

▸용어 목극등, 북간도, 외무성

027. 「도민누청(島民屢請)」, 『대한매일신보』(국한문), 1906.9.13. 2면

▸원문 西間 島民 李容弼 氏 等이 內部에 請願ᄒᆞ기를 該 島에 管理를 趂不設施則 民等은 無管理之官ᄒᆞ야 必爲左衽之民이니 卽爲辦理ᄒᆞ라 ᄒᆞ지라 內部에셔 連題 內에 退俟虛分ᄒᆞ라(sic) ᄒᆞ얏다더라

▸번역 서간도 도민 이용필 씨 등이 내부에 청원하기를 해당 지역에 관청을 속히 설치하지 않는다면 인민들은 관할하는 관리가 없어 곧 청국의 백성이 될 것이니 즉시 처리하라 한지라. 내부에서는 함께 묶어 올린 여러 안건 중 해당 안건은 보류하고 처리하지 말라고 하였다더라.

▸ **용어** 내부, 서간도

028. 「간도조사(間島調查)」, 『황성신문』, 1906.11.24. 2면

▸ **원문** 統監府에셔 西北間島 地界를 勘定 次로 淸 領事 馬廷亮 氏와 交涉 中인
디 政府와 內部에셔 該 島 所管으로 交涉ᄒ던 文簿를 一切 謄交ᄒ라고 政府에
移照ᄒ얏다더라

▸ **번역** 통감부에서 서북간도 지역의 경계를 감정하기 위해 청국 영사 마정량
씨와 교섭 중인데 정부와 내부에서 해당 지역의 관할 문제로 교섭하던 모든
문서를 베껴 제출하라고 정부에 이조하였다더라.

▸ **용어** 내부, 마정량, 통감부

029. 「변서폐지설(邊署廢止說)」, 『대한매일신보』(국한문), 1906.12.8. 2면

▸ **원문** 北間島 邊界에 警務署를 設置하야 人民을 保護ᄒ더니 近日則 日兵이 派
駐ᄒ 故로 該 警務署를 明年度부터 廢止ᄒ다더라

▸ **번역** 북간도 변경에 경무서를 설치하여 인민을 보호하더니 요즘에는 일본
병사가 주둔하게 된 고로 그 경무서를 내년부터 폐지한다더라.

▸ **용어** 북간도

030. (간도보) 「이 백성을 보호함」, 『경향신문』, 1907.4.26. 3면

▸ **전사** 온성 군수 백기수 씨가 내부에 보고하되 본군 간도가 장[長]이 3, 4백
리요 광[廣]이 6, 7십 리인데 우리 백성 사는 자가 수3만 명이라. 5백여 년
화육(化育)한 적자(赤子)를 청국 관원 압제 밑에 부려둠이 불쌍하고 또 도적이
처처에 일어나되 구제할 길이 없으니 특별히 처분하여 보호할 방략[方略]을
하라 하였더라.

▸ **용어** 내부

031. 「행정청설치(行政廳設置)」, 『황성신문』, 1907.8.7. 1면

▸**원문** 日本 政府에서 間島에 居住ᄒᄂ 日本人의 請願을 因ᄒ야 我國 政府와 協議ᄒ 後에 行政廳을 設置ᄒ기로 決定ᄒ고 齊藤 中佐, 篠田 法學士, 鈴木 文學士 等을 準備 次로 該地에 派送ᄒ얏다더라

▸**번역** 일본 정부에서 간도에 거주하는 일본인의 청원으로 인해 우리나라 정부와 협의한 후에 행정청을 설치하기로 결정하고 제등 중좌, 소전 법학사, 영목 문학사 등을 준비 차원에서 해당 지역에 파송하였다더라.

032. 「간도정형(墾島情形)」, 『황성신문』, 1907.9.22. 2면

▸**원문** 北墾島를 視察ᄒ기 爲ᄒ야 內部 書記官이 巡檢을 帶同ᄒ고 前往홈은 已揭어니와 該地에 日本 兵丁도 駐箚ᄒ얏다 ᄒ고 郵電局을 設實ᄒ얏다ᄂᄃ 該地 居留ᄒᄂ 淸國 人民이 本國人에게 虐待가 滋甚홈으로 居留ᄒ던 民人 等은 他郡으로 避居ᄒᄂ 者 種種 有之ᄒ다ᄂ 傳說이 有하더라

▸**번역** 북간도를 시찰하기 위하여 내부 서기관이 순검을 대동하고 간 것은 이미 게재하였거니와 해당 지역에는 일본 병정도 주차하였다 하고 우전국을 설치하였다는데 그 지역에 거류하는 청국 인민이 본국인에게 학대가 자심하므로 거류하던 민인들은 다른 군으로 피신하는 자가 종종 있다는 전설이 있더라.

▸**용어** 내부, 북간도

033. 「간도경과(間島經過)」, 『대한매일신보』(국한문), 1907.10.12. 2면

▸**원문** 日人 齊藤 中佐가 間嶋에 발行ᄒ야 八月 二十一日에 該 島에 到着ᄒ얏ᄂ 대 淸國 官民 等이 恐慌ᄒ야 人心을 動搖홈으로 此를 反對ᄒ야 與韓國人民으로 急速 合力하야 淸兵을 歐打홈에 至ᄒ얏고 淸軍 統領 胡殿甲 氏의 日軍 撤退홀 要求書가 到來ᄒ 後 卽時 率兵而來하야 撤退ᄒ라홈으로 齊藤 中佐ᄂ 懇切이 來意를 說明ᄒ고 此를 拒絕ᄒ엿다니 數日를 經過하야 北京 政府로 訓令이 來到홈을 見ᄒ얏다더라

▸**번역** 일본인 제등 중좌가 간도로 출발하여 8월 21일에 해당 지역에 도착하였
는데 청국 관민들이 공황하여 인심을 동요하므로 이를 반대하여 한국 인민과
함께 급속히 합력하여 청국 병사를 구타함에 이르렀고 청군 통령 호전갑 씨의
일본군 철퇴 요구서가 도착한 후 즉시 병사를 거느리고 와서 철퇴하라고 하므
로 제등 중좌는 오게 된 까닭을 간절히 설명하고 이를 거절하였다니 수일을
지나 북경 정부에서 훈령이 온 것을 보았다더라.

▸**용어** 호전갑

034. (간도보) 「간도에 군사를 보냄」, 『경향신문』, 1907.10.18. 3면

▸**전사** 청국이 간도에 군사를 보낸 것을 봉천에 있는 일본 영사가 힐난하여
말한다더라.

035. (간도보) 「간도 백성이 곤란」, 『경향신문』, 1907.10.25. 3면

▸**전사** 간도에 와 있는 청국 병정의 봉급이 부족하므로 인민에게 토색[討索]하
고 일본 군사는 엄밀히 수직[守直]한다더라.

036. 「서간도파순(西間島派巡)」, 『대한매일신보』(국한문), 1907.10.27. 2면

▸**원문** 警視廳에서 西間嶋에 派送ㅎᄂ 總巡 一人 權任 一人 巡檢 十八名이 本月
二拾二日에 平壤셔 발정ㅎ얏다고 內部에서 昨日 統監府로 知照ㅎ얏다더라
▸**번역** 경시청에서 서간도에 파송하는 총순 1명, 권임 1명, 순검 18명이 이달
22일에 평양에서 출발하였다고 내부에서 어제 통감부에 조회하여 알렸다더라.
▸**용어** 경시청, 내부, 서간도, 통감부

037. 「경관출장간도(警官出張墾島)」, 『제국신문』, 1907.10.27. 2면

‣ **전사** 내부에서 간도에 거주하는 인민을 보호하기 위하여 총순 1인, 권임 1인, 순검 18인을 간도로 파송하였는데 그 경관 일행이 본월 22일에 평양서 수로로 발정하여 간도로 향하였다고 통감부에 조회하였다더라.

‣ **용어** 내부, 통감부

038. 「서도정형(西島情形)」, 『제국신문』, 1907.12.7. 2면

‣ **전사** 서간도에 옮겨가 사는 우리나라 인민의 집이 6만여 호요 인구가 20여만 명이요 그 땅 면적이 1천여 리라. 청국 정부에서는 서간도 구역 내에 통화(通化), 회인(懷仁), 집안(輯安), 임강(臨江) 등 네 고을을 설치하여 관할하는데 본국 정부에서는 정당한 관원을 설치하여 인민을 통솔치(corr.) 아니하므로 그곳 인민 중에 초산, 위원, 강계, 자성 동군에 가까이 거생[居生]하는 자는 그 네 고을에 각각 호적이나 할 따름이요 혹 청국에 입적하는 자도 많다더라.

‣ **용어** 서간도

039. 「북간도의 호구 수(北間島의 戶口 數)」, 『제국신문』, 1908.1.23. 2면

‣ **전사** 일본 정부에서 재등 중좌(齋藤 中佐)를 북간도에 출장케 함은 이미 보도하였거니와 근일 재등 중좌가 해 도에 거류하는 한인과 청인의 호구를 조사하여 보고함이 좌와 같더라.

북간도의 사(社) 수는 50인데 한인의 촌락이 529동이요 청인의 촌락이 209동이니 한인의 호수는 15,356호요 청인의 호수는 3,074호요 한인의 인구는 72,076인 내에 남자가 39,523인이요 여자가 32,123인이요 청인의 인구는 21,983인 내에 남자가 13,623인이요 여자가 8,360인이라 하였더라.

‣ **용어** 북간도

040. 「일헌병가파(日憲兵加派)」, 『황성신문』, 1908.2.23. 2면

▸**원문** 日本 寺內 陸軍大臣이 我國에 治安을 保持ᄒ기 爲ᄒ야 憲兵을 增派ᄒᄂ 것이 必要ᄒ다 ᄒ고 二十萬圓에 加追 預筭을 提出ᄒ얏ᄂ딕 其 結果로 憲兵 二千餘名을 派送ᄒ고 其中에 五十餘名은 間島와 其他 各處에 分派ᄒ기로 預定이라더라

▸**번역** 일본 사내 육군대신이 우리나라의 치안을 보호하고 유지하기 위하여 헌병을 증파하는 것이 필요하다 하고 20만 환의 추가 예산을 제출하였는데 그 결과로 헌병 2천여 명을 파송하고 그 중 50여 명은 간도와 기타 각처에 나누어 파송할 예정이라더라.

▸**용어** 사내(=사내정의)

041. 「일병사보(日兵査報)」, 『대한매일신보』(국한문), 1908.3.22. 2면

▸**원문** 北間島 等地에 日兵이 多數 派駐홈으로 淸國 政府에서 公使 林權助의게 該 派兵 理由를 質問ᄒ딕 林公使 所答에 非派兵이라 巡査 幾人을 派送ᄒ얏다 ᄒ지라 淸國 政府에서 該地 官吏의게 日兵의 派駐 與否를 査報ᄒ라고 電報ᄒ얏다더라

▸**번역** 북간도 등지에 일본 병사가 다수 파견되어 주둔하므로 청국 정부에서 공사 임권조에게 그 파병 이유를 질문하였는데 임 공사가 답한 바에 따르면 병사를 파견한 것이 아니라 순사 몇 명을 파송하였다 한지라, 청국 정부에서 해당 지역 관리에게 일본 병사의 파견 주둔 여부를 조사하여 보고하라고 전보하였다더라.

▸**용어** 임권조, 북간도

042. 「간도문제(間島問題)」, 『황성신문』, 1908.5.8. 1면

▸**원문** 淸國 北京에 留ᄒᄂ 倫敦타임스 新報 特派員 레숀 博士가 近日 該 新報社에 傳國ᄒ 事實을 聞ᄒ則 淸國이 近日에 列國과 交涉ᄒᄂ 事가 漸次 進步되나

但 日本과 交涉ᄒᄂᆫ 問題 中에 滿洲의 郵便 電信과 鴨綠江 森林과 滿洲 各處에
煤礦 等은 最히 解決키 難ᄒᆫ 者오 오작 間島에 對하ᄂᆫ 日人이 巧히 言ᄒᄃᆡ
淸國이 비록 該地를 占領혓더리도 實相은 韓國에 附屬ᄒᆯ 것이라 하며 第一
大 關係되ᄂᆫ 者ᄂᆫ 淸國이 遼河와 新民屯과 法庫門 西部 間에 鐵道를 新 建築ᄒᆷ
이니 日本이 遼河 東便에 敷設ᄒᆫ 鐵路와 相去가 三十英里에 不過ᄒᆷ으로 日本이
極力 沮戱하나 오작 新民屯과 法庫門의 鐵路ᄂᆫ 昨年 十一月 八日에 英國 公使와
契約書가 分明ᄒᆫ則 日本이 엇지 容易히 反對ᄒᆞ리오 하ᅌᆺ스니 滿洲 事件에 對하
야 英國의 干涉이 ᄯᅩᄒᆫ 不少ᄒᆞ다고 海港報에 揭載혓더라

▸**번역** 청국 북경에 있는 『런던 타임스 신보』 특파원 레숀 박사가 근래 해당
신보사에 보낸 사실을 들은즉 청국이 근래 여러 나라와 교섭하는 일이 점차
진행되나 다만 일본과 교섭하는 문제 중에 만주의 우편 전신과 압록강 삼림과
만주 각처에 탄광 등의 문제는 가장 해결하기 어려운 것이요, 오직 간도에
대해서는 일본인이 교묘히 말하되 청국이 비록 해당 지역을 점령하였더라도
실상은 한국에 부속할 것이라 하며 가장 크게 관계되는 것은 청국이 요하와
신문둔과 법고문 서부 간에 철도를 새로 건축함이니 일본이 요하 동편에 부설
한 철로와 거리가 30마일에 불과하므로 일본이 극력히 방해하지만 오직 신민
둔과 법고문의 철로는 작년 11월 8일에 영국 공사와 계약서가 분명한즉 일본이
어찌 쉽게 반대하리오 하였으니 만주 사건에 대하여 영국의 간섭이 또한 적지
않다고 해항보에 게재하였더라.

043. 「일헌병증파(日憲兵增派)」, 『제국신문』, 1908.7.19. 2면

▸**전사** 경성에 주찰한 일본 헌병 본부에서 오는 24일경에 헌병 몇 명을 간도로
더 파송할 예정이라더라.

044. 「간도정형(間島情形)」, 『대한매일신보』(국한문), 1908.8.4. 2면

▸**원문** 北間島에 義兵이 大熾ᄒᆷ은 本報에 累報ᄒᆫ 바어니와 今에 該 島에 在ᄒᆫ

壹進會員이 히 會 本部에 報告흔 全文이 如左흐니

現에 前 管理使 李範允이 露西 延秋 地方에 駐在ㅎ야 部下 私砲 餘黨과 流入흔 暴徒 及 同地 亂類輩를 募集ㅎ야 兵器와 粮草를 準備ㅎ옵고 傳說을 據ㅎ온즉 目下에 七千 軍이 駐屯ㅎ야 聲言은 間島 內 韓日 官吏를 襲擊하고 內地로 向흔다 ㅎ옵더니 本月 九日 夜에 匪徒 二百餘 名이 渡江ㅎ야 午前 四時에 慶興郡 新牙山을 襲擊하야 日本兵 壹人이 被死ㅎ고 三人이 逃走ㅎ야 同地 守備隊로 奔入이온디 方在 猖獗ㅎ야 自會寧守備隊로 兵丁 二百 名이 出發ㅎ야 屢次 合戰이온대 勝敗 死亡은 未詳이옵고 間島ᄂ 穩城 對岸싯지 出沒이온디 各持銃劒이옵고 各 報告와 傳說을 據ㅎ온즉 內地ᄂ 慶興 慶源을 歷ㅎ야 穩城 종城에도 出沒이옵고 間島ᄂ 漸漸 進到ㅎ야 龍井木所에셔 相距가 韓 八拾里 地와 各地 人民이 大有騷動이온디 露淸 兩國 官人이 在後 協同혼다ᄂ 輿言이 有ㅎ야 方在 査探 中이옵고 此島 現況은 董雲卿 氏가 大綱 見聞而出볼則 想必口報ㅎ려니와 리範允 者ᄂ 已爲 烟秋 等地에 出沒ㅎ야 徒黨 募集 外 凶器 準備가 大有 嚴密 云矣러니 慶興郡 新牙山 洪儀洞 兩處에셔 日軍과 交戰ㅎ야 兵丁 被死者 至爲四名 云이오 晝夜 四方에 偵探 把守이오며 暗號電으로 軍隊도 屢請 中이오며 리範允에 黨派ᄂ 烟秋 以南에 約 四千 名 以上 烟秋 以北은 幾至數萬 名이온대 韓日 官吏 及 壹進會員 打殺次 龍井村을 向발 云云이 少無虛傳이오 果是確信이온 故로 報告ㅎ오니 査照ㅎ심을 伏望이라 云ㅎ얏더라

▸**번역** 북간도에서 의병이 크게 일어나고 있음은 본보에 누차 보도한 바이거니와 지금 해당 지역에 있는 일진회원이 본회 본부에 보고한 전문이 아래와 같으니

현재 전 관리사 이범윤이 러시아 연추 지방에 주재하여 부하 사포수 무리와 유입한 폭도 및 그 지역의 불량배를 모집하여 병기와 양초를 준비하고 전설에 따르면 지금 군인 7천 명이 주둔하여, 선언하기를 간도 내 한일 관리를 습격하고 내지로 향한다고 하더니 본월 9일 밤에 비도 2백여 명이 강을 건너 오전 4시에 경흥군 신아산을 습격하여 일본 병사 1인이 피살되고 3인이 도주하였으며, 이에 해당 지역 수비대가 급히 진입하였는데 비도가 한창 기세를 떨치고 있어 회령 수비대로부터 병정 2백 명이 출발하여 여러 차례 교전하였는데 승패

와 사망 여부는 아직 자세히 알 수 없고 간도에서는 온성 맞은편 언덕에까지 출몰하는데 각자 총검을 들었고, 각처 보고와 전설에 따르면 내지에서는 경흥과 경원을 거쳐 온성과 종성에도 출몰하고 간도에서는 점점 깊숙이 들어와 용정 목소에서 한국과의 거리 약 80리에 이르는 지역에까지 접근하여 각지 인민이 크게 동요하고 있는데 러시아와 청국 양국 관인이 뒤에서 협동한다는 여론이 있어 지금 사탐하는 중이고 이 지역의 현황은 동운경 씨가 대강 보고 들은 대로 정리해 놓았으므로 생각건대 반드시 구두로 보고하려니와 이범윤이라는 자는 이미 연추 등지에 출몰하여 도당을 모집하는 것 외에도 흉기를 준비함이 대단히 치밀하다 하더니, 경흥군 신아산과 홍의동 두 곳에서 일본 군사와 교전하여 병정 중 피살된 자가 4명에 이른다고 하고, 밤낮으로 사방을 정탐하며 경계하고 있고 암호화된 전보로 군대도 여러 차례 요청하는 중이며 이범윤의 당파는 연추 이남에 약 4천 명 이상, 연추 이북은 거의 수만 명에 이르는데, 한국과 일본의 관리를 비롯하여 일진회원을 때려죽이기 위해 용정촌을 향해 출발할 것이라는 소문에는 거의 거짓이 없으며 과연 사실로 믿을 수 있기에 보고하오니, 부디 조사해 주시기를 간절히 바라옵니다 하였더라.

▸ **용어** 수비대(=일본 수비대), 북간도, 용정, 이범윤

045. 「간도헌병파송(間島憲兵派送)」, 『대한매일신보』(국한문), 1908.8.21. 2면

▸ **원문** 日 憲兵隊에셔 北間島에 出張 次로 憲兵 若干을 派送ᄒ얏다더라
▸ **번역** 일본 헌병대에서 북간도에 출장 차로 헌병 몇 명을 파송하였다더라.
▸ **용어** 북간도, 헌병대

046. 「간도의 청병(間島의 淸兵)」, 『대한매일신보』(국한문), 1908.10.6. 2면

▸ **원문** 日 憲兵 小將 明石이가 北間島를 視察ᄒ 後에 日兵을 多數히 該 等地로 派送ᄒ다더라

▸**번역** 일본 헌병 소장 명석이가 북간도를 시찰한 후에 일병을 다수 해당 지역으로 파송한다더라.

▸**용어** 북간도

047. 「간도귀청(間島歸淸)」, 『대한매일신보』(국한문), 1908.10.29. 2면

▸**원문** 淸日 兩國이 交涉ᄒ던 間島 問題는 現今 日本에 滯在ᄒ 唐紹儀 氏가 日本 外相 小村이와 數回 折衝ᄒ 結果로 兩方의 協定이 畧成ᄒ얏는딕 其 條件이 如左ᄒ니

壹, 間島에 對ᄒ 淸國 領土權을 確認ᄒ 事

壹, 淸國의 主張하는 境界線을 是認ᄒ고 淸韓 境界 條約을 締結ᄒ야 將來 紛爭의 原因을 壹掃ᄒ 事

壹, 間島에 韓人 雜居權을 認ᄒ고 韓國의 領事館을 駐在케 ᄒ 事를 互相 承認ᄒ

壹, 韓日人의 經營에 係ᄒ 天寶山 礦山 採掘權을 將來에 亘ᄒ야 淸國 政府에서 許可ᄒ 事라더라

▸**번역** 청일 양국이 교섭하던 간도 문제는 현재 일본에 체류하고 있는 당소의 씨가 일본 외상 소촌과 수 차례 절충한 결과로 양방의 협정이 대략 이루어졌는데 그 조건이 아래와 같으니

1. 간도에 대한 청국 영사권을 확인할 일

1. 청국이 주장하는 경계선을 인정하고 청한 경계 조약을 체결하여 장래의 분쟁 원인을 일소할 일

1. 간도에 거주하는 한인의 잡거권을 인정하고 한국 영사관의 주재를 상호 승인함

1. 한국인과 일본인이 경영에 관계하는 천보산 광산의 채굴권을 앞으로도 청국 정부에서 허가할 일이라더라.

▸**용어** 당소의, 천보산 광산

048. 「간도문제(問島問題)」, 『황성신문』, 1908.10.31. 2면

▸**원문**　清國과 相持ᄒ던 間島ᄂ 終來 清國에 付屬ᄒ기로 略定ᄒ얏다ᄂ듸 韓日
人의 鑛産 採堀權 禁止ᄒ 損害의 要求ᄒ 事ᄂ 別 問題에 屬ᄒ 故로 日清 兩國
政府에서 特別委員을 定ᄒ야 談判ᄒ 터이라더라

▸**번역**　청국과 다투어 오던 간도는 결국 청국에 부속하기로 약정하였다는데
한국인과 일본인의 광산 채굴권 금지로 인해 발생한 손해에 대한 보상 요구는
별개의 문제에 속하는 고로 일본과 청국 양국 정부가 특별위원을 정하여 담판
할 터이라더라.

049. 「간도의 청일충돌(間島의 淸日衝突)」, 『대한매일신보』(국한문), 1908. 11.21. 2면

▸**원문**　向者 間島에서 日 憲兵이 過冬 準備ᄒᄂ 것을 清兵이 見ᄒ고 日兵이 該
地境을 擴張ᄒᄂ가 ᄒ야 禁止코ᄌ ᄒ다가 言語를 不通ᄒᄋ로 互相 衝突하야 彼
此間死傷이 有하얏다더라

▸**번역**　얼마 전 간도에서 일본 헌병이 월동 준비하는 것을 청국 병사가 보고
일본군이 그 지역의 경계를 확장하려는 것이 아닌가 하여 이를 금지하고자
하다가 언어가 통하지 않아 상호 충돌하여 피차간에 사상이 있었다더라.

050. 「파출소확장(派出所擴張)」, 『황성신문』, 1909.1.8. 2면

▸**원문**　北間島에 統監府 派出所 八個所를 設實ᄒ야 同地에 居住ᄒᄂ 我國 人民
을 保護ᄒ더니 本年度붓터 叓히 該地 行政 事務를 擴張ᄒ야 派出所를 十二個
所로 增置ᄒ 計劃인딕 其 職員은 內部 官吏를 增設ᄒ야 派遣ᄒ다더라

▸**번역**　북간도에 통감부 파출소 8개를 설치하여 같은 지역에 거주하는 우리나
라 인민을 보호하더니 본년도부터 다시 해당 지역의 행정 사무를 확장해 파출
소를 12개로 증설할 계획인데 그 직원은 내부 관리를 증설하여 파견한다더라.

▸**용어**　내부, 북간도, 통감부 파출소

051. 「못된 관리」, 『경향신문』, 1909.1.29. 2면

▶ **전사**　음 11월 12일에 간도 용정부에 우습고 통분한 일이 있으니 김성집 과부 하나가 하루는 가만히 나간지라 일가들이 찾아다니는데 일모에 일본 통감부 고등목의 집에 있는 민영수라 하는 사람이 우연히 과부의 시아버지를 만나서 수작하다가 김서방 말이 우리 형수님이 오늘 아침에 나가시더니 지금 황혼이 되어도 들어오지 아니하니 답답하다 이런 일이 어디 있소 하니, 민가의 말이 내가 네 형수를 데려갔노라 하거늘, 김서방 말이 너 같은 도적놈이 어디 있느냐 남의 가문을 경히 여겨 이런 일을 하느냐 하며 상투를 잡아 끌고 문밖에 나오 니, 그때에 마침 김서방의 문질과 외생질 양인이 그 집 앞에 있다가 3인이 함께 민영수를 끌고 통감부 사무실 마당 앞에 이른즉 민영수가 소리를 크게 지르는지라. 그때에 문간에서 번 보던 순사 전성철이란 사람이 내달아 민 씨더 러 묻되 무슨 까닭이냐 하니, 민영수의 대답이 초어슬먹에 문간에서 토축(sic) 하던 일이올소이다 하니, 전성철이 두말없이 김서방 등 세 사람을 군도를 들어 때리며 발로 밟으니 김 씨 세 사람이 아무리 분하나 경찰 관리를 어찌하리오. 전성철이가 민영수를 데리고 사무실로 들어가거늘 김 씨 3인도 겨우 일어나 따라들어가니 일본 관리와 과부가 모여 있는데 3인이 전후 사연을 고한즉 성명 을 기록하고 밤이 깊었으니 내일로 판결하자 하거늘 3인이 집에로 나온 후에 민영수를 거짓 가두어 놓으라 하고 즉시 방송[放送]하여 밤을 편히 재웠다 하니 그런 분한 일이 어디 있으리오. 북간도의 관리들은 백성 보호는 고사하고 내 나라 백성 압제하기를 타국 사람보다 더 심하게 한다고 원성이 대단합데다. 1월 18일 북간도 본사통신원

▶ **용어**　북간도, 용정, 통감부

052. 「아국민 학대 사건으로 면관」, 『제국신문』, 1909.2.6. 2면

▶ **전사**　향자 서간도에서 청국 관헌이 우리나라 인민을 학대한다는 말은 누차 게재하였거니와 통감부는 일본 외무성을 경유하여 청국 정부에 교섭한 결과로 청국 봉천 총독 서세창은 그 사건에 관계한 지현[知縣]의 불법 행위로 인정하고

즉시 그 지현을 면관시켰다는 전보가 통감부에 도달하였다더라.

▸**용어**   서간도, 서세창, 외무성, 통감부

053. 「약하여 못 살겠네」, 『경향신문』, 1909.4.2. 2면

▸**전사**   만근이래로 일인들이 별꾀로 북간도 백성의 재산을 침탈하는데 또한 삼림을 작벌하여 80여 리 심산궁곡[深山窮谷]에로 운수를 시키고 삯은 한 번 왕래하는 데 소불하[少不下] 10여 원 가량이 넘는 것을 자당[自當]하라 하니 넉넉한 사람이라도 할 수가 없는데 하물며 빈곤한 잔민들이 어찌 당하며 작년 7, 8, 9월부터는 의병을 진압한다 하고 회령 상리[上里] 등지에 파주한 군대의 백반 포학은 붓으로 이루 다 기록하기 어려우며, 군대 소용 마초를 베는 데 매일 20여 명 백성들을 불러(corr.) 억지로 베게 하고 1푼도 주지 아니하고 만일 아니하면 맹장[猛杖]으로 구지타지하고 다만 죽이지는 아니하나 죽이는 것과 다름없는 포학하고 악독한 일을 다 말할 수 없으므로, 북간도에 새로 사는 사람의 말을 들으면 마음이 상하고 이마를 찡기지 아니하는 이 없삽데다. 3월 18일 북간도 본사통신원

▸**용어**   북간도

054. 「일병폭행(日兵暴行)」, 『대한매일신보』(국한문), 1909.4.3. 2면

▸**원문**   挽近以來로 日人들이 別般 謀計로 北間島에 在き 韓人의 財産을 侵奪ㅎ며 且該地 森林을 斫伐ㅎ야 八拾餘 里를 運輸ㅎㄴ디 壹次 往來ㅎㄴ 雇價가 小不下拾餘圓 假量인디 該 人民으로 하야금 自當ㅎ라 ㅎ니 饒足き 人이라도 抵當키 難ㅎ거늘 況乎貧窮き 殘民이 엇지 當하며 昨年 七八九月부터ㄴ 義兵을 鎭壓ㅎ다 ㅎ고 會寧(corr.) 上里 等地에 派駐き 日兵의 百般暴虐은 壹筆難記며 軍隊의 馬䓍를 지ㅎㄴ디 每日 貳拾餘 名을 使役ㅎ되 雇가ㄴ 壹分도 不給ㅎ고 만일 聽從치 아니ㅎ면 無數 毆打ㅎ야 死境에 至き 故로 該地 人民의 冤聲이 浪藉ㅎ다고 京鄕報에 揭載ㅎ얏더라

▸**번역** 몇 해 전부터 일본인들이 온갖 계략으로 북간도에 있는 한국인의 재산을 침탈하며 또한 그곳 삼림을 작벌하여 80여 리를 운수하는데 한 번 왕래하는 데 드는 품삯이 적어도 10여 원 가량인데 그 인민에게 스스로 부담하라고 하니 넉넉한 사람이라도 감당하기 어렵거늘 하물며 가난에 지친 힘없는 백성이 어찌 감당하며 작년 7, 8, 9월부터는 의병을 진압한다 하고 회령, 상리 등지에 파견 주둔케 한 일본군의 온갖 포학은 한마디로 기록하기 어려우며 군대의 말 먹이를 베는 데 매일 20여 명을 부역시키되 품삯은 한 푼도 주지 않았고, 만일 명령을 따르지 아니하면 수없이 때려 죽을 지경에 이르게 하는 고로 해당 지역 인민의 원성이 낭자하다고 경향보에 게재하였더라.

▸**용어** 북간도

055. 「간도풍운점기(間島風雲漸起)」, 『황성신문』, 1909.7.31. 3면

▸**원문** 間島 問題가 益益 不穩ᄒ야 干戈로 相見홀 念慮가 有홈으로 羅南에 在ᄒ 日本 駐箚 軍營의 建設도 急速히 홀 必要가 有ᄒ야 不日間 工事에 着手홀 터이나 淸津港ᄭ지 通ᄒ 道路가 甚狹ᄒ야 僅히 人馬의 往來를 通홀 ᄲᆞᆫ이오 砲車 及 其他의 軍用品과 同 兵營 建設 材料 等 一切 物品의 運搬은 全然不能홈으로 間島 守備의 任을 被ᄒ 陸軍 大佐 齋藤 氏가 內部 土木局에 對ᄒ야 九月 中旬ᄭ지 右 工事를 竣成ᄒ도록 ᄒ라고 申請ᄒ얏스며 統監府에서도 軍司令部와 協議ᄒ야 速成케 ᄒ기로 決ᄒ얏ᄂᆞᆫ딕 土木局에서ᄂᆞᆫ 比田 技師를 出張케 ᄒ야 大畧 調査를 終了ᄒ야 速成될 듯ᄒ 故로 兩三日 前에 此意를 齋藤 大佐에게 答函ᄒ얏다더라

▸**번역** 간도 문제가 점점 불온해져서 무력 충돌로 이어질 염려가 있으므로 나남에 있는 일본 주둔 군영의 건설도 급속히 할 필요가 있어 머지않아 공사에 착수할 터이나 청진항까지 통하는 도로가 매우 좁아 사람이나 말이 겨우 오갈 수 있을 뿐이요 포차 및 기타 군용품과 같은 병영 건설 재료 등 일체의 물품 운반은 전혀 불가능하므로 간도 수비 임무를 맡은 육군 대좌 제등 씨가 내부 토목국에 9월 중순까지 위 공사를 완성하도록 하라고 요청하였으며 통감부에서도 군사령부와 협의하여 빨리 진행하기로 결정하였는데 토목국에서 비전

기사를 출장케 하여 대략 조사를 종료하여 속성될 듯한 고로 2, 3일 전에 이 뜻을 제등 대좌에게 답함하였다더라.

‣ **용어** 내부, 토목국, 통감부

056. 「간도답사(間島踏査)」, 『황성신문』, 1909.8.20. 2면

‣ **원문** 北間島의 現狀에 對하야 某 官人의 實地 踏査흔 바를 據흔즉 同地에 駐在흐는 日本 憲兵은 今番에 新派흔 者를 合흐야 二百人에 不過흔딕 如此흔 少數와 僅히 我國 巡査 四十名의 增援兵으로는 三千五百餘 名의 淸兵을 對抗흠이 實로 極難흔 事이나 然이나 幸히 各 新聞上에 揭布됨과 如흔 危險흔 事는 無흐고 다만 新興坪 等地에셔 若干 小 衝突이 有흘 뿐인딕 此는 足히 掛念흘 바이 無흐며 此等 風說에 所自出의 本源地는 會寧 等地인딕 同地에셔 戰亂을 好흐는 好奇心으로 造出흠에 不過흐다더라

‣ **번역** 북간도의 현상에 대하여 어느 관인이 실지 답사한 바에 따르면 그 지역에 주둔하고 있는 일본 헌병은 이번에 새로 파견한 자를 합해도 2백 명에 불과한데 이처럼 적은 수에다 우리나라 순사 40명의 증원병만으로는 3,500여 명의 청국 군대를 상대하는 것이 실로 매우 어려운 일이나 다행히 각 신문에 보도된 것과 같은 위험한 일은 없고 다만 신흥평 등지에서 약간 작은 충돌이 있을 뿐인데 이는 특히 걱정할 바가 없으며 이와 같은 풍설이 나온 근원지는 회령 등지인데 그곳에서 전란을 좋아하는 호기심으로 지어낸 것에 불과하다더라.

‣ **용어** 북간도

057. 「간도한청인구(間島韓淸人口)」, 『황성신문』, 1909.8.20. 2면

‣ **원문** 北間島에 在흔 韓淸人의 比較表는 左와 如흐다더라

	隆熙 元年 九月	隆熙 三年 六月
韓人	七七,〇三三	八二,九九九
淸人	二三,四五六	二七,三七一

合計　　　一〇〇,四八九　　　一一〇,三七〇
又 日本人의 總數는 二百四十餘 人이라더라

▸**번역**　북간도에 있는 한청인의 비교표는 아래와 같다더라.

	융희 원년[1907년] 9월	융희 3년[1909년] 6일
한인	77,033	82,999
청인	23,456	27,371
합계	100,489	110,370

또 일본인의 총수는 240여 명이라더라.

▸**용어**　북간도

058. 「간도일영관(間島日領館)」, 『대한매일신보』(국한문), 1909.8.31. 2면

▸**원문**　북간島에 在住ᄒᆞᄂᆞ 現在 韓人은 淸國 歸化人으로 看做ᄒᆞ야 淸國이 此를
監理ᄒᆞᄂᆞᆫ대 今後에ᄂᆞ 間島에 來往ᄒᆞᄂᆞ 韓日人은 日本이 保護ᄒᆞ기로 決ᄒᆞ고 將
次(corr.) 領事舘을 設置ᄒᆞᆫ다더라

▸**번역**　북간도에 거주하는 현재 한인은 청국 귀화인으로 간주하여 청국이 이
를 감리하는데 앞으로는 간도에 오고가는 한국인과 일본인은 일본이 보호하기
로 결정하고 장차 영사관을 설치한다더라.

▸**용어**　북간도

'이토 히로부미' 표상화 변천사, 1898~1909

진화염

해제

　이토 히로부미는 근대계몽기의 한국 역사에서 결코 무시할 수 없는 인물이다. 그는 1906년 3월부터 1909년 5월까지 초대 통감으로 있으면서 정치·경제·교육·사법 등 거의 모든 방면에 직간접으로 관여했다. 그렇기 때문에 이른바 대(對)한국 '보호국화' 통치를 정밀하고 체계적으로 추진한 인물로 평가받는다. 실제로 당시 한반도에서 발행된 여러 매체에서 확인되는 이토 히로부미 관련 기사는 수적으로 많을 뿐만 아니라 그 내용도 풍부하다.

　한일 양국 모두에 이토 히로부미와 관련해 많은 연구가 축적되어 있지만, 그에 대한 역사적 평가에는 여전히 많은 의문과 간극이 존재한다. 예를 들면, 이토가 언제부터 한국을 '병합'하려고 했는지에 대해서는 아직도 논란이 있다. 일반적으로 인정된 사실은 한국에 대한 이토의 태도가 통감 부임 후 실무에 착수하면서 바뀌었다는 것이다. 일본 정부 내에서 한국 병합 방침이 막 논의되기 시작하던 당시에 그는 무단파와 대립하는 문치 온건파였고, 심지어 통감으로 부임할 당시까지만 해도 한국 정치를 쇄신하겠다는 결의를 다졌다고 한다. 하지만 이토의 주도 아래 추진되었던 한국 정부에 대한 시정개선 정책은 한국의 조정과 민간을 막론해 많은 저항과 논란을 초래했다. 그는 일본 병력을 동원하여 조야(朝野)의 저항을 무력으로 진압했고 강경 수단을 동원해 일본이 원하는 결과를 만들어내려 했다. 그러므로 기존의 많은 연구에서 그는 '식민지 체제의 창시자', '민족의 원흉'으로 지목되었다.

그러나 이토 히로부미에 대한 한인들의 인식과 태도가 처음부터 '민족의 원흉'으로 고정되어 있었던 것은 아니다. 다시 말해 한인들이 처음부터 이토를 적대시하거나 침략자로 간주하지는 않았다는 것이다. 이토에 대한 인식은 한일 양국의 정세와 관계의 변동에 따라 계속 변화했으며, 매체에 따라 그에 대한 표상화도 다양하고 복잡했다. 특히 초대 통감으로 부임하여 최고 정치인으로서 한국 매체에 많이 노출되기 시작하면서, 이토 통감에 대한 표상화는 한 개인에 대한 형상화에 머무르지 않고 정치·경제·군사·외교 등 다방면의 이야기와 이미지, 해석 등이 집중된 장이 되었다.

먼저 1898년 이전의 신문들에서 이토 히로부미는 일본의 유력 정치인 중의 한 사람으로 일본의 정치 및 외교 관련 소식을 전달할 때 한 번씩 언급되는 정도였다. 그러나 1898년 8월 이토가 청국으로 가는 길에 잠시 한국을 방문하면서는 상황이 달라졌다. 당시 이토의 첫 번째 방한을 두고 신문들은 대체로 우호적인 태도를 취하며 그를 환영했다. 관련 기사들은 그가 정치적 목적으로 오는 것이 아니라 단지 유람차로 오는 것이라고 강조했다. 그러면서 그를 "당금 세계에 유명한 정치가요 또 우리 대한 독립한 사업에 대공이 있는 사람"(『독립신문』, 1898.8.20.), "우리나라에 점잖은 손님", "대한 독립에 유공한 사람"(『제국신문』, 1898.8.25.)이라고 소개하며 환대의 분위기를 조성했다.

실제로 첫 번째 방한 기간에 이토는 각종 행사에 참석했고 여러 곳에서 강연을 하기도 했다. 당시 신문사들이 가장 크게 조명한 것은 경성학당 연설이었다. '누구나 들을 수 있으며 들을 만한 말이 많다'고 해당 연설을 홍보하면서 대중의 관심을 모으려는 기사를 다수 확인할 수 있다(『매일신문』, 1898.8.26.;『제국신문』, 1898.8.27.). 연설은 날씨 때문에 하루 연기되었고 다음 날에도 1시간 늦게 시작하는 바람에 고대하던 기자들을 초조하게 만들었다. 이날의 연설을 기록한『제국신문』에 따르면, 이토는 특히 '충군애국'의 정신을 강조하며 나라를 개명하기 위해서는 일본의 경험을 본보기로 삼아 소수라도 꾸준히 일하고 그 목적을 지키는 학문에 힘써야 한다고 역설했다(『제국신문』, 1898.8.30.). 문명개화를 열망하고 있던 당시 한국의 지식인과 학생들에게 이토 히로부미는 경험이 풍부한 '문명의 선구자'이자 '배울 만한' 대상이었다.

〈한일의정서〉(제1차 한일협약) 체결 직후인 1904년 3월, 당시 일본 추밀원 의장이던 이토 히로부미가 일본 황제의 특파위문대사 신분으로 다시 한국을 방문했다. 이전의 내한과 비교해, 해당 방한에 대한 언론의 태도는 상당히 달라져 있었다. 환영해야 마땅한 반갑고 고마운 '대한의 손님'이었던 과거의 이미지는 사라졌고, 대신 언론들은 경계심을 높이며 그의 행동과 발언을 보다 냉정하고 신중하게 주시했다. 특사 영접을 위한 각종 행사의 규모나 그에 대한 기대감보다 이토 일행의 통행을 위한 도로 수축과 수선 사무에 관한 보도들이 주를 이뤘고, 열렬한 환영의 제스처보다는 그 준비 과정에 따른 번거로움이 더 강조되었다(「수로분망(修路奔忙)」, 『황성신문』, 1904.3.15.;「이청(伊靑)의 도한관계(渡韓關係)」, 『황성신문』, 1904.3.15.).

이토의 2차 방한이 끝나자, 한국에는 '고문설', '개선설', '보호설' 등 일본의 대한(對韓) 정책을 둘러싼 이런저런 풍문들이 파다했다. 일본에서 한국에 대한 방침을 결정하기 위해 논쟁이 치열했음을 짐작할 수 있다. 『황성신문』은 일본 신문 『대판매일신문(大阪每日新聞)』, 『만조보(萬朝報)』 등을 인용해 이러한 정책 결정의 중심에 바로 이토가 있음을 전했다 (1904.4.15.; 1904.8.16.). 1905년 8월 러일강화조약이 조인됨으로써 일본은 승전의 전리품으로 한국에 대한 '보호권'을 획득했다. 1905년 10월 24일자 『황성신문』은 「총지휘경쟁(総指揮競争)」에서 『만조보』를 인용하여 일본의 정계에서 한국에 대한 근본 방침을 신속히 확정할 것과 이를 실행하기 위해 '지위와 덕망이 높은 인물'을 선정해야 한다는 말들이 오가고 있다고 전한다. 그리고 이 중요한 '지휘관'의 역할은 결국 이토 히로부미에게 돌아갔다.

모두가 알다시피, 이토의 제3차 내한은 1905년 '을사늑약'(〈제2차 한일협약〉)을 체결하기 위해서였다. 이 조약은 한국의 외교권을 박탈하고 내정 간섭을 명문화하여 곧 시작될 '통감 정치'를 예고하는 것이었다. 당시 기사들은 조약 체결의 경과를 상세히 묘사하고 있는데, 이토는 병력을 동원해 고종과 대신들을 협박하여 해당 조약에 날인하도록 강요했다. 특히 『황성신문』 11월 20일자의 「오건조약청체전말(五件條約請締顚末)」과 『대한매일신보』 11월 28일자의 「거금요야궐내경황속문(去金曜夜闕內景況속[續]聞)」 등의 기사는 고종과 이토 히로부미의 대화뿐만 아니라 대신들 사이에 오갔던 대화와 행동들까지도 일일이 기술하며 당시의 상황을 생생하게 재현했다. 해당 기사들은 마치 조약의 강제 체결 과정을 생중계하듯이 재구성했는데, '당야관광인(當夜觀光人)' 등으로 소개되는 기사의 정보원은 한국 정부의 관리였을 것으로 추정되기도 한다.

초대 통감 자격으로 재임했던 약 3년 3개월(1906.3~1909.5) 동안 이토 히로부미는 '시정개선'을 명분으로 내세우면서 한국 내정에 노골적으로 간섭했다. 통감이 쥐고 있던 막강한 권한에 비례하여 이토를 언급하는 기사도 폭증했다. 이토는 한국 정치의 쇄신과 개혁이라는 명목하에 금융, 교육, 사법 등 여러 방면에서 강제적으로 '근대적인' 제도를 도입했다(「각대관급통감회담(各大官及統監會談)」, 『황성신문』, 1907.4.30.;「통감연설(統監演說)」, 『황성신문』, 1907.12.4.). 하지만 그가 대한제국에 쏟아부은 열정은 궁극적으로 일본의 이익을 극대화하기 위함이었다.

이 시기 언론 통제가 더욱 심해지고 있었기 때문에, 신문들에서 통감 정치를 대놓고 비판하거나 그 폐해를 지적하는 것은 쉽지 않았다. 그럼에도 불구하고 『대한매일신보』는 1906년 4월 24일자 기사 「대신정경(大臣情景)」에서 이토를 일본으로 전별(餞別)한 뒤, 평소 그의 비호를 받던 각 부의 대신들이 녹초가 된 모습을 '어머니를 잃은 어린아이(若嬰兒之失慈母)'에 비유하며 비꼬았다. 또한 의병 사건으로 체포된 백낙구(白樂九)의 격문을 빌어 이토에 대한 분노와 증오를 표현하기도 했다. 백낙구의 격문은 1895년 을미년 명성황후를 시해한 일에서부터 일본에 당한 치욕을 서술하고 난 후 "지금 이등박문이 더욱더 모욕하여 병력을 이끌고 경성에 들어와 상하를 억압하고 통감이라 자칭하니 그 통치란 무엇이며 감독은 무엇이란 말인가. 우리나라의 5백 년 종묘사직과 삼천리 강토, 2천만 동포가 이웃 나라의 역적 이등에게 몽땅 빼앗겼는데, 모두 입을 다물고 고개를 움츠리며 한마디 외치지도 못하고 있으니 그저 죽음을 기다리기만 할 것인가"라며 이등박문을 민족의 적으로 정조준한 것이었다.(「패장구공(敗將口供)」, 『대한매일신보』, 1906.12.7.).

1909년, 이토는 통감을 사임하고 일본으로 돌아가 천황의 자문기관인 추밀원 의장에 복귀했다. 그는 자신의 한국 시정개선 계획이 실패했음을 인정하며 줄곧 유보적이었던 급진 병합론에 동조하는 방향으로 입장을 선회했다. 이후 주지하는 것처럼 이토는 만주 시찰 중에 하얼빈에서 안중근의 총에 맞아 사망했다. 해외에서 활동하던 한인이 일본의 주요 정치가를 사살한 사건이었기 때문에 정치적, 사회적 파장이 어마어마했다. 당시 신문들은 안중근 등 관련자들의 재판 과정을 연일 자세히 보도하며 이 역사적인 순간을 공들여 기록했다. 재판을 보도했던 기사 대부분은 이 사건을 단지 개인이 개인을 살해한 사건이 아니라, 한국 대 일본의 전쟁이며 나라를 독립시키고자 한 정의로운 군사 작전으로 거듭 인정했다. 그러므로 안중근의 이토 히로부미 사살은, 의병 백낙구가 격문에서 서술한바, 을미사변부터 쌓인 한인들의 분노와 증오가 폭발한 것이었다(「이유(理由)15조」, 『대한매일신보』, 1909.11.21.).

한편 당시 신문들은 한 치 앞을 가늠할 수 없게 모든 것이 불투명했던 격동의 시대에 저잣거리에 돌던 흉흉한 소문들과 막연한 공포, 불안 등도 기록하고 있다(「경서지휘(警署指揮)」, 『대한매일신보』, 1909.10.28.). 일각에서는 대한제국의 운명을 비관하며 불안하고 혼란스러운 사회적 분위기를 조장하려 들었고, 심지어 일부 관변 성격의 단체는 이토의 추도회를 열기도 했다(「장충단추도회(獎忠壇追悼會)」, 『황성신문』, 1909.11.6.). 이토 히로부미를 둘러싼 당시의 중층적이고 모순적인 이미지와 평가를 보여주는 일화이다.

참고문헌

이성환·이토 유키오 편저, 『한국과 이토 히로부미』, 선인, 2009.
유재곤, 「일제통감 이등박문의 대한침략정책(1906~1909): 「대신회의필기(大臣會議筆記)」를 중심으로」, 한국정신문화연구원부속대학원, 1986.(석사학위논문)
방광석, 「일본의 한국침략정책과 이등박문: 통감부 시기를 중심으로」, 『일본역사연구』 32, 일본사학회, 2010.

기사

001. 「후작 이등박문 씨 유람」, 『독립신문』, 1898.8.20. 4면

‣ **전사** 일본 유명한 정치가 후작 이등박문 씨가 이달 23일쯤 입성한다 하니 이등박문 씨는 당금 세계에 유명한 정치가요 또 우리 대한 독립한 사업에 대공이 있는 사람이라. 이번에 유람 차로 오니 정부와 인민이 각별히 후대하기를 바라노라.

002. 「재작일에 독립협회와 황국협회에서」, 『제국신문』, 1898.8.25. 3면

‣ **전사** 재작일에 독립협회와 황국협회에서 이등박문 씨를 영접할 차로 총대위원을 선정하였는데 혹이 말하기를 이등박문 씨는 외국 사람이라 협회에서 영접하는 것은 불가하다고 하더라니 이렇게 말하는 친구는 그 이유는 자세히 모름이로다. 본래 이등박문 씨는 유명한 정치가이라 우리나라에 정치상 관계되는 일로 오는 것이 아니요 유람 차로 온다 하니 우리나라에 점잖은 손님이라 협회에서 영접하는 것이 별로 구애함이 없을 뿐더러 하물며 이등 씨는 근본 대한 독립에 유공한 사람인 것이 연전 일청 교전 후에 대한 독립을 인연[因緣]하어 (우리가 부끄러운 말) 마관에서 약조를 정할 때에 이등 씨가 주관하였는즉 대한에 유공함이 적지 않은지라, 우리나라 관민이 이등 씨의 오는 것을 반가이 여기는 뜻을 보이는 것이 마땅한 일이더라.

‣ **용어** 독립협회, 일청 교전(=일청전쟁), 황국협회

003. 「명동 경성학당에서 명일」, 『매일신문』, 1898.8.26. 4면

‣ **전사** 명동 경성학당에서 명일 오전 10시에 일본 후작 이등박문 씨가 연설할 터인데 아무든지 방청하기를 허락한다니 들을 만한 말이 많을 듯하더라.

‣ **용어** 경성학당

004. 「일본 후작 이등박문」, 『제국신문』, 1898.8.27. 4면

▸**전사** 일본 후작 이등박문 씨가 재작일 폐현한 소문까지는 말하였거니와 이번 이등 씨의 유람하는 사건에 대하여 조야에 의혹하는 사람들이 혹 있어서 무슨 뜻이 있는가 본다고 말하는 이들이 혹 있기로 우리는 듣는 대로만 등재하노라. 이등 씨가 서울에서 닷새를 머물러서 이달 30일에 추종한 사람 다섯과 다 인천으로 내려간다는데 그 닷새 동안에 각처 연회에 참예하고 구경할 차서[次序]는, 첫째 어제 궁내 대신을 가 보고 그 길로 경복궁을 구경한 후 각부 대신 협판과 각국 공영사를 찾아보고, 오후 7시에 장동 일본 거류민 총대역장 잔치에 참예하고, 오늘은 오전에 경성학당에 가서 연설하고 진고개 각 학교를 구경하고, 오후에 남산 노인정에 가서 남산 음사에 참예하고 내일은 창덕궁 연경당에서 궁내부 연향에 참예하고, 재명일은 오전에 성내 각처를 구경하고 오후는 일본 거류민 부인회에 참예하고 오후 9시에 공사관에서 야회를 하는데, 대한 정부 참정 이하 각부 대신 협판과 각국 공영사 관원들과 관립 각 학교 교원들과 각국 선교사들과 신문 기자들과 일본 거류지 문무 관원들과 총대회 장들을 청하여 잔치하고 30일은 떠난다더라.

▸**용어** 경성학당, 궁내부, 노인정, 일본 거류민 부인회, 총대역장

005. 「지나간 토요일 오전」, 『제국신문』, 1898.8.29. 2면

▸**전사** 지나간 토요일 오전 11시에 경성학당에서 연설한단 말은 당일 비가 와서 이등박문 씨가 참례치 못한 고로 연설이 정지되었는데 청첩을 받은 점잖은 손님들이 외국 손님에게 실신을 안 하려고 비를 무릅쓰고 시[時]를 대어 많이 그 학당으로 왔다가 섭섭히 가더라는데 오늘 오전 10시로 퇴한하였다니 오늘은 종일 일기가 명랑하기를 바라노라.

▸**용어** 경성학당

006. 「어제 11시 후에야」, 『제국신문』, 1898.8.30. 4면

▸**전사**   어제 11시 후에야 이등박문 씨가 학당에 이르러 연설을 시작하는데 대한 손님은 이윤용, 박기양, 윤치호 제씨와 각부 관원들이며 각 회 회원들과 신문 기자들과 학도들이요 외국 손님은 일본 공영사와 신문 기자와 몇몇 거류 민들이며 청국 관인 하나와 기외 여러 방청인이라. 그 연설 대개를 등재하노라. 처음에 학당 교사가 몇 마디 연설한 후 가등 공사가 이등 씨를 소개하여 잠깐 설명하는데 이등 씨의 이름이 세상에 빛난 것은 씨가 국가를 위하여 큰 사업을 많이 이룬 까닭이요 사업을 이룬 것은 다만 한 가지 목적이 있음이라. 목적은 무엇인고 하니 충군애국(忠君愛國) 네 글자라. 여러 손님들에게 이등 씨가 이런 사람으로 알게 소개시켰노라 하고 그 후에 이등 씨가 연설하되, 대저 나라이라 하는 것은 백성의 여론(輿論)이 있어야 할지라. 백성이 나라 일에 공론을 하자면 불가불 학문이 있어야 각색 일을 침작하여야 될지니 아무쪼록 충군애국 목적을 지키는 학문을 힘들 쓰시오. 일본도 35년 전에 소수와 다수 두 편당이 있어 소수는 나라를 개명하자는 사람들이니 수효가 적고 다수는 수구하자는 사람들이니 수효가 많은지라. 두 편당이 항상 다투며 소수가 능히 다수를 이길 수 없으되 소수를 다투는 사람들이 충군애국 목적을 잃지 않고 밤낮으로 개명할 주의로 일을 하매 점점 다수 편이 적어가며 소수 편이 많아져서 지금은 그때 형편과 아주 뒤집히매 이전에 다수로 좇던 사람이 다 나라를 개명하자는 소수 편이 되어 오늘날 일본이 세계에 나타났으니 지금은 아무리 수효가 적어도 고독히 여기지 말고 한결같이 일들을 하여 학문을 힘쓰기를 바란다고 하며 듣는 이들이 모두 손뼉을 치며 매우 옳게 여기고 헤어졌더라.

▸**용어**   가등 공사(=가등증웅), 박기양, 윤치호, 이윤용

007. 「부끄러운 일」, 『독립신문』, 1898.8.31. 2면

▸**전사**   일전에 이등 후작이 외부에 갔다가 안경을 잃었다 하니 당당한 제국 외부에서 귀한 손님이 안경을 잃은 것은 남에게 들리지 못할 수치로다.

▸**용어**   외부

008. 「양상 밀의의 의문(兩相密議의 疑問)」, 『황성신문』, 1901.12.24. 2면

▸**원문** 日本 伊藤候와 俄國 外大 間에 屢度 密會 議事ㅎ야 世間의 猜疑를 惹起
홈은 本新聞 外報에 屢記ㅎ얏거니와 今에 日本 一 新報를 槪據혼則 伊藤候가
向日 彼得堡 游歷ㅎᄂ 時에 俄國 外大 及 度大와 屢屢 密會ㅎ야 重要혼 問題를
熟議홈이 此ㅣ 新報에 刊登ㅎ되 其所熟議ᄂ 日俄 協商에 關혼 事件이라 ㅎ고
且 韓國 問題도 包含혼 樣으로 措語혼지라 駐俄 韓公使 李範晉 氏가 俄國 外大
를 數數 訪問ㅎ야 事實의 有無를 探問혼則 同 外大가 此를 無根혼 風說로 歸ㅎ
ᄂ지라 李 公使가 更히 駐俄 英 公使를 訪問ㅎ야 頻頻히 其 答辨을 探探ㅎ더라
ㅎ얏더라

▸**번역** 일본 이등 후작과 러시아 외부대신이 여러 번 비밀히 회의하여 세간의
의심을 야기하는 것은 본 신문 외보에 여러 번 기재하였거니와 이번에 일본의
한 신보에 의하면 이등 후작이 일전 페테르부르크에 유람할 때 러시아 외부대
신 및 탁지부 대신과 여러 번 밀회하여 중요한 문제를 숙의함은 이 신보에
게재하되 그 숙의되는 바는 일러 협상에 관한 사건이라 하고 또 한국 문제도
포함된 모양이라 말한지라. 러시아 주재 한국 공사 이범진 씨가 러시아 외부대
신을 여러 번 방문하여 사실의 유무를 탐문하는데 러시아 외부대신이 이를
무거한 풍설로 돌리는지라, 이 공사가 다시 러시아 주재 영국 공사를 방문하여
여러 차례 그 답변을 탐문하더라 하였더라.

▸**용어** 이범진

009. 「이등씨도한(伊藤氏渡韓)」, 『황성신문』, 1904.3.10. 2면

▸**원문** 日本 侯爵 伊藤博文 氏가 來 十二日頃 東京에셔 發行하야 渡韓홀 터인뒤
陸海軍 將校 數名이 隨行ᄒ다더라

▸**번역** 일본 후작 이등박문 씨가 오는 12일경 동경에서 출발하여 한국으로
건너올 터인데 육해군 장교 여러 명이 수행한다더라.

010. 「수로분망(修路奔忙)」, 『황성신문』, 1904.3.15. 2면

▸**원문** 再昨日 外部에셔 日 公使 林權助 氏의 照請을 因하야 內部에 照會하되 此次에 以貞洞 華屋 (卽 孫擇孃 家) 으로 定爲 伊藤 大使의 一行 旅舘이라 하니 本使난 殊深欣幸이나 同大使 滯在 中에 宮中과 其他 官衙及本舘之 交涉이 自致頻繁이니 其 最多 通行之路난 加以 多小 修繕하야 以便 通行을 實爲 至要라 應由本舘하야 派遣 適當 吏員이니 貴邊에셔도 亦派 相當 人夫■ 監督者하야 自明日로 直行 辦理하라 하얏기로 內部 土木局에셔 該 道路 修築에 奔忙한다더라

▸**번역** 그저께 외부에서 일본 공사 임권조 씨의 요청으로 인하여 내부에 조회하되 이번에 정동 화옥(즉 손택 양 호텔)을 이등 대사 일행의 여관으로 정하니 본 공사는 상당히 기뻐하나 이등 대사가 머무르는 동안 궁중과 다른 관아와 본 공사관 간의 교섭이 저절로 빈번할 테니 그중에 가장 많이 통행하는 길은 다소 수선하여 통행을 편리하게 하는 것이 실로 중요한지라. 그러므로 본관에서 적당한 관원을 파견할 터이니 귀부에서도 상당한 인부와 감독자를 보내 내일부터 곧바로 처리하라 하였기로 내부 토목국에서 해당 도로 수축에 매우 바쁘다더라.

▸**용어** 내부, 손택, 외부, 임권조, 토목국

011. 「이청의 도한 관계(伊靑의 渡韓關係)」, 『황성신문』, 1904.3.15. 2면

▸**원문** 日本 大阪每日新聞을 據한則 伊藤 侯爵이 渡韓 後 留連할 日字가 不久할 터인딕 韓國 內治 改善 事난 同 侯爵의 渡韓을 因ᄒ야 其 端緖를 開할 것이오 同侯爵이 歸朝 後난 靑木 子爵이(corr.) 實行ᄒ리라 ᄒ나 年前 井上 伯爵과 如히 公使로 內治 改善 事에 相關할난지 或은 公使난 仍置ᄒ고 特派大使의 名義로 相關할난지 未定한 貌樣이더라

▸**번역** 일본 『대판매일신문』에 따르면 이등 후작이 머지않아 한국으로 건너가 머무를 터인데 한국 내치 개선에 관한 것은 후작이 한국으로 건너가서 그 단서가 풀릴 것이오. 이등 후작이 귀국 후에는 청목 자작이 실행하리라 하나 몇 해 전 정상 백작처럼 공사로서 내치 개선에 상관하는 것인지 혹은 공사는 그대

로 두고 특파대사의 명의로 상관하는지는 아직 정해지지 않은 모양이더라.

▸**용어** 정상 백작(=정상형), 청목 자작(=청목주장)

012. 「재정의견설(財政意見說)」, 『황성신문』, 1904.4.15. 2면

▸**원문** 大阪每日新聞을 據ᄒ則 伊藤 候爵이 韓國 改善策에 關하야 意見을 抱하되 現今 急務 中 最急務ᄂ 兵事 外交보다 財政을 刷新홈에 在하고 此 重任의 可堪者를 韓國에서 求得지 못하면 不可不 日本의 財政家 中에 求得하깃다 ᄒ얏더라

▸**번역** 『대판매일신문』에 따르면 이등 후작이 한국 개선책에 관하여 의견을 품고 있는데 현재의 급선무 중에서도 가장 시급한 것은 병사나 외교보다 재정의 쇄신에 있고 이 중대한 임무를 감당할 수 있는 사람을 한국에서 구하지 못하면 부득이 일본의 재정가 중에서 구하지 않을 수 없겠다 하였더라.

013. 「이등정책(伊藤政策)」, 『황성신문』, 1904.8.16. 3면

▸**원문** 本月 三日에 發刊한 萬朝新報를 據한則 伊藤 候爵이 多大한 抱負로써 渡韓하랴 하난ᄃ 其 對韓 政策이 何如한지 世人이 熱心으로 其 內容을 知코져 하되 同 候爵이 其 所謂 胸中秘策을 緘口不言하난ᄃ 今에 最히 昵近한 者가 漏洩한 바를 因하야 其 胸中秘案의 大體를 探聞ᄒ則 (一) 韓國의 地位를 全然히 獨立國으로 承認키 不能홀 것이로ᄃ 急激論者의 倂呑論은 斷然 排斥홀 事 (二) 스스로 韓皇의 信認을 得홈을 因하야 韓國으로 하야곰 日本에 依賴치 아니하면 自存의 道가 無홈을 自覺케 홀 事 (三) 對韓 大策을 一定하야 內閣의 異同을 不拘하고 終始一貫의 方針을 定홀 事 (四) 韓國을 開放ᄒ야 各國으로 ᄒ야곰 利益의 均霑에 浴케 홀 事 (五) 長森의 提出案을 修正홀 事 (六) 萬般 政務를 皆 日本 顧問의 掌中에 收케 홀 等事라 改革의 大綱을 立ᄒ 後에 其 信任ᄒ난 人物을 顧問으로 推薦ᄒ야 自家 政策을 實行케 ᄒ랴고 計畫인ᄃ 其 推薦ᄒ랴ᄂ 人 中에 加藤高明、都筑馨六、原敬、奧田義人、伊東巳代治 等도 其 候補者에

有ᄒᆞ나 皆 一長一短이 有홈으로 或 大石正已 氏가 推薦ᄒᆞᄂᆞ지도 不知ᄒᆞ다더라

▸**번역** 이달 3일에 발간된 『만조신보』에 의하면 이등 후작이 대단한 포부를 가지고 한국으로 건너가려는데 그의 대한 정책이 어떠한지 세상 사람들이 열심히 그 내용을 알고자 하되, 이등 후작은 이른바 흉중의 비책이라 함구불언하는데, 이번에 그와 가장 가까운 자가 누설한 바에 의하여 그 흉중 비책의 대체를 탐문한즉 1. 한국의 지위를 완전히 독립국으로 승인하기는 불가능할 것이되 급진론자의 병탄론은 단연코 배척할 것 2. 스스로 한국 황제의 신임을 획득함으로 인하여 한국으로 하여금 일본에 의뢰하지 않으면 자존할 방도가 없음을 자각하게 할 것 3. 대한 정책의 큰 방침을 일정하여 내각의 차이에 불구하고 시종일관의 방침을 정할 것 4. 한국을 개방하여 각국이 이익의 균점을 누리게 할 것 5. 장삼의 제출안을 수정할 것 6. 만반의 정무를 모두 일본 고문의 수중에 있게 할 것 등이라. 개혁의 대강을 수립한 후에 그 신임하는 인물을 고문으로 추천하여 자신의 정책을 실행하게 하려는 계획인데 그 추천하려는 사람 중에 가등고명, 도축형육, 원경, 오전의인, 이동이대치 등도 그 후보에 있으나 모두 일장일단이 있어 혹여 대석정이 씨가 추천 받을지도 모른다더라.

▸**용어** 가등고명, 대석정이, 도축형육, 만조신보(=만조보), 오전의인, 원경, 이동이대치, 장삼(=장삼등길랑)

014. 「총지휘경쟁(總指揮競爭)」, 『황성신문』, 1905.10.24. 2면

▸**원문** 萬朝報를 據ᄒᆞᆫ則 目下 政府에셔 對韓 政策의 進步를 企圖ᄒᆞᄂᆞᆫᄃᆡ 其中에 諸般 事情이 有ᄒᆞ야 對外ᄒᆞᆫ 政策보다 對內ᄒᆞᆫ 政策이 頗히 困難하야 急速히 進行키 難ᄒᆞᆫ 貌樣이라 韓國 保護의 根本 方針이 決定ᄒᆞᆫ 後ᄂᆞᆫ 何人이던지 地位 聲望이 隆重ᄒᆞᆫ 人物을 總指揮官으로 選任하야 京城에 駐在케 홀 必要가 有ᄒᆞ고 其 候補 者에도 陰密히 競爭ᄒᆞᄂᆞᆫ 者가 有ᄒᆞᆫᄃᆡ 政府 內에셔ᄂᆞᆫ 此際 伊藤 元老를 總指導官으로 推薦ᄒᆞ야 彼我 事情에 便케 ᄒᆞ도록 謀ᄒᆞᄂᆞᆫ 者가 有ᄒᆞ더라

▸**번역** 『만조보』에 따르면 현재 정부에서 대한 정책의 진일보를 기획하고 있는데 그중에 제반 사정이 있어 대외의 정책보다 대내의 정책이 자못 곤란하여

급속히 진행하기가 어려운 모양이라. 한국 보호의 근본 방침이 결정한 후에는 누구든지 지위와 덕망이 높은 인물을 총지휘관으로 선임하여 경성에 주재하게 할 필요가 있고 그 후보자에도 은밀히 경쟁하는 자가 있는데 정부 내에서는 이번 기회에 이등 원로를 총지휘관으로 추천하여 피차간 사정에 편하게 하도록 도모하는 자가 있더라.

▸ **용어**　만조보

015. 「이등도한(伊藤渡韓)」, 『대한매일신보』(국한문), 1905.10.26. 3면

▸ **원문**　日本에서 顧問 遣派 以來로 韓國 治蹟을 不足見홀 쑨더러 徃徃히 韓人의 反抗과 蔑視를 招홈이 不少ᄒ디 何如間에 戰爭 中은 軍政을 布ᄒᆞ야 其 反抗을 鎭壓ᄒᆞ얏거니와 平和 克復 后에ᄂᆞᆫ 軍政을 不可不 撤홀 것신즉 其 反抗은 更히 揚臂홈을 不免홀지라 現今에 江原道 地方에셔ᄂᆞᆫ 非日本黨이 黨與를 聚ᄒᆞ야 橫行ᄒᆞᆫ다 云홈은 合意ᄒᆞᆫ 顧問을 線統홀 人物이 無홈이라 此等 行動은 皆 各人 思想이어니와 政令은 區區徃徃히 朝改夕變을 不免홀 거심으로 以ᄒᆞ야 伊藤 候ᄂᆞᆫ 此際에 渡韓ᄒᆞ야 其 統帥의 任을 當ᄒᆞ야 一大 成蹟을 擧見ᄒᆞ랴ᄂᆞᆫ 心意가 有ᄒᆞ다더라

▸ **번역**　일본에서 고문을 파견한 이래로 한국에서의 치적을 변변히 보이지도 못할 뿐더러 오히려 자주 한인의 반항과 멸시를 초래함이 적지 않은데 하여간 전쟁 중에는 군정을 실시하여 저항을 진압하였거니와 평화를 되찾은 후에는 군정을 철회하지 않을 수 없을 것인즉 그 반항은 더욱 거세질 수밖에 없는지라. 지금 강원도 지방에서는 비일본당이 당원을 모아 횡행한다 하는 것은 합의한 고문을 통솔할 합당한 인물이 없기 때문인지라. 이러한 행동들은 모두 각자의 사상에 따른 것이며 정책과 명령은 사소한 일에도 아침에 바뀌고 저녁에 또 바뀌는 일이 그치지 않을 것이므로 이등 후작은 이번 기회에 한국으로 건너가 그 통수의 임무를 담당하여 커다란 성적을 거둬 보려는 뜻이 있다더라.

016. 「5건조약청체전말(五件條約請締顚末)」, 『황성신문』, 1905.11.20. 2면

▸원문 本月 十日 下午 七時에 日本 大使 伊藤博文 氏가 京釜 鉄道 列車로 搭乘 入城ᄒ야 直時 賓舘(孫擇孃邸)으로 入處ᄒ얏ᄂᆫᄃᆡ 翌日 上午 十二時에 皇上 陛下의 陛見ᄒ고 日皇 陛下의 親書를 奉呈ᄒ얏ᄂᆫᄃᆡ 其親書의 槪意ᄂᆫ 如左하다 하니

朕이 東洋의 平和를 維持ᄒ기 爲하야 大使를 特派하노니 大使의 指揮를 一從ᄒ야 措處하소서 ᄒ고 又 日 國防의 防禦ᄂᆫ 朕이 鞏固케 ᄒᆯ지오 皇室의 安寧도 朕이 保証ᄒ다ᄂᆫ 意味로 하얏다더라

十四日에 伊藤 氏가 仁港으로 下往하얏다가 翌 十五日에 歸來ᄒ야 下午 三時에 日舘 書記官 國分象太郎과 帝室 審査局長 朴鏞和 氏로 共히 陛見ᄒᆯ ᄉᆡ 伊藤 氏가 三大條件을 提出하야 上奏 要請ᄒᆷ이 如左ᄒ다 하니

一은 外部를 廢止ᄒ고 外交部를 日本 東京에 設置ᄒ고 一切 外交權을 日本에 委託ᄒᆯ 事

二ᄂᆫ 京城에 派駐ᄒᄂᆫ 公使를 統監이라 改稱ᄒᆯ 事

三은 漢城及各港場에 領事를 理事로 改稱ᄒᆯ 事

伊藤 氏가 右記 三條를 皇上 陛下ᄭᅴ 認許하심을 固請ᄒᆫᄃᆡ 陛下ᄭᅴ셔 下答하신 聖勅이 如左ᄒ다 하니

上日 朕이 近日에 以保護條約等說로 各 新聞에 喧傳ᄒᆷ을 聞ᄒ얏스나 朕은 昨年에 貴國 皇帝의 宣戰 詔勅 中 韓國獨立을 扶植ᄒ다ᄂᆫ 句語와 及 韓日議定書에 獨立保証이란 說을 確信ᄒᆷ으로 此等 傳言을 信聽치 아니ᄒ얏고 且 今番에 侯爵이 使命을 啣來ᄒ기로 ᄯᅩᄒ 大段 歡幸히 여겻더니 此等 條件을 要求ᄒᆷ은 實노 千萬意外라 엇지 平日에 期望ᄒ던 바리오 ᄒ신ᄃᆡ

伊藤 大使가 猶 固請不已ᄒ야 曰 此ᄂᆫ 外臣의 自意가 아니오 實노 本 政府의 命令을 奉來ᄒᆯ ᄲᅮᆫ더러 此事를 認准하시면 兩國의 幸福이오 東洋의 平和를 永遠 維持ᄒᄂᆫ 것이니 速히 認許ᄒᆸ소서 ᄒ거늘

上日 朕의 祖宗 以來로 立國 規模가 凡國家의 重大事件이 有ᄒᆯ 時ᄂᆫ 政府 大小 官吏와 及時 原任大臣과 外至 儒賢ᄭᅡ지도 諮詢ᄒᆫ 後에야 決處ᄒ고 且 國內 紳士 人民의 輿論ᄭᅡ지도 採訪 施行ᄒᄂᆫ 遺例가 自在ᄒᆷ으로 朕이 自意로 擅斷치 못ᄒ

겟노라 ᄒᆞ신ᄃᆡ

伊藤 大使가 覆奏 曰 人民의 橫議ᄂᆞᆫ 兵力으로도 鎭壓ᄒᆞ려니와 陛下ᄭᅴ셔 兩國의 交誼를 爲念하사 亟히 處分ᄒᆞᆸ소셔

上曰 此條를 認許ᄒᆞ면 卽 亡國과 一般이니 朕은 寧宗社에 殉ᄒᆞᆯ지언정 決코 認許치 못ᄒᆞ리라 ᄒᆞᆸ시고 四五 時間을 費ᄒᆞᆫ 後 罷退ᄒᆞ얏ᄂᆞᆫᄃᆡ

翌 十六日 下午 三時에 參政 以下 各 大臣과 經理院 卿 沈相薰 氏를 大使舘으로 招請ᄒᆞ야 又 此 三條件을 提出ᄒᆞ고 面面히 懇請ᄒᆞ되 各 大臣이 皆 不可라 하고 移時토록 詰辨하다가 夜深後에 罷歸ᄒᆞ야 直時 詣闕 上奏ᄒᆞ얏고 伊日에 朴 外大ᄂᆞᆫ 日 公舘으로 招請ᄒᆞ야 右 條를 要請ᄒᆞ얏다 ᄒᆞ고

翌 十七日 下午 二時에ᄂᆞᆫ ᄯᅩ 日 公使 林權助 氏가 各 大臣을 該舘으로 招請하야 右 條를 懇切히 要求ᄒᆞ되 一齊히 反對하고 牢拒ᄒᆞᆫ즉 林 公使가 御前 會議를 開ᄒᆞ라고 勸告ᄒᆞ거ᄂᆞᆯ 參政 以下 諸大臣이 一齊히 辭歸 入闕ᄒᆞᆫ則 林 公使도 從後 隨來ᄒᆞ더니 諸大臣이 直時 御前 會議를 開ᄒᆞ고 右 條를 議論ᄒᆞᆯ ᄉᆡ 諸大臣이 皆 否字로 反對ᄒᆞᆫ지라 林 公使가 此 景況을 傍見하더니 未幾에 忽然 日兵이 多數 入闕ᄒᆞ야 漱玉軒 天陛 咫尺에 重重 圍立ᄒᆞᆷ이 鉄桶과 如ᄒᆞ고 銃刀가 森列ᄒᆞᆫᄃᆡ 內政府 及 宮中에 日兵이 森立ᄒᆞ며 長谷川 大將과 伊藤 大使도 一時 來到ᄒᆞ야 該 條件의 否決됨을 聞ᄒᆞ고 更히 會議ᄒᆞ라고 迫請ᄒᆞ나 韓 參政이 牢執不可라 ᄒᆞᆫ則 伊 使가 參政의 手를 握ᄒᆞ고 萬般 懇請ᄒᆞ되 固執不聽ᄒᆞᆫᄃᆡ 伊 使가 李 宮大를 招請ᄒᆞ야 陛見을 請ᄒᆞ되 適時에 陛下ᄭᅴ셔 咽喉의 患候로 苦痛ᄒᆞᆸ심으로 陛見을 謝却ᄒᆞ신ᄃᆡ 伊 使가 天陛 咫尺에서 奏請 謁見ᄒᆞ되 陛下ᄭᅴ셔 拒絶ᄒᆞ사 曰 不必要見이오 出去ᄒᆞ야 政府 大臣과 協議ᄒᆞ라 下諭ᄒᆞ신ᄃᆡ 伊 使가 退出ᄒᆞ야 又 苦請 曰 陛下ᄭᅴ셔 協議ᄒᆞ라 ᄒᆞ시니 更히 開議ᄒᆞ라 ᄒᆞ고 政府 主事를 招致ᄒᆞ야 該 條議 件을 更書ᄒᆞ라 ᄒᆞᆫᄃᆡ 參政 韓圭卨 氏ᄂᆞᆫ 一直 反對ᄒᆞ고 法大 李夏榮 度大 閔泳綺 兩 大臣만 否字를 書ᄒᆞ고 外大 朴齊純은 否字를 書ᄒᆞ고 其 否字 下에 註脚을 更書ᄒᆞ야 曰 萬若 右 條件의 字句를 稍히 變改ᄒᆞᆯ 境遇에ᄂᆞᆫ 認准ᄒᆞᆫ다ᄂᆞᆫ 說을 記ᄒᆞᆫ지라 於是에 伊 使가 發論 曰 然則 條件을 當變改하리라 ᄒᆞ고 筆을 執ᄒᆞ야 二三 處에 塗改하더니 直時 更議하라 ᄒᆞᆫ지라 參政 以外에 法度 兩大만 否決ᄒᆞ고 其餘 諸 大臣은 皆 可라 ᄒᆞᆫ지라 韓 參政이 起身하야 陛下ᄭᅴ 謁見코

져 하되 不得入하고 夾室에 投入힌則 而已오 萩原 書記와 日兵 及 日 巡査 等이 踏至ᄒ야 韓 參政을 擁去ᄒ야 漱玉軒 前 夾房에 拘置ᄒ고 日兵 及 曹長 士官 等이 左右로 把守ᄒ더니 伊 使가 入來ᄒ야 又 百端으로 懇請ᄒ다가 或 威嚇으로 恐喝ᄒ며 或 甘言으로 誘說ᄒ되 韓 參政은 終始不聽ᄒ고 正色 對曰 我ᄂ 以身殉 國ᄒ더라도 決코 此 條ᄂ 認准치 못ᄒ깃다 힌즉 伊 使가 怒 曰 萬若 陛下의 勅命으로 許하라 ᄒ야도 不從ᄒ깃ᄂᄋ야 參政 曰 此事에 對ᄒ야ᄂ 勅命도 不從ᄒ 리라 흔딕 伊 使가 大怒 曰 然則 不忠之臣이라 ᄒ고 退去하야셔 宮大 李載克 氏를 招請ᄒ야 使之 天陛에 上奏ᄒ야 曰 參政이 勅命도 不從흔다 ᄒ니 是ᄂ 不忠之臣이라 直時 免官ᄒ쇼셔 ᄒ고 또 朴 外大를 命ᄒ야 外部의 印을 持來하라 하야 參政의 不捺章은 無關이라 ᄒ고 餘外 大臣만 捺章ᄒ얏스니 其 條件이 凡五 個條라ᄂ딕 如左ᄒ니

日韓 兩國이 東亞 大勢를 鞏固키 爲ᄒ야 盟約을 比前 親密홀 事

韓國 外交 事務를 擴張ᄒ기 爲ᄒ야 東京에 外交部를 寘ᄒ고 外交에 關흔 事項만 一切 管轄홀 事

韓國 京城에 統監을 寘ᄒ야 外交 事務를 監督홀 事

韓國 各地 外國人 必要之地에 領事를 代ᄒ야 理事를 寘홀 事

韓國 皇室을 尊嚴 保全홀 事

(…)

翌 十八日 朝붓터ᄂ 日兵이 數 三十名式 各部 大臣의 私第에 擁護ᄒ얏더라 當日 城內 人民의 光景을 見힌則 右等 條約이 調印되얏다ᄂ 說이 一時에 傳播ᄒᄋ이 紳士 人民이며 男女老少를 勿論ᄒ고 皆 奮忿 激昂ᄒ야 四千年 國家와 五百年 宗社를 一朝一夕에 賣國賊의 手中으로 忽然히 亡케 ᄒ얏다 ᄒ며 如狂如醉에 流涕太息者와 長歌痛哭者이 不知其數인딕 或은 自慰ᄒ야 曰 此 條約이 비록 外部가 捺印ᄒ얏슬지라도 我國 法規에 參政이 捺章치 아니ᄒ면 卽是 不調印흔 것과 如히 無効홀지오 且況 政府에셔 威脅에 不勝ᄒ야 脅迫 調印ᄒ얏슬지라도 我 大皇帝 陛下끠셔ᄂ 强硬히 拒絕ᄒ시고 裁可치 아니ᄒ셧스니 아모리 自下로 締約ᄒ얏드릭도 畢竟 無効ᄒ리라 ᄒ며 巷說이 紛紛ᄒ야 連日토록 大段 沸騰ᄒ 더라

▸**번역** 이달 10일 오후 7시에 일본 대사 이등박문 씨가 경부철도 열차를 타고 입성하여 곧바로 여관(손택양 호텔)으로 갔는데 다음날 오전 12시에 황제 폐하께 알현하고 일본 황제 폐하의 친서를 봉정하였는데 그 친서의 대개는 아래와 같다 하니

짐이 동양의 평화를 유지하기 위하여 대사를 특파하노니 대사의 지휘를 따라 조처하소서 하고, 또 국방의 방어는 짐이 공고하게 할지요 황실의 안녕도 짐이 보증한다는 의미로 하였다더라.

14일에 이등 씨가 인천항으로 내려갔다가 15일에 돌아와 오후 3시에 일본 대사관 서기관 국분상태랑과 제실 심사국장 박용화 씨와 함께 폐현할 때 이등 씨가 3대 조건을 제출하여 상주하며 요청한 내용은 아래와 같다 하니

1. 외부를 철폐하고 외교부를 일본 동경에 설치하고 외교권을 일체 일본에 위탁할 것

2. 경성에 파견하는 공사를 통감이라고 개칭할 것

3. 한성 및 각 항구에 영사를 이사로 개칭할 것

이등 씨가 위의 3개 조건을 황제 폐하께 허락하심을 고청한 데 대하여 폐하께서 하답하신 성칙이 아래와 같다 하니

상께서 말씀하시기를 짐이 근래 보호조약 등 설로 각 신문에 떠들썩하게 전해진 것을 들었으나 짐은 작년에 귀국 황제의 선전 조칙에 한국 독립을 부식한다는 어구와 한일의정서에 독립 보증이란 말을 확신해서 이러한 전문을 믿지 않았고 또 이번에 후작이 사명을 가지고 오기로 또한 대단히 기뻐하였더니 이러한 조건을 요구하는 것은 실로 천만뜻밖이라 어찌 평소에 바라던 바리오 하시는데

이등 대사가 여전히 고청을 그치지 않아 말하기를 이는 외신 자신의 뜻이 아니오 실로 본국 정부의 명령을 받들어 왔을 뿐더러 이 일을 허락하시면 양국의 행복이요 동양의 평화를 영원히 유지하는 것이니 조속히 허락하소서 하거늘 상께서 말씀하시기를 짐의 조상 이래로 입국의 규범이 대저 나라의 중대한 사건이 있을 때에는 정부 대소 관리와 재임 대신과 바깥의 유현까지도 자문한 후에야 결처하고 또 국내의 신사와 인민의 여론까지도 탐방해서 실행하는 유

례가 있어서 짐이 자의로 천단하지 못하겠노라 하시는데

이등 대사가 거듭 상주하기를 인민의 무분별한 반대 여론은 병력으로도 진압하려니와 폐하께서는 양국의 교의를 위해 생각하사 조속히 처분하소서

상께서 말씀하시기를 이 조건을 허락하면 곧 망국과 일반이니 짐은 종묘사직에 순절할지언정 절대로 허락하지 못하리라 하시고 네댓 시간이 흐른 후에 그만하고 물러났는데

16일 오후 3시에 참정 이하 각 대신과 경리원 경 심상훈 씨를 대사관으로 초청하여 또다시 이 세 개 조건을 제출하고 간청하되 각 대신이 모두 불가라 하고 이시토록 따져 쟁논하다가 밤이 깊은 후에 그만하고 나와 즉시 예궐하여 상주하였고 그날 박 외대는 일본 공사관으로 초청되어 위 조건을 요청당하였다 하고

17일 오후 2시에는 또 일본 공사 임권조 씨가 각 대신을 공사관으로 초청하여 위 조건을 간절히 요구하되 대신들이 일제히 반대하고 굳건히 거절해서 임 공사가 어전회의를 열라고 권고하거늘 참정 이하 대신들이 일제히 돌아가 입궐하여 임 공사도 뒤따라 오더니 대신들이 즉시 어전회의를 하고 위 조건을 논의하는데 전부 반대라고 한지라. 임 공사가 이 정황을 옆에서 지켜보더니 머지않아 갑자기 수많은 일병들이 궁에 들어와 황제 폐하의 수옥헌 섬돌 지척까지 철통같이 포위하고 총칼이 빽빽하게 늘어섰는데 내정부와 궁중에도 일병들이 즐비하게 서 있었으며 장곡천 대장과 이등 대사도 일시에 와서 해당 조건이 부결됨을 듣고 다시 회의하라고 강하게 요청하나 한국의 참정이 단호히 불가라 하여 이등 대사가 참정의 손을 붙잡고 온갖 방법으로 간청해도 흔들림 없이 듣지 않는데 이등 대사가 이 궁무부대신을 초청하여 폐현을 청하되 마침 폐하께서 인후의 환후 때문에 아파하셔서 알현을 사절하시는데 이등 대사가 천폐 지척에까지 가서 알현하도록 주청하되 폐하께서 볼 필요가 없다고 거절하시며 물러가서 정부 대신들과 협의하라 하유하시는데, 이등 대사가 물러나와 폐하께서 협의하라고 하시니 다시 회의하라 하고 정부 주사를 초치하여 해당 조건의 의안을 다시 쓰라 하는데 참정 한규설 씨는 계속 반대하고 법부대신 이하영과 탁지부대신 민영기 두 대신만 불가라 쓰고 외부대신 박제순은

불가를 쓰고 그 글자 밑에 각주를 또 썼는데 만약 위 조항의 문구를 조금 변경하는 경우에는 승인할 수 있다는 말을 쓴지라. 이에 이등 대사가 발론하기를 그렇다면 조항을 응당 바꾸리라 하고 붓을 잡아 두세 군데를 고쳐 쓰더니 즉시 다시 논의하라 한지라. 참정 이외에는 법부대신과 탁지부대신만 부결하고 나머지 대신들은 모두 찬성한지라. 한 참정이 일어나 폐하께 알현하고자 하되 들어가지 못하고 곁방에 억지로 들여보내진즉 추원 서기와 일병 및 일본 순사 등이 들이닥쳐 한국의 참정을 끌고 가 수옥헌 앞의 곁방에 감금하고 일본 병사와 조장급 사관 등이 좌우로 파수하더니 이등 대사가 와서 또 온갖 수를 써서 간청하다가 혹은 위협으로 공갈하며 혹은 감언으로 꾀어도 한국 참정은 시종 듣지 않고 정색하여 말하기를 나는 이 몸이 순국하더라도 결코 이 조약은 승인하지 못하겠다 한즉 이등 대사가 화를 내며 말하기를 만약 폐하께서 칙명으로 허락하라고 하셔도 따르지 않겠는가 하니, 참정이 대답하기를 이 일에 대하여는 칙명이라도 따르지 않으리라 하는데 이등 대사가 크게 노하며 말하기를 그렇다면 너는 불충한 신하라 하고 물러나 궁내대신 이재극 씨를 초청하여 폐하께 상주하여 아뢰길 참정이 칙명도 따르지 않는다 하니 이는 불충한 신하라, 즉시 파면하소서라고 상주하도록 하고 또 박 외부대신에게 명하여 외부의 도장을 가져 오라 하여 참정의 날인이 없어도 상관없음이라 하고 나머지 대신만 날인하였으니 그 조약이 총 5개 조항이라는데 아래와 같으니

1. 일한 양국이 동아 대세를 공고하게 하기 위하여 맹약을 이전보다 더 친밀하게 할 것
2. 한국 외교 사무를 확장하기 위하여 동경에 외교부를 설립하고 외교에 관한 사항만 일체 관할할 것
3. 한국 경성에 통감을 둬 외교 사무를 감독할 것
4. 한국 각지 외국인에게 필요한 곳에 영사를 대신하여 이사를 둘 것
5. 한국 황실을 온전하게 보전할 것
(…)

그 다음 날인 18일 아침부터는 일본 병사가 30명씩 각 부 대신의 사저를 둘러싸고 호위하였더라. 당일 성내 인민의 광경을 본즉 위 조약이 조인되었다는 소문

이 일시에 전파하며 신사, 인민이며 남녀노소를 불문하고 모두 격분하여 4천
년 국가와 5백 년의 종묘사직을 하루아침에 매국노의 손으로 순식간에 망하게
하였다 하며 미친 듯이 혹은 술에 취한 듯이 울부짖고 통곡하는 자가 부지기수
인데 혹은 스스로를 위로하기를 이 조약이 비록 외부가 날인하였을지라도 우
리나라 법규에 참정이 날인하지 않으면 곧 조인이 되지 않은 것이나 마찬가지
여서 무효할지요 게다가 정부에서 위협을 이기지 못해 협박 당해 조인하였을
지라도 우리 황제 폐하께서는 강경히 거절하시고 허가해 주지 않으셨으니 아
무리 아래서 체약하였더라도 필경 무효하리라 하며 항설이 분분하여 연일토록
대단히 떠들썩하더라.

▸ **용어** 경리원, 국분상태랑, 민영기, 박용화, 박제순, 손택, 심상훈, 외부, 이재극, 이하영,
임권조, 장곡천(장곡천호도), 추원(=추원수일), 한규설, 한일의정서

017. 「긴급회의(緊急會議)」, 『대한매일신보』(국한문), 1905.11.25. 2면

▸ **원문** 政府에셔 會議를 開ᄒ다 홈은 本報에 已揭어니와 其 內容을 得聞ᄒ즉
日昨 伊藤侯가 水原갓다 歸路에 始興郡 安陽 停車場에셔 何許 人民이 投石 事에
對ᄒ야 協議 後에 該 始興 郡守 金宗國 氏ᄂ 免本官ᄒ고 京畿 觀察使 鄭周永
氏ᄂ 重譴責에 處ᄒ 事뿐이라더라

▸ **번역** 정부에서 회의를 연다는 것은 본 신문에 이미 게재하였거니와 그 내용을
들은즉 며칠 전 이등 후작이 수원에 갔다가 돌아오는 길에 시흥군 안양 정거장에
서 어떤 사람이 돌을 던진 사건에 대하여 협의한 후에 시흥 군수 김종국 씨는
면관하고 경기 관찰사 정주영 씨는 엄중한 견책에 처하는 일뿐이라더라.

▸ **용어** 정주영

018. 「통감결정(統監決定)」, 『대한매일신보』(국한문), 1905.12.21. 2면

▸ **원문** 曩者에 報道홈과 如히 韓國 統監은 本日 伊藤 侯爵으로 決定되야 明日에
發表ᄒ다더라

▸**번역**　지난번에 보도한 것과 같이 한국 통감은 오늘 이등 후작으로 결정되어 내일 발표한다더라.

019. 「통감신기(統監新旗)」, 『황성신문』, 1906.3.5. 2면

▸**원문**　駐京 日 公使가 撤歸ᄒᆞᆫ 後에 公舘에 所懸ᄒᆞᆫ 國旗를 撤廢ᄒᆞ얏더니 伊藤 統監이 着京ᄒᆞ던 日에 該 公舘은 統監의 官宅을 定ᄒᆞ고 統監의 旗를 高懸ᄒᆞ얏ᄂᆞᆫ 디 靑質의 紅日을 圖寫ᄒᆞ얏더라

▸**번역**　경성 주재 일본 공사가 철귀한 후에 공사관에 걸던 국기를 철폐하였더니 이등 통감이 경성에 도착하던 날에 공사관은 통감의 관저로 정하고 통감의 깃발을 높이 걸었는데 푸른 색 바탕에 붉은 해를 그려놓았더라.

020. 「고대접임(姑待接任)」, 『황성신문』, 1906.3.6. 3면

▸**원문**　伊藤 統監이 來到ᄒᆞᆫ 後에 各 大官이 相議ᄒᆞ되 施政 改善의 方針은 地方 官制를 改正件과 各 港市 監理를 開市長으로 改正ᄒᆞᆯ 案件인ᄃᆡ 統監이 接任ᄒᆞᆫ 後에나 相議 安定ᄒᆞᆫ다ᄂᆞᆫ 巷說이 有ᄒᆞ더라

▸**번역**　이등 통감이 도착한 후에 각 대관이 상의하되 시정 개선의 방침은 지방 관제를 개정할 안건과 각 항구 도시 감리를 개시장으로 개정할 안건인데 통감이 부임한 후에나 상의하여 확정한다는 항설이 있더라.

021. 「차관협의(借欵協議)」, 『황성신문』, 1906.3.15. 2면

▸**원문**　再昨日에 叅政大臣 以下 各部 大臣이 伊藤 統監과 談語ᄒᆞᆫ 槪意를 聞ᄒᆞᆫ 則 現今 韓國 政府에 第一 急先務者ᄂᆞᆫ 學校와 農商工業이라 擴張ᄒᆞ기 爲ᄒᆞ야 資本金을 借欵ᄒᆞ야 實施ᄒᆞᆯ 方針을 協議 硏究ᄒᆞ얏다더라

▸**번역**　그저께 참정대신 이하 각부 대신이 이등 통감과 상담한 개의를 들은즉 지금 한국 정부의 제일 급선무는 학교와 농상공업이라. 이를 확장하기 위하여

자본금을 차관하여 실시할 방침을 협의하고 연구하였다더라.

022. 「은행협의(銀行協議)」, 『황성신문』, 1906.3.23. 2면

▸**원문** 再昨日 上午 十時에 伊藤 統監이 叅政 以下 各部 大臣을 該 官邸로 請邀하야 農商工의 發達홈을 爲하야 銀行의 設立홈을 協議하얏다더라

▸**번역** 그저께 오전 10시에 이등 통감이 참정 이하 각부 대신을 관저로 초청하여 농상공업의 발달을 위하여 은행의 설립을 협의하였다더라.

023. 「합군실시(合郡實施)」, 『황성신문』, 1906.3.23. 2면

▸**원문** 近日 政府에셔 合郡 會議를 屢次 經議ᄒ얏스나 姑未確定이라더니 傳說을 聞ᄒ則 伊藤 統監이 各部 大臣을 對ᄒ야 聲言ᄒ되 韓國에셔 施政 改善을 實施ᄒ쟈면 爲先 合郡ᄒ고 該 經費로 各 郡에 小學校를 設立ᄒ야 人才를 敎育홈이 第一 急務라 ᄒᄂ 故로 內部에셔 將次 合郡 事件에 着手ᄒᆯ 貌樣이라더라

▸**번역** 근래 정부에서 군을 통합하는 문제에 대한 회의를 여러 차례 하였으나 아직 미정이라더니 전해지는 말을 들은즉, 이등 통감이 각 부의 대신에게 공언하되 한국에서 시정 개선을 실시하자면 우선 군을 통합하고 해당 경비로 각 군에 소학교를 실립하여 인재를 교육하는 것이 제일 급선무라 하는 고로, 내부에서 장차 군을 통합하는 사무에 착수할 모양이라더라.

▸**용어** 내부

024. 「통부개식(統府開式)」, 『황성신문』, 1906.3.29. 2면

▸**원문** 昨日 下午 一時 半에 伊藤 統監이 南山 下 軍司令部 內에 開府式을 設行ᄒ고 我韓 大官及紳士와 各國 領事와 各 會社 人員과 各 敎會와 新聞 記者와 地方官이 一齊 來會ᄒ야 叅宴ᄒ얏ᄂᄃ 同 二時에 內外國 來賓이 食堂에 入홈의 大韓 軍樂과 日本 軍樂이 左右에셔 迭奏ᄒ며 伊藤 統監이 衆賓을 對ᄒ야 叅宴ᄒ

厚意를 稱謝ᄒ고 演說ᄒ야 曰 我가 統監으로 大韓에 來到하얏스미 我의 抱負ᄒ
平生 志意를 發達하야 大韓 皇室의 尊重과 獨立 保全을 東洋의 表示하깃노라
하고 叅政大臣 朴齊純 氏가 答辭하되 我韓 政府가 統監의 指導ᄒ을 從하야 政治
刷新에 아모조록 極力하야 世界 列邦에 并立ᄒ을 期望하노라 하미 衆賓이 拍手
喝采하고 朴 叅政이 擧盃하야 日本 天皇 陛下의 萬歲를 三呼하고 其次에 伊藤
統監이 大韓 皇帝 陛下의 萬歲를 三呼ᄒ고 賓主가 酒杯를 順序로 畢擧ᄒ얏더라
(…)

▸ **번역**　어제 오후 1시 반에 이등 통감이 남산 밑에 군사령부 안에 통감부 개부
식을 거행하고 우리나라 대관과 신사와 각국 영사와 각 회사 인원과 각 교회와
신문 기자와 지방관이 일제히 와서 참석하였는데 2시에 내외국 내빈이 식당에
들어가 대한 군악과 일본 군악이 좌우에서 연주하며 이등 통감이 내빈에 대하
여 참석한 후의를 감사하고 연설하기를, 내가 통감으로 대한에 왔으며 내 평생
의 뜻을 발휘하여 대한 황실의 존엄과 독립 보전을 동양에 표시하겠노라 하고,
참정대신 박제순 씨가 답사하되 우리 대한 정부가 통감의 지도를 따라 정치
쇄신에 아무쪼록 힘을 다하여 세계 열국에 병립하는 것을 기대하노라 하며,
내빈들이 박수갈채하고 박 참정이 잔을 들어 일본 천황 폐하의 만세를 세 번
부르고 다음에 이등 통감이 대한 황제 폐하의 만세를 세 번 부르고 손님과
주인이 술잔을 차례로 들어 올렸더라 (…)

▸ **용어**　박제순, 통감부

025. 「통감연설(統監演說)」, 『황성신문』, 1906.4.11. 3면

▸ **원문**　再昨日 下午 六時에 伊藤 統監이 淘翠樓에 宴會를 設ᄒ고 京城에 在住ᄒ
各 商民 及 各 官憲을 宴待ᄒᄂ되 演說ᄒ이 如左ᄒ니 本官은 當地 赴任 以來
日淺ᄒ으로 韓國에서 我 同胞에 事業이던지 其他 諸君의 叅考될 만ᄒ 事件에
關하야ᄂ 不暇思量 故로 漸次 事情을 熟知ᄒ 後에 愚見을 達하깃스나 機會에
達ᄒ ᄂ지 不知ᄒ거니와 本官의 責任을 完全ᄒ기 爲ᄒ야 衆言을 探聽ᄒ노라 余
ᄂ 今夕에 風病이 有ᄒ야 諸君에게 이러ᄒ 意見을 陳述키 難ᄒ나 着京 以來로

不堪ᄒᆞᄂᆞᆫ 바ᄂᆞᆫ 當局 人心의 如何 形勢와 韓皇 陛下의 聖意와 各 大臣이 我等에 對ᄒᆞ야 如何ᄒᆞ 意向인지 此等 事件에 至ᄒᆞᄂᆞᆫ 不啻憂念이라 日本 政府 各 大臣은 勿論ᄒᆞ고 我 天皇 陛下ᄭᅦ셔도 韓國을 爲ᄒᆞ야 本官이 赴任ᄒᆞᆯ 際에 侍從 武官 井上 海軍 中將을 特派하사 韓國에 赴任ᄒᆞᆫ 後 情況을 見聞以來하라신 勅令을 下하신지라 井上 中將은 本月 一日 以後로붓터 本官 責任 以來 形勢를 報告ᄒᆞ기로 歸朝ᄒᆞ얏슨則 余ᄂᆞᆫ 責任 以來 我 天皇 陛下 震聰에 奉達ᄒᆞᆯ지라 赴任 當時에 在ᄒᆞᆫ 바ᄂᆞᆫ 韓國은 多少 疑惑을 抱ᄒᆞ야 今日이라도 一般 事情을 不通하고 疑惑ᄒᆞᆷ이 不無하나 韓國 皇帝 陛下ᄭᅦ셔ᄂᆞᆫ 本官에 對ᄒᆞ야 誠實ᄒᆞ 忠言을 信賴하야 施政 改善을 切望ᄒᆞᆫ다 ᄒᆞ시ᄂᆞᆫ 聖意을 屢次 說明하실 ᄲᅮᆫ 아니라 各 大臣에게 對하사 千載一遇에 期會가 됨으로 統監 指導 下에셔 政務에 實行을 期하라신 勅語를 下하시고 各 大臣도 其 事業에 當하야 好望을 모하ᄂᆞᆫ 비로라 余가 韓國 事情을 明白히 知ᄒᆞ고 順序 緩急을 計하야 微力을 盡하야 時機에 不幸ᄒᆞᆷ을 公佈하노니 韓日 兩國에 親睦을 敦하며 利益을 增進케 ᄒᆞ고 施政 改善에 努力 實施케 ᄒᆞᆷ이 一身上 名譽ᄲᅮᆫ 아니라 天皇 陛下의 優恩을 奉答ᄒᆞᆷ이며 又 韓皇 陛下의 知遇을 對揚ᄒᆞᆷ이 我 統監의 職責이라 然이나 淺學으로 一層 憂念을 不堪하노라 余ᄂᆞᆫ 但 一片 誠實노 其 職責에 盡瘁코자 하니 願 諸君도 日本이 韓國에 對ᄒᆞᆫ 眞意를 明知하야 自己 事業에 勉勸ᄒᆞ고 自國에 威信을 勿爲 失墜ᄒᆞᆷ을 切望ᄒᆞ노니 余의 忠實ᄒᆞ 志意를 胷中에 深銘ᄒᆞ기를 切望ᄒᆞ노라 ᄒᆞ얏다 ᄒᆞ더라

▶번역   그저께 오후 6시에 이등 통감이 도취루에 연회를 마련하고 경성에 거주하는 각 상민과 관원을 초대하는데 연설한 내용이 아래와 같으니, 본관은 현지에 부임한 지 얼마 되지 않아 한국에서 우리 동포들이 하는 사업이나 기타 제군에게 참고될 만한 사건에 관하여는 생각할 겨를이 없는 고로 점차 사정을 잘 알게 된 후에야 소견을 전달하겠으나 그것이 언제가 될는지는 모르겠거니와, 본관의 책임을 다하기 위하여 여러 사람의 의견을 널리 듣고자 하노라. 내가 오늘 저녁 풍병이 있어 여러분에게 이러한 의견을 충분히 말하기가 어렵지만 경성에 온 뒤로 참을 수 없는 것은 당국 인심 형세가 어떠한지, 한국 황제 폐하의 뜻은 어떠한지, 우리에 대한 각 대신의 의향은 어떠한지, 이러한 일에 이르러서는 여간 우려스러운지라. 일본 정부 각 대신은 물론이고 우리

천황 폐하께서도 한국을 위하여 본관이 부임할 당시 시종무관 정상 해군 중장을 특파하사 한국에 부임한 후의 상황에 대해 보고하라신 칙령을 내리신지라. 정상 중장은 이달 1일 이후부터 본관의 부임 이후 형세를 보고하기로 한국에 돌아온 것인즉 나는 부임 이래의 상황에 대하여 우리 천황 폐하께 아뢸지라. 내가 부임했을 당시의 한국은 다소 의혹을 품고 있었고, 오늘에 이르기까지도 일반 사정을 잘 이해하지 못하여 의혹이 없지 않으나 한국 황제 폐하께서는 본관에 대하여 성실한 충언을 신뢰하여 시정 개선을 간절히 바란다 하시는 성의를 여러 번 명시하실 뿐 아니라, 각 대신에게 천재일우의 기회이니 통감의 지도 아래 정무를 실행하라는 칙어를 내리시고 각 대신도 이 사업에 직면하여 희망을 보이는 바로라. 나는 한국의 사정을 명확히 파악하고 사안의 순서와 긴급함을 가늠하여 미력이나마 최선을 다한 끝에, 마침내 시기를 놓치지 않고 이 불행한 일을 공포하노니 한일 양국의 친목을 돈독히 하며 이익을 증진하고 시정 개선을 힘써 실시하는 것은 나 혼자만의 명예뿐만 아니라 친황 폐하의 은혜를 봉답하는 것이며 또한 한국 황제 폐하의 특별한 대우에 보답하는 것이니 이는 본관의 책임이라. 하지만 나의 학식이 얕아 한층 더 염려를 불감하노라. 나는 단지 한 조각의 성실로 이 직책에 온 힘을 다하고자 하니 제군도 한국에 대한 일본의 진의를 확실히 알고 자신의 사업에 노력하고 자국의 위신을 떨어트리지 않기를 간절히 바라노니 본관의 충실한 뜻을 마음속에 명심하기를 간절히 바라노라 하였다 하더라.

▸ **용어**　정상 중장(=정상량지)

026. 「이등대득(伊藤大得)」, 『대한매일신보』(국한문), 1906.4.19. 2면

▸ **원문**　伊藤 侯는 去番 渡韓에 新條約을 勒締ᄒ야 統監의 地位를 得ᄒ고 此次 來韓에 一千萬元 借歎을 勸告 周旋홈으로 一百萬元의 口文을 獲得ᄒ얏다고 輿論이 沸騰하니 果然인지 未能 斷言이라 盖此 借歎은 政府 公債也라 豈有 口文之 理乎아 하노라

▸ **번역**　이등 후작은 지난번 한국으로 건너와 신조약을 강제로 체결하여 통감

의 지위를 획득하고 이번에 한국에 와서는 천만 원의 차관을 권고 주선하여 백만 원의 구두 동의를 받았다고 여론이 들끓고 있으니 과연 사실인지 아직 단언할 수 없는지라. 대개 이 차관은 정부의 공채인데 어찌 구두로만 동의할 리가 있겠느냐 하노라.

027. 「대신정경(大臣情景)」, 『대한매일신보』(국한문), 1906.4.24. 2면

▸원문 日昨 各部 大臣들이 伊藤 統監을 餞別ᄒᆫ 後에 各歸 其家ᄒᆞ야 該部에 不爲 仕進이라 ᄒᆞ니 有何辛酸之事 而心不在焉인지 伊藤候에게 仰庇ᄒᆞ다가 一朝 相離 ᄒᆞᄆᆡ 其 情懷를 難抑홈인지 想像諸氏之實際情況ᄒᆞ면 若嬰兒之失慈母이라 伊藤 氏가 何日에 復渡韓國ᄒᆞᆯᄂᆞᆫ지

▸번역 며칠 전 각 부 대신들이 이등 통감을 전별한 후에 각자 집으로 돌아가 사진하지 않는다 하니 무슨 슬프고 힘든 일이 있어 정신을 딴 데로 판 것인지 이등 후작에게 기대어 비호를 받다가 하루아침에 헤어지게 되어 그 심정을 억누르기가 어려운 것인지 제씨의 실제 속마음을 상상해 보면 마치 갓난아이 가 자애로운 어머니를 잃은 것과 같으리라. 이등 씨가 어느 날에나 한국으로 다시 건너올는지.

028. 「억청실시(抑請實施)」, 『대한매일신보』(국한문), 1906.5.18. 2면

▸원문 農商工部에서 請議ᄒᆞᆫ 移民 條例와 礦山 條例ᄂᆞᆫ 伊藤 統監 歸國 前에 編成하야 農部에 仰請ᄒᆞᆫ 者인데 該 條例가 國權의 蔑如홈으로 朴 參政이 屢日 反對하고 留案하얏더니 再昨日 伊藤 氏가 統監 署理 鶴原 氏의게 電飭하야 移民 礦山 條例의 施約 遷延을 論責ᄒᆞᆫ지라 (…)

▸번역 농상공부에서 청의한 이민 조례와 광산 조례는 이등 통감이 귀국 전에 편성하여 농부에 올린 것인데 해당 조례가 국권을 업신여기는 것이라 해서, 박 참정이 며칠간 반대하고 보류하였더니 그저께 이등 씨가 통감 서리 학원 씨에게 전칙하여 이민 및 광산 조례의 실시 지연을 꾸짖은지라 (…)

▸ **용어** 농상공부

029. 「간섭태심(干涉太甚)」, 『대한매일신보』(국한문), 1906.6.6. 2면

▸ **원문** 伊藤 統監이 歸國홀 時에 陞見 上奏하기를 現任 各 大臣을 勿爲 變更하소서 하얏다더니 此次 閔泳奎 氏가 典禮 大臣으로 嘉禮에 擧行하기 爲하야 議政을 新卜하얏ᄂᆞᆫ듸 統監府에서 禮式院으로 公文하기를 當初 相約이 伊藤 統監을 不經하면 듸臣 任免을 勿論하기로 하얏ᄂᆞᆫ듸 閔 議政을 新任하얏스니 其 理由를 示明하라 흔 故로 政府에서 富初 議政府 官制를 改正 頒布 時에 議政 듸臣은 典禮가 有흔 時에 新卜하고 政府 事務ᄂᆞᆫ 參政이 擔責흔다 하고 回示하얏스되 統監府에서 連次 질문하얏다 하니 듸抵 國權이 蔑如하면 若是 壓迫乎아 向者 宮內府에서 美國 豪富 請宴 時에도 統監府를 不由하얏다고 無數 相詰하얏스니 然則 韓人은 外國人을 路上 相逢홀지라도 不由 統監하면 숖모닝 談話도 不爲홀지오 宮內 典禮事도 若是 干涉하니 太剛則折이라 反爲日本惜之라 하더라

▸ **번역** 이등 통감이 귀국할 때 폐현하여 상주하기를 현임 각 대신을 변경하지 마소서 하였다더니 이번 민영규 씨가 전례 대신으로 가례를 거행하기 위하여 의정을 새로 점복하였는데 통감부에서 예식원으로 공문하기를, 당시 약속은 이등 통감을 거치지 않고서 대신의 임명과 해임을 하지 않기로 하였는데 민 의정을 새로 임명하였으니 그 이유를 시명하라 한 고로, 정부에서 당초 의정부 관제를 개정하고 반포할 때에 의정 대신은 전례가 있을 경우에 새로 임명하고 정부 사무는 참정이 책임진다 하고 회답하였으되 통감부에서 잇따라 질문하였다 하니, 대저 국권이 이렇게까지 업신여김을 당한다면, 어찌 이것을 압박이라 하지 않겠는가. 지난번 궁내부에서 미국의 부호를 연회에 초청하였을 때도 통감부를 거치지 않았다고 수없이 힐책하였으니, 이러한즉 한인은 외국인을 길에서 만날지라도 통감을 경유하지 않으면 굿모닝 같은 말도 하지 못할지오. 궁내의 전례도 이렇게 간섭하니, 지나치게 강경하면 오히려 꺾이기 마련이라, 일본을 도리어 안타깝게 여긴다 하더라.

▸ **용어** 궁내부, 민영규, 예식원, 의정부, 통감부

030. 「통감환임후경무쇄신(統監還任後警務刷新)」, 『황성신문』, 1906.6.21. 2면

▸**원문** 伊藤 統監이 還任 後에ᄂ 第一 我國 警務를 刷新ᄒᆯ 計畫인듸 日本에셔 渡來ᄒᆯ 警部 巡査 八百 名을 이믜 選拔 任命ᄒᆫ 故로 此에 我國 警吏를 加ᄒᆞ야 十分 改良ᄒᆞ야 警察力으로써 我國 治安을 維持ᄒᆫ다더라

▸**번역** 이등 통감이 환임한 후에는 제일 먼저 우리나라 경무를 쇄신할 계획인데 일본에서 건너올 경부 순사 800명을 이미 선발하여 임명한 고로 이에 우리나라 경찰 관리를 더하여 충분히 개량하여 경찰력으로써 우리나라 치안을 유지한다더라.

▸**용어** 경부

031. 「통감폐현후문(統監陛見後聞)」, 『황성신문』, 1906.7.4. 2면

▸**원문** 再昨日 下午 四時에 伊藤 統監이 入闕 陛見하얏다ᄂ 槪況을 巷說의 傳聞ᄒᆷ을 據ᄒᆫ則 伊藤 氏가 如左 三件事로 上奏하얏다ᄂ듸
　一 宮禁肅淸을 實施ᄒᆯ 事
　二 義兵을 倡動ᄒᆫ 干連者를 査究ᄒᆯ 事
　三 宮內府에 所在ᄒᆫ 馬牌 鍮尺을 金升文이 何以 帶持ᄒᆫ 事
右 三件事를 上奏ᄒᆫ 後 變奏日 屢次 宮禁 肅淸으로 勸告ᄒᆞ얏스되 終始 實施치 아니ᄒᆷ으로 此等 事가 頻頻 生出ᄒᆞ얏스니 不可不 日本 官憲으로 宮禁肅淸에 着手ᄒᆞ깃나이다 ᄒᆞ고 旋卽 退出 後 下午 十一時量에 警務使 朴承祖 氏와 警察課長 李憲珪 氏와 丸山 顧問과 岩井 警部와 日巡査及 巡檢 日憲兵이 一齊히 宮內에 前進ᄒᆞ야 各 門을 把守ᄒᆞ고 內侍 及 掖庭 所屬의 出入을 一並 禁止ᄒᆞ고 奉侍 中 幾人을 搜索 中인듸 昨日ᄭᆞ지 戒嚴ᄒᆞᄂ 中이라더라

▸**번역** 그저께 오후 4시에 이등 통감이 입궐하여 폐현하였다는 대개의 상황을 항설로 전해 들은 바에 따르면, 이등 씨가 아래와 같은 세 가지 사항을 상주하였다는데
　1. 궁궐 내 잡인의 출입을 금하는 조치를 실행할 것

2. 의병을 선동한 관계자를 조사할 것

3. 궁내부 소재의 마패와 유척을 김승문이 어째서 소지하고 있었는가 하
는 것

위의 세 가지 사안을 상주한 후 또 상주하기를, 여러 번 궐 내 잡인의 출입을
금하기를 권고하였으되 끝내 실시하지 아니하므로 이러한 일들이 잇달아 발생
하였으니 일본 관헌이 직접 궁궐 출입 통제에 착수하지 않을 수 없겠나이다
하고 바로 물러 나온 뒤, 오후 11시경에 경무사 박승조 씨와 경찰 과장 이헌규
씨와 환산 고문과 암정 경부와 일본 순사 및 순검, 일본 헌병들이 일제히 궁내에
들어와 각 궁문을 파수하고 내시 및 액정 소속의 출입을 모두 금지하고 황제를
모시는 일부 인물들을 수색하는 중인데 어제까지 계엄하는 중이라더라.

▸**용어** 경부, 궁내부, 환산 고문(=환산중준)

032. 「회빈작주(回賓作主)」, 『대한매일신보』(국한문), 1906.9.15. 2면

▸**원문** 再昨日 萬壽聖節에 各國 使臣의 陛見 時와 東闕 內 秘苑 園遊會 景況을
聞흔즉 各國 使臣 參內 時에는 伊藤 統監이 殿門 外에 立흐야 握手禮를 行흔
後 引導 參內케 흐얏고 秘苑 會席에셔는 一體 來賓에계 對흐야 丸山 顧問이
迎接禮를 行흐얏는디 其 光景을 參觀흔 者 無不呑聲 日 眞所謂 回賓作主로다
흐얏다더라

▸**번역** 그저께 만수성절에 각국 사신이 폐현할 때와 동궐 내 비원 원유회 정황
을 들은 바에 따르면, 각국 사신들이 궐 안으로 들어갈 때에는 이등 통감이
전문 밖에 서서 일일이 악수 인사를 나눈 후 안으로 들어가게 인도하였고 비원
에서 열린 연회 자리에서는 모든 내빈에 대하여 환산 고문이 영접례를 하였는
데 그 광경을 본 참석자들은 소리 죽여 탄식하며 말하길 그야말로 손님이 주인
이 된 격이로다 하였다더라.

▸**용어** 환산 고문(=환산중준)

033. 「소제고일(掃除雇日)」, 『대한매일신보』(국한문), 1906.9.26. 2면

▸**원문** 度支部에는 庭際 掃除夫 一名을 以日인으로 擇定하야 月俸은 每朔에 四十圓式 支給하는되 該 掃除 方法을 韓인은 漠昧不知하야 反害衛生이라 하야 伊藤 統監의 勸告로 設置흠이라더라

▸**번역** 탁지부에는 뜰 주변을 청소할 인부 한 명을 일본인으로 선발하여 월급은 매달 40환씩 지급하는데, 그 청소 방법을 한국인은 알지 못하여 오히려 위생을 해칠 것이라 하여 이등 통감의 권고로 설치하는 것이라더라.

▸**용어** 탁지부

034. 「멸시유심(蔑視愈甚)」, 『대한매일신보』(국한문), 1906.10.28. 2면

▸**원문** 近日 韓日 間에 公私 間 交際가 漸次 落下ᄒ야 各部 大臣이 伊藤 統監을 訪問홀 時에는 各 大臣은 統監을 對ᄒ야 極 尊敬禮ᄒ고 統監은 各 大臣에 對ᄒ야 極 下待를 行ᄒ되 召則 오이여(보와라) ᄒ고 言則 기미(자네) ᄒ야 儼然흔 態度가 如下가 隸對遇ᄒ는지라 各 大臣이 始覺 下待ᄒ야 相看 痛恨 曰 吾無所歸니 此將 奈何오 ᄒ얏고 且 各部 顧問官 及 補佐官 等이 該部 局長 課長을 對ᄒ야도 如統監之於大臣ᄒ고 各 店에셔도 韓人이게 下待가 近日內에 尤甚ᄒ야 言必稱 쌔가라 ᄒ고 毆迫이 無雙ᄒ다더라

▸**번역** 근래 한일 간의 공적, 사적 교제가 점차 위축되어 각 부 대신이 이등 통감을 방문할 때에는 각 대신은 통감에 대하여 극진히 예의를 갖추고 존경하며 통감은 각 대신에 대하여 매우 하대하되 부를 때는 오이요(보아라) 하고 말할 때는 기미(자네)라 하여 그 엄연한 태도가 마치 하인을 대하는 것과 같은지라. 각 대신이 비로소 하대를 받고 있음을 깨닫고는 서로를 바라보고 분통해하며 말하기를 우리는 더는 돌아갈 곳이 없으니 어찌한단 말이오 하였고, 또 각 부 고문관과 보좌관 등이 해당 부서의 국장, 과장을 대함에 있어서도 마치 통감이 대신들을 대하듯이 행동하고 각 상점에서도 한국인에 대한 하대가 근래에 더욱 심하여 말할 때마다 반드시 빠가라 하고 억압과 구박이 극심하다더라.

035. 「패장구공(敗將口供)」, 『대한매일신보』(국한문), 1906.12.7. 2면

▸원문 光州郡 義兵 事件으로 逮捕흔 白樂九 氏의 自服홈을 據하니 該氏ᄂ 當時에 檄文을 廣布흔 ▣領이 如左하니 嗚呼라 今日 所謂 大韓國오 誰人之 大韓國也오 徃在乙未之歲하야ᄂ 日使 三浦가 屢屢 擅兵 入闕허니 萬國이 聞之失色허고 八域이 痛之如讎하야 以來 拾二年 于玆矣라 上無復讎之擧허고 下無雪恥之議허니 尙可以爲國有人乎아 現今 伊藤博文이 益加 侮辱하야 率兵 入京에 鉗勒上下허고 自稱 統監허니 其統之者ㅣ 何也며 監之者ㅣ 何也오 我國 五百年之宗社와 三千里之彊土와 二千萬之同胞▣ 擧爲 鄰國 賊臣 伊藤之所奪허되 噤口 縮首하야 不能 聲叫 其▣ 而待斃乎아 於是乎 白樂九ᄂ 自不量力허고 招呼同志허고 募集兵丁하야 力攻日官之來留者ᄒ야 盡逐境外ᄒ고 且 擒 伊藤博文허며 還索 崔益鉉氏等코져 허다가 時運이 不利ᄒ야 兵不赴戰 而先爲 금捕ᄒ니 敗軍之將이 不敢望生이라 玆以實告라 하얏다더라

▸번역 광주군 의병 사건으로 체포된 백낙구 씨의 자복에 따르면, 당시 백씨가 널리 뿌렸던 격문의 대강은 아래와 같으니, 아아 오늘날 소위 대한국은 누구의 대한국인가. 지난 을미년[1895년]에는 일본 공사 삼포가 여러 차례 군사를 함부로 이끌고 궁궐에 무단으로 침입하니 만국이 그 소식을 듣고 실색하며 팔도가 원수처럼 여겨 통탄하였고 그 후로 12년이 지난 지금, 위에서는 복수할 행동이 없고 아래서는 치욕을 씻으려는 논의가 없으니 이것이 과연 사람 있는 나라라 할 수 있겠는가. 지금 이등박문이 더욱더 모욕하여 병력을 이끌고 경성에 들어와 상하를 억압하고 통감이라 자칭하니 그 통치란 무엇이며 감독은 무엇이란 말인가. 우리나라의 5백 년 종묘사직과 삼천리 강토, 2천만 동포가 이웃 나라의 역적 이등에게 몽땅 빼앗겼는데, 모두 입을 다물고 고개를 움츠리며 한마디 외치지도 못하고 있으니 그저 죽음을 기다리기만 할 것인가. 이에 나 백낙구는 스스로 힘이 부족함을 알면서도 뜻을 함께할 자를 불러 병정을 모집하여, 대한에 들어온 일본 관리를 힘껏 공격하여 오두 국경 밖으로 내쫓고자 하였고 또한 이등박문을 사로잡아 최익현 씨 등을 되찾고자 하다가 시운이 좋지 않아 군사는 전투에 나서기도 전에 먼저 체포되었으니 패장된 몸이 어찌 감히 살아남기를 바라랴, 이로써 실상을 고백한다 하였다더라.

▸ **용어** 백낙구, 최익현

036. 「각대관급통감회담(各大官及統監會談)」, 『황성신문』, 1907.4.30. 2면

▸ **원문** 伊藤 統監이 再昨日에 綠泉亭에서 設宴ᄒ고 閔泳徽 沈相薰 諸氏 外에 其他 大官을 請邀ᄒ얏다 홈은 已爲 揭載어니와 伊日에 各 大官과 統監이 互相 談論ᄒ얏ᄂᆞᆫ 槪意를 得聞ᄒᆫ則 統監이 言ᄒ기를 貴國 一般 人民이 我에게 對ᄒ야 空抱 未穩之心이라 ᄒ니 我가 貴國에 對ᄒ야 另力 保護홈은 獨立 基礎 確立 홈을 爲主홈이어날 空然 致疑ᄒᄂᆞᆫ 거시 未妥ᄒᆫ 事이며 東洋 三國의 宗敎를 論之 ᄒ면 孔孟의 道를 崇尙ᄒ다가 世降俗靡ᄒ야 人信各敎ᄒᆯ 際를 當ᄒ야 諸公이 光成學會를 刱立ᄒ얏다니 聞甚致賀ᄒᆯ 事이며 貴國 現時 形便이 日本 維新 初時 代와 如홈은 公等이 已爲 洞知어니 不必 長提인 바 農商工 等 實業을 各其 硏究 ᄒ야 另行 注意ᄒᄂᆞᆫ 거시 國計 民情에 適合ᄒ며 今番 國債 報償 事로 八域이 響應홈은 其志 嘉尙이나 國債를 淸帳ᄒ더릭도 後日에 國用이 困急ᄒ야 更히 借歉ᄒᄂᆞᆫ 境遇면 何以報償고 以吾 思量으로 言之ᄒ면 國債 報償ᄒᄂᆞᆫ 金額으로 各其 實業을 發達ᄒ면 財源이 長時 豐富ᄒᆯ 거시라 ᄒ얏ᄂᆞᆫ딕 閔영韶 氏가 言ᄒ 기를 肅淸宮禁ᄒᆫ다 ᄒ고 日本 巡査로 把守홈은 何 理由를 因緣홈이오 ᄒᆫ딕 統監 이 答日 貴國 內에 暴變이 種種有之홈으로 此境에 至ᄒ얏스며 且 貴國에셔 月俸 을 支給ᄒ니 卽 韓國의 警吏이니 何必 區別ᄒ야 言論ᄒ리오 ᄒ얏다더라

▸ **번역** 이등 통감이 그저께 녹천정에서 연회를 마련하고 민영휘, 심상훈 제씨 외에 다른 대관을 초청하였다 하는 것은 이미 게재하였거니와 이날에 각 대관 과 통감이 서로 담론한 대개의 내용을 들었는데 통감이 말하기를 귀국 일반 인민은 나에 대하여 평온하지 못한 마음을 괜히 품고 있으니 내가 귀국에 대하 여 특별히 힘쓰고 보호하고자 한 것은 독립 기초를 확고히 하기를 위하거늘 공연히 의심하는 것은 온당하지 않은 일이며 동양 삼국의 종교를 말하자면 공맹의 도를 숭상하다가 세속이 쇠퇴하여 사람들은 각자의 종교를 믿게 될 때에 여러분이 광성학회를 창립하였다는 소식을 듣고 아주 축하해야 할 일이 며 귀국 현재의 형편은 일본 유신 시대 초와 같다는 것은 여러분이 이미 잘

알 터이니 더 말할 필요도 없는 바, 농상공업 등 실업을 각기 연구하여 특별히 신경을 쓰는 것이 국가의 계책과 민정에 적합하며 이번 국채 보상 사건에 8도가 호응하는 것은 그 뜻이 가상하지만 국채를 모두 갚더라도 후일에 국가의 경비가 부족하여 곤란해서 다시 차관해야 할 경우가 되면 무엇으로 보상하겠는가. 내 생각으로 말하자면 국채 보상하는 돈으로 각 실업을 발전시키면 재원이 장기적으로 풍부할 것이라 하였다는데, 민영소 씨가 말하기를 궐내 잡인의 출입을 금한다 하고 일본 순사로 파수하는 것은 무슨 이유 때문이오 하는데, 통감이 대답하기를 귀국 내에 폭동이 종종 있기 때문에 이 지경에 왔으며 또 귀국에서 월급을 지급하니 곧 한국의 경리이니 굳이 구별하여 논할 필요가 있겠는가 하였다더라.

▸ **용어** 녹천정, 민영소, 민영휘, 심상훈

037. 「통감연설(統監演說)」, 『황성신문』, 1907.12.4. 1면

▸ **원문** 本月 一日에 伊藤 太師씌셔 大東學會에 出席ᄒ와 演說홈이 如左ᄒ니라 (…) 至於鄕曲儒生 則見解尤誤 每拍案高叫曰 近日之事變怪多矣 伊藤統監必亡我國滅我族也 甚至有籍義起擾騷亂地方者 此其損害於國民 果何如哉 (…) 本統監深憂韓國之貧弱 欲至誠開導 俾臻文明富强之域 而今此皇太子殿下鶴駕東遊 亦爲文明敎育培植國本 本統監擔承輔導之責 (…)

▸ **번역** 이달 1일에 이등 태사께서 대동학회에 출석하여 연설한 내용이 다음과 같으니라.
(…) 시골 유생의 경우에는 견해가 더욱 잘못되어서 늘 탁자를 두드리며 소리 높여 외치기를, 근래의 일에는 변괴가 많더라 이등 통감은 필시 우리나라와 민족을 멸망하게 할 것이라 하며, 심지어 의병에 이름을 올려 소요를 일으키고 지방을 소란하게 만든 자도 있으니 이것이 국민에게 끼치는 손해가 과연 어떠하겠는가. (…) 본 통감은 한국의 빈약함을 깊이 염려하여 지극한 성의로 개도하여 문명하고 부강한 나라로 만들 것이며, 이번 황태자 전하께서 일본 유학 길에 오르시는 것 또한 문명 교육을 통해 국본을 길러내기 위한 일이니, 본

통감은 이에 대해 보좌하고 인도의 책임을 맡아 (…)

▸ **용어** 대동학회

038. 「대판보역(大坂報譯)」, 『황성신문』, 1908.6.2. 2면

▸ **원문** 大坂每日新聞을 據흔즉 曾彌 副統監이 六月 二十日頃에 韓國에 還任ㅎ면 伊藤 統監은 歸國ㅎ다는딩 聞흔바를 據흔즉 近來 統監이 煩劇흔 事務를 難堪ㅎ는 故로 今後 韓國의 統治는 総히 副統監에게 委任ㅎ고 現今間 閑養ㅎ랴는 意向이 有흔 貌樣인즉 今番 歸國 後에는 急速히 再次 渡韓치 아니흘 것이오 叟히 時機를 見ㅎ야 其 印綬를 鮮ㅎ고 其 代에 曾彌 副統監이 統監을 襲任흘 것이오 統監이 叟迭되면 其 懷柔政策이 一變ㅎ야 或 武斷政策되는 事도 有흘 것이니 統監이 歸國ㅎ면 日本의 對韓 政策이 多少 變更되리라더라

▸ **번역** 『대판매일신문』에 의하면 증니 부통감이 6월 20일경에 한국에 다시 부임하면 이등 통감은 귀국한다는데 들은 바에 따르면, 근래 통감이 과중한 사무를 감당하기가 힘든 고로 앞으로 한국의 통치 전반을 부통감에게 위임하고 당분간 한가히 요양하려는 의향이 있는 모양인즉, 이번 귀국 후에는 급히 한국으로 다시 건너오지 않을 것이요 때를 봐서 통감 직무를 반납하고 그 대신 증미 부통감이 통감을 이을 것이요, 통감이 경질되면 그 회유 정책이 일변하여 혹 무단 정책으로 바뀔 가능성도 있을 깃이니 통감이 귀국하면 일본의 대한 정책이 다소 변경되리라더라.

▸ **용어** 증니 부통감(증니황조)

039. 「이등피해(伊藤被害)」, 『황성신문』, 1909.10.27. 2면

▸ **원문** 伊藤 公爵이 哈伊賓에셔 今日 午前에 韓人에게 暗害를 被ㅎ얏다더라

▸ **번역** 이등 공작이 하얼빈에서 오늘 오전에 한국인에게 암해를 당하였다더라.

040. 「경서지휘(警署指揮)」, 『대한매일신보』(국한문), 1909.10.28. 2면

▶원문 伊藤 公의 凶音이 到達호 以後로 警視廳에서 各 警察署에 指揮호야 非番 巡査와 別巡査를 合番호야 人民에 行動 如何와 街路上에 密語者를 恪別 嚴察호라 호얏다더라

▶번역 이등 공의 피살 소식이 도달한 이후로 경시청에서 각 경찰서에 지휘하여 비번 순사들과 별순사들을 함께 편성하여 인민의 행동과 길거리에서 소곤거리는 사람을 각별히 엄밀하게 감시하라 하였다더라.

▶용어 경시청

041. 「장충단추도회(獎忠壇追悼會)」, 『황성신문』, 1909.11.6. 2면

▶원문 再昨日 下午 二時에 我 官民이 獎忠壇에 大會集호야 故 伊藤 太師의 悼追會를 設行호얏ᄂᆡ ▣壇 南麓下에 白布帳으로 虛位를 設호고 位前에 祭奠 及 香卓을 設호고 前後左右에 紅紗籠을 羅懸 或 列挿호고 官民及學徒 七八千人이 追悼의 禮를 表호얏더라

▶번역 그저께 오후 2시에 우리 관민이 장충단에 많이 집회하여 고 이등 태사의 추도회를 거행하였는데 ▣단 남쪽 기슭 아래 백포장으로 허위를 마련하고 앞쪽에 제전과 향탁을 설치하고 전후좌우에 홍사롱을 늘어뜨리거나 줄지어 세우고 관민과 학도 7, 8천 명이 추도의 예를 표하였더라.

042. 「이유15조(理由十五條)」, 『대한매일신보』(국한문), 1909.11.21. 2면

▶원문 大阪朝日新聞을 據호즉 旅順地方法院에서 安重根의 豫審을 終了호고 重罪 裁判에 移홀 터인딕 公判에ᄂᆞᆫ 傍聽을 禁홀 터이오 安重根은 伊藤公 暗殺호 理由를 十五 條로 申提호엿ᄂᆞᆫ딕

一 明成皇后를 殺害호 事

二 光武九年 十一月에 保護條約 五個 條를 締結호 事

三 隆熙元年 七月에 韓日協約 七個 條를 締結호 事

四 太皇帝를 廢혼 事

五 陸軍을 解散혼 事

六 良民을 殺戮혼 事

七 利權을 掠奪혼 事

八 敎科書를 燒棄혼 事

九 新聞의 購覽을 禁止혼 事

十 銀行券을 發行혼 事

十一 三百萬 圓 國債를 募集혼 事

十二 東洋 平和를 攪亂혼 事

十三 保護政策이 名實不副혼 事

十四 日本 孝明 先帝를 殺害혼 事

十五 日本 及 世界를 欺瞞혼 事

(…)

▶ **번역** 『대판조일신문』에 의하면 여순지방법원에서 안중근의 예심을 종료하고 중죄 재판에 옮길 터인데 공판에는 방청을 금지할 터이요 안중근은 이등공을 암살한 15가지 이유를 제시하였는데

1. 명성황후를 살해한 것

2. 광무 9년[1905년] 11월에 보호조약 5개조를 체결한 것

3. 융희 원년[1907년] 7월에 한일협약 7개조를 체결한 것

4. 태황제를 폐위한 것

5. 육군을 해산한 것

6. 양민을 살육한 것

7. 이권을 약탈한 것

8. 교과서를 소각한 것

9. 신문의 구람을 금지한 것

10. 은행권을 발행한 것

11. 3백만 원 국채를 모집한 것

12. 동양 평화를 교란한 것

13. 보호정책의 명분과 실제가 부합하지 않는 것

14. 일본 효명선제를 살해한 것

15. 일본 및 세계를 기만한 것

(…)

▸ **용어** 대판조일신문, 보호조약(=을사늑약), 안중근, 한일협약(=한일신협약), 효명선제

용어 풀이

가등고명(加藤高明, 1860~1926)　가토 다카아키. 외부대신, 귀족원 의원, 중의원 의원 및 제24대 내각총리대신을 지냈다. ▶ 309

가등중웅(加藤重雄, ?~?)　가토 시게오. 궁내부 고문관을 지냈다. ▶ 163

가등증웅(加藤增雄, 1853~1922)　가토 마스오. 1894년 부산영사, 1897년 주한일본공사, 1902년 궁내부 고문으로 임명되었다. ▶ 305

감리서(監理署)　조선 말기 개항장(開港場)·개시장(開市場)의 행정과 대외관계의 사무를 관장하던 관서이다. ▶ 234, 235

강경희(姜敬熙, 1858~1922)　조선 말기의 관료. 1907년 친일 성향의 유림 단체인 대동학회에 참여했으며, 이후에도 국민연설회와 한국평화협회 등 친일 단체에서 활동했다. 1911년 조선총독부 자문 기구인 중추원 찬의에 임명되었다. ▶ 79

강본유지조(岡本柳之助, 1852~1912)　오카모토 류노스케. 육군 소좌, 조선 궁내부 및 군부 고문을 지냈다. 강화도 조약 당시, 전권공사의 수행원으로 일하였으며, 을미사변을 주도했다. 신해혁명이 일어나자 상해로 건너갔고 그곳에서 사망했다. ▶ 219

강원형(姜遠馨, 1862~1914)　독립운동가. 1905년에 일본 공사관에 공개장을 보내어 불법을 규탄하였고, 을사조약이 체결되자 13도 유생 연명소(聯名疏)를 올리려다 체포되었다. ▶ 204

거류민단　경성거류민단. 공식적으로는 1905년 3월 일본 본국에서 '거류민단법'이 성립되고, 이 법률에 근거하여 1906년 7월 통감부가 '거류민단법시행규칙'(통감부령 제20호)을 발포함으로써 성립되었다. 그러나 그 기원을 거슬러 올라가보면 갑신정변으로 소실된 일본공사관이 녹천정터로 이전한 직후인 1885년에, 일본공사관 인근 및 진고개(현재의 충무로2가) 일대에 거주하는 소수의 일본인 거류민들이 자신들의 '총대(總代, 대표)'를 뽑고, 거류민들로부터 공금을 징수하는 등 사회적 조직의 형태를 갖추고 있었음이 확인된다. 1886년에는 거류민총대규칙을 제정하고, 1887년에 처음으로 사무소를 개소하여 거류민단의 실질적 전신이라고 할 수 있는 '총대역장(總代役場)'을 설립하였다. 이들은 행정기관인 총대역소와

의결기관인 의회를 두고 있었으며, 거류민들로부터 징수한 재원과 일본 정부로부터의 보조금 등을 바탕으로 도로개수와 상하수도사업, 공중위생·의료기관 설치 등 공공사업을 진행하였다. 1901년에 명칭을 총대역장에서 거류민역소(居留民役所)로 개칭하였다. 1903년에 이르면 경성의 일본인거류민은 약 4,500명이었고 이들이 납부한 분담금이 연간 21,000엔 정도에 이르렀다고 한다. 대한제국에 소재하면서도 일본 법률의 적용을 받는 치외법권 지역이었던 거류민단은 대한제국 병탄 이후인 1914년에 폐지되었다. ▶ 83

경기 관찰부(京畿觀察府) 조선시대의 8개 도(道) 가운데 하나인 경기도의 행정, 사법을 담당하던 관찰사가 근무하던 곳이다. 현재의 도청 소재지 및 도청 건물에 해당한다. ▶ 160

경리원(經理院) 조선 말엽에 왕실의 재산을 총 관리하였던 관청으로 1905년에 내장원을 고친 이름으로 1907년에 폐지되었다. ▶ 317

경무청(警務廳) 1894년 이후 대한제국기까지 행정 경찰 사무부터 사법 경찰 사무까지 포괄하여 담당한 경찰 최고 기관. 1900년 6월에는 경부(警部)로 개편되어 강력한 경찰 기구로 확대되었으나 곧이어 폐지되었다. 1901년 경무청 관제가 일부 개정되었으며 이후 몇 차례 개정을 거쳐 1907년 7월 경시청으로 개편되었다. ▶ 132, 171, 172, 227, 248, 255-257

경부(警部) 대한제국 시기 경찰 관련 업무를 총괄하던 대신급의 중앙기구. 원수부(元帥府) 설치와 대한국 국제(大韓國國制) 반포 등 일련의 고종의 황제권력 강화와 함께 1900년 6월 신설된 최고위 경찰기구로 1902년 2월 다시 경무청(警務廳)으로 재설치될 때까지 존치되었다. 황제의 강력한 지배체제 유지를 위해 국사범 처벌과 치안은 물론 경제사범 단속까지 시행하였다. ▶ 100, 257, 325, 326

경부철도주식회사(京釜鐵道株式會社) 1901년 6월 일본 민간 자본이 조선에 설립해 경부선을 부설, 운영한 사유 철도 회사. 1894년 8월 일본 정부는 「조일잠정합동조관(朝日暫定合同條款)」과 1898년 9월 「경부철도합동계약(京釜鐵道合同契約)」에 기초해서 경부철도 부설권을 획득하였고, 철도 부설은 시부사와 에이이치(澁澤榮一)을 중심으로 하는 일본 민간 자본이 주도하였다. 회사 설립을 위한 주식 모집은 일본 전국에 걸쳐 실시되었고, 소요액의 2배에 달하는 성황을 이루었다. 1901년 6월 자본금 2,000만 원으로 경부철도주식회사가 설립되었다. ▶ 132

경성일보(京城日報) 1906년 9월에 창간된 통감부 기관지. 이토 히로부미(伊藤博

文)가 『한성신보(漢城新報)』와 『대동신보(大東新報)』를 합병하여 창간하였다. 초기에는 국한문판과 일본어판을 병행하여 발행하였으나, 1907년 4월부터 국한문판을 폐지하였다. 1910년 한일병합조약이 체결된 뒤에는 통감부가 조선총독부 체제로 바뀌면서 총독부 기관지로 변경되었다. 1945년 10월 31일자를 마지막으로 폐간되었다. ▶ 79, 81, 82, 84, 85, 104

경성학당(京城學堂) 일본 민간단체인 대일본해외교육회가 조선의 경성에 세운 학교로, 1896년 4월부터 1906년 3월까지 운영되었다. 당초 1894년 개교할 예정이었으나 을미사변과 아관파천 등 잇다른 정치적 혼란으로 인하여 1896년 경성 남부 회동(會洞)에서 개교하게 되었다. 1897년 개교 1주년 기념식에는 당시 주한일본공사였던 가토 마스오(加藤增雄)를 비롯하여 외부대신 이완용, 학부대신 민종묵 등이 연사로 참여하여 연설을 하기도 하였다. 경성학당은 1899년부터 대한제국 학부의 인가를 받아 관공립 학교에 준하는 보조금(매년 360원)을 받았다. 경성학당의 교육 목표는 초기에는 일본어와 조선어, 기타 군대식 체조와 각종 지식을 학습케 하는 것이었으나, 점차 일본어 및 보통 학문을 한국인에게 가르치는 것으로 변경되었다. ▶ 23, 303, 304

경시청(警視廳) 1907년부터 1910년에 일본 통감부가 한일병합조약(韓日倂合條約) 직전까지 대한제국의 경찰 관련 업무를 간섭·감독하기 위하여 경무청(警務廳)을 개칭한 중앙기구였다. ▶ 284, 332

경필영(慶必永, 1869~?) 대한제국기의 관료. 문의군사(文義郡守)를 지냈다. ▶ 176

고등재판소(高等裁判所) 근대 개항기 상소재판을 관장하기 위하여 설치되었던 법원. ▶ 154

고산일명(高山逸明, 1868~?) 다카야마 도시야키. 육군헌병대좌, 한국주차헌병대장(韓國駐箚憲兵隊長)을 지냈다. ▶ 204

고영철(高永喆, 1853~?) 개항기 때, 통리아문박문국 주사를 역임한 언론인. 삼화감리를 역임했다. ▶ 134

공진회(共進會) 각종 산물이나 제품들을 한곳에 많이 모아 놓고 품평하고 전시하는 모임. 품평회와 박람회를 절충한 형태이다. ▶ 79, 101, 103

관민공동회(官民共同會) 1898년 10월 28일부터 11월 3일까지 독립협회가 서울 종로에서 대소관민을 모아 국정 개혁안을 결의하고 이를 추진하기 위해 개최한 집회.

▶ 155

교주만(膠州灣) 중화인민공화국 산동성 청도시에 위치한 만. 1898년 독일 제국이 청나라와 맺은 조약에 따라 조차지를 이 곳에 설치했다. 제1차 세계 대전 중이던 1914년에는 일본군에 점령되었지만 1922년 중화민국에 반환되었다. ▶ 279

구세군(救世軍) 1865년 영국인 부스(Booth, W.)가 감리회에서 분립해 창시한 개신교의 한 파. 거듭남, 성결(聖潔), 봉사를 중히 여기는 군대식 조직으로, 전도와 사회사업을 중시한다. 한국에는 1908년에 전래되었다. ▶ 44

구연수(具然壽, 1867~1925) 대한제국, 일제 강점기의 관료. 1907년 경시부감(警視副監)으로 임명되었고 1910년 통감부 경무관(警務官)으로 일했다. ▶ 105

구완희(具完喜, 1876~1945) 대한제국기 때, 육군참령, 육군법원 이사, 경무사 등을 역임한 관료. ▶ 244

국민교육회(國民敎育會) 1904년 회장 이원긍(李源兢)을 중심으로 이준(李儁), 전덕기(全德基), 최병헌(崔炳憲), 유성준(俞星濬) 등이 신교육을 위해 조직한 애국계몽 단체. 주로 학교를 설립하고, 도서를 번역하거나 편찬하는 활동을 하였다. ▶ 209

국분상태랑(國分象太郎, 1862~1921) 고쿠분 쇼타로. 1882년 박영효 일행 도일 시 외무성 어학생으로 수행 역할을 했다. 1886년 외무서기생, 1895년 일본 공사관 2등 통역관으로 임명되었고, 일본공사관의 조선어 통역관을 거쳐 통감부, 조선총독부의 관리를 역임했다. 일본 공관 서기와 주미 참서관, 통감부 관원 등을 역임하고 한일합방 이후에는 이왕직(李王職: 한일병합 이후 조선조 이씨 왕실을 운영, 관리하기 위해 만든 부서) 차관 등을 지냈다. ▶ 317

국시유설단(國是遊說團) 1909년 일본의 한국 식민지화의 당위성을 홍보할 목적으로 조직된 단체로, 내각과 통감부의 재정 지원을 받아 운영되었다. ▶ 42

국채보상(國債報償) 1907년 한국이 일본에 진 빚을 상환하지 못하여 재정적 종속이 심화되자 민간이 자발적으로 모금하여 일본에 진 빚을 갚으려고 일어난 운동. ▶ 217

궁내부(宮內府) 갑오개혁 때 왕실업무에 관한 관서들을 총괄하기 위하여 설치한 관청. ▶ 68, 122, 162, 164, 170, 172, 175, 248, 261, 304, 324, 326

권동진(權東鎭, 1861~1947) 천도교 지도자이자 민족 대표의 한 사람으로서 3·1 독립선언서에 서명한 독립운동가. ▶ 183

기독청년회 황성기독교청년회. 1903년 서울에서 창설된 기독교 청년단체. 오늘날 서울 YMCA의 전신이다. ▶ 209

기일(奇一, 1863~1937) James Scarth Gale. 캐나다 장로교 선교사이자 신학박사 및 한국어 학자다. 1900년 종로 5가에 소재하고 있는 연동교회의 1대 담임목사로 부임하였다. ▶ 198

기자의 팔조교(箕子의 八條敎) 고조선 시대, 여덟 가지 조항으로 시행된 법률. 살인자는 죽이고, 남을 다치게 한 자는 곡물로 배상하며, 도둑질을 한 자는 종으로 삼는다는 따위의 세 조항이 전한다. ▶ 154

김가진(金嘉鎭, 1846~1922) 구한말의 문신이자 독립운동가이며, 서예가. 궁내부특진관(宮內部特進官), 외상서리를 지냈다. 1905년 을사늑약 체결을 민영환 등과 함께 격렬히 반대했으나 좌절되자 1906년 충청도 관찰사로 스스로 좌천하였고, 대한자강회가 조직되자 이에 참여하였다. ▶ 201

김광제(金光濟, 1866~1920) 일제강점기 국채보상운동과 노동운동에 참여한 독립운동가. ▶ 104, 105

김윤식(金允植, 1835~1922) 조선 고종 때의 학자, 정치가. 온건 개화파로 갑오개혁 이후 외무대신, 중추원의장 등을 지냈으며, 김가진과 흥사단을 조직하였다. ▶ 114, 183

김종한(金鍾瀚, 1844~1932) 일제강점기 함경남도 관찰사, 한성은행 은행장, 남작 등을 역임한 관료, 정치인. 1910년 합방찬성운동을 벌이는 정우회 총재로 선임되었다. 병합 직후 조선귀족회, 동익사, 조선유도사, 모성공회 등에서 활동하였다. ▶ 79

김필순(金弼淳, 1878~1919) 황해도 장연 출신의 독립운동가. 1907년 신민회에서 활동했으며, 1911년 중국으로 망명한 이후 해외 무장독립운동기지 건설에 참여했다. ▶ 62

김학진(金鶴鎭, 1838~?) 조선 말기의 문신. 동부승지·대사성·이조참판, 전라감사 등을 지냈다. 1897년 중추원의관, 1899년 홍문관학사·궁내부특진관이 되었으며, 그 뒤 시종원경(侍從院卿)·태의원경(太醫院卿)을 거쳐 1906년 홍문관태학사가 되었다. 1910년 한일병합 이후 남작의 작위를 받았다. ▶ 80

나인영(羅寅永, 1863~1916) 나철(羅喆). 대종교의 창시자. 을사조약이 체결되자 을사오적 암살을 계획하다 유배되었다. 1909년 단군 숭배 사상과 민속 신앙을

결합한 대종교를 창시해 민족정신을 고취하고자 하였다. ▶ 218

남정철(南廷哲, 1840~1916) 한성판윤, 내부대신 등을 역임한 조선 말기, 일제강점기의 관료. 한일병합 때 협조하여 남작 작위를 받았다. ▶ 217

내부(內部) 갑오개혁 이후 내무 행정을 관장하던 관청으로, '내무아문(內務衙門)'에서 이름을 바꾼 것이다. ▶ 46, 66, 115, 127, 141, 142, 185, 201, 204, 282-285, 291, 295, 307, 319

내전양평(內田良平, 1874~1937) 우치다 료헤이. 일본의 우익 국가주의자. 1901년 설립된 국가주의 우익 조직인 흑룡회(黑龍會)를 결성했으며, 1906년 통감부 촉탁으로 한국으로 넘어온 후에는 친일단체인 일진회의 고문으로 활동했다. ▶ 219

노인정(老人亭) 민영휘의 별장. 1894년 갑오개혁을 앞두고 이곳에서 신정희, 김종한 등이 일본 공사의 참석하에 개혁의 강령 제목과 그 시행 방법을 논의했다. ▶ 304

녹천정(綠泉亭) 철종대에 건립되었던 정자. 주초만 남아있던 것을 통감관저가 들어서면서 이토 히로부미가 신축하여 휴식공간으로 사용했다. ▶ 217, 330

농상공부(農商工部) 갑오개혁 후 농업·상업·공업·통신·해운 등 경제 전반을 맡았던 중앙 행정 관서. 1895년 을미개혁 때 관제를 개정하면서, 갑오개혁으로 설립된 농상아문(農商衙門)과 공무아문(工務衙門)을 합쳐 설치된 기관으로 당시 7부(部)의 하나였다. 여러 차례 업무의 변화와 인원 증감 등을 거쳤으며, 1910년에 폐지되었다. ▶ 54, 56, 66, 142, 170, 172, 177, 185, 324

농상무성(農商務省) 메이지, 다이쇼 시기, 농업, 임업, 상업, 공엽 등 산업 전반을 관장하던 일본의 중앙 관청. ▶ 272

당소의(唐紹儀, 1860~1938) 중국의 정치가. 제2혁명 때 원세개(袁世凱)의 직계 관료로서 우전부 상서(郵傳部尙書)에 이르렀으나, 후에 쑨원의 호법 운동(護法運動)에 가담하였으며, 중화민국 성립 후에는 국무원 총리를 지냈다. ▶ 290

대교신태랑(大橋新太郎, 1863~1944) 오하시 신타로. 일본의 정치가. 중의원(衆議院) 의원, 조선흥업회(朝鮮興業會) 회장을 지냈다. 박문관(博文館)의 경영을 맡아 출판계에 큰 영향을 미치기도 했다. ▶ 278

대동전문학교(大東專門學校) 1907년 대동학회(大東學會, 후에 孔子敎로 개칭)가 한성에 설립한 사립전문학교. ▶ 83

대동학회(**大東學會**) 1907년에 설립된 친일 유교 단체. 전국적으로 강한 영향력을 가지고 있던 유림계를 친일화하려는 일본의 의도에 따라 신기선, 이용직 등이 중심이 되어 유도(儒道)로서 체(體)를 삼고 신학문으로 용(用)을 삼아 신구의 사상을 합일시킨다는 목적을 내세우며 설립하였다. ▶ 331

대삼륜장병위(**大三輪長兵衛**, 1835~1908) 오미와 초베에. 일본의 정치가. 1891년 조선 정부의 요청에 응해 고문으로서 화폐개혁 등에 참여했다. 경부철도 설립 발기인으로도 이름을 올렸다. 1898년에는 중의원(衆議院) 의원을 지냈다. ▶ 115

대석정이(**大石正巳**, 1855~1935) 오이시 마사미. 일본의 정치가. 중의원 의원, 농상무대신을 지냈다. 1892년 조선 주재 변리공사(弁理公使)로 임명되었다. 러일전쟁 종전 후에는 일본이 자위상 한국을 보호통치하는 것은 동양의 균형을 유지하고 평화를 보장하는 것이라고 주장함으로써 한국보호국화를 정당화하는 논리를 펼쳤다. ▶ 309

대외중신(**大隈重信**, 1838~1922) 오쿠마 시게노부. 일본의 정치가이자 교육자. 일본의 근대화와 정당정치, 입헌정치 발달에 큰 영향을 끼친 인물. 1887년에 백작에 서임됐다. ▶ 44

대원장부(**大垣丈夫**, 1862~1929) 오가키 다케오. 메이지기의 언론인. 1904년경부터 일본을 맹주로 하는 동아 3국의 동맹을 주장하고 한국민의 인권신장과 문명개화를 돕겠다는 뜻을 품고 1906년 2월에 한국에 건너와 본격적인 활동을 펼쳤다. 대한자강회 설립에 주도적인 역할을 하였고 그 후신인 대합협회에도 관여하였다. ▶ 27, 29, 31, 34, 35, 212

대장성(**大蔵省**) 재정, 통화, 금융에 관한 사무를 관장하는 일본의 행정 기관인 성(省)의 하나. ▶ 278

대조규개(**大鳥圭介**, 1833~1911) 오토리 게이스케. 1894년 6월부터 10월까지 주조선 일본 공사로 있었다. ▶ 114

대창희팔랑(**大倉喜八郎**, 1837~1928) 오쿠라 기하치로. 메이지, 다이쇼 시대에 활동한 일본 재벌. 식민지 조선의 문화재를 대규모로 반출한 다음, 오쿠라슈코칸(大倉集古館)이라는 미술관을 세워 보관했다. ▶ 84, 276

대판매일신보(**大阪毎日新聞**) 1888년 오사카에서 창간된 일본의 일간지. 전신은 『대판일보(大阪日報)』(1876~1882, 1885~1888), 『일본입헌정당신문(日本立憲政党新聞)』(1882~1885)이다. 1942년 『동경일일신문(東京日日新聞)』과 통합하여

『매일신문(每日新聞)』으로 제호를 바꾸었고, 현재까지 발간을 이어오고 있다. ▶ 220

대판조일신문(大阪朝日新聞) 1879년 오사카에서 창간된 일본의 일간지. 1940년 『동경조일신문(東京朝日新聞)』과 통합해『조일신문(朝日新聞)』으로 제호를 바꾸었고, 현재까지 발간을 이어오고 있다. ▶ 116, 334

대포겸무(大浦兼武, 1850~1918) 오우라 가네다케. 일본의 관료. 경제산업대신 중 제22대 농상무대신을 지냈다. ▶ 274

대한신문(大韓新聞) 1907년, 이완용이 언론 기관의 필요성을 인식하여 이인직으로 하여금 창간한 친일 신문. 1907년 7월 18일 이인직(李人稙)이 천도교계의『만세보(萬世報)』를 인수하여 제호를 고쳐 창간하였다. ▶ 96

대한일보(大韓日報) 1904년, 재류 일본인 중촌충길(中村忠吉), 유생십랑(柳生十郎)이 창간한 일본인 신문. ▶ 185

대한자강회(大韓自强會) 1906년에 윤치호, 장지연 등이 조직한 민중 계몽 단체. 교육과 계몽을 통하여 민족적 주체 의식을 고취하고 자주독립의 기반을 마련하고자 하였다. 친일 내각에 도전하다가 1907년에 정부 명령으로 해산되었으며, 뒤에 '대한협회'로 고쳤다. ▶ 31, 35, 212

대한평화협회(大韓平和協會) 1910년, 심일택 등 4인의 발기와 일본 및 통감부의 병합론자들의 후원, 참여에 의해 창설된 단체. 일진회의 한일 병합 청원을 찬성하며 결성된 국민협성회의 추진단체 성격이었다. 대한평화회, 한국평화협회라고도 불렸다. ▶ 44

대한협회(大韓協會) 1907년 11월 10일 서울에서 조직되어 1910년 9월 국권피탈 직후까지 활동한 정치단체. 1906년, 교육진흥과 식산흥업을 주지로 삼고 계몽운동에 앞장서서 일제의 침략정책에 항거, 투쟁하던 대한자강회(大韓自强會)가 일제 통감부에 의하여 강제해산된 뒤, 대한자강회의 고문이던 오가키 다케오(大垣丈夫)가 이토 히로부미(伊藤博文)의 내락을 얻어 1907년 11월 10일 윤효정(尹孝定)·장지연(張志淵) 등 이전의 대한자강회 간부들과 천도교의 대표로서 권동진(權東鎭)·오세창(吳世昌) 등을 추가시켜 10명으로 이 단체를 조직하였다. ▶ 102

도축형육(都筑馨六, 1861~1923) 쓰즈키 게이로쿠. 1900년에 이토 히로부미의 정우회(政友会) 결성에 참여했다. 1903년 7월, 추밀원(枢密院) 서기관장에 임명됐다. 1907년 4월 특명전권대사(特命全權大使) 자격으로 네덜란드 헤이그에서 개최

된 제2회 만국평화회의에 참여했다. ▶ 309

독립관(獨立館) 대한제국기 독립협회가 사무실로 사용했던 건축물. 독립문 인근에 자리하고 있었다. ▶ 85, 157

독립문(獨立門) 서울특별시 서대문구 현저동에 있는 돌문. 서재필을 중심으로 한 독립협회가 우리나라의 독립을 선언하기 위해 국민의 헌금으로 영은문(迎恩門)을 헐고 그 자리에 세웠다. 1898년에 완공하였고 1979년 지금의 위치로 옮겼다. ▶ 157

독립협회(獨立協會) 1896년 7월 2일 설립된 대한제국의 협회이다. 초기에는 사교형식으로 출발하여 민중계몽단체, 근대적인 정치단체 및 근대적인 정당으로 발전하였다. 1898년 12월 해산되었다. ▶ 155, 195, 206, 303

동양은행(東洋銀行) Oriental Bank Corporation. 1842년에 설립된 서인도은행(Bank of Western India)이 1845년에 'Oriental Bank'로 이름을 변경한 후 실론은행(Bank of Ceylon)을 인수하여(1851년) 설립한 특허은행이다. 19세기 중엽부터 파산에 이르게 되는 1884년까지, 약 반세기라는 짧은 기간 동안 아시아에서 무역 금융과 자본 거래에 있어 주도적인 지위를 차지했던 가장 유력한 영국계 해외은행이다. ▶ 273

동양협회(東洋協會) 1907년 일본이 조선과 대륙을 경영하는 데 필요한 인재를 양성하기 위해 학교를 설립하고 식민활동을 한 단체. 1898년 설립된 대만협회를 계승했다. ▶ 216

동현구락부(銅峴俱樂部) 대동구락부. 1904년 9월 무렵에 일본공사관의 서기관 하기하라 모리카즈(萩原守一)가 발기하여 조직했던 한일관민(韓日官民)의 친목단체. ▶ 280

마정량(馬廷亮, ?~?) 청말 외교관. 주한 청국 총영사. 1905년 을사늑약으로 일본이 대한제국의 외교권을 박탈하자 청국은 주한 공사 증광전을 철수 시켰고, 이후 1906년 6월 마정량이 주한 총영사로 부임하였다. 마정량은 이후 3년 동안 총영사직을 수행하면서 주로 청국 상인 보호에 노력하는 한편, 대한제국의 상황과 일본의 움직임에 관한 보고를 하였다. ▶ 282

마태을(馬太乙, 1874~1949) Emile Martel. 프랑스인. 관립 한성법어학교 교장을 지냈다. ▶ 162

만조보(萬朝報) 1892년 구로이와 루이코(黑岩淚香)가 동경에서 창간된 일간신문. 사회기사, 번안소설 등이 인기를 얻으며 발전했다. 우치무라 간조(内村鑑三), 고토쿠 슈스이(幸德秋水), 사카이 도시히코(堺利彦) 등이 관여했으며, 비판적 논조가 두드러졌다. 러일전쟁 시에는 잠시 비전론을 주장하기도 했다. 1940년『동경매석신문(東京每夕新聞)』에 합병되었다. ▶ 309, 310

만한(滿韓) 만주와 한반도 지역을 포괄하여 이르는 말. 일본은 이 지역을 대륙 침략과 식민지 지배의 전초지로 활용하였다. ▶ 169, 273

모스(?~?) James. R. Morse. 미국의 기업가, 주한미국전권공사. 1891년 고종과 철도창설조약을 체결하여 조선 최초의 철도인 경인선 부설권을 획득했으나, 자금난과 일본의 방해로 인해 철도 부설이 지연되었고, 결국 경인철도 부설권을 일본에 양도하게 되었다. ▶ 113

목극등(穆克登, 1664~1735) 청나라의 오라총관(烏喇摠管). 1712년 강희제의 명을 받아 청나라 정부를 대표하여 조선 정부의 관리 이의복(李義復) 등과 함께 장백산 분수령으로 가서 중조(中朝)의 경계를 정하였다. ▶ 281, 282

미기삼량(尾崎三良, 1842~1918) 오자키 사부로. 일본의 정치가, 관료. 영국 유학 후 귀국해 법제국 주사, 원로원 의관, 법제국 장관, 궁중 고문관 등을 역임했고, 경부철도회사 취체역(京釜鐵道會社取締役)을 맡았다. ▶ 115

민병석(閔丙奭, 1858~1940) 대한제국, 일제강점기의 관료. 대한제국기에는 농상공부대신, 군부대신, 철도원 총재, 헌병대 사령관, 궁내부대신 등을 지냈다. 1905년, 이토 히로부미를 왕실고문으로 초빙하는 운동을 벌였으며, 조선귀족회 회장, 중추원 부회장, 조선사편수회 고문 등으로 활동하였다. '경술국적(庚戌國賊)'으로 지탄을 받았으며, 병합 후 일본 정부의 자작 작위를 받았다. ▶ 122

민영규(閔泳奎, 1846~1923) 대한제국기의 관료. 갑오개혁으로 김홍집 내각이 들어서자 면직되었다가 1897년 궁내부대신으로 다시 기용되었다. 1906년 의정부 의정대신에 올랐으며, 1908년 대동학회 회원으로 활동했다. 1910년 일제강점 뒤 일본 정부로부터 자작 작위와 사금을 받았다. ▶ 324

민영기(閔泳綺, 1858~1927) 일제강점기 농상공부 대신, 군부대신 서리, 이왕직 장관 등을 역임한 관료. 대한제국으로부터 1904년 태극장, 1905년 팔괘장을 받았고, 일본정부로부터는 1905년 욱일장, 1909년 황태자도한기념장을 받았다. ▶ 278, 317

민영돈(閔泳敦, 1863~1919) 대한제국기 때, 주차영국벨기에공사, 장례원소경,

경효전제조 등을 역임한 문신. ▶ 198

민영선(閔泳璇, ?~?)　조선 말기의 문신. 1899년 5월 법부 민사국장(民事局長), 사리국장(司理局長)을 거쳐 1900년에는 회계원경(會計院卿)이 되었다. 같은 해 철도원감독을 거쳐 1901년에는 궁내부협판이 되었다. 그 해 5월 특명전권공사에 임명되었으며, 다시 지계아문부총재(地契衙門副總裁)가 되었다. ▶ 123, 124

민영소(閔泳韶, 1852~1917)　대한제국, 일제강점기의 관료. 학부대신, 궁내부 대신, 농상공부 대신, 박람회사무소 위원장, 중추원 의장, 규장각 지후관 등 주요 관직을 역임했다. 1894년 병조판서로 재직하면서 홍종우를 시켜 망명중인 개화파 김옥균을 암살을 사주했다. 1909년 일본관광단 일원으로 일본시찰을 했으며, 이 해에 임시국민대연설회 발기 및 회장, 1910년 대한평화협회 찬성장으로 활동했다. 한일병합의 공로가 인정되어 자작 작위와 은사공채를 받았다. ▶ 79, 217, 330

민영환(閔泳煥, 1861~1905)　조선 말기, 대한제국시기의 관료이자 정치인. 1905년 을사늑약이 체결되자 '마지막으로 우리 대한제국 이천만 동포에게 고함'이라는 유서를 남기고 자결했다. ▶ 219

민영휘(閔泳徽, 1852~1935)　구한말, 일제강점기의 관료. 병조판서, 이조판서, 헌병대 사령관, 한일은행 은행장 등을 역임했다. 휘문의숙의 전신인 광석의숙(廣成義塾)을 세웠다. 1907년 고종의 양위를 요청했으며 신궁봉경회와 신궁경의회 등 친일단체에서 활동하였다. 이후 합방찬성운동을 추진한 정우회의 총재 등에 위촉되어 국권피탈에 앞장섰으며 그 대가로 일본 정부의 자작 작위를 받았다. ▶ 27, 330

민원식(閔元植, 1886~1921)　대한제국기, 일제강점기의 관료. 대한제국기에는궁내부, 내무부, 궁내성 등에서 근무했으며, 이지용과 함께 친일단체인 대한실업협회(大韓實業協會)를 조직해 부회장을 맡았다. 1909년 친일단체 국시유세단 기관지『대동일보』사장에 추대되었다. 1910년 1월『시사신문』을 창간하고 대표가 되었으며, 병합 이후 중추원 부찬의에 임명되었다. ▶ 66

민찬호(閔燦鎬, 1877~1954)　일제강점기 미국에서 활동한 독립운동가. 대한인국민회 중앙총회, 동지회, 조선민족혁명당 하와이 총지부 등을 이끌었다. ▶ 221, 226

민형식(閔衡植, 1875~1947)　구한말의 관료. 평안도 관찰사를 역임하고, 1904년 일본을 시찰하고 귀국한 뒤 법부협판에 임명되었다. 1907년 학부협판으로 재직할 때 나인영(羅寅永)·오기호(吳基鎬) 등의 을사오적 암살계획에 찬동하여 1만 4000 냥을 희사하였다. 이 사실이 발각되어 유배되었으나 곧 특사로 풀려났다. 그 뒤 신민회(新民會) 회원이 되어 반일운동에 가담, 『조양보(朝陽報)』의 발행자금과 각종 학회 및 학교에 기부금을 희사하는 등 민족운동을 지원하였다. ▶ 201

민호일보(民呼日報)　청나라 말기 부르주아 혁명가들이 1909년 상해 조계지에서 창간한 신문. ▶ 99

민휴(閔休, 1872~1957)　Hugh Miller. 스코틀랜드 출신 선교사. 1899년 내한하여 1937년까지 선교사로 활동했으며, 특히 성서 보급에 힘썼다. ▶ 182

박기양(朴箕陽, 1856~1932)　구한말, 일제강점기의 관료. 경기도 관찰사, 함경도 관찰사, 중추원 의관, 궁내부 특진관 등을 역임했다. 1904년 일본인 나가모리(長森藤吉部) 등이 황무지 개척권을 요구하자 상소를 올려 강력히 반대했다. 1910년 2월 규장각 제학으로 선임되어 일제 침략에 협력했으며, 한일병합 이후 일본 정부로부터 그 공로를 인정받아 남작 작위와 은사공채를 받았다. ▶ 305

박용화(朴鏞和, 1871~1907)　대한제국기의 관료. 철도원감독, 평리원판사, 외부협판 등을 역임했다. 1905년 을사조약 체결 때 구완희(具完喜) 등과 함께 일본군을 이끌고 왕궁을 포위해 고종을 협박하고 조약을 체결하도록 강요하였다. 1907년 4월 나인영(羅寅永)을 비롯해 오기호(吳基鎬)·김인식(金寅植) 등이 박용화를 포함한 을사육적(乙巳六賊)을 처단하고자 1인당 3인씩의 자객을 보냈을 때 그 중 2인이 박용화의 집에 침입해 자상을 입혀 죽였다. ▶ 317

박제순(朴齊純, 1858~1916)　구한말 외부대신, 참정대신 등을 지낸 관료. 이완용 내각의 내무대신을 지내면서 을사조약에 서명하여 을사오적의 한 사람으로 불린다. 1910년에는 한일병합 조약에 서명하였다. 일본 정부로부터 그 공로를 인정받아 자작 작위와 은사공채를 받았다. ▶ 119, 122, 218, 317, 320

박중양(朴重陽, 1874~1959)　대한제국, 일제강점기의 관료. 대구 군수, 평안남도 관찰사, 경상북도 관찰사 등을 지냈다. 조선 초대 통감 이토 히로부미의 수양아들이다. 1897년에 관비장학생으로 일본으로 건너갔다. 일본군의 통역관으로 러일전쟁에 참전하였으며 의친왕의 통역 수행원으로 일본을 방문하였다. 일제강점기에는 중추원 참의, 황해도 지사, 충청북도 지사 등을 역임했다. 조선유도연합회 평의원, 조선임전보국단(朝鮮臨戰報國團) 고문 등 친일 활동에 가담하였다. ▶ 105

배설(裴說, 1872~1909)　Ernest Thomas Bethell. 러일전쟁 발발 후 런던 데일리

크로니클(Daily Chronicle)의 특파원 자격으로 내한했다. 1904년 양기탁과 함께 『대한매일신보』를 발행하여 일본의 침략 정책을 비판하였다. 『대한매일신보』의 영향력이 증대되자 일본은 양기탁이 국채보상운동의 자금을 횡령하였다는 죄명을 씌워 신문사를 탄압하였다. 양기탁의 무죄가 선언되었음에도 불구하고 일본은 강압적인 방법으로 배설과 양기탁을 신문사에서 물러나게 하였다. ▶ 223

백낙구(白樂九, ?~1907) 본명은 백낙귀(白樂龜). 구한말의 관료, 의병. 동학농민전쟁 때 농민을 쫓는 초토관(招討官)으로 활동한 공으로 주사(主事)로 임명되었다. 그러나 곧 정치에 실망하고 사직한 후, 광양 백운산에 은거하다가 1905년 을사조약 체결 후 의병 활동을 시작하였다. 전북 태인(泰仁)에서 일본군의 습격을 받고 사망했다. ▶ 329

백완혁(白完爀, 1856~1938) 한말부터 일제시기에 걸쳐 활동한 실업가. 1908년 식민지 국책기관의 상징이 된 동양척식주식회사의 설립위원으로 참여했고, 1909년에는 식민지 중앙은행인 조선은행 설립에도 관계하였다. 같은 해 12월에는 일진회가 '한일합방 청원'을 위해 일본에 가는 데에 동참하였다. 1920년에는 조선 재계를 대표하는 조선실업구락부를 조직하고 부회장에 선입되었다. 1928년에는 한성은행(漢城銀行) 은행장으로 취임하여 1933년까지 재임하였다. ▶ 62

백인기(白寅基, 1882~1942) 일제 강점기의 실업가. 한성농공은행 이사, 한일은행 전무, 동양척식주식회사 감사 등을 지냈다. ▶ 62

백탁안(栢卓安, 白卓安, ?~?) John Mcleavy Brown. 조선의 총세무사 겸 탁지부 고문을 지낸 영국인. ▶ 54, 162

법부(法部) 1895년 4월에 설치된 법무 행정을 관장하던 관청. ▶ 61, 176, 280

봉명학교(鳳鳴學校) 1908년 한성의 미동(美洞)에 설립된 사립학교. ▶ 92, 93, 94, 95

부전철지조(富田鐵之助, 1835~1916) 도미타 데쓰노스케. 전 일본은행 총재. 오랫동안 외교관으로 일하며 세계 경제에 관한 지식을 쌓은 것을 높이 사서 대장성에서 일하게 됐으며 다음 해에 일본은행이 창설되자 초대 부총재가 되어 총재 요시하라 시게토시(吉原重俊)를 보좌했다. 5년 뒤인 1887년 요시하라가 갑작스럽게 사망하자 제2대 일은 총재에 취임했다. ▶ 115

북간도(北間島) 간도 지방의 동부로 두만강과 마주한 지역. 전형적인 대륙성 기후로 경지는 적고 임업이 성하며 광물 자원이 많다. 조선 시대부터 우리 민족이

이주하여 개척한 곳이다. ▶ 277, 281-283, 285, 286, 289-296

북청사변(北淸事變) 의화단사건. 중국 청나라 말기에 일어난 외세 배척 운동. 1900년 6월, 베이징에서 교회를 습격하고 외국인을 박해하는 따위의 일을 한 의화단을 청나라 정부가 지지하고 대외 선전 포고를 하였기 때문에, 미국을 비롯한 8개국의 연합군이 베이징을 점령·진압한 사건이다. ▶ 237

분견대(分遣隊) 본래의 소속 부대로부터 파견되어 나온 부대. ▶ 143

분견소(分遣所) 분견대가 파견되어 머무는 곳. ▶ 176

사내정의(寺內正毅) 데라우치 마사다케. 군인 출신의 정치인으로 3대 통감이며, 병합 이후 조선의 초대 총독이다. ▶ 286

삼정물산회사(三井物産會社) 미쓰이물산회사. 일본 초기의 종합상사이다. 일본 특유의 '종합상사(總合商社)'로 불리는 기업 형태의 원형을 만들었다는 평가가 있다. ▶ 54

삽택영일(澁澤榮一, 1840~1931) 시부사와 에이이치. 제1국립은행(第一國立銀行, 현재 みずほ銀行), 도쿄상법회의소(東京商法會議所, 현재 東京商工會議所), 도쿄증권거래소 등 다양한 회사와 경제 단체의 설립 및 경영에 관여하였다. '일본 자본주의의 아버지'로 불린다. ▶ 117

상무조합소(商務組合所) 상인과 중소상공업자들의 조직. 조합원들의 활동을 조정하고 공동이익을 도모하며 일본의 경제정책에 협력하는 역할을 수행했다. ▶ 42, 96

상업회의소(商業會議所) 한성상업회의소. 1905년, 서울 지역 객주들이 중심이 되어 일본인에 대항해 지역 상권을 보호할 목적으로 설립된 상인 단체. ▶ 57

서간도(西間島) 압록강과 송화강(松花江)의 상류 지방인 백두산 일대의 만주 지방. ▶ 280, 282, 284, 285, 293

서세창(徐世昌, 1855~1939) 청말민초(淸末民初)의 정치인. 진사(進士) 출신으로 원세개(袁世凱)의 친구였다. ▶ 293

서울프레스(The Seoul Press) 1905년 6월 영국인 하지(Hodge, J. W.)가 창간한 영자 신문. 1906년 통감부가 매수하여 한국 침략을 선전하는 기관지로 활용했다. ▶ 44

서원사공망(西園寺公望, 1849~1940) 사이온지 긴모치. 일본의 정치가. 제 2, 3차 이토 내각의 문부과학장관, 정우회 창립위원, 추밀원 의장, 정우회 총재, 파리강

화조약 회의 수석전권위원을 지냈다. ▶ 277

선전조칙(宣戰詔勅) 선전포고문. 이 책에서는 1904년 2월 일본 메이지 천황이 러시아와의 전쟁을 선포한 문서를 지칭한다. ▶ 186

설필림(薛必林, ?~1904) Alfred B. Stripling. 영국과 청국 상해에서 경찰로 근무하였다. 1883년에 초대 인천해관장으로 임명되었다. 해관원을 그만 둔 이후에는 조선의 광산을 개발하는 데 관여하였으며, 1896년에 경무청 고문관에 임명되었다. ▶ 162

세창양행(世昌洋行) 1884년에 독일 마이어(Meyer) 상사의 제물포 지점으로 설립된 무역상사. 개항 이후 열강은 경쟁적으로 조선에 대한 이권침탈을 추구하였다. 또한 그 배후에는 항상 열강 상호간의 역학관계가 작용하였고, 외교적인 수완이 동원되었다. 독일의 경우, 대부분 세창양행과 연관되어 있으며 세창양행은 묄렌도르프(P.C Mollendorf)의 역할에 힘입어 무역, 용역거래(用役去來), 자본투자의 기본적인 구조 속에서 한국의 상업사회에 침투해 들어왔다. ▶ 276

손택(孫澤, 1854~1922) Marie Antoinette Sontag. 대한제국과 러시아 제국에서 활약한 독일인 통역사이며, 손탁호텔의 지배인으로 잘 알려져 있다. ▶ 307, 317

송병준(宋秉畯, 1858~1925) 구한말, 일제강점기의 관료. 조선 말기에 사헌부 감찰, 중추부 도사, 흥해군수 등을 지냈으며, 대한제국기에는 농상공부대신, 내부대신, 일진회 총재 등을 역임하였고, '정미칠적'으로 지탄을 받았다. 일제강점기에 백작 작위를 받았으며, 중추원 고문과 『조선일보』·조선농업·고려요업 사장 등을 지냈다. ▶ 67, 90, 206, 223, 226

송수만(宋秀萬, 1857~?) 조선 말기의 항일운동가. 1875년 무과에 급제하여 중추원 의관 등을 지냈다. 1895년 을미사변 때 명성황후 시해에 동조한 대신들을 제거하려다가 실패하였고, 1904년 일본이 한일의정서를 체결하고 한국의 황무지개간권을 요구하자 보안회를 조직, 이를 극력반대하여 마침내 철회시켰다. 1905년 을사조약 반대운동 기도하다가 구금되었고, 석방된 이후에는 연설과 격문으로 일제에 항거하였다. ▶ 256, 257

송정무(松井茂, 1866~1945) 마쓰이 시게루. 1907년 대한제국 내부 경무국장으로 임명되어 경찰 제도 정비에 깊이 관여했다. ▶ 102

신기선(申箕善, 1851~1909) 대한제국기의 관료. 궁내부특진관, 중추원의장, 비서원경(秘書院卿), 법부대신, 의정부찬정(議政府贊政), 군부대신 등을 역임하였다. 1903년에 철도원총재가 되었으며, 1904년 보안회 회장이 되어 항일운동을 전개하다 일본경찰에 붙잡히기도 하였다. 1905년 민병석(閔丙奭)·이용직(李容稙) 등과 신구사상(新舊思想)의 합일을 목적으로 하는 대동학회(大東學會)를 창립, 회장이 되었다. ▶ 217, 257

신의소(信義所)　신의상무소(信義商務所). 보부상들의 도가, 사무실. ▶ 155

신한민보(新韓民報)　1909년 2월 10일 미국 샌프란시스코의 교민단체인 국민회(國民會)의 기관지로 창간된 한글 신문. ▶ 226

심상훈(沈相薰, 1854~?)　개항기 이조판서, 선혜청당상, 궁내부특진관 등을 역임한 관료. 수구당의 한 사람으로 독립당의 혁신정부를 무너뜨리는 데 일조했고, 동학교도의 탄압에 앞장섰다. 아관파천(1896) 이후 탁지부 대신으로 재직하였으나 백동화와 같은 보조화를 주조하여 유통질서에 혼란을 초래하였다는 이유로 독립협회로부터 탄핵의 대상이 되었다가, 1898년에 체직처분을 받았다. ▶ 262, 263, 317, 330

심일택(沈一澤, ?~?)　대한제국기 전라도 영광군 군 주사. 일진회의 한일병합 청원을 찬성하며 결성된 단체인 국민협성회 회원이다. ▶ 44

안경수(安駉壽, 1853~1900)　대한제국기 관료, 정치인. 경무사, 군부대신, 독립협회 초대회장 등을 역임했다. ▶ 116

안병찬(安炳瓚, 1854~1929)　대한제국기 때, 홍주의진 형성에 참여하여 참모로 활동하였으며, 국권 피탈 이후 파리장서사건으로 체포된 의병·독립운동가이다. ▶ 186

안중근(安重根, 1879~1910)　대한제국기의 교육가, 의병장, 독립운동가. 1907년 이전에는 교육운동과 국채보상운동 등 계몽운동을 벌였고, 그 뒤 러시아에서 의병 활동을 하였다. 1909년 초대 조선 통감이었던 이토 히로부미(伊藤博文)을 하얼빈에서 사살하고, 다음해 여순(旅順) 감옥에서 사형되었다. ▶ 186, 334

안창호(安昌浩, 1878~1938)　독립운동가. 독립협회, 신민회, 공립협회, 흥사단 등에서 활동하며 주로 민족의 교육과 실력 양성에 중점을 두었다. 3·1 운동 후 상하이(上海) 임시정부의 내무총장이 되었다. ▶ 62

약규례차랑(若槻禮次郎, 1866~1949)　와카쓰기 레이지로. 일본 대장성 관료이자 정치인. 제25·28대 내각총리대신을 지냈다. ▶ 278

약장합편(約章合編) 1898년에 지금의 외교부에 해당하는 외부(外部)에서 대한제국 때에 우리나라가 각국과 맺은 조약을 모아 엮은 책. ▶ 156

양지아문(量地衙門) 대한제국기, 탁지부에 속해 토지 측량의 일을 맡아보던 관청. 1898년에 두어 1902년에 지계아문(地契衙門)과 통합되었다. ▶ 162

어비신(魚丕信, 1860~1956) Oliver R. Avison. 캐나다 출신의 선교사, 의사. 1893년 6월부터 1935년 11월까지 한국에서 체류하며 제중원의 제4대 원장, 세브란스 의학전문학교와 연희전문학교 교장을 역임했다. ▶ 182

여영조(呂永祚, 1862~?) 개항기와 일제 강점기 김천 출신의 의병·독립운동가. 1906년 이후 서울에서 대한자강회와 교남학회에서 활동하였다. 1909년, 유교 문화 수호 및 국권 회복을 모색하는 태극교에 참여했다. ▶ 255

여중룡(呂中龍, 1856~1909) 명성황후 시해사건, 단발령 이후 활동한 의병.「오백의사론」등을 발표해 민족의식을 고취하였으며, 충의사를 조직하고, 일본공사관 폭파를 계획하는 등 항일투쟁을 전개했다. ▶ 204

예식원(禮式院) 대한제국 때에, 궁내부에서 외국과의 왕복 서류 따위의 번역을 맡아보던 부서. 1900년에 설치했다가 1906년에 없앴다. ▶ 324

예종석(芮宗錫, 1872~1955) 실업가. 1906년 동양용달회사(東洋用達會社) 설립을 계기로 한성부 지역 실업계의 거물로 성장했다. 이후 한성부민회 위원으로 일본 관광단을 영접하고, 일본의 조선 통치가 당위적임을 주장하는 국시유세단의 발기회 위원을 지냈다. 병합 이후에는 대정실업친목회(大正實業親睦會) 회장을 지냈다. ▶ 86

오기호(吳基鎬, 1863~?) 독립운동가. 1905년에 일본으로 건너가 일본 천황 및 이토 히로부미 등에게 통감 정치의 무단적 학정을 호소하는 서안을 보내고, 을사조약이 체결되자 을사오적을 처단하기 위하여 자신회(自新會)를 조직하였다. ▶ 218

오서(五署) 구한말에, 내부의 경무청에 속하여 서울 안에 설치한 다섯 경무서. 동서, 서서, 남서, 북서, 중서의 다섯 곳으로, 1894년에 두었다가 1910년에 없앴다. ▶ 172

오적(五賊) 을사오적. 구한말에 을사조약의 체결에 가담한 다섯 매국노. 외부대신 박제순, 내부대신 이지용, 군부대신 이근택, 학부대신 이완용, 농상공부대신 권중현을 이른다. ▶ 42

오전의인(**奧田義人**, 1860~1917)　오쿠다 요시토. 메이지, 다이쇼기의 관료, 정치가, 법학자. 중의원 의원, 귀족원 의원으로 활동했으며, 제1차 야마모토 내각에서 문부대신 겸 사법대신을 역임했다. ▶ 309

오주혁(**吳周爀**, 1876~1934)　함경남도 단천 출신의 독립운동가. 1905년 을사조약 체결에 대하여 항거하고자 이승재(李昇宰), 김두성(金斗星) 등과 함께 상소운동을 전개하였다. 1919년 대한국민의회에 가담하여 군자금을 모집했다. 1920년 대한북로독군부에서 제1군사령부 참모가 되었고, 1922년 대한애국청년혈성단에서 활동했다. ▶ 255

외무성(**外務省**)　일본의 중앙 행정 기관인 성(省)의 하나. 외교 정책, 통상 항해, 경제 협력, 조약 체결 따위의 대외 행정 사무를 맡아본다. ▶ 181, 226, 271, 280, 281, 293

외부(**外部**)　갑오개혁 이후 외교와 통상을 관장하던 관청으로, '외무아문(外務衙門)'에서 이름을 바꾼 것이다. 이후 을사늑약(1905)으로 폐지되었다. ▶ 114, 118, 125, 134, 135, 137, 159, 164-166, 170-172, 201, 206, 234, 235, 244-248, 250, 251, 255, 257, 270, 305, 307, 317

용정(**龍井**)　간도 지역의 도시. 조선인들이 밀집해 거주했다. ▶ 289, 292

원경(**原敬**, 1856~1921)　하라 타카시. 일본의 정치가. 1896년 조선주재 일본공사로 부임하였고, 1919년 내각총리대신으로 재임 중 조선에서 3·1운동이 일어나자 종래의 헌병경찰제를 폐지하고 문화정책을 표방하였다. ▶ 309

원두우(**元杜尤**, 1859~1916)　Horace Grant Underwood. 미국의 의학자 · 선교사. 1884년에 초대 주한(駐韓) 선교사로서 경신학교를 설립하고, 1915년에는 연희전문학교의 교장이 되어 교육 사업에 헌신하였다. 저서에 『영한사전』, 『한영사전』 등이 있다. ▶ 198

원산(**元山**)　외국과 맺은 조선 최초의 근대적 조약이자 불평등조약인 〈조일수호조규(朝日修好條規)〉(1876)의 체결로 부산(1876), 인천(1883)과 더불어 1880년에 개항되었던 함경남도의 도시. 원산은 이후 1946년에 강원도로 편입되면서 현재 이북 강원도에 위치하고 있다. ▶ 61, 118, 175, 240, 273, 279

원세개(**袁世凱**, 1859~1916)　중국의 정치가. 조선의 임오군란 · 갑신정변, 중국의 무술정변에 관여하였으며, 의화단 사건 후 총독, 북양(北洋) 대신이 되었다. 신해혁명 때는 전권을 장악하여 선통제를 퇴위시키고, 1913년에 대총통에 취임하였으며, 1916년에 제위에 오르겠다고 선언하였으나 반대에 부딪쳐 실각하였다.
▶ 270

원세성(元世性, ?~?) 구한말의 관료, 독립운동가. 1898년 11월 중추원의 관제가
개정, 공포되면서 새로이 50명의 의관(議官)을 임명할 때 황국협회(皇國協會) 측
으로서 의관이 되었다. 그 뒤 반일단체인 보안회(輔安會)의 임원으로 활약하면서
일제의 침략적 행위에 항거하였다. ▶ 259-261

위패(韋貝, 1841~1910) Карл Ивáнович Вéбер, Karl Friedrich Treodor von
Weber. 카를 베베르. 제정 러시아의 외교관. 청나라 베이징 공사관 서기, 천진(天
津) 영사를 지냈으며 1884년에 조선 공사에 임명되어 통상조약을 체결하였다.
1896년에는 아관파천을 꾸몄다. ▶ 163

유길준(兪吉濬, 1856~1914) 교육과 계몽 운동에 헌신한 개화 운동가. 대한제국
최초의 국비 유학생으로 일본과 미국에서 공부했다. 귀국 후에는 갑오개혁에 관여
하며 이론적 배경을 제공했고, 김홍집 내각의 내부대신이 되었다. 아관파천 후
일본에 망명하였다가 순종 황제의 특사로 다시 귀국하였다. 국민경제회를 설립하
고 계산학교를 세웠다. ▶ 83, 87, 102, 183, 220

윤길구(尹吉求, 1853~1906) 대한제국기 관료. 내부협판, 궁내부특진관, 봉상사
제조 등을 역임했다. ▶ 79

윤치호(尹致昊, 1865~1945) 대한제국기 중추원의관, 한성부 판윤 등을 역임. 갑
오개혁에 동참했으며, 독립협회와 만민공동회에서 활동했다. ▶ 305

을사늑약(乙巳勒約) 을사조약(乙巳條約). 제2차 한일협약. 1905년에 일본이 한국
의 외교권을 빼앗기 위하여 강제적으로 맺은 조약. 고종 황제가 끝까지 재가하지
않았기 때문에 원인 무효의 조약이다. ▶ 35

의정부(議政府) 조선 시대에 둔, 행정부의 최고 기관. 정종 2년(1400)에 둔 것으
로, 영의정·좌의정·우의정이 있어 이들의 합의에 따라 국가 정책을 결정하였으
며, 아래에 육조(六曹)를 두어 국가 행정을 집행하도록 하였다. 명종 때에 비변사
가 설치되면서 그 권한을 빼앗겨 유명무실하여졌으나 대원군 때에 비변사를 없애
면서 권한을 되찾았다. ▶ 156, 324

이건하(李乾夏, 1835~1913) 대한제국기의 관료. 태의원경, 학부대신, 중추원찬
의 등을 역임했다. 1904년, 일본이 황무지 개척권을 강요하자 이에 맞서 상소와
규탄서를 발표해 이를 저지하는 데 앞장섰다. 1905년 중추원의장을 거쳐 궁내부특

진관에 이르렀으며 한일병합 후 일본정부로부터 남작의 작위를 받았다. ▶ 251

이규완(李圭完, 1862~1946) 대한제국기, 일제강점기의 관료. 1883년 박영효, 서재필 등의 천거로 일본 도야마 하사관학교(戸山陸軍下士官學敎) 유학하며 군사훈련을 받았다. 갑신정변의 실패로 망명과 귀국을 반복하다가 1907년 귀국했다. 이후 중추원 부찬의(副贊儀), 수강원도관찰사(守江原道觀察使) 등을 역임했고, 한일병합 이후에는 강원도도장관에 임명되었다. ▶ 183

이근명(李根命, 1840~1916) 대한제국기 관료. 경기도 관찰사, 봉상사 도제조, 영돈녕사사 등을 역임했다. 1910년 3월 친일단체 일진회의 합방청원운동에 동조하는 협성회를 발기하고 임원으로 활동하며 일제의 국권 침탈에 협조하였다. 한일병합 이후 일본 정부로부터 자작 작위와 은사공채를 받았다. ▶ 244

이기룡(李起龍, 1885~1952) 독립운동가. 해외 유학 경험으로 영어에 능했다. 한성외국어학교 부교수(1908~1911)를 역임했으며, 1919년 3·1운동 후 중국 상하이로 망명하여 대한민국임시정부에 가담하였다. ▶ 221

이도재(李道宰, 1848~1909) 대한제국기 관료. 1898년 외부대신, 비서원경을 거쳐 학부대신 및 비서원경 겸임했다. 지석영의 건의를 들어 한성의학교 설치를 인가했다. ▶ 256

이동이대치(伊東巳代治, 1857~1934) 이토 미요지. 메이지, 다이쇼기 일본의 관료, 정치가. 대일본제국헌법의 기초를 닦는 데 참여했다. 제2차 이토 내각에서 서기관장, 제3차 이토 내각에서 농상무상(農商務相), 추밀원 문관(間官) 등을 역임했다. ▶ 309

이래수(李來洙, ?~?) 하와이 지역에서 항일 운동 전개한 독립운동가. 1906년, 환란을 서로 구제하고 교육을 장려하여 인재를 양성하는 것을 목적으로 하는 공진회(共進會)를 조직했고, 1909년, 대동공진단 서기를 역임했다. ▶ 226

이민보호법 외국으로의 이민에 관한 일본의 법률. 1896년 최초로 제정된 후, 1901년, 1902년, 1907년 개정되었다. 개정 과정에서는 한국과 청국을 외국에서 제외해 양국으로의 이주를 용이하게 하였고, 이민회사가 이민과 직접적인 관계를 갖는 업무를 영위할 수 있도록 해 식민사업을 수행할 수 있도록 하였다. ▶ 162

이범래(李範來, 1868~?) 대한제국기, 일제강점기 관료. 1894년 장위영 영관을 지냈으며, 1895년 훈련대 제2대대 중대장으로 명성황후 시해사건에 관여했다. 1908년 함경남도 관찰사로 재직하면서 함경남도 재판소 판사를 겸임했고, 병합

후에는 함경북도 참여관으로 임명되었다. ▶ 183

이범윤(李範允, 1856~1940) 독립운동가. 이범진의 아우로 1902년 간도 시찰원으로 파견되었다가 1903년 간도 관리사가 되어 간도에 있는 조선인을 보호하고 독립운동에 헌신했다. 국권 강탈 후 의병을 모아 함경도 방면 일본 수비대와 싸웠으며, 3·1 운동 후 남만주에서 의군부를 조직하여, 청산리 전투에서 공을 세웠다. 1962년 건국 훈장 대통령장이 추서되었다. ▶ 289

이범진(李範晉, 1852~1911) 구한말의 문신. 고종 16년(1879)년 식년 문과에 급제하여 협판내무부사 따위를 지냈다. 을미사변으로 친일파가 정권을 잡자 러시아에 망명, 이듬해 귀국하여 러시아 공사 베베르, 이완용 등과 아관 파천을 단행하여 친러파 내각의 법부대신이 되었다. 러일전쟁이 일본의 승리로 끝나 친일파가 득세하자 다시 러시아로 망명하였다가 1911년 자결하였다. ▶ 306

이봉래(李鳳來, ?~1916) 대한제국기 관료. 내무대신서리, 봉상사제조, 제실회계심사국장 등을 역임했다. 1907년, 의병진압을 목적으로 하는 자위단 설립을 지원하기 위해 일진회에서 조직한 자위단원호회의 간사원을 맡았다. 1909년에는 합방청원운동에 참여했으며, 이등박문 송덕비 건설을 위한 협의회의 임원으로 활동했다. ▶ 94, 95

이사청(理事廳) 통감의 지시를 받아 대한제국의 지방 행정을 관리 및 감시한 기관. 외국인 영사 업무, 개항장 인근의 교섭, 일본인의 한국 내 활동의 관리, 일본인의 한국인 소송 교섭 등을 위해 설치되었으나, 점차 지방의 행정체제 전반에까지 간여했다. ▶ 39, 97

이상설(李相卨, 1870~1917) 대한제국 의정부 참찬 등을 지닌 대한제국의 문신, 일제강점기의 독립운동가. 1907년 네덜란드 헤이그에서 열린 만국평화회의에 특사로 파견되었다. 병합 이후에는 상해와 블라디보스토크 등지에서 독립운동에 가담했다. ▶ 250

이승재(李承載, 1852~?) 대한제국기 관료. 평양군수를 역임했다.『평양속지(平壤續志)』(1905)를 펴냈다. ▶ 255

이완용(李完用, 1858~1926) 을사오적의 한 사람. 을사조약의 체결을 지지하고 서명했으며, 1910년에 총리대신으로 정부의 전권 위원이 되어 한일병합조약을 체결했다. 헤이그 밀사 사건 후 일본의 지시대로 고종에게 책임을 추궁하고 양위할 것을 강요하고, 순종을 즉위시키는 등 친일 행위로 일관된 삶을 살았다. 병합 이후에는 일본 정부로부터 백작 작위를 받고 조선 총독부 중추원 고문을 지냈다.
▶ 36, 79, 80, 86, 90, 114, 226

이용원(李容元, 1832~1911) 대한제국기 중추원의관, 궁내부특진관, 규장각대제학 등을 역임한 관료. 1908년과 1910년 내각 경질설이 있을 때마다 통감의 환심을 얻어 총리대신이 되려고 노력하였다. 1910년 일진회의 '합방청원서'에 찬성하였고, '한일합병'을 관철하기 위해 조직된 국민협성회의 합병실행 추진단체인 한국평화협회에서 활동하였다. 한일병합에 대한 공로로 남작 직위와 은사공채를 받았다.
▶ 80

이용익(李容翊, 1854~1907) 대한제국기의 정치가. 궁중의 내장원경(內藏院卿)이 되어 국가 재정을 맡았다. 제정 러시아 정부가 용암포(龍巖浦)의 조차권을 요구하였을 때에 이를 승인하도록 적극 활동하였다. 1904년에는 고려대학교의 전신인 보성학원(普成學院)을 설립하였다. ▶ 125, 164, 172

이용직(李容稙, 1852~1932) 대한제국기 비서경, 황해도 관찰사, 전라북도 관찰사, 학부대신 등을 역임한 관료. 1910년 한일병합 이후 일본 정부로부터 자작의 작위를 받았으나, 1919년 3·1운동 때 경학원부제학 재직시 대제학 김윤식(金允植)과 함께 조선독립청원서사건으로 작위를 박탈당하였다. ▶ 80, 81

이유인(李裕寅, ?~?) 대한제국기 한성부판윤, 시종원경, 중추원부의장 등을 역임한 관료. 1904년 심상진(沈相震) 등이 조직한 보안회(輔安會)에서 부회장을 맡았고, 그해 7월 보안회가 해체되는 데 일정 부분 관여하였다. 1905년 공진회 사건으로 구속되었다가 이듬해 석방되었다. ▶ 245, 259

이윤용(李允用, 1855~1938) 대한제국기 궁내부특진관, 궁내부대신 등을 역임한 관료. 동생 이완용과 함께 친일 민족 반역 행위에 앞장섰다. 친일단체인 동양협회와 국시유세단 등에서 활약하며, 일본의 식민 통치를 주장하였다. 한일병합 이후 일본 정부로부터 남작 작위와 은사공채를 받았다. ▶ 305

이인직(李人稙, 1862~1916) 대한제국기의 소설가, 연극인. 1906년 『만세보』에 우리나라 최초의 신소설 「혈의 누」를 발표하고, 한때 원각사를 중심으로 한 신극운동에 참가하는 등 신문학 운동을 개척하였다. 작품에 「귀의 성」, 「치악산」 등이 있다. ▶ 85

이일우(李一雨, 1870~1936) 대구 출신의 계몽운동가이자 일제강점기 친일 자본가. 대구광학회(大邱廣學會) 설립과 국채보상운동에 참여하는 등 계몽운동을 전

개하였으나, 일제강점기에 자제단(自制團) 설립에 참여하는 등 친일 행보를 이어 갔다. ▶ 102

이장우(李章雨, 1898~1944) 대한제국, 일제강점기의 관료, 경제인. 대구사범학교, 농공은행, 국채보상운동에 참여하였으며, 병합 이후 대구은행·경일은행 등 금융기관 설립과 농업·경제 단체에서 주요 직책을 맡아 활동했다. ▶ 85

이재극(李載克, 1864~1927) 조선 말과 대한제국기의 관료. 왕실 종친으로, 궁내부 대신, 중추원 의관·시강원 부첨사(侍講院副詹事)·규장각 직학사(奎章閣直學士) 등을 역임했다. 1907년 한일합병 청원을 위한 정치·사회단체에서 활동하였다. 특히 1910년 합병청원을 주도하기 위해 조직한 정우회와 국민대연설회에 각각 부총재와 부회장으로 참여하였다. 일본 정부로부터 한일합병에 관한 공로를 인정받아 남작 작위가 수여되었고 제2대 이왕직 장관으로 임명되었다. ▶ 175, 317

이재순(李載純, 1851~1904) 대한제국기 형조판서, 시종원경, 궁내부대신을 역임한 관료. 을미사변 이후 고종을 궁 밖으로 나오게 하여 친일정권을 전복하려 했던 춘생문 사건을 일으켜 징역을 받았으나 종친이므로 면제되었다. ▶ 122

이재완(李載完, 1855~1922) 대한제국기 종정원경, 궁내부대신, 승녕부총관 등을 역임한 관료. 종친으로, 정미칠적 중 한 사람인 이재곤의 친형이다. 1904년 반일정서를 완화하고 한일 관계를 돈독히 할 목적으로 대동구락부를 조직하여 회장을 맡았다. 일본 정부로부터 한일병합 과정에서의 공로를 인정받아 후작 작위와 은사공채를 받았다. ▶ 122

이지용(李址鎔, 1870~1928) 대한제국기 학부대신, 내부대신, 중추원고문 등을 역임한 관료, 정치인. 을사오적의 한 사람으로, 1904년 외무대신 서리로서 한일의정서에 찬성 조인하였으며, 이듬해 내무대신으로 을사조약에 조인하였다. ▶ 244, 245, 263, 278

이진룡(李鎭龍, ?~?) 독립운동가. 을사조약이 체결되자 의병을 모아 항일전을 벌여, 해서(海西) 명장으로 이름을 떨쳤다. 뒤에 만주로 망명하여 항일 운동을 계속하다가 체포되어 처형되었다. ▶ 143

이진호(李軫鎬, 1867~1946) 대한제국기, 일제강점기의 관료. 전라북도지사, 조선총독부학무국장, 중추원부의장 등을 역임했다. 1894년 동학농민군의 2차 봉기 당시 군인으로서 농민군을 진압하는 데 앞장섰고, 이어 청일전쟁에서는 일본군을 도왔다. 을미사변 후 고종이 경복궁에 감금당하자 1895년 11월 고종을 탈출시키려던 춘생문사건에 가담했으나, 거사 전에 이 계획을 군부대신에게 밀고해 실패하게 만들었다. 아관파천 이후 일본으로 망명했다가 1907년 귀국했다. 이후 중추원 부찬의, 평안남도관찰사 겸 평안남도재판소 판사, 평양일어학교 교장 등을 거쳤다. ▶ 183

이하영(李夏榮, 1858~1919) 구한말 외부대신, 법부대신 등을 역임한 관료로 을사조약에 법부대신으로서 참석했다. 일본 정부로부터 한일병합의 공로를 인정받아 자작 작위와 은사공채를 받았다. ▶ 257, 262, 263, 317

익전효(益田孝, 1848~1938) 마스다 다카시. 일본의 실업가. 초창기 일본의 경제계를 이끌었다. 미쓰이 물산 설립에 관여했고, 1871년 조폐국 부국장으로 취임해 화폐개혁에 임했다. ▶ 115

일본 거류민 부인회(日本居留民婦人會) 경성 일본인 부인회(京城日本人婦人會). 경성에 체류하는 일본인 외교관의 부인들이 중심이 되어 만든 단체로, 빈곤하고 불우한 일본인을 돕고 군대를 위문하는 것을 목적으로 설립된 관변단체였다. ▶ 304

일본 수비대(日本守備隊) 1896년 베베르-고무라 각서 이후, 한반도 내 자국의 이권과 자국민의 안전을 보호한다는 명목하에 한반도에 주둔한 일본 병력. ▶ 180

일본구락부(日本俱樂部) 1898년 설립된 일본 지도층의 사교단체. ▶ 67

일본평화협회(日本平和協會) 1906년에 일본 내 지식인, 정치인, 경제인, 그리고 미국계 평화단체와의 협력을 통해 설립된 단체로서 국제 평화와 특히 일미 친선을 목표로 활동했다. 초대회장은 오쿠마 시게노부였다. ▶ 44

일아전쟁(日俄戰爭) 러일전쟁. 1904년에 한반도와 만주에 대한 지배권을 둘러싸고 러시아와 일본 사이에 일어난 전쟁. 일본이 승리하여 1905년에 루스벨트 미국 대통령의 중재로 포츠머스에서 강화 조약을 체결하였는데, 그 결과 일본은 우리나라에 대한 지배권을 묵인받고, 랴오둥반도(遼東半島)를 차지하여 대륙 침략의 발판을 마련하였다. ▶ 209, 274, 276

일아조약(日俄條約) 포츠머스 조약. 1905년에 미국 포츠머스에서 미국 대통령 루스벨트의 중재로 맺은 러일 전쟁의 강화 조약. 한국에 대한 일본의 우선권, 관동주의 조차(租借) 따위를 정하였다. ▶ 210

일영동맹(日英同盟) 영일동맹. 1902년에 영국과 일본이 맺은 동맹 협약. 러시아의 동진(東進)을 견제하기 위한 것으로, 1905년에 공수 동맹으로 발전하였고 1910년에 인도의 영토 보전을 규정하였으나 1921년에 워싱턴 회의에서 폐기하였다.
▶ 207, 210

일진회(一進會) 1904년에 설립된 단체. 일본의 대한제국 침략과 식민 통치에 협력하였다. ▶ 42, 85, 92, 93, 96, 97, 207-209

일청전쟁(日淸戰爭) 청일전쟁. 1894년에 조선의 동학 농민 운동에 출병하는 문제로 일어난 청나라와 일본 사이의 전쟁. 일본군은 평양·황해·웨이하이웨이(威海衛) 등지에서 승리하고 1895년에 시모노세키 조약을 맺었다. ▶ 157, 206, 207, 209, 303

일한통신기관협정(日韓通信機關協定) 1905년 러일전쟁 중 일제가 대한제국의 통신기관을 접수하려는 목적으로 체결한 협정. ▶ 173

일호승랑(日戶勝郎, ?~?) 닛토 가쓰로. 재조 일본인 신문인 『한양보』의 주임이자 발행인. ▶ 35

임권조(林權助, 1860~1939) 하야시 곤스케. 통감부 시기 재임한 구한말 마지막 일본 공사(1899~1906)로, 한일의정서, 한일협약, 을사늑약을 체결했다. ▶ 118, 122, 123, 125, 159, 161, 163, 164, 166, 167, 174, 201, 204, 206, 245, 246, 263, 286, 307, 317

장곡천호도(長谷川好道, 1850~1924) 하세가와 요시미치. 구한말 일본 육군 대장과 조선 주둔 일본군 사령관을 역임. 이토 히로부미가 초대 통감으로 부임하기 전까지 통감 대리를, 1906년에 조선 주차군 사령관 겸 임시 통감 대리를 지냈고, 1915년에 제2대 조선 총독으로 부임하여 조선 임야 조사령, 조선 지세령(地稅令) 따위를 공포하는 등 무단 정책을 폈다. 병합 이후 2대 조선 총독으로 부임했다. ▶ 204, 273, 317

장박(張博, 1848~1921) 장석주(張錫周). 대한제국기 고등재판소소장, 법부대신, 궁내부 특진관 등을 역임한 관료. 1883년 박문국 사사에 임명되어 『한성순보』 창간에 실무적인 역할을 담당했다. 1894년 갑오개혁에 적극 관여하였으며 1895년 을미사변 주범으로 일본으로 망명했다. 이토 히로부미의 특사로 사면되어 이토 히로부미의 송덕비와 동상 및 표창을 만드는 데 앞장섰다. 병합 이후 남작 작위와 은사공채를 받았다. 1919년 3·1운동이 일어나자 조선총독에게 무력으로 진압하라는 「조선독립소요의 사정과 원인」 등을 발표하였다. ▶ 183

장삼등길랑(長森藤吉郎, 1861~?) 나가모리 도키치로. 일본의 실업가, 관료. 대장성(大藏省) 관방장(官房長)을 역임했다. 대한제국에 황무지 개간권을 요구했으나 강력한 비판 여론으로 인해 받아들여지지 않았다. ▶ 247, 248, 250, 251, 309

장헌식(張憲植, 1869~1951) 대한제국기 한성부윤, 일제강점기 충청북도지사, 중추원참의, 이왕직장관 등을 역임한 관료. 1926년 8월 공직에서 물러나 조선총독의 자문기구인 중추원의 칙임관 대우 참의에 임명되어 해방 때까지 여섯 차례 연임했다. ▶ 67, 82

전건차랑(田健次郎, 1919~1923) 덴 겐지로. 제8대 대만총독. 화족 출신으로 전직 체신대신, 사법대신 등을 역임한 전문 정치인. ▶ 274

전구묘길(田口卯吉, 1855~1905) 다구치 우키치. 일본의 정치가이며 경제학자, 역사가, 실업가, 저널리스트로도 이름을 떨쳤다. ▶ 24, 197

전도밀(前島密, 1835~1919) 마에지마 히소카. 일본의 관료, 정치인. 일본 우편제도 창립을 주도한 사람 중 한명이다. ▶ 115

정관조(鄭觀朝, 1860~?) 대한제국기의 군인으로, 평양 진위대대 중대장, 궁내부 참령, 장예원 전사 등으로 복무했다. 한일병합 이후인 1917년 제국군인후원회 특별위원에 추천된 후, 1918년 평안은행(平安銀行) 발기인, 평양 공회당 건설위원회 실시위원, 1920년 평양은행주식회사 발기인, 조선총독부 중추원 참의 등을 역임하였다. ▶ 85

정봉시(鄭鳳時, 1855~1937) 대한제국 관료. 내부 회계국장, 함경남도 관찰사를 거쳐 1907년 대한제국 중추원 찬의가 되었다. 1908년 국조보감(國朝寶鑑) 편집위원으로 활동하였으며, 1909년에는 경성일보사가 주최하는 일본관광단에 참가하였다. 이후 1909년 규장각 부제학에 올랐으며, 1912년부터 1929년까지 17년간 경학원(經學院) 강원도 강사(講士)로 활동하였다. 1929년 경학원부제학(經學院副提學)에 올랐으며, 1936년 경학원대제학(經學院大提學) 겸 명륜학원(明倫學院) 총재로 재직하였다. ▶ 79

정상량지(井上良智, 1851~1913) 이노우에 요시토모. 일본의 해군 군인. 최종 계급은 해군 중좌. ▶ 322

정상형(井上馨, 1836~1915) 이노우에 카오루. 일본 막말의 무사, 정치가. 구로다 내각의 농상무대신, 제2차 이토내각의 내무대신, 제3차 이토내각의 대장대신 등의 요직을 역임하였다. ▶ 308

정운복(鄭雲復, 1870~1920) 언론인 · 민족 운동가. 서우학회를 조직하고, 한북학회(漢北學會)와 함께 서북학회를 결성하여 민족 계몽과 항일 운동을 전개하였다. 『제국신문』의 주필과 사장을 지냈다. ▶ 85, 87

정주영(鄭周永, 1860~1923) 대한제국기 중추원의관, 궁내부특진관 등을 역임한 관료. 1908년 4월과 8월에 각각 대한학회 회원, 기호흥학회 회원이 되었고, 1909년 4월 대한흥학회 회원이었다. ▶ 317

정진홍(鄭鎭弘, 1860~1923) 대한제국, 일제강점기의 관료. 제중원, 내부, 궁내부 등에서 일하다 1907년 농무국장에 취임했고, 병합 이후에는 중추원 부찬의에 임명되었다. ▶ 179

제중원(濟衆院) 조선 시대에 세워진 최초의 근대식 국립 병원. 광혜원을 고친 것으로, 1894년에 없앴다. ▶ 182

조병교(趙秉敎, 1862~1941) 대한제국, 일제강점기의 관료. 농상공부와 표훈원 등을 거쳐 지방관으로 발령받았으며, 한일병합조약 체결 직후에는 조선총독부 소속의 함경남도 참여관에 임명되었다. ▶ 61

조선신보(朝鮮新報) 1881년, 부산 지역에 진출한 일본 상인들의 단체인 부산상법회의소가 자신들의 상업적 이익을 보호하고 확대하기 위해 창간한 신문. 물가 시세나 시장 정보 등이 주종을 이루어 경제지적 성격이 강했으나, 일본인들의 문화적 욕구에 부응하는 내용들도 실렸다. ▶ 165, 197, 198, 241, 271, 274

조원시(趙元時, 1867~1919) Georhe H. Jonses. 미국의 감리교 선교사. 교육사업과 문서 선교에 힘썼다. ▶ 182

조의연(趙羲淵, 1856~1915) 대한제국기 궁내부특진관, 표훈원총재, 대한공업회 총재, 중추원 고문 등을 역임한 괸료. 1887년 기기국 위원으로 중국의 상하이와 홍콩, 일본의 오사카와 도쿄 등지를 견학하였다. 1894년 갑오개혁을 주도하였으며 김홍집 내각의 군무대신을 역임하였다. 1895년 을미사변의 주범으로 체포령이 내리자 일본으로 망명하였다. 병합 직후 일본 정부로부터 남작 작위를 받았다. ▶ 183

조중응(趙重應, 1860~1919) 조선 말기에 외무아문 참의, 법부 형사국장 등을 지냈다. 대한제국기에는 법부대신, 농상공부대신 등을 역임하였으며, 정미칠적과 경술국적으로 지탄을 받았다. 일제강점기에는 자작 작위를 받았으며, 중추원 고문과 대정친목회(大正親睦會) 회장 등으로 활동하였다. ▶ 81, 97, 101, 102, 105, 179

족립태랑(足立太郎, 1867~1932) 아다치 쿠와타로. 일본의 교육자, 향토사가. ▶ 119

좌좌우방(佐佐友房, 1854~1906) 삿사 도모후사. 일본의 교육자, 정치가. ▶ 273, 275, 276, 279

죽내망(竹內綱, 1840~1322) 다케우치 쓰나. 일본의 무사, 사업가, 정치가. 1901년 경일철도, 경부철도의 전무이사로 부임했다. 1901년, 경부철도 상무임원이 되었고, 1903년에는 경인철도를 경부철도와 합병하여 한반도에서의 철도사업을 통합했다. ▶ 115

중서(中署) 조선 말기에서 대한제국 때까지 서울 안의 오서(五署) 가운데 관할하던 경무 관서. 1894년에 두었다가 1910년에 없앴다. ▶ 159

중추원(中樞院) 대한제국 때에, 의정부(議政府)에 속한 내각의 자문기관. ▶ 156, 245, 251, 256

증니황조(曾禰荒助, 1849~1910) 소네 아라스케. 초대 한국 통감 이토 히로부미를 보좌하는 부통감으로 부임했다가 이토 히로부미가 사망하자 그의 후임으로 2대 통감이 되었다. ▶ 331

직산금광(稷山金鑛) 충청남도 천안에 위치한 금광. 1890년대 후반부터 알려지기 시작하면서 전국에서 광부들이 모여들었다. 1917년에는 미국인, 1925년에는 일본인이 각각 입장면 양대리에 직산 금광 회사를 설립하여 막대한 양의 금을 캐갔다. ▶ 276

진명여학교(進明女學校) 1906년 고종황실의 엄황귀비와 사촌 조카인 엄준원이 출자, 설립한 여성 중등교육기관. ▶ 92

집강(執綱) 면, 이의 행정 사무를 맡아보던 사람. ▶ 140

척식회사(拓植會社) 일본이 식민지 경영을 위해 20세기 초에 설립한 국책회사. 식민지 내의 자원 수탈과 노동력 착취를 위한 각종 사업과 자국민 이주 정책 등을 벌였다. 동양척식주식회사, 선만척식주식회사 등이 이에 속하며 제2차 세계 대전 때 전쟁에서 패배한 후에 모두 소멸되었다. ▶ 39

천보산 광산(天寶山 鑛山) 천보광산. 충청남도 천안시 입장면 기로리·양대리에 있었던 금·은광산. 원래 안성광산이라 하여 조선왕실 소유였다가 1926년 직산광산(稷山鑛山)의 일부 사업으로 이관, 가동되었다. ▶ 290

천야총일랑(淺野總一郎, 1848~1930) 아사노 소이치로. 통칭 '시멘트왕'으로 불리

는 일본의 실업가. 한국에서는 직산광산 등의 채굴권을 확보하여 이득을 취했다. ▶ 276

철도국(鐵道局) 1898년 근대적 관설·사설 철도를 부설하고 이를 전담하기 위해 궁내부 산하에 설립한 기구. ▶ 118, 134, 172

철도원(鐵道院) 1900년 경부철도·경인철도 관할을 위해 설치한 기구. 기존 통신사 철도과와 농상공부 철도국의 업무를 인수하였다. 당시 대한제국은 철도 부설 이권을 지키기 위해 애썼는데, 철도원은 이 과정에서 설치되었다. ▶ 122-124, 126, 132, 134, 162

청목주장(靑木周藏, 1844~1914) 아오키 슈조. 일본 메이지 시대의 외교관. 야마가타 내각의 외무대신. 1873년 기도 다카요시의 추천으로 외무성 1등 서기관이 되었다. 1874년에는 초대 독일공사가 되었다. 1886년 이토 히로부미 내각의 외무차관이 되었고, 이듬해 자작 작위를 받았다. ▶ 308

체신성(遞信省) 일본의 우편, 통신, 운수 등의 사무를 담당하는 일본의 중앙성. ▶ 271

총대역장(總代役場) 1887년에 개소한 일본 거류민 대표 사무소. 경성에 거류하는 일본인들의 단체로, 경성거류민단의 전신이었다. 이후 거류민역소(居留民役所)로 개칭했다. ▶ 24, 197, 304

총수참 아천조(叢水站 阿川組) 1906년 6월 11일 경부철도 선로 공사 선회 후 당시 임시대리공사 하기와라 모리이치(萩原 守一)에게 보고한 문서(立田 警部 복명서 진달의 건, 공신 제31호(公信第31號), 1904.7.16)를 확인하면, 당시 심천에서 영동에 이르는 구간의 공사에 참여한 회사로 추정된다. ▶ 141

최강(崔岡, ?~?) 대한제국기, 일제강점기의 관료, 언론인. 군부 참서관(參書官)을 지냈고, 『제국신문』 사장을 잠시 맡았다. 1920년 『조선일보』 창간 당시 편집국장을 맡았다. ▶ 85

최익현(崔益鉉, 1833~1906) 구한말의 문신 · 학자 · 애국지사. 대유학자(大儒學者)로 대원군을 탄핵하였으며 갑오개혁 때 단발령에 반대하였다. 을사조약을 반대하여 의병을 일으켰으며 유배지 쓰시마섬(對馬島)에서 단식사(斷食死)하였다. 저서에 『면암집(勉菴集)』 등이 있다. ▶ 219, 329

추원수일(萩原守一, 1868~1911) 하기와라 슈이치. 일본 공관 서기와 일본 외무성 통상국장 등을 역임한 관료. ▶ 164, 247, 317

측량강습소(**測量講習所**)　토지조사사업을 완성하기 위해 1905년에 설치한 측량기술자 양성소. ▶ 38

칠적(**七賊**)　정미칠적. 1907년(정미년) 7월 체결된 한일신협약에 찬성한 내각 대신 7인(이완용, 송병준, 이병무, 고영희, 조중응, 이재곤, 임선준)을 가리킨다. ▶ 42

탁지부(**度支部**)　대한제국 때에 둔, 국가 전반의 재정을 맡아보던 중앙 관청. 1895년에 탁지아문을 고친 것으로, 1910년까지 있었다. ▶ 26, 163, 171, 327

토목국(**土木局**)　대한제국 때에, 내부에 속하여 토목에 관한 일을 맡아보던 국(**局**). ▶ 295, 307

통감부(**統監府**)　1905년부터 1910년까지 일제가 서울에 둔 관청. 대한제국을 감독하고, 침략을 준비하기 위해 설치되었다. ▶ 80, 86, 96, 142, 175, 177, 179, 181, 219, 277, 282, 284, 285, 292, 293, 295, 320, 324

통감부 파출소(**統監府 派出所**)　간도 거주 한국인을 보호한다는 명목으로 일본 관헌을 간도에 잠입시켜 영토적 근거를 확보하려는 일본의 영토 확장 의도가 반영된 기구. 특히 청국 정부와 사전 상의 없이 일방적으로 설치한 파출소로 기능했다. ▶ 291

판원퇴조(**板垣退助**, 1837~1919)　이타가키 다이스케. 일본의 정치가, 군인. 참의, 내무대신 등을 역임했다. ▶ 220

학부(**學部**)　대한제국 때에, 교육에 관한 일을 맡아보던 관청. 1895년에 학무아문을 고친 것이다. ▶ 91, 104, 160

학원정길(**鶴原定吉**, 1857~1914)　쓰루하라 사다키치. 통감부 총무장관과 궁내부 차관 등을 역임한 일본 관료. ▶ 67

한국주차군(**韓國駐箚軍**)　1904년부터 1910년까지 한반도에 주둔한 일본군. 1896년 베베르-고무라 각서에 의거하여 서울, 원산, 부산에 200명 미만의 병력을 배치하고 이를 한국주차대라 불렀다. 1904년 4월 3일 일본 정부는 러일전쟁의 확전을 계기로 대한제국에 주둔한 일본군을 주차군으로 개편하였으며 한국주차군으로 명명하였다. 특히 일본 정부는 1904년 2월 23일 강압적으로 조인한 한일의정서 3조와 4조에 따라 대한제국 내 주요 군사거점들을 임의로 사용할 권리를 획득하였으므로 일본군의 자유로운 활동을 보장받았다. 당시 대한제국은 국내외에 일본의 침략성을 알리며 전시 중립을 선언하였으나 일본은 이를 무시하고 의정서를 체결하

도록 강요했다. ▶ 133

한규설(韓圭卨, 1848~1930) 구한말의 무신. 1905년 의정부 참정(參政)이 되어 내각을 조직하였으나 을사조약에 반대하여 파면당하였다. 뒤에 중추원 고문 등을 역임하였고 국권 강탈 후 일본이 준 남작 작위를 거절하였다. ▶ 317

한상룡(韓相龍, 1880~1947) 1909년 한국은행 설립 위원이 되어 금융계에 종사하였으며, 한성은행의 지배인, 동양 척식 주식회사의 고문 등을 역임하였다. 일제 강점기에 각종 정치, 사회단체의 임원으로 친일 행각을 하였다. ▶ 62

한성구락원(漢城俱樂園) 서울에서 운영되었던 상류층의 사교 클럽 ▶ 46

한성부민회(漢城府民會) 1907년, 유길준 등이 일본 황태자의 방문을 환영하기 위하여 조직한 친일 단체. 이토 히로부미의 추도회에도 참여하였다. ▶ 83

한성신보(漢城新報) 서울에서 일본인 아다치 겐조(安達謙藏)가 일본의 한국 침략을 위한 선전 기관지로 1895년에 창간한 일간신문. ▶ 157, 166, 198, 240, 247

한양보(漢陽報) 닛토 가쓰로(日戶勝郞)가 1907년 9월~10월 서울에서 발행한 잡지. 일본어 원문을 국한문체로 번역하여 게재함으로써 한국인을 직접적인 독자로 삼아 일본인의 시각을 펼쳤다. 발행인인 닛토 카츠로의 인적 사항과 행적에 대해서는 아직 알려진 바가 없다. ▶ 35

한양상회(漢陽商會) 종로에서 한국 최초로 고객이 엽서나 편지를 통해 물품을 주문하면 우편이나 운송을 통해 물품을 배송해주는 통신판매를 실시한 상점으로서, '데파트멘토 스토아(Department Store)'를 자처했다. ▶ 43, 47

한인공동회(韓人共同會) 한인한성협회. 하와이에서 결성된 한인 단체. 1900년대 초 사탕수수 농장의 노동력 확보를 위해 이주한 한인들이 증가하였고, 이에 따라 여러 조직이 결성되었다. 이후 통일된 민족운동을 전개하기 위해 기존의 분산된 단체를 통합해 한인합성협회를 창립했다. 한인합성협회는 1909년 북미 공립협회와 통합 결성된 국민회(國民會)로 이어졌다. ▶ 226

한일신협약(韓日新協約) 제3차 한일협약, 정미 7조약. 1907년 헤이그 밀사 사건 뒤에 일본의 강압에 의하여 우리나라와 일본이 맺은 조약. 모든 행정 · 사법 사무를 통감부의 감독 아래에 두는 것 따위를 내용으로 하고 있다. ▶ 334

한일의정서(韓日議定書) 1904년 2월 일본과 대한제국이 체결한 조약. 전문은 6개 조로 되어 있는데, 일본은 대한 제국의 독립과 영토 보전 · 황실의 안전을 위하며 대한제국은 이를 위한 일본의 신속한 조치가 필요한 경우에는 일본에게 충분한 편의를 제공하여야 하고, 이 협정의 취지에 위반되는 협약을 제3국과는 체결할 수 없다는 등을 내용으로 한다. 일본은 이로 인하여 많은 토지를 군용지로 차지하였다. ▶ 244, 245

해래백사(奚來白士, 1842~1908)　Thomas Edwards Hallifax. 영국인. 1871년 전신선 가설 기술자로 일하기 위해 일본으로 건너왔으나 주로 영어교사로 일했다. 전신사업에 관심을 가지고 한국으로 건너왔으나 당시 한국 상황이 전신사업을 할 만큼 성숙되지 않아 1883년 설립된 최초의 관립 외국어 교육기관인 동문학(同文學)의 영어교사가 되었다. 이후 육영공원의 후신인 한성영어학교에서도 학생들을 가르쳤다. ▶ 162

해서교안(海西敎案)　1900년부터 1903년까지 황해도 지역에서 천주교회가 지역 주민과 지방 관리, 프로테스탄트 신자와 충돌한 사건. ▶ 199

허가두(許嘉斗, 1861~1935)　Robert Hoggard. 영국인. 한국의 첫 번째 구세군 선교사로, 1908년 10월 내한했다. ▶ 44

헌병대(憲兵隊)　일본 헌병대. 한국주차군 중 경찰 역할을 맡은 병력. ▶ 185, 256, 261, 289

헐법(訖法, 1863~1949)　Homer Hulbert. 미국의 선교사. 1886에 한국에 와서 육영공원에서 외국어를 가르쳤으며, 을사조약 후 한국의 주권 회복 운동에 적극 앞장섰다. 저서에 『사민필지(士民必知)』, 『한국사』 등이 있다. ▶ 162

현상건(玄相健, 1875~1926)　한말, 일제강점기 의병운동과 대한민국임시정부에 참여하여 활동한 독립운동가. ▶ 172

호남학회(湖南學會)　1907년에 전라도 지방에서 조직된 애국계몽운동 단체. 교육과 산업의 발전을 위하여 힘썼으며 기관지 『호남학보』를 발간하였다. 1910년에 일제에 의해 해산되었다. ▶ 104

호전갑(胡殿甲)　청나라 길강군(吉強郡) 통령. ▶ 284

환산중준(丸山重俊, 1855~1911)　마루야마 시게도시. 메이지기 검찰관, 경찰관료. 1905년 대한제국의 경무고문을 맡았다. 통감부 경시(警視), 참여관을 역임하고 1907년 경시청 경시총감에 취임했다. ▶ 326

황국협회(皇國協會)　1898년에 개화 세력을 탄압하기 위하여 수구 세력이 조직한 어용 단체. 이기동(李基東), 홍종우, 박유진(朴有鎭) 등을 중심으로 하여 보부상과 연결되어 독립협회를 견제하였는데 1899년에 없어졌다. ▶ 303

황성기독교청년회관(**皇城基督敎靑年會館**) 종로에 위치한 황성기독교청년회의 회관. 벽돌로 지은 3층 양옥 건물로, 1907년 5월부터 신축을 시작하여 1908년 12월 3일에 개관식을가졌다. 기독청년회의 행사는 물론, 각종 강연회, 음악회가 열렸다. ▶ 209

효명선제(**孝明先帝**, 1831~1866) 고메이 천황(孝明天皇). 쇄국양이(鎖國攘夷)를 주장한 일본의 제121대 천황. ▶ 334

저자소개

김현주
연세대학교 국어국문학과 교수
hjkimw@yonsei.ac.kr

다지마 데쓰오
연세대학교 비교사회문화연구소 전문연구원
tetsutaj@daum.net

김수안
연세대학교 비교사회문화연구소 HK연구교수
sueahnkim@gmail.com

정한나
연세대학교 미래캠퍼스 국어국문학전공 교수
hnc@yonsei.ac.kr

신민영
연세대학교 인문학연구원 학술연구교수
smy@yonsei.ac.kr

이지원
연세대학교 국어국문학과 박사 수료
9jiwon4@gmail.com

정선희
서울대학교 국어국문학과 박사과정
sunny7@snu.ac.kr

정재호
동국대학교 국어국문학과 박사 과정
moon.railroad@gmail.com

진화염
연세대학교 국어국문학과 박사 수료
huayanaza@163.com

한국 언어·문학·문화 총서 21

계몽기 신문 잡보로 보는 일본과 일본인 1
문명·세계

2026년 2월 6일 초판 1쇄 펴냄

편 자 김현주·다지마 데쓰오·김수안·정한나·신민영
펴낸이 김흥국
펴낸곳 보고사
주소 경기도 파주시 회동길 337-15 보고사
전화 031-955-9797(대표)
팩스 02-922-6990
메일 bogosabooks@naver.com
http://www.bogosabooks.co.kr

ISBN 979-11-6587-938-9 94910
      979-11-5516-424-2 94080 (세트)
ⓒ 김현주·다지마 데쓰오·김수안·정한나·신민영, 2026

정가 30,000원

이 저서는 연세대학교 학술연구비의 지원으로 이루어진 것임.